Kate Millett
Entmenschlicht

Kate Millett
Entmenschlicht
Versuch über die Folter

Aus dem Amerikanischen von Ilse Utz

JUNIUS

Für alle politischen Gefangenen
in Vergangenheit, Gegenwart und Zukunft

Junius Verlag GmbH
Stresemannstraße 375
22761 Hamburg

© 1993 der deutschen Ausgabe
by Junius Verlag GmbH
© 1993 der amerikanischen Ausgabe
by Kate Millett
Titel der amerikanischen Ausgabe: The Politics of Cruelty
Aus dem Amerikanischen von Ilse Utz
Einbandgestaltung: Christian Bartholl
Titelfoto: Leonard Freed, Magnum Photos/Focus, Hamburg
Satz: Satz + Repro Kollektiv GmbH, Hamburg
Lithographie: ReproStudio Kroke. Leppin, Hamburg
Druck: SOAK GmbH, Hannover
Printed in Germany 1993
ISBN 3-88506-225-9
1. Auflage September 1993

Die Deutsche Bibliothek - CIP-Einheitsaufnahme

Millett, Kate:
Entmenschlicht : Versuch über die Folter / Kate Millett. Aus
dem Amerikan. von Ilse Utz. - 1. Aufl. - Hamburg : Junius,
1993
   Einheitssacht.: The politics of cruelty ‹dt.›
   ISBN 3-88506-225-9

Inhalt

Vorwort 7
Einleitung 11

ERSTER TEIL
Der Mechanismus

Solschenizyn und die Entstehung des Gulag 17
Das System der Konzentrationslager 37
Henri Alleg und der Kolonialismus in Algerien 67
Die Briten in Irland 89
Das Apartheid-System in Südafrika 109

ZWEITER TEIL
Die Vorstellungskraft

Fotografie: Die Erfahrung des Schocks 127
»Closet Land«: Staatsgewalt und Sexualität 159
Die Grenzerfahrung der Einsamkeit:
    Aurobindo, Ngugi, Nien Cheng 185

DRITTER TEIL
Die Politik der Grausamkeit in der Gegenwart

Die Kleine Schule: Argentinien und Brasilien 215
Im Hinterhof der USA: Guatemala, El Salvador 243
Folter und Religion — Folter an Kindern 269

Schluß 285

Danksagung 303
Anmerkungen 307

Vorwort

So bruchstückhaft und unvollkommen er auch ist*, ist dieser Essay dennoch das Ergebnis jahrelanger Beschäftigung mit einem zutiefst beunruhigenden Thema. Nichts auf der Welt verbreitet einen ähnlichen Schrecken wie die Folter, nichts empört gleichermaßen, verlangt so sehr nach einem Aufschrei. Aus diesem Grund habe ich mein Thema gewählt, mußte ich es wählen. Es ist die logische Fortsetzung von *Sexus und Herrschaft* und *Im Basement*, die beide Untersuchungen von Macht und Dominanz, Unterdrückung und Entsagung, aber auch von Mut und Widerstandsfähigkeit sind. Es war eine lange, erschütternde Reise. Oft spürte ich Verzweiflung, obschon ich nur las, was andere Menschen tatsächlich erduldet haben. Wenn ich den Leser bitte, mit mir zusammen dieses Terrain zu betreten, so handle ich aus einem Motiv heraus, das mich von Anfang an bewegt hat: Wenn wir um diese Dinge wissen, dann gibt es Hoffnung auf Veränderung; wenn wir nicht gleichgültig bleiben, haben wir die Möglichkeit, gegen dieses Übel einzuschreiten.

Es war meine Absicht, aus Willkür, vielleicht auch zu Unrecht, dieses Buch mit dem Anblick eines großen Tonkrugs zu beginnen, der voll gelber Tulpen eines Morgens am Fußende meines Bettes stand, als ich gerade damit anfing, einen ersten Abriß des Textes zu skizzieren, ein Sinnbild des Lebens, das einen Gegensatz zu dem bildete, was ich entdecken sollte, das Freiheit und Vitalität verkörperte, nicht nachließ in seinem Widerspruch gegen den Schmerz und den Schrecken, mit dem ich mich konfrontiert finden würde. So vergänglich dieser Anblick auch sein mochte, ich brauchte einen Ausgangspunkt, ein Symbol dessen, wofür man lebt, wofür man Leiden erträgt, eine Ikone der Lebensfreude gegen den Tod und die Schrecken der Gefangenschaft ... Würde

---

* Es gibt nur eine einzige Erwähnung von ..., Bosnien, keine von Ost-Timor, den Philippinen, dem Irak oder Dutzenden von anderen Orten, an denen heute in größerem Maßstab gefoltert wird.

jemand, der all dies erlitten hat, mir grundsätzlich zustimmen? ... vielleicht angesichts meiner Absicht nicken, dann aber doch ein ganz anderes Bild wählen: ein Familientreffen, die Gesellschaft von Freunden, Sex, Sonnenschein, ein Glas Wein, den Anblick einer Küstenlinie. Wir setzen hier das Leben dem Tod entgegen — und die Süße des Lebens. Denn dieser Süße wegen wählt man es, wegen seiner vielfältigen Möglichkeiten, Abwechslungen und Freuden. So verschieden von Furcht und Schmerz, so unermeßlich verschieden, daß man schließlich etwas findet, das diese Unterschiedlichkeit veranschaulicht und Frieden, Sicherheit, Ruhe, Schönheit, Kultur verkörpert. All das, was die Politik der Grausamkeit nicht ist.

Nur Gegensätze, Enden eines Spektrums? Nicht zwangsläufig, denn die Politik der Grausamkeit ist letztlich überflüssig, ein Auswuchs, weder Teil der Natur noch der *Conditio humana*, eine Negation des Lebens, stumpfsinnig und mechanisch wie das bürokratische Denken: Man betrachte nur den Begriff »ethnische Säuberung«. Die vielen Formen des Staatsterrorismus sind heute ein globales Phänomen, dem sich diese und auch die nächste Generation stellen muß, um es möglicherweise, mit Stärke und Entschlossenheit, zu demontieren und aus der Welt zu schaffen.

K. M.

Aus Artikel 1 der Erklärung der Generalversammlung der Vereinten Nationen über den Schutz vor Folter und anderer grausamer Behandlung vom 9. Dezember 1975:

Unter Folter im Sinne dieser Erklärung ist jede Handlung zu verstehen, durch die einer Person von einem Träger staatlicher Gewalt oder auf dessen Veranlassung hin vorsätzlich starke körperliche oder geistig-seelische Schmerzen oder Leiden zugefügt werden, um von ihr oder einem Dritten eine Aussage oder ein Geständnis zu erzwingen, sie für eine tatsächlich oder mutmaßlich von ihr begangene Tat zu bestrafen oder sie oder andere Personen einzuschüchtern.

Einleitung

Die Franzosen, die einen Begriff für diese Art Literatur haben, nennen sie *témoignage*, von Zeugen verfaßte Literatur; derjenige, der anwesend war, der alles gesehen hat, verfügt über das richtige Wissen. Diese Literatur kann verschiedene Formen annehmen – die der Autobiographie, der Reportage, sogar die der fiktiven Erzählung. Aber sie basiert auf Fakten, intensiv erlebten und literarisch verarbeiteten Fakten, und entspringt einem moralischen Imperativ, der in den Betroffenen Wurzeln geschlagen hat wie eine Blume inmitten eines blutgetränkten Schlachtfelds, mit unvergänglichem Optimismus, der Hoffnung, daß diejenigen, die die Botschaft hören, betroffen sein und sich schließlich zum Handeln entschließen werden.

Die Zeugen, die in diesem Essay zu Wort kommen, ob der jeweilige Autor selbst oder eine fiktive Gestalt, haben dies gemeinsam: Sie beschreiben das Erlebnis der Folter, der sie häufig selbst ausgesetzt waren. Mit der für die Literatur charakteristischen Unmittelbarkeit und Ausführlichkeit führen sie uns vor Augen, wie es um das Leben in einer Kultur bestellt ist, die die Folter anwendet, zeigen sie die individuellen und kollektiven Auswirkungen der Wiedereinführung der Folter auf das soziale und politische Leben.

Die Folter wird heute in einem Maße praktiziert, das die Welt bisher noch nie gekannt hat und das selbst die Jahrhunderte der Inquisition in den Schatten stellt. Und das, obwohl in der neueren Geschichte der westlichen Welt die Folter in Strafverfahren abgeschafft wurde. Die traditionelle gesetzmäßige oder gerichtliche Folter wurde geächtet, und es herrschte die optimistische Überzeugung, daß die Folter der Vergangenheit angehören würde: Der Zar schaffte die Folter 1801 ab, der Kaiser von Japan 1847. In ganz Europa wurde im 18. und frühen 19. Jahrhundert in einem Land nach dem anderen die Folter abgeschafft: Bis 1874 war die Folter so vollständig aus dem Strafrecht verschwunden, daß Victor Hugo feststellen konnte, daß »es keine Folter mehr gibt«. Obwohl Skeptiker die Folter als historische Konstante betrachten, betont ein Rechtshistoriker wie Nigel Rodley in seiner Studie über die Behandlung politischer Gefangener nach internationalem Recht[1] das Phänomen der offiziellen Abschaffung: »In der Zeitspanne eines halben Jahrhunderts wurde die Folter als Bestandteil des Gerichtsverfahrens abgeschafft, und gegen Ende des 18. Jahrhunderts war sie in Europa praktisch verschwunden.« Es hatte jahrhundertelanger Agitationen und Reformen bedurft, bis es zu solchen formellen Verboten kam, der Einfluß entsprechender politischer Ideen immer mehr zunahm, die Ächtung der Folter in der Erklärung der Menschenrechte und der Verfassungsstaat Realität wurden. Diese Periode war zwar von kurzer Dauer, aber selbst die hundertjährige Abschaffung einer Praxis, die so alt und weitverbreitet wie die Zivilisation selbst war und von der angenommen wurde, daß sie (wie die Sklaverei) der menschlichen Natur entsprach, stellt einen kolossalen Wandel dar. Nach einem so langen Kampf für das Ende der Folter stellt die Tatsache ihrer Wiederkehr, ihres Formenwandels und ihrer Ausbreitung ebenfalls einen kolossalen Wandel dar. Rechtshistoriker wie Edward Peters[2] interpretieren diesen Umstand folgendermaßen: Dort, wo die Folter wieder praktiziert wird, ist sie eine politische Waffe des Staates, die nicht gegen gewöhnliche kriminelle Aktivitäten, sondern gegen das eingesetzt wird, was der Staat als Subversion betrachtet. Die traditionelle, im Rechtssystem verankerte Folter für gewöhnliche Verbrechen — offen, öffentlich, gesetzlich geregelt und allgemein anerkannt — ist in der Tat abgeschafft: Die Verfeinerung gerichtlicher Verfahren und der Beweisführung machten Geständnisse weniger wichtig. Aber statt dessen entwickeln sich seit dem späten 19. Jahrhundert für »politische Verbrechen« Praktiken, die in den Dienst einer nicht allgemein anerkannten staatlichen »Notwendigkeit«, einer übermäßig ausgeweiteten Staatsmacht gestellt werden und keiner rechtlichen Überprüfung oder Aufsicht unterliegen.

Der Zar hatte sein Verbot im Ukas vom 27. September 1801 veröffentlicht, in dem es hieß, daß »endlich schon die Bezeichnung Folter, die eine Schande für die Menschheit bedeutet, für immer aus dem Gedächtnis der Menschen getilgt werden soll«. Obwohl die Folter formell abgeschafft und tatsächlich reduziert wurde, verschwand sie weder in Rußland noch anderswo vollständig, wozu insbesondere das Klima von Opposition und Repression beitrug, das am Ende des Jahrhunderts und am Anfang des nächsten herrschte. Es gab immer noch Sibirien und die Verhöre durch die Ochrana oder politische Polizei. Die russischen Revolutionäre konnten sich an Folterungen vor 1917 erinnern, die man an ihnen begangen hatte. Aber Lenin hatte die Folter sowohl bei Verhören als auch bei der Behandlung von Gefangenen bereits in den zwanziger Jahren wieder eingeführt und begonnen, die zaristischen Stätten des Leidens mit politischen Gefangenen zu bevölkern.

Die Abschaffung der Folter auf einem Gebiet, der Kriminalität, war ein Triumph für Reform und die Rechte des einzelnen gegen den Staat, doch ihre Wiederkehr auf einem anderen Gebiet, bei politischem Dissens und Subversion, ist ein Triumph der Staatsgewalt über die Individualrechte, der schwerer wiegt. Dort gezügelt, die Macht des Staates nur kurze Zeit beschnitten, expandierte sie hier mit noch größerer Gewalt, Brutalität und unterdrückerischer Kraft. Die Anzahl der Kriminellen, die man verdächtigt und gefoltert hatte, war gering gewesen; die Zahl der »politischen Feinde« hingegen war und ist unermeßlich und unendlich. Die Anklagen, die man den Kriminellen zur Last legte, verstießen gegen einen beinahe universalen sozialen und moralischen Kodex, und die Herrschaft des Gesetzes beruhte, durch reale und spezifische Handlungen, auf Beweis und Gegenbeweis. Was man den Politischen vorwarf, war viel theoretischer, abstrakter, ideologischer oder ketzerischer, manchmal waren es sogar eher imaginäre Verstöße gegen die Macht als reale Beleidigungen der Mitbürger oder moralischer Grundsätze. Insofern ähneln die Anklagen eher dem Gebrauch, den die Inquisition im 12. Jahrhundert, nach vielen Jahrhunderten relativer Nachsicht, von der Folterpraxis des alten römischen Rechts machte. Als die Inquisition ihr Ende fand, beschränkte man die Folter wieder auf verdächtige Kriminelle. Als auch dies unterbunden war, wurde die Praxis der Folter in den Bereich der politischen Kontrolle verschoben, in dem sie sich ausbreitet und wuchert.

Bei der modernen Folterpraxis gab es jedoch einen großen Unterschied: diejenigen, die folterten, hielten es geheim. Die Folter wurde nicht nur im Geheimen angewendet, sondern sie war immer noch ausdrücklich verboten. Dies bleibt ein zentrales Merkmal der modernen Praxis. Stalin und Hitler, die auf Lenins Modell von Gefangenenlagern und totaler Staatsmacht aufbauten, schufen ein System, das in vielen Teilen der Welt fortlebt. Von den Kolonialmächten und auch den westlichen Demokratien nachgeahmt, verschärft durch den technischen Fortschritt, ist es am ausgeprägtesten in Mittel- und Südamerika, im Iran und in Südafrika, doch Amnesty International findet seine Praktiken auch in Teilen von Afrika, Asien, Osteuropa und des Nahen Ostens. Edward Peters schätzte 1985, daß in einem von drei Staaten gefoltert wird — und die Zahl könnte jetzt noch höher liegen.

Staaten, die die Folter anwenden, greifen gleichzeitig auf rechtliche Fiktionen und Zweckkonstruktionen zurück, auf den inzwischen üblichen »Ausnahme«-Zustand, der eine Aufhebung der verfassungsmäßigen Rechte, einschließlich des Habeas Corpus-Grundsatzes, beinhaltet, Festnahmen, Inhaftierungen und Verhöre erleichtert und die Bedingungen für die Praktizierung von Folter schafft. Gleichwohl ist die Folter immer noch verboten, daher geheim, daher immer noch mächtig.

Die Folter ist das äußerste Vorgehen der Staatsmacht. Wenn sich der Staat das Recht anmaßt, seine Bürger zu foltern, hat er absolute Macht über sie gewonnen. Wenn er neben seiner sonstigen Macht über den Menschen — Festnahme, Inhaftierung, Prozeß, Verurteilung, Bestrafung — auch noch Folter anwendet, vernichtet er ihn. Denn der Folter kann nicht widerstanden werden. Es war vielleicht hauptsächlich aus diesem Grund, daß der Reformgeist der Aufklärung und die Bewegung für die Menschenrechte die Folter auf das entschiedenste geächtet haben.

Ihre Wiederkehr ist daher eine Rückkehr zu absoluter Macht, die die fundamentalsten Reformen der letzten zweihundert Jahre zunichte macht und eine weltweite Bewegung bedroht, die sich für Menschenrechte und demokratische Regierungsformen einsetzt. Als Zeugen der Wiederkehr der Folter in unserer Zeit sind wir Zeugen nicht nur des weitverbreiteten Leidens unter einer barbarischen Gewalt, sondern auch der Umkehrung einer jahrhundertelangen sozialen und politischen Entwicklung. Und dies weckt nicht nur unser Mitgefühl, sondern erfüllt uns mit Entsetzen.

ERSTER TEIL
Der Mechanismus

Solschenizyn und die Entstehung des Gulag

Der Augenblick der Gefangennahme. Der Augenblick, in dem Wolodin verhaftet wird. In diesem Augenblick steht die Zeit still, und die Welt ist noch nicht erschaffen, der Augenblick der Festnahme und des Verschwindens, der Augenblick des Kaninchenlochs, in dem man durch den Raum hindurch in das Land hinter dem Spiegel fällt; dieser Wendepunkt, diese entscheidende Sekunde. Nach der nichts so ist, wie es einmal war: Nach ihr ist alles Vergangenheit, fremd, hassenswert, vergeblich.

Und es gibt kein Zurück. Der Augenblick, in dem man aus dem Zustand der Gnade herausfällt. Gnade, das ist das normale Leben, die alltägliche Routine. Einfach nur als Staatsbürger zu leben. Jetzt ist das Leben so ungewiß, ohne die Garantien, an die man sich gewöhnt hat, ohne die banalen täglichen Umstände, in denen man sich schon seit Jahrhunderten bewegt. Lebensformen, die in der Rückschau wunderbar erscheinen. Alles, was man für selbstverständlich hielt, was einen gelangweilt hat, mit dem man zufrieden war, was man immer gekannt hatte. Die vertraute Individualität und Sicherheit, in die man seit der Kindheit eingehüllt war und die auch dann noch als die einzig richtige innere Verfassung empfunden wurde, als gewisse Widersprüche in das eigene Leben getreten waren, ein anderes Identitätsgefühl, ein neues Bewußtsein, das mit den Dingen, so wie sie sind, nicht einverstanden ist, was an sich schon ein gewisses Risiko darstellt. Natürlich gibt es auch diejenigen, die es in vollkommener Unschuld trifft; diese absolute Unschuld ist wie eine neue, nackte Haut, die die Verletzbarkeit vollkommen macht. Doch Wolodin hatte telefoniert.

Nur das. Nur ein Telefonanruf. Er hatte ihn sogar verpfuscht, war so verärgert gewesen, als er seinen Mann nicht erreichen konnte, war über die Frau am Telefon so frustriert gewesen, daß er vergaß, seine Stimme weiterhin zu verstellen, laut und deutlich sprach. Der Staatsrat zweiten Ranges, Innokentij Wolodin, dessen Stellung im diplomatischen Dienst der eines Oberstleutnants in der Armee entsprach, war ein privilegierter junger Mann, sogar ein Mann von eleganter Erscheinung: »Hochgewachsen und schlank«, wie Solschenizyn ihn im *Ersten Kreis der Hölle* beschreibt, war er zum Tragen einer prächtigen Uniform mit Goldtressen und Schulterklappen berechtigt. An diesem Abend ist Wolodin wie der kosmopolitische Bürger gekleidet, der er gerne sein möchte. Er freut sich auf seine nächste Dienstreise nach Paris und trägt einen gutgeschnittenen Kammgarnanzug; man konnte ihn »eher für einen wohlhabenden jungen Müßiggänger halten als für einen verantwortlichen Angestellten im Außenministerium«.

Leider geht ihm eine unangenehme Sache durch den Kopf; eine Verpflichtung, die ihm seinen Frieden raubt. Er hat gerade etwas Beunruhigendes über den bekannten Arzt Professor Dobroumow gehört. Dobroumow, der der Hausarzt seiner Mutter gewesen war und ihn als Kind bei seinen Besuchen stets freundlich behandelt hatte: »Niemals ging er an dem kleinen Jungen vorüber, ohne eine Frage an ihn zu richten; er blieb stehen und hörte sich wie bei einem Erwachsenen die Antwort an, als würde er ernstlich etwas Vernünftiges erwarten.« Jetzt hat sich Dobroumow wegen einer großzügigen Geste verdächtig gemacht, indem er versprochen hatte, Kollegen in Frankreich von seiner Entdeckung eines neuen Medikaments zu berichten. »Warum konnte man eigentlich gegen das sein, was Dobroumow versprochen hatte? Das ist die Großzügigkeit eines talentierten Menschen. Das Talent weiß von seinem Überfluß, ihm macht es nichts aus zu teilen.« Wolodin versteht die Motive dieses Mannes, schätzt seine Güte und Redlichkeit. Aber in seiner Position ist ein solches Verständnis nicht angebracht: Auf Wolodins Schreibtisch liegen Papiere, die Dobroumow als einen Feind des Staates bezeichnen: Wolodin ist ein Funktionär dieses Staates.

»Wenn es irgendein anderer, ihm nicht bekannter Professor der Medizin gewesen wäre, hätte Innokentij wohl nie daran gedacht, ihn zu warnen. Aber ausgerechnet Dobroumow!« Die Familie, die alten Zeiten, Dobroumows Rechtschaffenheit. Wolodin ist ein unbekümmerter junger Mann, seine Frau ist die Tochter eines Generals; in einem Zeitalter der Bürokraten und Apparatschiks hat er sich irgendwie den Charakter, vielleicht sogar die Tugenden eines Aristokraten bewahrt. Es ist der eigenen Karriere nicht förderlich, wenn man sich in seinem Büro den Kopf über das Schicksal eines alten Mannes zerbricht, den man vor Gericht stellen wird. Soll

Wolodin telefonieren oder nicht? Er »lehnte sich gegen den Safe, ließ den Kopf sinken und schloß die Augen«. Wieviel besser wäre es gewesen, wenn er es nicht erfahren hätte, wenn er nie etwas davon gehört hätte.

Dann macht Wolodin den Fehler seines Lebens: »Logischer war es abzuwarten. Vernünftiger, abzuwarten«, alles zu unterlassen, zu ignorieren, was er so zufällig, so widerstrebend erfahren hatte — statt dessen erliegt er der Versuchung, die vielleicht einzige noble Tat seiner Karriere zu begehen.»In den folgenden Minuten beruhigte sich Innokentij plötzlich: Er fühlte ganz deutlich, daß er sich nicht anders entscheiden könne. Gefährlich oder nicht, wenn er es aber nicht tat ... Wenn wir immer nur vorsichtig sind — sind wir dann noch Menschen?« Ohne nach dem Auto in der Garage zu verlangen, ohne das Tintenfaß geschlossen zu haben, geht er hinaus auf die Straße, in den vibrierenden Abend:»Vor ihm lag der Arbat, in das Licht von Reklamen und Straßenlaternen getaucht. Vor dem Kino standen die Menschen Schlange für ›Die Liebe einer Tänzerin‹. Der grau-blaue Dunst ließ das rote ›M‹ über der Metrostation fast verschwinden. Eine zigeunerhafte Frau verkaufte blaßgelbe Mimosenzweige.«

Indem Wolodin seine Seele rettete, besiegelte er sein Schicksal. Dennoch hatte er allen Grund zu glauben, daß er in Sicherheit war. Natürlich könnte Dobroumows Telefon abgehört werden, vielleicht würde es schon überwacht, aber Wolodin ist sicher, daß er nicht gefaßt werden kann, wenn er aus einer anonymen Telefonzelle anruft: so weit ist die Technik noch nicht. Der Staat kann nicht eine einzige Stimme identifizieren, die nur kurz spricht; das liegt außerhalb seiner Möglichkeiten, das ist Magie.

»Gibt es eine Möglichkeit zu erfahren, wer aus einer öffentlichen Telefonzelle gesprochen hat? Man muß schnell aufhängen und fortgehen. Kann man durch das Telefon eine Stimme identifizieren? Dafür gab es bisher kein Verfahren.« Alles wird sich um diese Annahme drehen. Denn in einer anderen Welt wird ein solches Verfahren rasch entwickelt. Innokentij, der »Unschuldige«, kann das nicht wissen. Auch nicht, daß er nach dem Verlassen des Büros, nachdem er ein Taxi genommen und festgestellt hat, daß er das richtige Wechselgeld in der Tasche hat (ein gutes Omen), und sich eine Telefonzelle ausgesucht hat, in der er mit dem Rücken zur Wand steht und durch die Glastür alles sehen kann, was sich um ihn herum abspielt, nicht in der Lage sein würde, den Professor zu sprechen. Und alles wegen dieser impertinenten Frau, die am Telefon war. Ist sie Dobroumows Frau? Nicht einmal das hat sie ihm gesagt; statt dessen will sie wissen, wer er ist. Worauf er nicht wagt, ihr zu antworten. Es ist zum Verrücktwerden. Sie will Doktor Dobroumow nicht ans Telefon rufen. Wolodin steht in einer Telefonzelle mit seinen eleganten »leichten französischen Halbstiefeln«, die voller Schnee sind, und fängt an, die Frau inständig zu bitten: »Hören Sie! Hören Sie ganz genau zu! Ich muß ihn vor einer Gefahr warnen!« Dies macht sie nur noch verstockter — wie kann sie sicher sein, daß er die Wahrheit sagt?

»Innokentij stand wie auf glühenden Kohlen, der schwarze Hörer mit der Stahlkette schmolz ihm fast in der Hand. ›Hören Sie! Hören Sie zu!‹, rief er, schon ganz verzweifelt. ›Als der Professor auf seiner Dienstreise in Paris war, versprach er, seinen französischen Kollegen etwas zu geben. Eine Art Medikament. Fremden! Verstehen Sie! So etwas darf man nicht machen! Den Ausländern darf nichts gegeben werden! Das ist eine Provoka ... ‹.

Im Hörer knackte es dumpf; Totenstille, kein Geräusch war zu hören, keine Amtszeichen. — Jemand hatte die Verbindung unterbrochen.«

Der erste Kreis der Hölle handelt von den Auswirkungen einer massiven Staatsparanoia auf die menschliche Gesellschaft: von den Auswirkungen, die sich in Jahrzehnten der Angst, des Verdachts und der Denunziation kumuliert haben. Das Buch bewegt sich zwischen den beiden Polen von Ursache und Wirkung: Stalin, Abakumow, all die Funktionäre, Experten und der gesamte Apparat der »Staatssicherheit« — und ihre Opfer, die politischen Gefangenen in dem riesigen Gebiet von geheimen Arbeitslagern, die Solschenizyn den »Archipel« Gulag nennt (nach dem russischen Akronym für Hauptverwaltung der Straflager), ein Gebiet, das so groß ist wie Frankreich. Ein anderes Land, das paradoxerweise einerseits geheim und geheimnisvoll ist, andererseits eine stets vorhandene Warnung darstellt; etwas Verborgenes, das trotzdem das »normale« Leben durchdringt, steuert und bedroht.

Mavrino, das Lager, in dem die Technik des Stimmabdrucks entwickelt wird, mit deren Hilfe man Wolodin überführen wird, ist von besonderer Art; es wird »Scharaschka«, Schwindel, genannt, da in ihm Bedingungen herrschen, die, gemessen an den normalen Gulags, fast menschlich und daher luxuriös sind. Die Gefangenen sind Ingenieure, und ihre Zwangsarbeit dient der Erfindung von technischen Instrumenten für die Spionagezwecke des Staates. Durch diese Instrumente werden noch mehr Bürger in den Gulag geraten und für einen ständigen Nachschub von Zwangsarbeitern sorgen. So wird der Kreislauf von Angebot und Nachfrage produziert, durch den es dem Staat möglich ist, seine großen Bauvorhaben durchzuführen und seine absolute Autorität aufrechtzuerhalten.

Die Technik ist ein entscheidendes Moment. Sie unterscheidet den modernen vom älteren Despotismus. Die Technik vervollständigt, ja perfektioniert die Machtmittel der Regierung und verschafft ihnen eine Omnipotenz, die früher nur im Zusammenhang mit Gott vorstellbar war. Jetzt strebt der Staat nach göttlicher Macht, während seine Bürger, jeden Tag ein Stück unfreier, in Angst gehalten werden und dies mit der bedingungslosen Ehrfurcht hinnehmen, die sie einst Gott gegenüber empfunden haben.

Der allgegenwärtige Gott hört alles. Wie kann dies in eine technische Überwachung übersetzt werden? Das Telefon birgt durchaus Möglichkeiten in sich, man bedenke die Macht, die sich aus der Kontrolle des Verkehrswesens, der Information und der Kommunikation ergibt. Der Staat kann sich über alle angewählten Nummern informieren, wobei es gleichzeitig möglich ist, Telefongespräche abzuhören und aufzuzeichnen. Würde man außerdem noch über ein Verfahren verfügen, Stimmen wissenschaftlich zu identifizieren, wie es bei Fingerabdrücken der Fall ist, würde dies eine bedeutende Steigerung der Überwachungsmöglichkeiten und damit der Macht selbst bedeuten.

Bei dieser Idee scheint es sich zuerst um eine reine Fiktion zu handeln: Ich erinnere mich, daß ich bei meiner ersten Lektüre des Buches vor zwanzig Jahren an der Möglichkeit eines solches Verfahrens zweifelte, doch heute sind Stimmabdrücke gang und gäbe.

Das Telefon ist von zentraler Bedeutung für Wolodins Verderben. Seine Stimme wird ganz bewußt ein zweites und dann ein drittes Mal aufgenommen, damit man den vollen Umfang seines Stimm-Musters mit dem ursprünglichen, verbotenen Anruf vergleichen kann. Sein Vorgesetzter ruft ihn zu Hause an, als er gerade mit seiner bezaubernden Frau Dotnara in eine Operette gehen will, und versichert ihm, daß für seine Reise nach Paris alles bereit sei, daß er aber sofort kommen solle, um seine diplomatischen Instruktionen entgegenzunehmen. Dies verdirbt ihm den ersten Teil des Abends, es bedeutet, daß er schnell seine Uniform anlegen muß. Aber sein Aufenthalt im Ministerium wird nicht lange dauern, er verspricht Dotnara, sie von dort aus anzurufen und beim zweiten Akt im Theater zu sein. Und es ist eine so gute Nachricht, daß Wolodin überglücklich ist. Vor allem gibt ihm das Wohlwollen des Generals, seine Freundlichkeit am Telefon, die Gewißheit, daß er nicht entdeckt worden ist. Die Spannung und die Angst, die seit jenem Augenblick vor zwei Tagen auf ihm gelastet haben, als die Verbindung unterbrochen wurde, lösen sich in eine euphorische Stimmung auf.

Der Telefonanruf und alles, was dann kommt, das Auto und der Fahrer, haben den Charakter eines spielerischen Sadismus. Die Art und Weise, wie sich der General ihm gegenüber gibt, beruhigt Wolodin und hindert ihn daran, eine Gefahr zu vermuten. So wie der köstliche Witz dieses neuen Fahrers, der ihn noch nie gefahren hat, völlig entwaffnet.

Das Wochenende ist für ihn die Hölle gewesen, er hat in fieberhafter Angst vor Entdeckung gelebt. Jetzt ist er so glücklich, daß er kaum aufpaßt, die Scherze des Fahrers erst nach einiger Zeit versteht; alles ist in Ordnung, seine Versetzung nach Paris ist abgesegnet. Das Auto hält, und ein Fremder steigt ein, von dem der Fahrer behauptet, daß er ein Mechaniker aus seiner Garage ist, den er mitnehmen muß. »Er ist mein Vorgesetzter — es wäre mir unangenehm, ihn stehenlassen zu müssen.« Wolodin ist so großzügig, ihm selbst die hintere Tür zu öffnen (die Vordertür scheint zu klemmen), während seine Gedanken nach Paris und zum zweiten Akt der Operette eilen. Nur die Zigarette des »Mechanikers« ist eine Zumutung für Wolodin; nur die Tatsache, daß dieser Bursche so wenig Respekt vor seinem Rang hat, daß er ihm den Rauch direkt ins Gesicht bläst — nur das hätte ihm zu denken geben können. Tut es aber nicht. Die List, durch die Wolodin gefangen wird, ist in ihrer Täuschung so perfekt, daß sich Innokentij erst in dem Augenblick, als der »Mechaniker« eine Taschenlampe anknipst und einen Haftbefehl für Wolodin, Innokentij Artemjewitsch, präsentiert, »plötzlich wie von einer riesigen Nadel der Länge nach durchbohrt fühlte«.

Wolodin kam nicht auf den Gedanken zu fliehen. »Für Innokentij hingegen wäre es unmöglich gewesen, sich unter fremdem Namen zu verbergen, im Land umherzuirren. Es würde ihm völlig ferngelegen haben, gegen seine Verhaftung, wenn sie erfolgen sollte, aufzubegehren.« So sehr er sich auch von Rusjka Doronin unterscheidet, einem jungen Mann, der in einigen Stunden von der Scharaschka in das Arbeitslager von Workuta transportiert werden wird, wo er erfrieren wird, obwohl es ihm gelungen ist, seit seinem sechzehnten Lebensjahr mit gefälschten Papieren zu existieren und zwei Jahre lang der landesweiten Fahndung zu entgehen, so sehr ist Wolodin wie die meisten von uns.

Aber er ist auch anders; er hat teil an dem System, das im Begriff ist, ihn zu vernichten, und als ein Funktionär des Regimes weiß er, was ihn erwartet, weiß er, daß er nicht das Glück haben wird, ein Lager auch nur zu sehen. Als der Wagen den Platz vor der Lubjanka umfährt, gibt er Wolodin die Möglichkeit, einen letzten Blick »auf diese Welt und die fünfstöckig zusammenlaufenden Gebäude der alten und neuen Lubjanka zu werfen, in denen er wohl sein Leben beenden sollte«. Obwohl Stalin die Todesstrafe offiziell abgeschafft hat, wird Wolodin in diesem großen, schrecklichen Gefängnis irgendwo heimlich erschossen werden. Als er Epikur las, wurde ihm schon klar, daß es Tode gibt, auf die einen die Philosophie nicht vorbereitet, weil das, was er fürchtet, »nicht der Tod, sondern die Folter (ist)«.

Die Folter, das ist der große Unterschied. Wenn man verhaftet wird und weiß, daß man gefoltert werden wird, erlebt man absolute Hilflosigkeit vor der absoluten Macht. Diese Situation ist unser Thema. Dies ist Herrschaft durch Furcht, ja Terror: Staatsterrorismus, der von einer respektierten und anerkannten Autorität ausgeübt wird. Nicht die Aktivitäten einiger zum Äußersten entschlossener Individuen, sondern die kollektive Gewalt des Staates mit seiner Polizei und Armee, seinen Waffen und Gefängnissen, seinem Personal und seinen technischen Möglichkeiten, seiner Kontrolle über Straßen, Flughäfen, Grenzen, seinen Überwachungstechniken, seinen in Täuschung und Grausamkeit geschulten Funktionären, die durch ihre Funktionen abgeschirmt sind. Überwältigende, furchterregende Macht.

Schon vor seiner Verhaftung wußte Wolodin, daß man vor vielem

Angst haben mußte. Aber die Angst hat so viele Gesichter, sie reicht von der Vorstellung bis zum körperlichen Erleben; so wie es viele Arten von Wissen gibt, so wie sich der Gedanke von der Erfahrung unterscheidet. Der Geist nimmt Entferntes wahr, die Eingeweide reagieren auf das Unmittelbare. Man selbst ist derjenige, der gefangengenommen wird, dieses in die Enge getriebene Tier. Man hört, wie sich die Tür schließt, und begreift endgültig und vollkommen, daß man in eine »Box« eingesperrt ist, die berühmte Lubjanka-Box, die zu klein ist, als daß man sich hinlegen könnte, dafür aber von einer riesigen 200-Watt-Birne erhellt wird; sie ist wie ein zu grell ausgeleuchteter Sarg, der klaustrophobische Ängste hervorruft und einem das — körperliche, fühlbare — Wissen aufzwingt, daß man aus dieser Box nie entlassen wird, außer wenn »sie« einen entlassen. Damit weiß man auch, daß man für immer dort sein könnte. Wenn es ihnen beliebte. Daß man selbst nichts tun kann, daß man in einer Weise hilflos ist, wie man es noch niemals war. Eingesperrt wie ein Tier, herabgewürdigt und in eine Lage gezwungen, die die Menschen willkürlich den Tieren auferlegen: Man hatte es nie zuvor bemerkt, nie dagegen protestiert, selten Mitleid empfunden. Und jetzt erlebt man es am eigenen Leib.

Und das Tier in einem, das innerste Selbst, der tiefste Wesenskern gerät in Panik. Eine glasklare Wahrnehmung begreift, daß dies ewig dauern könnte. Darauf deuten alle objektiven Bedingungen hin: die Stahltür, die Steinwände, der Zementfußboden, alles Materialien, die den geringen menschlichen Körperkräften zuviel Widerstand entgegensetzen; das Fleisch steht diesen Kräften ungeschützt und nackt gegenüber, Finger, Zähne — man hat keine Klauen, und sie wären auch nutzlos. Man steht auf der Stufe des Tieres oder, genauer gesagt, noch eine Stufe tiefer; man ist zu einem Gegenstand geworden, zu einem Ding in einer Zelle. Leblos, bis auf das schreckliche Dröhnen des Bewußtseins, das selbst nichts als Leiden ist.

Die wunderbare Waffe des Geistes wird durch den Mechanismus des Schlosses zunichte gemacht, das von einem anderen Geist entworfen, von anderen Händen geschaffen, von einer Maschine produziert wurde, die ein Produkt beider ist. Ein Schloß ist ein Rätsel, das nur durch einen Schlüssel gelöst werden kann. Das nur auf der anderen Seite der Stahltür betätigt werden kann, nicht auf der eigenen. Ein Schlüssel in anderen Händen, nicht in den eigenen. In ihren.

Die Willenskraft ist völlig verschwunden, der Wille nutzlos. Jetzt ist man eine Kreatur, ihre Kreatur. Und es steht ihnen frei, einen zu quälen. Wie sie es wollen. Jetzt können sie einem jeden Schmerz und jede Entbehrung auferlegen, und dies aus jedem beliebigen Grund: Vergnügen, Langeweile, Gewohnheit, selbst einfache Routine, die Routine, durch die man Stück für Stück gebrochen wird.
Man wird genau das tun, was sie einem sagen. Man hat nicht nur keine andere Wahl, sondern man wird es bereitwillig tun, zitternd, in der Hoffnung, sie zu besänftigen, versöhnlich zu stimmen, weitere Verletzungen und Demütigungen zu vermeiden. Das eingeschüchterte Tier, das man inzwischen ist, erkennt, daß Aufsässigkeit nichts nützt, daß Stolz etwas ist, was man für sich behalten muß, was sich verflüchtigt angesichts einer Zwangslage, die man in jedem Augenblick besser begreift. Man wird den Finger genau in dem Augenblick heben, in dem das Auge in dem Guckloch erscheint, um das peinliche Bedürfnis zu signalisieren, seine Notdurft zu verrichten. Aber selbst die Hoffnung, die Zelle nicht mit dem eigenen Dreck zu beschmutzen, selbst diese Möglichkeit ist ihre Entscheidung, nicht die eigene, ein »Privileg«, das willkürlich gewährt wird.

Natürlich können Festnahme und Haft schon an sich Formen der Folter sein. Denn Folter können so viele Dinge sein, psychische wie physische. Genaugenommen können selbst die günstigsten und »zivilisiertesten« Haftbedingungen, zum Beispiel eine Toilette in der Zelle, die man allein benutzen darf, jene Ausschaltung des eigenen Willens nicht aufwiegen, die eine Haft darstellt: die Freiheit, zu kommen und zu gehen, wann man will, die Natur zu betrachten, zu treffen, wen immer man beliebt. Viele Umstände, sogar viele Berufe, setzen uns Grenzen; auch die Unfreiheit hat Schichten, Ebenen.
Doch Wolodins Gefangenschaft ist absolut. Die Bedingungen der Box, die ganz konkret sind, haben auch eine symbolische, metaphorische, prophetische Bedeutung. Er wird schrittweise instruiert, wobei der Gang zur Toilette den Anfang macht. Der Wärter schnalzt mit der Zunge, um auf die in der Lubjanka übliche Weise zu signalisieren, daß ein Gefangener vorbeigeführt wird, der keinen anderen Gefangenen sehen oder mit ihm Kontakt haben darf. Auf der anderen Seite von Moskau, im Butirky-Gefängnis, schnipsen die Wärter

mit den Fingern. Wichtig ist, daß der neue Häftling der Staatsmacht allein und isoliert gegenübersteht, sich als das einzige Opfer fühlt, kleiner mit jeder Sekunde seines neuen Paria-Daseins. Dann zurück in die Box, in diese äußerste Ohnmacht, das Eingeschlossensein: ein körperlicher Lernprozeß für Wolodin, in den sich das Wissen um seine Lage in jedem Augenblick tiefer eingräbt. Die nächsten Stufen seiner Erziehung: die Durchsuchung seiner Kleider, die Untersuchung seiner Körperöffnungen — Nasenlöcher, Ohren, die peinliche Untersuchung seines Afters —, das absurde Zerschneiden der Sohlen und Absätze seiner Schuhe. Die grausame Komödie, ohne Schnürbänder und Hosenträger dazustehen. Die Goldknöpfe an seiner Jacke, die wenigen, die ihm gelassen werden, während man seine Schulterstücke und Abzeichen abreißt (immerhin Ehrenzeichen: Dienst, Nation, Kultur, Beruf), sind nur noch Knöpfe. Und er braucht sie.

So wie er Schlaf braucht. Was verboten ist. Das Auge im Guckloch sieht ihn zusammengerollt auf dem kleinen Fußboden liegen, und der Wärter fordert ihn unverzüglich zum Aufstehen auf. Immer wieder, die ganze Nacht hindurch. Der Schlafentzug ist in diesem Regime eine beliebte Foltermethode; Wolodin wird dies während seines Verhörs noch sehr zu spüren bekommen. Wenn sie ihn überhaupt so lange am Leben lassen. Viele Häftlinge in der Scharaschka sind sechs Monate lang verhört worden, manche sogar zwei Jahre. Drei Tage Schlafentzug ist die übliche Methode, die sich vom Gulag über die ganze Welt ausgebreitet hat. Obwohl sie großes Leiden verursacht, den Körper erschöpft und zum Tod beitragen kann, hinterläßt sie keine Spuren, was seit jeher ein Kennzeichen für eine effiziente und heimliche Folter ist. Elektrisches Licht hat die gleiche Funktion; das gnadenlose Licht blendet die Augen, verhindert den Schlaf und läßt den Willen des angsterfüllten Gesichtes, das ihm ausgesetzt ist, zusammenschrumpfen. Das geduldige Gegenüber, das die Fragen stellt, braucht nur zu warten, bis der Körper zum Verräter des Willens wird.

Der schmerzende, angstvolle, gequälte Körper. Hilflos, unfähig, den Forderungen des Geistes, den Neigungen oder Überzeugungen des Herzens, den Gewißheiten der Seele zu entsprechen angesichts all dessen, was er ablehnt, verachtet, oftmals ein Leben lang bekämpft hat. Und dem er jetzt langsam nachgibt, vor dem er kapituliert. Er wird erobert, indem er schließlich einfach überwältigt wird. Und diejenigen, die nie kapitulieren — denn trotz der Unbezwingbarkeit der Folter gibt es einige, die sie aushalten —, sie sterben vielleicht. Tod oder Kapitulation. Es ist nur eine Frage der Zeit. Entschlossene Opfer bringen noch entschlossenere Folterer hervor; der Ausgang der Kraftprobe zwischen der absoluten Macht und der absoluten Machtlosigkeit steht von vornherein fest. Man könnte vernünftigerweise argumentieren, daß Widerstand unnötiges Leiden bedeute, daß er ein Wahnsinn sei. Die Mitglieder der organisierten Opposition haben in den letzten Jahren den Heroismus des Märtyrertums allgemein aufgegeben: Körperlich und psychisch starke Menschen versuchen, nur eine bestimmte Zeit durchzuhalten, vielleicht vierundzwanzig Stunden, Zeit genug, damit die Genossen gewarnt werden und sich verstecken können.

Natürlich sterben wir alle, aber die Frage ist, wie wir sterben. Die Folter verändert alles, macht die menschliche Würde faktisch zunichte. Genauso, wie sie die Wahrheit der Aussage verzerrt; sie beraubt das Opfer seiner eigenen Wahrheit, zerstört das Selbst, zwingt es zum Selbstverrat. Innokentij war sich dessen schon vor seiner Verhaftung bewußt. Nachdem er seinen Lieblingsphilosophen befragt hat, sieht er die Folter voraus und schaudert — wenn er doch diese Stärke besäße: »Er jedenfalls fühlte diese Stärke nicht.« Sie ist in der Tat sehr selten, kann kaum von den Menschen erwartet werden: Epikurs Behauptung, daß man die Folter besiegen kann, erscheint heute töricht, übermenschlich. Viele Gefangene sterben in der Gefangenschaft, doch nur wenige halten lange genug durch, um an der Folter selbst zu sterben. Ein Pyrrhussieg, der aber immerhin den Triumph des Überstanden-, ja Überwundenhabens beinhaltet. Ein seltenes Wunder an Mut.

Die staatliche Macht gewinnt im allgemeinen: Dies ist schließlich kein Spiel, kann auch nicht als ein Wettstreit mißverstanden werden, bei dem eine Partei über alle nötigen Gewaltmittel, Menschen und Zeit verfügt, und die andere Partei nichts als Willensstärke besitzt. Heutzutage ist es üblich, Gefangene mit dem Tod zu bedrohen. Man droht ihnen mit Scheinhinrichtungen, indem man ihnen einen Revolver an die Schläfe setzt oder die Schlinge herrichtet, aber wenn der Tod selbst kommt, ist er gewöhnlich nur die Hinrichtung einer Hülse, die bereits gebrochen ist, über die man triumphiert hat, die geschändet wurde.

Das ist schließlich auch die Absicht. Es geht nicht an, daß die Partei, die über alle Möglichkeiten verfügt, am Ende doch noch einen Mißerfolg zu verzeichnen hätte. Die Folter ist eine Eroberung durch unwiderstehliche Gewalt. Sie soll Opposition zerstören, indem sie diese dazu bringt, sich selbst zu zerstören: aus Verzweiflung, Selbsthaß wegen der eigenen Verletzbarkeit, Ohnmacht. Sie soll schänden, entwürdigen, unerträgliche Scham auslösen, vernichten. Darin ähnelt sie der Vergewaltigung. Und die Gefolterten lernen nicht nur die Lage des Tieres kennen, das vom Menschen eingesperrt wird, sondern auch das Ausgeliefertsein der Frau an den Mann. Etwas, das die männlichen Gefangenen entdecken und die weiblichen Gefangenen wiederentdecken. Die Folter beruht auf den traditionellen Vorstellungen von Herrschaft, patriarchaler Ordnung und männlicher Dominanz. Das Sexuelle wird eingesetzt, um die Macht des Folterers und die Verletzbarkeit des Opfers zu unterstreichen, wobei die Sexualität in sich schon von jeher das Moment der Repression enthält: Schande, Scham, Sünde, Schwäche. Das sexuell gefolterte Opfer wird zweimal gefoltert: zuerst dadurch, daß es bewußt verletzt wird, zweitens dadurch, daß es in einer Weise verletzt wird, die als die demütigendste aller Demütigungen betrachtet wird.

Die Folter ist eine besonders krasse Form der Hierarchie, die auf ihre archetypische und brutalste Form reduziert ist, das archaische Verhältnis von Herr und Knecht. Anachronistisch, übermäßig vereinfacht, jede Abstufung, Nuance, Schattierung genau vorgeschrieben. Sie soll künstliche und trügerische Kategorien schaffen; sie ist ahistorisch, auch wenn sie bis in die kleinsten Details hinein mit Hilfe von Technik und Bürokratie funktioniert. Sie ist nicht nur Atavismus und Rückfall, sondern auch das Produkt einer Dramaturgie. Billige Inszenierung, erbärmliche Aufführung, Pose. Der Folterer darf der flüchtigsten Phantasie nachgeben, das Undenkbare tun. Dinge, die man imaginiert, von denen man träumt, über die man Witze macht, Handlungen, die nur in der Sprache oder in der Phantasie existieren. Alles, was nicht stattfindet, nicht stattfinden kann und darf. Die Welt der Vorstellung, das Schattenreich, Handlungen, die nur erdacht werden, Vorstellungen, die so abwegig sind, daß sie gleich wieder fallengelassen werden, Bilder, die durch das Bewußtsein schießen, erahnte, vermutete Anflüge von Wut oder Bösartigkeit; das Gespenstische und Illusionäre.

All das findet nur im Schrei seines Opfers realen Ausdruck. Nur diese Reaktion kann denjenigen, der die Grausamkeit begeht, davon überzeugen, daß sie ein Faktum ist, daß sie wirklich stattfindet, daß sie nicht nur im Reich der Vorstellung existiert. Und da diese unerhörte, einmalige Erlaubnis vom Staat erteilt wird – der in diesem Sinne indoktriniert, Anweisungen gibt und Aufträge erteilt –, wird der Phantasie des Folterers freier Lauf gelassen. Wie immer sie sein mag: subtil oder einfach brutal. Verfeinert, gebildet, sinnlich, asketisch, zornig, von sich überzeugt. Oder roh, unwissend, verklemmt, vulgär, hämisch, wütend. Von der Kultur durchtränkt, die den Folterer hervorgebracht hat, auf Gewalt gedrillt, von Haß durchdrungen, durch Sonderzahlungen, weitere Privilegien, zusätzliche Indoktrination, Spezialausbildung angespornt.

Entscheidend ist die Erlaubnis: Seinen Phantasien auf diese Art und Weise ohne Erlaubnis nachzugeben, ist kriminell und strafwürdig, ein rein individueller Akt ohne Bedeutung, der nur der eigenen Befriedigung dient, abnorm, verboten. Aber mit staatlicher Erlaubnis ist es Patriotismus, Dienstpflicht, lobenswertes, bezahltes, professionelles Handeln. Würde man so etwas »auf eigene Faust« tun, wäre es Wahnsinn, Verrat, Unmenschlichkeit. Alles hängt von der Erlaubnis ab. Und die gibt der Staat. Der Folterer selbst ist nur ein Instrument, ob ihm seine Arbeit gefällt oder ob sie ihn langweilt, ob sie ihn beunruhigt oder ihm Unbehagen bereitet. Welcher Gebrauch von seinen Neigungen, seinem Einfallsreichtum, seiner Leichtgläubigkeit, seiner Treue auch gemacht wird. Selbst sein Humor macht ihn zu einem nützlichen Werkzeug, wenn er in seiner Selbstentfremdung fröhlich auf euphemistische und saloppe Ausdrücke zurückgreift: »Yellow submarine« ist beispielsweise ein Ausdruck, der angewendet wird, wenn der Kopf eines Gefangenen so lange in eine Toilette voller Urin und Kot gedrückt wird, bis ihm schlecht wird oder er erstickt ist. Jungenhafte Unbekümmertheit, metaphorischer Humor, kindisch-fasziniertes Spiel mit den Exkrementen, Unanständigkeit, Verwandlung eines Tuns in eine harmlose Sprache, Anspielung auf Popmusik, die Beatles, den Farbfilm, das Vertraute und Vergnügliche.

Selbst die Kunst wird einbezogen, so wie jedes andere Detail der täglichen Existenz. Der südafrikanische Schriftsteller Molefe Pheto beschreibt in *And Night Fell*⁴ seine eigene Folter. Während seiner Verhöre muß er Tag für Tag stehen, wird alle Augenblicke von den Polizisten brutal geschlagen, und das alles in einem Büro, in dem eine Reproduktion der *Sonnenblumen* von Van Gogh hängt, so daß das Bild selbst schließlich zu einem Teil seiner Qual wird. Musik wird heute ebenfalls regelmäßig eingesetzt. Radio- oder Tonbandmusik wird voll aufgedreht, damit die in Vororten gelegenen Gefängnisse nicht entdeckt und die Schreie und flehentlichen Rufe übertönt werden. Gleichzeitig stimuliert ihre Lautstärke die Peiniger, läßt sie das, was sie tun, intensiver erleben.

Eine argentinische Malerin, die mit verbundenen Augen in ein Landhaus gebracht wurde, erzählte mir, wie sie die Geräusche des Sommerabends in den Pausen zwischen der Rockmusik erkannte, während sie von einer Horde von Männern abwechselnd vergewaltigt und geschlagen wurde. Sie erinnerte sich an den Duft von gegrilltem Fleisch, der den ganzen Abend über da war, an das Geräusch der Eiswürfel in ihren Gläsern, an den Geruch von Rum.

Es ist diese Anwesenheit von Dingen aus der eigenen früheren Welt, von freundlichen, erkennbaren Dingen — Rum oder im Freien gebratenes Fleisch —, die die Brutalität verstärkt, ihr etwas Unwirkliches gibt. Begegnet einem das Verständliche und Vertraute unter diesen Umständen, entstehen Dissonanzen, wird alles in Frage gestellt. Das Bösartige erscheint obendrein als Wahnsinn; die Grausamkeit hat jetzt auch noch die Dimension, alles auf den Kopf zu stellen. Die Musik oder die Malerei wurde ihres eigentlichen Sinns beraubt, verraten, für fremde Zwecke vereinnahmt.

Doch bestimmte Gegenstände scheinen dieser Metamorphose allein aufgrund ihrer Zerbrechlichkeit und Trivialität zu widerstehen: Als Wolodin in seiner Box in Panik gerät, gegen die Tür hämmert und um Wasser bittet, erhält er einen grün emaillierten Becher mit einem seltsamen Bild: »Eine Katze mit einer Brille auf der Nase tat, als ob sie in einem Buch läse, tatsächlich aber schielte sie nach einem Vogel, der dreist neben ihr herumhüpfte.« Der Becher ist eine ungewöhnliche Wahl für einen Offizier, der die Einkäufe für das innere Gefängnis des MGB der UdSSR tätigt. Er ist aber auch kein Zufall, der private Kaffeebecher eines Wärters; in der nächsten Zelle erhält Wolodin einen ähnlichen Becher. »Es konnte nicht sein, daß dieses Bild eigens für die Lubjanka gewählt worden war. Aber wie gut paßte es hierher! Das kleine Buch war das geschriebene Gesetz, und als Sperling machte sich der Innokentij von gestern wichtig.« Diese Vorstellung nötigt Wolodin ein Lächeln ab, »und in diesem schiefen Lächeln sah er plötzlich den ganzen Abgrund, in den er gestürzt war, klar vor sich. Mit diesem Lächeln kam aber auch eine sonderbare Freude zu ihm, die Freude darüber, daß ihm wenigstens noch dieses winzige Stückchen Leben geblieben war. Er hätte es früher nicht geglaubt, daß jemand während der ersten halben Stunde in den Mauern der Lubjanka lächeln könnte.«

Eine der vielen Prozeduren, die das freie Individuum in eine Kreatur unter absoluter Kontrolle verwandeln, ist das Abnehmen der Fingerabdrücke; eine erfolgreiche Technik im Dienste der Staatskontrolle. Welch einen Fortschritt in der Erfassung von Menschen hat es seit der Zeit gegeben, als Ludwig XIV. seine absolute Autorität verkünden konnte, »L'Etat, c'est moi«, während er nicht einmal die Namen oder die Zahl seiner Untertanen kannte. Durch die Technik, besonders die Fotografie, ist alles anders geworden: das Polaroid-Paßbild im Ausweis, die Vergabe von Nummern, die Technik der Vervielfältigung, selbst die winzigen Wirbel auf den menschlichen Fingerspitzen, jede kleine fotografierte Linie zeugen davon, daß der Einzelne Besitz des Staates ist. Oben auf dem Blatt mit den Abdrücken konnte Wolodin in fetten schwarzen Druckbuchstaben die Worte lesen: FÜR IMMER AUFBEWAHREN! »Eine niederdrückende, kosmische Formel«; »sie hatte irgendetwas Mystisches, irgendetwas, das höher war als die Menschheit und höher als unsere Erde.«

Jedes neue Dokument kann zur staatlichen Kontrolle beitragen: Geburtsurkunde, Führerschein, Sozialversicherungsausweis. Vermutlich vernünftige und notwendige Neuerungen, harmlos in ihrer ursprünglichen Intention, durch den Staat freilich anders verwendbar, im Laufe der Zeit toleriert und zur Gewohnheit geworden, aber als Information so ungeschützt, daß ihre zerstörerische Qualität schließlich nicht mehr in Frage steht. Hinzu kommen die zahlreichen Unterlagen aus Schule, Militärdienst, Arbeit, Kredit- und Bankwesen, Krankenhäusern, die allesamt die Möglichkeiten vermehren, Personen aufzuspüren, zu durchleuchten und letztlich zu kontrollieren. Verknüpft man dieses Netzwerk dann mit der Geschwindigkeit und der Speicherkapazität von modernen Computern, verfügt man über ein inneres System, mit dem nicht nur große Bevölkerungsgruppen, sondern auch die wenigen Verdächtigen überwacht werden können, über die ohnehin genauere Dossiers geführt werden.

Nachdem Wolodin die ersten Prozeduren durchgemacht hat, wird er endlich vom Aufnahmetrakt zu den eigentlichen Zellen gebracht. Auf dem Weg dorthin fallen ihm die Treppenstufen auf: »Nie in seinem ganzen Leben hatte er ähnliches gesehen. Von den Rändern zur Mitte hin zogen sich die ovalen Mulden der bis zur Hälfte ausgeschliffenen Stufen. Er schrak zusammen. Wie viele Füße im Laufe von dreißig Jahren! Wie viele Menschen hatten hier vorbeischlurfen müssen, um den Stein so abzutreten. Und von zweien, die über diese Treppe gingen, war einer immer ein Aufseher und der andere immer ein Häftling gewesen.«

Die ausgetretenen Treppenstufen in der Lubjanka. Über die seit den Anfängen Millionen gegangen sind, ein langer trostloser Zug. Solschenizyn, der die zeitliche Dauer des Gulag von 1918 bis 1956 festsetzt, gibt die Gesamtzahl der Betroffenen, einschließlich der »Umsiedlungen« der Kulaken, mit etwa zehn Millionen an. Die Revolution fand im Oktober statt; bereits im November wurden die Kadetten oder Konstitutionellen Demokraten verfolgt. Im Dezember gab es eine Geheimpolizei (NKWD); man hatte es auf Simulanten und intellektuelle Saboteure abgesehen. Repressalien außerhalb der Justizsphäre waren Sache der in Tscheka umbenannten Geheimpolizei, die Festnahmen, Verhöre, Anklagen, Verurteilungen und Hinrichtungen in eigener Zuständigkeit und in aller Heimlichkeit durchführte. 1918 und 1919 wurden die Rechte Sozialistische Revolutionäre Partei, die Sozialdemokraten, die Menschewiki, die Volkssozialisten sowie jede andere politische Opposition, rivalisierende Gruppierung oder divergierende politische Richtung eliminiert. Wo sich echter Widerstand regte, wurde er zerschlagen: der Bauernaufstand von Tambow, der Matrosenaufstand von Kronstadt. Verbargen Angehörige der Mittel- und Oberschicht ihre frühere soziale Herkunft, konnten sie verhaftet werden, die Präventivhaft wurde als eine Art soziale Prophylaxe eingeführt. Dann kam die Erfindung von Verschwörungen, durch die andere Bevölkerungsgruppen (die Kirche, das Militär, die Intellektuellen) auf Linie gebracht wurden, indem man aufgrund des Beschlusses des Zentralkomitees gegen Subversive Aktivitäten im Hinterland von 1920 Sündenböcke verfolgte. 1927 entdeckte man, daß alle Ingenieure in

Wirklichkeit »Saboteure« waren, die Zerstörungen planten; dann kamen der Prozeß gegen die Industrie-Partei, die großen öffentlichen Schauprozesse und die durch Terror und Folter erpreßten Geständnisse.

Ende der zwanziger Jahre übernahm Stalin dieses staatsterroristische System und vergrößerte und verbesserte es, wobei sich seine erste großangelegte Operation gegen die Kulaken, d.h. die »wohlhabende« bäuerliche Bevölkerung, richtete. Sechs Millionen Menschen wurden vertrieben, ihr Land beschlagnahmt; die Menschen wurden in Viehwagen in Konzentrationslager gebracht, wo sie das Heer der Zwangsarbeiter vergrößerten, die für die großen Bauprojekte und Kanalsysteme eingesetzt wurden. Oder sie wurden einfach ermordet, wodurch ein Beispiel für Völkermord gegeben wurde, dem Deutschland später mit einem ausgeklügelteren System folgen sollte. Politische Opposition oder Nonkonformität jeder Art sowie jeder, der sich weigerte, zum Informanten zu werden, landete im Gulag.

Das Ergebnis war eine seltsame neue Gesellschaft, die ideologisch geprägt war, unter Angst und Zwang lebte und dazu gebracht wurde, sich selbst zu überwachen, nachdem alle modernen verfassungsmäßigen Garantien und die Unabhängigkeit der Rechtsprechung längst abgeschafft worden waren. Hatte man die Kontrolle einmal durchgesetzt, konnte sie durch exemplarische Säuberungen nur noch gefestigt und verbessert werden: 1937 fanden in Leningrad Säuberungen statt, die jede Schicht der Bevölkerung betrafen und Massenexekutionen nach sich zogen; ein Massengrab enthielt allein 46 000 Leichen. Die Konsolidierung des stalinistischen Systems fand ihren Abschluß in den Moskauer Prozessen von 1937 und 1938. Die Verhöre erreichten ihren Höhepunkt, im Gerichtssaal wurden dramatische Geständnisse abgelegt, die einst mächtigen und bedeutenden Gestalten der Revolution selbst – Bucharin und andere – erlebten ihre absolute Demütigung, als sie sich alle nacheinander vieler Verbrechen bezichtigten, die sie einfach nicht begangen haben konnten.

Die Revolution war jetzt zur Konterrevolution geworden; es galt nur noch, das System zu überwachen und einige Phantasie darauf zu verwenden, es mit einer Paranoia gegenüber dem Westen zu füttern, wobei die ständige Entlarvung von subversiven Aktivitäten oft zur Farce geriet. Aber jetzt war das Prinzip fest verankert, daß jede Opposition oder sogar abweichende Meinung Verrat war, und Verrat war ein Angriff auf jene staatliche Macht, die die Ideologie der Revolution ersetzt hatte. Außerdem gab es keinen Unterschied zwischen Handlungsabsicht und Handlung. All dies konnte in dem berüchtigten Artikel 58, Absatz 6, des sowjetischen Strafgesetzbuchs über Spionage gesetzlich festgeschrieben werden.[5] Es entstanden zwei völlig getrennte Bereiche von offizieller Geheimhaltung und öffentlicher Unwissenheit, und dies wurde zu einem Modell, das auch in vielen anderen Ländern unter dem Begriff der »nationalen Sicherheit« praktiziert wurde. Damit einher ging eine starke Fremdenfeindlichkeit, die dazu führte, daß jeder Kontakt mit einem auswärtigen Land oder bereits das Interesse an ihm strafbar war. Die Bezeichnungen »Terrorist« oder »terroristische Interessen«, die sich heute weltweit großer Beliebtheit erfreuen, wurden hier zum ersten Mal pauschal angewendet.

Das Primat der Staatsgewalt nahm furchterregende Dimensionen an. Entsprang es einerseits einer persönlichen Obsession Stalins, so war es andererseits doch ein überpersönliches Prinzip, das jedes System anwenden könnte. Am schlagkräftigsten war der Artikel 58 durch den Absatz 10 über Propaganda und Agitation, der direkt gegen jede Aktivität gerichtet war, die die Staatsgewalt herausforderte oder in Frage stellte. Dazu konnten literarisches Material, öffentliche oder private Kommunikation, sogar Gespräche gehören. Jede freie Meinungsäußerung wurde durch diese »Allzweckwaffe« zunichte gemacht. Artikel 58 gab dem Staat die Möglichkeit, die Bürger fortwährend zu bespitzeln und auszuhorchen, begünstigte »informelle Mitarbeit« und Denunziationen. Er erlaubte kein Privatleben und keine Privatmeinung, konnte Gespräche zwischen Freunden, sogar zwischen Eheleuten betreffen. Es konnten auch persönliche Briefe zensiert werden: Solschenizyns Festnahme, die elf Jahre Haft und die Exilierung waren die Strafe für einige sarkastische Bemerkungen über Stalin, den er und ein Studienfreund heimlich als den »Pflüger« bezeichneten, und zwar in Briefen, die sie sich schrieben, als sie an der russischen Front dienten.

Wolodins Angst war durchaus berechtigt: Zum Zeitpunkt seiner Festnahme existiert ein Gerät, das seinen Untergang besiegeln wird. Er begreift, wie ein unschuldiger Akt als Verbrechen interpretiert werden wird, daß er keinen Prozeß, keinen Verteidiger und keine Freilassung auf Kaution haben wird. Daß es keine Unschuldsvermutung gibt, daß Festnahme gleichbedeutend mit Verurteilung ist. Daß das Urteil, sollte es überhaupt eins geben, monströs sein wird, zehn Jahre Zwangsarbeit oder, was noch wahrscheinlicher ist, zwanzig, denen noch fünf weitere im sibirischen Exil folgen würden. Er ist sich bewußt, daß ihn eine Verurteilung zu Zwangsarbeit unter den Bedingungen des Gulag umbringen wird. Aber er weiß, daß er nie ein Gericht, nie ein anderes Gesicht sehen wird als das Gesicht derjenigen, die ihn verhören, hinrichten. Er weiß, daß er hilflos sein, nur Ungerechtigkeit und Verzweiflung erleben wird, weiß, daß er ganz allein seiner Angst ausgeliefert ist. Kein Epikureer, sondern ein Stoiker. Er weiß, daß er machtlos in den Händen einer gnadenlosen Macht ist, die an alles gedacht hat.

Er weiß, daß er gefoltert werden wird, bevor er stirbt. Alles hängt davon ab, von der Folter. Sie ist der letzte und äußerste Mißbrauch, sein Kernstück. Aber bevor die Folter absolute Macht schaffen kann, muß die Voraussetzung für die Folter da sein, jene Konzentration der staatlichen Macht, die die Folter — wie illegal und heimlich auch immer — erst möglich macht. Durch die Folter wird eine letzte und absolute Macht erreicht. Wenn das Eingesperrtsein in einer Box, in der man sich nicht hinlegen kann, wenn die üblichen schlaflosen Nächte, die den Beginn des Verhörs begleiten, auf dem Körper auch keine Spuren hinterlassen, so sind sie dennoch Folter. Ebenso die Schuldvermutung, ebenso eine Verurteilung zu fünfundzwanzig Jahren für einen Telefonanruf, einen Akt der Barmherzigkeit, der als Verrat interpretiert wird. Ob man Wolodin im Schraubstock eine Hand bricht, ob man ihm ständig einen Revolver gegen die Schläfe drückt oder ob man ihn tagelang am Hals und an den Füßen ankettet — alles ist auf die eine oder andere Art Folter: Es gibt keine klare Unterscheidung zwischen physischer, psychischer und justizförmiger Peinigung.

Jede ist eine eigene Ausdrucksform der Macht, und alle sind in der Welt miteinander verbunden, die hinter dem Spiegel der Legalität liegt. Die verborgenen Mechanismen des Staates kontrollieren das Leben jedes Einzelnen von einer Sphäre aus, die jenseits der offiziellen Logik und Ordnung angesiedelt ist. Die normale äußere Welt, die Welt, aus der Wolodin herausgefallen ist, ist letztlich nur ein Trugbild, das die wirklichen Zustände nur notdürftig verdeckt.

Für einen Menschen in seiner Position gab es viele Warnsignale, Signale, die Wolodin ignoriert hatte in seinem unbekümmerten Drang zu leben, das Leben zu genießen, andere Bezugspunkte in der Liebe und in Reisen, ja sogar in einem anderen Denksystem zu finden. Privatleben.

Jetzt ist er durch das Glas gefallen, eine Hand hat sich nach ihm ausgestreckt und ihn gepackt: Plötzlich ist er verwundbar aufgrund einer großherzigen Geste, allein dadurch, daß er eine Kopeke einwarf und eine Nummer wählte. Der Griff, der ihn umklammert hält, ist allmächtig durch Schlösser und Riegel, Transportzüge und Lager, den Vernehmungsbeamten, der auf ihn wartet. Diese Umklammerung wird jeden Komplizen aus ihm herausquetschen, obwohl er keinen hat.

Stalin und Abakumow waren in der Tat weitblickend, als sie Professor Dobroumow ins Visier nahmen. Tausende von Ärzten würden betroffen sein, und Abakumow ist wütend, weil Wolodin dieser ersten Anklage ihre vernichtende Spitze genommen hat: Es war vorgesehen, Dobroumow erst nach seiner Rückkehr aus Frankreich zu verhaften, um seine Schuld besser nachweisen zu können. Die Verurteilung des alten Mannes würde noch viele andere nach sich ziehen; dafür würde das Verhör sorgen. Sie wollten einen großen Fang machen.

Wolodin und andere Opfer, die etwas Gutes getan haben, werden durch die Folter — all die Qualen, die vor ihnen liegen, und die Angst vor der Folter selbst — dazu gebracht, etwas Böses zu tun, Namen zu nennen. Die Namen von Unschuldigen. Von völlig Unschuldigen. In ihrer Qual wird ihnen Unschuld nichts bedeuten, weder ihre eigene noch die eines jeden Menschen, den sie durch Lügen mit hineinziehen müssen oder können. Die Wahrheit wird keine Rolle spielen, so wie sie nie eine Rolle für den Verhörer gespielt hat, der bestimmte Quoten erreichen muß, denn das Produkt der Folter sind Lügen. Es wird mehr Verhaftungen geben, weil es mehr Verhaftungen geben muß. Das System lebt davon und ist niemals satt.

Das System der Konzentrationslager

Am Schluß seines Buches *Der erste Kreis der Hölle* beschreibt Solschenizyn einen Lieferwagen, der Häftlinge zu den Zügen bringt, mit denen sie ihrem wahrscheinlichen Tod im Arbeitslager entgegenfahren. Wir sehen das Fahrzeug, wie es sich seinen Weg durch den Moskauer Verkehr bahnt. »Die in ihrem Inneren zusammengepreßten Leiber hin- und herschleudernd, hatte das fröhliche orange-blaue Auto inzwischen die Straßen der Stadt erreicht, fuhr jetzt an einem Bahnhof vorbei und hielt an der Kreuzung. An demselben Kreuzweg, an derselben Ampel, stoppte auch der dunkelrot lackierte Wagen des Korrespondenten der französischen Zeitung ›Libération‹, der zu einem Hockeyspiel ins Dynamo-Stadion fuhr.«

Auf der einen Seite des Lastwagens steht in vier Sprachen das Wort FLEISCH, auf der anderen das Wort BROT. Solschenizyn bemerkt zu diesem Trick ironisch: »Nach dem Krieg war in einem genialen Kopf der Gedanke aufgetaucht, ›Schwarze Raben‹ von der Größe und vom Aussehen der Lebensmittel-Lieferwagen zu bauen, sie außen mit den gleichen orange-blauen Streifen zu versehen.« Der Korrespondent erinnert sich, daß er mehrere solcher Lieferwagen in Moskau gesehen hat und schreibt in sein Notizbuch: »In den Straßen von Moskau sieht man immer wieder Lieferwagen mit Lebensmitteln, äußerst sauber und vom sanitären Standpunkt einwandfrei. Die Versorgung der Hauptstadt kann nur als vorzüglich bezeichnet werden.«

Um Folter im großen Maßstab zu praktizieren, muß der Staat zuerst die notwendigen Voraussetzungen schaffen, indem er eine fast absolute Kontrolle herstellt. Um Menschen zu kontrollieren, kontrolliert man zuerst die Ideen und die Ideologie. Hat man diese fest im Griff, geht man schließlich zur Kontrolle der Dinge über: die Gegenstände spiegeln diese Kontrolle wider, erleichtern und verkörpern sie. Die Kontrolle muß sich in Systemen widerspiegeln, beispielsweise im gesamten Netz des Schienen- und Straßenverkehrs. Es werden Organisationsformen, Methoden, Techniken entwickelt. Was ein Teil des Staatsapparats entwickelt, übernimmt ein anderer und baut darauf auf.

Die Opfer des nazistischen Völkermords kamen am Schauplatz ihres Todes mit Sonderzügen an, deren Fahrpläne uns heute noch zugänglich sind; sie waren damals nicht geheim. Die deutsche Eisenbahn war ein eigenständiges Unternehmen, das für die SS arbeitete und ihr die Gruppentarife einräumte, die sonst für Urlaubs- und Ausflugsreisen galten. Hier war ein besonders gut funktionierender ökomischer und technischer Mechanismus gegeben. Der Historiker Raul Hilberg sagt in dem Text zu dem Dokumentarfilm *Shoah* von Claude Lanzmann[6]: »Vergessen Sie nicht: Es gab keinen Etat für die Ausrottung.« Darum mußte das beschlagnahmte Eigentum für die Zahlungen herangezogen werden. Diejenigen, die sterben würden, mußten ihre eigene Fahrkarte zum niedrigstmöglichen Ausflugstarif kaufen.

Die normalen Bürger, die in Gruppen in Urlaub fuhren, fuhren natürlich nicht in Viehwagen ihrer eigenen Vernichtung entgegen. Noch weniger finanzierten sie ihren eigenen Tod durch die Beschlagnahme ihres Besitzes. Aber der verwaltungsmäßige Vorgang der Planung und Fakturierung wurde in der gleichen Art und Weise und durch dasselbe offizielle Reisebüro durchgeführt: »Das ›Mitteleuropäische Reisebüro‹ beförderte Menschen in Gaskammern und Urlauber an ihre bevorzugten Ferienorte. Es war dasselbe Büro, dasselbe Verfahren, dieselbe Fakturierung.« Hilberg untersucht die Fahrplananordnung 587, ein historisches »Artefakt«, das »der Beamte damals auch in der Hand gehalten hat«. Das Dokument sagt viel aus. Es ist ein Fahrplan für fünfzig Güterwagen, die mit Menschen beladen waren. Es dauert fünf Stunden, bis sie in Treblinka entladen sind, dann fahren sie leer in eine andere kleine Nachbarstadt, wo sie neue Opfer aufnehmen, fahren wieder nach Treblinka, und so geht es weiter, bis sie zwischen dem 13. und dem 29. September 1942, vorsichtig geschätzt, zehntausend Juden zu den Gaskammern gebracht haben. Es konnte auch einen Zuschlag geben: Die Züge mußten gereinigt werden, weil die Transporte meistens viele Tage dauerten, in denen die Gefangenen keine Nahrung, kein Wasser, keine Heizung hatten, so daß viele von ihnen unterwegs starben. Diejenigen, die lebend ankamen, würden schwach, verwirrt und leicht zu töten sein.

Die Fahrplananordnung 587 ist eines der wenigen konkreten

Beweisstücke, die ein ganzes Stück Geschichte belegen. Man merkt, wie sehr sich das Nazi-Regime mit schriftlichen Äußerungen über seine »Endlösung« zurückgehalten hat: Man ist gezwungen, die Ereignisse anhand bestimmter Unterlagen zu rekonstruieren. Abgesehen von den Protokollen über die Wannsee-Konferenz am 20. Januar 1942, als Heydrich den versammelten Staatsdienern bekanntgab, daß er zum Generalbevollmächtigten für die Vorbereitung der Endlösung der jüdischen Frage in Europa ernannt worden war, oder Görings Brief an Heydrich vom Ende des vorausgegangenen Juli, war das »gesamte Unternehmen« im allgemeinen eine Sache, auf die man nur schließen konnte, die mit euphemistischen Ausdrücken umschrieben oder lediglich angedeutet wurde. Was in seiner Größenordnung und in seinem Grauen unbeschreiblich ist, wird in einem ausdruckslosen, harmlosen Ton beschrieben.

Die Historiker stützen sich auf die offiziellen Dokumente, die bekannten Verfahrensweisen: »Die Reichsbahn war bereit, jede Ladung gegen Bezahlung zu befördern. Also konnte sie auch Juden nach Treblinka, Auschwitz, Sobibor und anderen Orten befördern, solange diese Transporte nach den geltenden Kilometertarifen — soundso viele Pfennige je Kilometer — bezahlt wurden. Das System war während des ganzen Krieges das gleiche: Kinder unter zehn Jahren die Hälfte, die unter vier Jahren fuhren frei. Man zahlte nur die einfache Fahrt (...) wenn die Gruppe aus mindestens vierhundert Personen bestand: Gesellschaftsfahrtentarif. Aber die Juden kamen auch in den Genuß dieses Tarifs, wenn sie weniger als vierhundert waren, und auf diese Weise galt auch für die Erwachsenen der halbe Preis.«

Da es keinen »Etat für die Ausrottung« gab, war das Ganze auf Selbstfinanzierung angelegt, und der beschlagnahmte Besitz mußte dazu verwendet werden, das Reisebüro und die Eisenbahn zu bezahlen, so daß die Opfer selbst für ihre Fahrt in den Tod aufkommen mußten. Als im Frühjahr 1943 46 000 Juden aus Saloniki abtransportiert wurden, gab es die üblichen Beschlagnahmungen, aber es entstanden Probleme beim Umtausch von Drachmen in Mark. »Diesmal blieb eine Rechnung offen: Die Bahn beförderte die Juden umsonst nach Auschwitz.«

Auf der Fahrplanordnung 587 steht »Nur für den Dienstgebrauch«, aber nirgends ist »Geheim« vermerkt. Dies ist einerseits raffiniert, da geheime Dokumente die Neugierde wecken. Aber andererseits bleibt es erstaunlich. Hilberg betont den bürokratischen Formalismus, hinter dem die Regierung ihre abscheulichen Verbrechen zu verstecken gelernt hatte, und weist darauf hin, daß darin eine große Sicherheit zum Ausdruck kam: »Aber der Schlüssel des ganzen Verfahrens war ja, psychologisch gesehen, daß das, was gerade geschah, nie ausdrücklich benannt wurde. Nichts sagen, die Dinge tun. Sie nicht beschreiben.« Dies setzt eine Kontrolle voraus, die mit dem Schweigen sowohl der Reisebüros als auch der Reichsbahn rechnen kann, eine erstaunliche Duldung, ja Zustimmung.

Aber das Verleugnen der Realität dringt noch tiefer in die Sprache ein: In einem Dokument vom 5. Juni 1942, das als Geheime Reichssache bezeichnet wurde, einen Bericht an Walter Rauff von der SS enthielt und lediglich mit Just unterzeichnet war, wird mit einiger Befriedigung berichtet, daß in Chelmno seit dem 1. Dezember die ersten 97 000 Opfer in den drei Saurer-Spezialwagen, die dort im Einsatz waren, »verarbeitet« worden sind. Während der ersten Zeit wurden die Tötungen in Chelmno nicht mit der Technik der Zyklongaskristalle vorgenommen, sondern auf eine primitive Art: Die Menschen wurden in einen Lastwagen gepfercht, die Türen geschlossen. Ein Schlauch wurde vom Auspuff des Lastwagens zu einem Loch im Boden des Fahrzeugs geführt, die Menschen erstickten an Kohlenmonoxid. Da noch keine Krematorien zur Verfügung standen, wurden die Leichen anschließend aufs offene Land gefahren, in Gräben geworfen und zugeschüttet.

Nun erscheinen einige kleinere Veränderungen angebracht. Wenn das Innere des Wagens ein wenig kleiner wäre, könnte die Stabilität des Fahrzeugs verbessert werden. Es würde sich schneller mit Gas füllen, vor allem, wenn es mit der gleichen Zahl von Opfern gefüllt würde, die hier als »Stücke« bezeichnet werden. »Die Betriebsdauer kann beträchtlich verkürzt werden.« Entgegen der Behauptung des Herstellers besteht auch nicht die Gefahr eines Ungleichgewichts, wenn die Größe des Wagens verkleinert wird, während er genauso vollgeladen wird. Just hat den ganzen Vorgang beobachtet und weiß um die Beschaffenheit seiner Ladung. Was weiß Saurer? Der Wagen ist vollgeladen, während man die Menschen erstickt, doch Just weiß genau, was sich drinnen abspielt: »Tatsächlich findet aber ungewollt ein Ausgleich in der Gewichtsverteilung dadurch statt, daß das Ladegut beim Betrieb in dem Streben nach der hinteren Tür immer vorwiegend dort liegt. Hierdurch tritt eine zusätzliche Belastung der Vorderachse nicht ein.«

Diese Verwandlung von Menschen in »Stücke« oder »Ladegut« setzt beträchtliche Anstrengungen voraus. Es ist notwendig, eine Ideologie zu schaffen, die den Rahmen des normalen Rechtssystems sprengt und eine höhere Sache und eine größere Notwendigkeit an seine Stelle setzt. Der Rechtshistoriker Edward Peters beschreibt die Wiedereinführung der Folter aus politischer Zweckmäßigkeit: »In einer Reihe von Staaten wurde zu Beginn des 20. Jahrhunderts die traditionelle Trennung von Recht und Politik im Interesse stärkerer und rücksichtsloserer Regime und im Namen einer überhöhten Staatsidee abgeschafft.« Die Folge war Peters zufolge eine »gespaltene Rechtsprechung«, bei der »normale« Vergehen und routinemäßige Prozesse weiterhin auf die traditionelle Art gehandhabt wurden, »allerdings der Form nach durch die neuen rechtsphilosophischen Prinzipien modifiziert«. Zugleich wurden andererseits »gewisse Verbrechenskategorien« — und zwar sehr viele, alle Aktivitäten etwa, die von den Revolutionären, den Begründern der kommunistischen oder faschistischen Herrschaft, als »besonders gravierend« betrachtet wurden, zählten dazu — geschaffen und »Sondergerichten« übergeben, die »sie nach einer neuen Verfahrensordnung« behandelten. Das Rechtssystem ist gezwungen, sich den drastischen Veränderungen des politischen Systems so sehr anzupassen, daß die in Jahrhunderten entstandenen verfassungsmäßigen Garantien aufgehoben werden und den Einzelnen nicht mehr schützen. Dieser ist jetzt dem Staat in einem Maße ausgeliefert, wie es seit Jahrhunderten nicht mehr der Fall war. Der Staat ist mächtiger als je zuvor in der Geschichte.

Der sowjetische Staat hatte solche »neuen« Verfahrensweisen ebenso eingeführt wie die Nazis, die ihre Methoden gleichfalls revolutionär nannten. Das politische Verbrechen bekam eine neue Bedeutung, da der Staat seine junge, nachrevolutionäre Existenz als höchst labil und empfindlich gegenüber jeder Form des Widerstands ansah. Die »revolutionäre Notwendigkeit« verlieh dem Staat außerordentliche Machtbefugnisse, die ältere rechtliche Beschränkungen außer Kraft setzten. Da seine neue Ideologie sehr theoretisch und substanzlos, brüchig und flüchtig war, setzte der Staat mehr denn je auf seine realen Machtmöglichkeiten. Da der Staat das höchste Gut darstellte, wurde die Gewalt mehr und mehr ein notwendiges Mittel.

Mussolini selbst gibt in der *Neuen Italienischen Enzyklopädie* von 1932 die folgende Begründung: »Der Mensch ist nichts. Der Faschismus wendet sich gegen die abstrakte Vorstellung vom Individuum, die auf materialistischen Annahmen und Utopien beruht. Außerhalb des Staates hat nichts Menschliches oder Spirituelles irgendeinen Wert.« Im italienischen Faschismus wurden der Staat und die Nation miteinander verschmolzen, und der Staat erklärte sich zum Vertreter einer größeren und höheren Kraft, des Volkes. Jetzt waren nur noch der Staat und das Recht miteinander zu verschmelzen.

Von seiten der Richterschaft gab es Widerstand gegen diese Forderungen und Einwände gegen die rechtspolitischen Veränderungen, die daraus folgten. Als die Faschisten jedoch an der Macht waren, rissen sie außerordentliche Machtbefugnisse an sich. Nach 1929, so schreibt Peters, »wurden sogenannte Staats-, Partei- und Volksfeinde regelmäßig von der geheimen politischen Polizei gefoltert«.

In Deutschland ging man nach 1932 noch weiter: Der deutsche Staat wurde zum bloßen Instrument der Nazi-Partei, deren Führer Adolf Hitler der Parteiliteratur zufolge den Willen des Volkes »verkörperte«, das als eine nationale, historisch gewachsene Gemeinschaft verstanden wurde. Die Partei selbst war nach Hitlers Auffassung etwas Einzigartiges, da politische Parteien im allgemeinen zu Kompromissen neigen, während »philosophische Lehren« wie seine eigene so etwas niemals täten. »Politische Parteien«, erklärte Hitler verächtlich, »kommen sogar mit ihren Feinden zu einer Verständigung, philosophische Lehren erheben den Anspruch auf Unfehlbarkeit.« Die nationalsozialistische Partei war keine politische Partei im herkömmlichen Sinne, sondern die aktive Verkörperung der unfehlbaren »Philosophie« eines Volkes, welcher der Staat und das Recht notwendigerweise untergeordnet seien. So wie Lenin oder Stalin, die Tscheka oder der sowjetische Generalstaatsanwalt sowohl konterrevolutionäre Aktivitäten als auch den richtigen revolutionären Weg erahnen konnten, indem sie den Willen des Volkes definierten, konnte auch Hitler eine mystische und absolute Macht erringen.

Die absolut überhöhten subjektiven Eigenschaften des Volkswillens und der Volksweisheit, des Volksgenossen oder der Volksgemeinschaft sind transzendente Größen, außerhalb derer ein Mensch weder Identität noch Wert besitzt. Nur ein einziger kann sie richtig interpretieren. Dies ist noch nebulöser und noch mehr an eine Person gebunden als die richtige Interpretation des Marxismus. Prozesse wurden jetzt nach solchen Kriterien wie Volksgewissen und Rassebewußtsein geführt, die man in das Strafrecht eingeführt hatte, nachdem zuvor Begriffe wie das »Wohl des Volkes« und »gesundes Volksempfinden« stark aufgewertet worden waren. Solche Begriffe wurden offizielle, normative Standards.

Peters stellt die Auswirkungen dieser Unterordnung des Rechts unter die politische Ideologie dar: »Die rechtspolitischen Konsequenzen der nationalsozialistischen Theorie und Praxis waren unter anderem die Schaffung von Sondergerichten, die erweiterte Definition von politischen Verbrechen und die Verschärfung der Verhörmethoden und der Strafmaßnahmen.« Nach 1933 wurden Sondergerichte für Angelegenheiten geschaffen, die die Partei für zu wichtig erachtete, um sie der noch verbliebenen Rechtsprechung zu überlassen, da man deren Richtern nicht zutrauen konnte, ein politisch akzeptables Urteil zu fällen. Im nächsten Jahr wurde der Volksgerichtshof gegründet, der sich mit Verratsdelikten befaßte: Den professionellen Juristen wurden nunmehr Parteimitglieder ohne juristische Erfahrung beigegeben. Gegen die Urteile dieses Gerichts konnte keine Berufung eingelegt werden, und »nur sehr selten wurde zugunsten der Angeklagten entschieden«.

1942 gab Himmler eine Weisung heraus, die den Einsatz des sogenannten »dritten Grades« bei Verhören gestattete, womit, so Peters, »ganz eindeutig die Folter gemeint war«. Der »dritte Grad« sollte Geständnisse aus den Gefangenen herauspressen. Himmler gab eine Pauschalgenehmigung für ihren Einsatz gegen »Kommunisten, Marxisten, Zeugen Jehovas, Saboteure, Terroristen, Angehörige von Widerstandsbewegungen, asoziale Elemente, widersetzliche Elemente« und eine Gruppe von Unglücklichen, die als polnische oder russische »Vagabunden« bezeichnet wurde.

Die Methoden des »dritten Grades« enthalten die wesentlichen Elemente der gesamten Foltertechnik. Edward Peters und sein Vorgänger, der große französische Rechtswissenschaftler Alex Mellors[7], betrachten dieses System als die Grundlage der modernen

Folterpraxis. Seine Merkmale: extrem kleine Zellen, Hungerrationen, isolierte Zellen, verschärfte Zwangsarbeit, Schlafentzug und Schläge. Außerdem waren Ärzte anwesend, um zu verhindern, daß die Gefangenen unter der Folter starben, d.h. um sie für weitere Verhöre am Leben zu erhalten. Auf diese Art und Weise führte das Dritte Reich nicht nur die systematische Folter wieder ein, sondern verwandelte sie in ein medizinisches Spezialgebiet, eine Transformation, die in der zweiten Hälfte des 20. Jahrhunderts schwerwiegende Folgen haben sollte.

Die Anwendung der Folter geht immer mit bestimmten rechtlichen und gesetzlichen Vorbereitungen Hand in Hand. Die Historiker, die sich mit dem Nationalsozialismus und dem Holocaust befaßt haben, beschreiben die Schaffung eines Netzes von Gesetzen, die das Schicksal der verschiedenen »Feinde« des Dritten Reiches, insbesondere der Juden, besiegelten. Wie Hilberg, Martin Gilbert, Lucy Dawidowicz u.a. darstellen, bedeutete die Praxis in Deutschland in vielerlei Hinsicht nur die Wiedereinführung und Intensivierung von Gepflogenheiten und Gesetzen, die weit in die europäische Geschichte zurückreichen. Zuerst wurde die Vorarbeit für die entsprechende Gesetzgebung geleistet, indem man den Juden die Ausübung bestimmter Berufe untersagte. Dann wurden sie nach und nach von allen möglichen Tätigkeiten und aus dem Geschäftsleben ausgeschlossen. Als nächstes kam eine extrem hohe Besteuerung. Es folgten die Nürnberger Gesetze über die Staatsbürgerschaft und die Reinheit der Rasse, die Strafe für Mischehen. Schließlich wurden die Ghettos errichtet. Sie bildeten den Abschluß eines Systems von immer bösartigeren Gesetzen und Direktiven, die wie Räder einer grausamen Maschine ineinandergriffen. Als dann die Pläne zur »Umsiedlung« durch Einweisung in Lager realisiert wurden, waren sie gegen Gruppen gerichtet (politische Gegner, Zigeuner, Homosexuelle, Juden), die keine Bürger oder Menschen mehr waren, sondern völlig recht- und schutzlose Wesen.

Diese Mechanismen waren in vielerlei Hinsicht die gleichen wie die, die in den Gulag führten. Massenhafte Inhaftierungen, Hinrichtungen und Folter erfordern einen ganzen Komplex von Sondergesetzen sowie die Schaffung von besonderen staatlichen Vollmachten, die die gesamte historische Entwicklung hin zur Rechtstaatlichkeit und zur konstitutionellen Demokratie und damit jahrhundertelange Bemühungen um individuelle Freiheitsrechte zunichte machen. Ist ein solcher Apparat erst einmal vorhanden und liegen Präzedenzfälle vor, dann können die traditionellen Garantien durch einfache Gesetze zerstört werden, die alles Vorherige aufheben. »Notstandsgesetze« oder »Sondervollmachten« sind im Laufe der letzten Jahrzehnte zu einer Praxis geworden, die, vor allem in Südamerika, um ein Beispiel zu nennen, in jedem Staat üblich geworden ist, in dem das Militär die Gesetze außer Kraft gesetzt hat, welche die staatsbürgerlichen Freiheiten garantieren.

Der Weg zu den Lagern wurde mit legalen Methoden gebahnt. Und mit wissenschaftlichen, denn die deutsche Psychiatrie sorgte dafür, daß die »Geisteskranken« die erste für die Vernichtung vorgesehene Gruppe waren, und die ersten Experimente im Bereich der Massenvernichtung wurden von Psychiatern an Heiminsassen durchgeführt. Dann richtete sich die nazistische Ideologie von der rassischen Säuberung gegen Zigeuner und Homosexuelle: Hier gab es bereits repressive Bestimmungen, die nur reaktiviert werden mußten.

Viele Beschränkungen, die den Juden auferlegt wurden, waren lediglich eine Rückkehr zu frühen christlichen Praktiken: der Ausschluß der Juden von öffentlichen Ämtern, die Abdrängung in Ghettos. Hilberg schreibt: »Man kann eine große Zahl von deutschen Gesetzen und Verordnungen mit ihren Gegenstücken aus der Vergangenheit vergleichen und zutreffende Parallelen ziehen, sogar bis ins Detail, als ob es eine Erinnerung gäbe.« Was aber noch immer Eindruck auf ihn macht, ist »der nächste Schritt«, dieser unvermutete Zuwachs an Phantasie und Erfindungsgeist, den die Bürokratie an den Tag legte, als man sie anwies, den Holocaust durchzuführen. Das hatte es niemals zuvor gegeben, betont Hilberg. »Man kann sich auf kein eindeutiges Dokument beziehen, nicht einmal auf Görings Brief an Heydrich (Sommer 1941), der diesen in zwei Sätzen beauftragt, zur Endlösung überzugehen. Man kann nach der Lektüre dieses Papiers nicht denken, alles sei geklärt — weit gefehlt. Ja, das war eine Vollmacht, etwas zu erfinden.« Allein die Größenordnung überfordert die Verwaltung. »In jeder Phase des Unternehmens mußte etwas erfunden werden. Vor allem zu diesem Zeitpunkt, denn jedes Problem war völlig neu.«

Wie kann man so viele Menschen töten und es geheimhalten? Immer ist es das Ausmaß der Dinge, die überwältigende Zahl; es geht um Millionen von Menschen. Was macht man mit ihren Kleidern? Ihren Leichen?»Das war ihre große Erfindung, und von da an unterscheidet sich die Entwicklung von allem, was es jemals vorher gegeben hatte. Als die Endlösung beschlossen wurde oder, um es genauer zu sagen, als die Bürokratie sie zu ihrer Sache machte, war das ein Wendepunkt in der Geschichte.« Ist der Präzedenzfall geschaffen, kann man auf ihn Bezug nehmen, sogar auf ihm aufbauen; jedes Experiment kann wiederholt werden.

»Doch wohin wir gehen, wissen wir nicht«, sagt Primo Levi in seinem Buch *Ist das ein Mensch?*[8] Er ist vierundzwanzig Jahre alt. Als sein Konvoi mit italienischen Juden ankam, eine Reihe von Güterzügen mit sechshundertfünfzig »Stück«, wie die Deutschen ihre menschliche Fracht ständig nannten, die bei jeder Etappe wieder durchgezählt wurde, sonderte man diejenigen aus, die für die sofortige Vernichtung bestimmt waren. Levi gehörte zu den sechsundneunzig Männern, denen der sofortige Tod erspart blieb, weil sie zur Sklavenarbeit eingesetzt werden sollten. Solche Gefangenen wurden in Lagern zusammengefaßt, in Baracken untergebracht und von anderen Gefangenen bewacht, die Lagerkommandos genannt wurden. Diese wurden wiederum von Arbeitskommandos und schließlich von zivilem Personal überwacht, wobei die verschiedenen Ebenen eine Hierarchie bildeten, die mit den strengsten Mitteln durchgesetzt wurde. Über allem stand die SS, die das Ganze mit Gewehren und Schlägen in Gang hielt.

Es ist ein System, das keine Solidarität zuläßt. Die Gefangenen werden gegeneinander ausgespielt, jeder hungert, jeder stiehlt. Der Zweck ist der, den Gefangenen zu einem Sklaven, einem Tier, einer Nummer zu machen; daher auch die eintätowierte Nummer. »Und nichts ist mehr unser: man hat uns die Kleidung, die Schuhe und selbst die Haare genommen; werden wir reden, so wird man uns nicht anhören, und wird man uns auch anhören, so wird man uns nicht verstehen. Auch den Namen wird man uns nehmen; wollen wir ihn bewahren, so müssen wir in uns selber die Kraft dazu finden, müssen dafür Sorge tragen, daß über den Namen hinaus etwas von uns verbleibe, von dem, wie wir einmal gewesen.«

Der beabsichtigte Zweck dieses Organisationsplans ist die Verzweiflung. Das Leben unter solchen Bedingungen ist nicht lebenswert, man gewöhnt sich an den Tod, sehnt ihn herbei, kapituliert.

»Wir, die Versklavten, sind hundertmal hin- und hermarschiert in stummer Fron, mit erloschenen Seelen noch vor dem anonymen Tod.«

Ein Aufstand im Lager von Lublin wurde niedergeschlagen, indem man das Lager liquidierte: An den vier Ecken des Lagers wurden Maschinengewehre aufgestellt, und die Baracken, die voller Häftlinge waren, wurden in Brand gesteckt. Für jede Eventualität ist Vorsorge getroffen, jedes Schlupfloch ist verschlossen. Selbst die im Lager wuchernde Korruption, Beziehungen und Bestechungen, der Zynismus, der verwirrende Handel mit Tabak, Löffeln und Prämienscheinen ziehen die Schlinge nur noch fester zu. Die Krankenstation investiert nicht in medizinische Artikel wie Gummischläuche für Klistiere; statt dessen vergreift sie sich an den Nahrungsmittelrationen der Häftlinge und tauscht diese gegen Gummischläuche ein, die Häftlinge aus anderen Werkstätten gestohlen haben. Das Lagersystem ist eine große Maschine, die die Menschen zu Tieren macht und die Beweise dann durch die Technologie der Massenvernichtung aus der Welt schafft.

Für diejenigen, die sofort sterben, verkörpert sich das System in dem Bild des Schornsteins von Birkenau; für diejenigen, die noch eine Weile leben, bevor sie sterben, wird der Schornstein von einem anderen Bild überlagert – der Musikkapelle. »Es sind nur wenige Motive, etwa ein Dutzend, und alle Tage, morgens und abends dieselben: Märsche und Volkslieder, die jedem Deutschen lieb und teuer sind. Sie haben sich in unsere Köpfe eingegraben und sie werden das letzte sein, was wir vom Lager vergessen sollen: des Lagers Stimme sind sie, der wahrnehmbare Ausdruck seines geometrisch konzipierten Irrsinns und eines fremden Willens, uns zunächst als Menschen zu vernichten, um uns dann einen langen Tod zu bereiten.«

Es ist so arrangiert worden, daß die Häftlinge bei Musik leiden sollen, daß sie hungernd, frierend und erschöpft zu ihrer harten Arbeit gehen und von ihr zurückkehren, und das unter den Klängen von Musik, einer Kunstform, die dazu herabgewürdigt wird, Menschen anzutreiben, ja, ihnen Gewalt anzutun. »Wenn diese Musik ertönt, wissen wir, daß sich die Kameraden draußen, im Nebel wie Automaten in Bewegung setzen. Tot sind ihre Seelen, und die Musik treibt sie dahin wie der Wind das welke Laub und ersetzt ihren Willen. Denn ein Wille ist nicht mehr da, und jeder Pulsschlag wird zu einem Schritt, zu einer reflexbedingten Kontraktion verbrauchter Muskeln; das haben die Deutschen zuwege gebracht.«

Durch die Kapelle werden die Gefangenen gleichsam mechanisiert: »Zehntausend sind sie, und doch nur eine einzige, graue Maschine, willfährig bis zum Äußersten; sie denken nicht und sie wollen nicht, sie marschieren.« Dies setzt allen anderen Demütigungen die Krone auf — es ist eine Art Hybris der Eroberer: »Beim Ausrücken und beim Einrücken fehlt nie die SS. Wer könnte ihr auch das Recht verweigern, diesem von ihr gewollten Tanz beizuwohnen, der Sarabande der erloschenen Menschen, Kolonne um Kolonne, aus dem Nebel in den Nebel? Wo gäbe es einen augenscheinlicheren Beweis für ihren Sieg?«

Es gibt eine unheimliche Ähnlichkeit zwischen der Schilderung des Arbeitslagers in Primo Levis *Ist das ein Mensch?* und den Beschreibungen von Alexander Solschenizyn nicht nur in *Ein Tag im Leben des Iwan Denissowitsch*, sondern auch in den drei Bänden des *Archipel Gulag*, in denen zahllose Lager dargestellt werden. Sogar Lager, die bis in die zwanziger Jahre zurückreichen, also dem Nazismus vorausgingen. Ähnlich sind sogar die Reglementierungen und Entbehrungen in dem zaristischen Arbeitslager, das Dostojewski in *Aufzeichnungen aus einem Totenhaus* beschreibt. Parallelen weisen auch neuere Beschreibungen von Robben Island auf, dem Gefängnis für politische Dissidenten des südafrikanischen Apartheid-Regimes, in dem Nelson Mandela zwanzig Jahre lang eingesperrt war.

Es ist so, als wäre diese Einrichtung, in der Sklavenarbeit rekrutiert und unter mörderischen Bedingungen so lange konzentriert wird, bis ein Teil der Häftlinge stirbt und durch Neuankömmlinge ersetzt wird, eine allgemeine und keine besondere Form. Levis Beschreibung von Auschwitz geht deswegen so besonders unter die Haut, weil der Schornstein den Hintergrund bildet; jene Politik und Technik der Massenvernichtung, durch die die Nazis den Grundgedanken ergänzt und vervollständigt haben. Man findet die Einrichtung in ihrer primitivsten Form unter dem Zaren, weniger rigoros, mit wenig Häftlingen, aber erkennbar. Man sieht, wie sie gewaltig anwächst, unter Lenin und Stalin Millionen betrifft, scheinbar ein fertiges System, bis man mit jener letzten und absolut logischen Weiterentwicklung konfrontiert ist, die die nazistische Version darstellt: konzentrierte Arbeit, deren Produkt die massenhafte Vernichtung dieser Arbeit selbst ist. Das Todeslager.

Hier wie in anderen Arbeitslagern werden gigantische Bauvorhaben in Angriff genommen. Ein großer Teil von Stalins gewaltigem Bauprogramm wurde auf diese Weise verwirklicht; die zahlreichen sowjetischen Straßen, Wohnhäuser, Kanäle und Fabriken waren das Werk von Häftlingen. In Buna, einer Außenstelle von Auschwitz, in der Levi gefangengehalten wurde, war die Herstellung von synthetischem Gummi für Kriegszwecke geplant. Obwohl manche Lager in gewissem Umfang produktiv waren, ist es durchaus möglich, daß die versteckte und autarke Welt des nazistischen Konzentrationslagersystems effektivere Produktivitätsformen letztlich nicht zuließ. Obwohl jedes Vernichtungslager und sogar die Verbrennungsöfen von den Häftlingen selbst gebaut wurden, scheint das Endprodukt, nämlich der Tod, letztlich alles verschlungen zu haben.

Nach Levis Beschreibung ist das Lager Buna, sieht man von den deutschen Technikern und leitenden Angestellten ab, eine Stadt von vierzigtausend Menschen; Sklavenarbeiter, die zwanzig Sprachen sprechen, mit einer Fabriklandschaft, die so trostlos ist, daß sogar die Deutschen fühlen, daß »ein Fluch, kein transzendentaler und göttlicher, sondern ein immanenter und historischer Fluch auf dem vermessenen Bauwerk liegt, gegründet auf der Sprachverwirrung und aufgeführt zur Herausforderung des Himmels gleich einer steingewordenen Lästerung«. Buna ist letztlich ein industrieller Fehlschlag: »(...) kam niemals auch nur ein einziges Kilogramm synthetischen Gummis aus der Fabrik von Buna, um die sich die Deutschen vier Jahre lang mühten und in der wir, unzählbar, litten und starben.«

Selbst im Frühling ist diese industrielle Einöde »hoffnungslos, durch und durch trübe und grau. Diese ausgedehnte Wirrnis von Eisen, Zement, Schlamm und Qualm ist die Verneinung der Schönheit schlechthin. Ihre Straßen und Bauten werden mit Zahlen oder Buchstaben benannt wie wir, wenn sie nicht unmenschliche und unheilvolle Namen tragen. In diesem Bereich wächst kein Grashalm, und die Erde ist getränkt mit den giftigen Säften von Kohle und Petroleum. Nichts lebt hier, nur Maschinen und Sklaven: und jene mehr als diese.« Die Konzentrationslager der Nazis waren in der Tat erfinderisch. An die Stelle der Strafe trat die völlige Ausrottung, so wie an die Stelle der Verfolgung von Dissidenten die absolute rassische Ächtung trat. Der Ehrgeiz ist jetzt größer, kategorischer, eine Theorie ist entstanden, die den Himmel ausfüllt — Bild geworden im Schornstein von Birkenau, der die Vernichtung in einer schmutzigen Wolke ausspeit. Ganze Bevölkerungen werden zu Asche gemacht. Heydrichs ursprüngliche Vorgabe waren elf Millionen Tote.

Der große Erfindungsreichtum, das Wunder an Effizienz, von dem Hilberg mit nachdenklicher Ironie spricht, wurde nicht auf einen Schlag Realität; es wurde improvisiert, nach und nach verbessert. Seine Erfinder waren später über die anfängliche Schwerfälligkeit entsetzt. In der ersten Zeit in Treblinka war das technische Verfahren kaum fortgeschrittener als in Chelmno: Zwar wurden diesmal Gaskammern gebaut, aber immer noch verwendete man Auspuffgas. Da es noch keine Krematorien gab, wurden die Leichen nicht verbrannt, sondern begraben. Die Methoden waren noch sehr unzulänglich. Franz Suchomel, ein SS-Unterscharführer, der in *Shoah* widerwillig Aufkunft gibt, erinnert sich daran, daß dieses System »katastrophal« war. »Vorerst arbeiteten aber noch die alten Gaskammern. Und weil soviel Menschen anfielen, soviel Tote, die man nicht wegräumen konnte, lagen tagelang ganze Haufen von Menschen vor der Gaskammer. Unter diesen Menschen war eine Kloake, zehn Zentimeter hoch, Blut, Würmer, Dreck. (...) Es wollte das niemand wegräumen. Die Juden, die haben sich lieber erschießen lassen, und haben dort nicht arbeiten wollen.« Noch sind die technischen Mittel nicht so weit entwickelt, daß sie die ihnen gestellten Aufgaben erfüllen können: »Jetzt sind immer mehr Menschen gekommen, immer mehr Menschen, die nicht getötet werden konnten. Die Herren wollten das Warschauer Ghetto so schnell wie möglich räumen. Die Gaskammern haben zu wenig Kapazität gehabt.«

Unter diesen Bedingungen müssen die Opfer warten, und sie ahnen, was ihnen bevorsteht. »Die Juden mußten warten, einen Tag, zwei Tage, drei Tage. Manche. Die haben es geahnt.« Das war sehr unerfreulich, einige entzogen sich ihrem Schicksal durch Selbstmord; es bestand die Möglichkeit des Aufruhrs. »Dadurch, daß Menschen zwei bis drei Tage da waren, hat Eberl — Eberl war Lagerkommandant — endlich (...) in Lublin angerufen: ›Es geht nicht mehr weiter ...‹ Und eines Nachts kam Wirth. Der hat sich das angesehen und ist gleich wieder abgefahren und kam mit Leuten aus Belzec.«

Die neuen Gaskammern von Treblinka wurden im September 1942 gebaut. Die Opfer selbst wurden für die Arbeit herangezogen. Es war Wirth, der ein erfolgreiches Konzept entwickelte und das Todeslager bauen ließ, indem er dafür Arbeitsjuden einteilte: »Das war ein ständiges Judenkommando von zirka zweihundert Personen.« Die Gefangenen machten die Maurerarbeiten, ukrainische Zimmerleute machten die Türen, »die Türen in den Gaskammern, das waren Eisentüren von Bunkern. Die hat man gebracht, glaube ich, von Bialystok, da waren russische Bunker.«

Jetzt war in Treblinka »ein zwar primitives, aber gut funktionierendes Fließband des Todes« geschaffen worden, eine ausgebaute Struktur, in der zweihundert Menschen gleichzeitig getötet werden konnten, wobei der Raum immer wieder gefüllt wurde. Natürlich gab es noch nichts wie Auschwitz. »Auschwitz war eine Fabrik« — Suchomel kann dafür seine Hand ins Feuer legen. Dennoch weist er wiederholt respektvoll auf die Leistungsfähigkeit des frühen Treblinka-Modells hin: »Primitiv. Zwar primitiv, aber gut funktionierendes Fließband des Todes.«

Hier begegnet einem ein stupides Staunen über Zahlen, eine Prahlerei mit Umfang, Größe und Produktionszahlen, jene Fixierung auf große Mengen und effektive Methoden, auf administrative und bürokratische Leistungsfähigkeit, die Hannah Arendt die Banalität des Bösen nannte.

Aber wie zersetzt die Leichen auch sind, es bleiben Spuren; die Geheimhaltung erfordert die Verbrennung. Daher schreitet die Lösung in Richtung der riesigen Schornsteine von Birkenau, des »Himmelswegs«, fort. Aber neben den Todeslagern und ihren Krematorien gab es noch andere Überreste, die zu beseitigen waren: Das siegreiche deutsche Heer hatte Sondertruppen, die sogenannten Einsatzkommandos, die in ganz Osteuropa Massaker verübt hatten. Gegen Ende des Krieges mußten alle Beweise beseitigt werden. Moke Zaidl und Itzhak Dugin gehörten zu den Gefangenen von Sobibor, die den Auftrag erhielten, die Leichen auszugraben, um die Spuren der Massaker von Wilna zu verbrennen. In *Shoah* beschreiben sie, wie sie gezwungen wurden, mit ihren Händen zu arbeiten. »Die Deutschen hatten sogar gesagt, daß es verboten war, das Wort ›Toter‹ oder ›Opfer‹ auszusprechen.« Die Toten waren Holzklötze, Scheiße, absolut unwichtig. »Die Deutschen zwangen uns, von den Leichen zu sagen, daß es ›Figuren‹ seien, das heißt ...

Marionetten, Puppen, oder *Schmattes*, das heißt Lappen. Der Gestapochef von Wilna hat uns gesagt: ›Dort liegen neunzigtausend Personen, und es darf nicht die geringste Spur zurückbleiben.‹« »In der ersten Grube waren vierundzwanzigtausend Leichen. Je tiefer man grub, umso mehr waren die Körper plattgedrückt, sie waren wie flache Scheiben. Wenn man versuchte, die Leiche herauszuziehen, zerfiel sie vollkommen, man konnte sie einfach nicht greifen. Als man uns zwang, die Gruben zu öffnen, wurde uns verboten, Arbeitsgeräte zu benutzen, man hat uns gesagt: ›Daran müßt ihr euch gewöhnen: arbeitet mit den Händen!‹ (...) Am Anfang, als wir die Gruben öffneten, konnten wir uns nicht zurückhalten, wir sind ausnahmslos alle in Tränen ausgebrochen. Aber dann kamen die Deutschen näher, sie haben uns totschlagen wollen, sie zwangen uns, zwei Tage lang in einem wahnsinnigen Rhythmus zu arbeiten, unter ständigen Schlägen und ohne Arbeitsgeräte.«

Noch andere, ganz alltägliche Dinge wollten bedacht sein, wie beispielsweise die Kleidung. Wenn man es mit solchen Zahlen zu tun hat, sind die Details wichtig. Selbst wenn die Arbeit von Sklaven gemacht wird, ist es eine gewaltige Aufgabe, Tausende, Hunderttausende und schließlich Millionen von Leichen zu entkleiden. Wieviel effizienter ist es doch, wenn sich die Menschen selbst ausziehen. Dann wird nichts vergeudet, denn Kleider sind ein Produkt, und es ist unökonomisch, sie nicht zu verwerten. Schließlich werden die kleinsten Details monströs; viertausend Paar Schuhe sind eine riesige Menge, die weitere riesige Bemühungen um Effizienz erfordert. Dem Profitieren und Sparen sind keine Grenzen gesetzt, Goldfüllungen in diesem Umfang sind in Kriegszeiten ein großer Trumpf. Die Berge von Brillen — von den Nazi-Behörden selbst gefilmt und von dem französischen Regisseur Alain Resnais nach Ende des Krieges in seinen Dokumentarfilm *Nacht und Nebel* eingearbeitet —, all die mit Schuhen, Strümpfen, Knöpfen gefüllten Räume waren für die Bürokratie ein Schatz. Das war ein endloses Sortieren und Registrieren, eine ganze Industrie der Wiederverwertung. Der Tod wurde zum Selbstzweck, die Zahlen wurden immer unfaßlicher, der Tötungsprozeß wurde exakter, in immer größerem Maßstab, schneller, mechanischer.

Filip Müller war zwanzig Jahre alt, als er im Mai 1942 in Auschwitz ankam, wo er in eine Bunkerzelle eingesperrt wurde, bevor man ihn an einen Platz führte, von dem er glaubte, daß er dort erschossen würde. In *Shoah* sagt er: »Plötzlich stand beim Tor, hinter eine kleine Laterne inmitten dieser Gebäude, ein junger Unterscharführer, der sagt uns: ›Rein, ihr Schweinehunde!‹ Und wir sind herein in den Korridor. Wir haben hereingejagt in den Korridor. Plötzlich kam auf mich so ein Gestank, ein Rauch. Da wurden wir noch weiter gejagt, und da sah ich die Silhouetten von den ersten zwei Öfen. Und zwischen den Öfen laufen da herum ein paar jüdische Häftlinge. Wir befanden uns damals in dem Verbrennungsraum des Krematoriums im Stammlager in Auschwitz.« Zuerst bekam er den Befehl, die Leichen auszuziehen, dann wurde er aufgefordert, »die Leichen zu rühren«. Müller stellte die Ventilatoren nicht schnell genug ab, die Schamotteziegel brachen, und dadurch waren die Kanäle verstopft, die das Krematorium mit dem Schornstein verbanden. »Und also ... war die ... Veräscherung unterbrochen. Die Öfen waren nicht betriebsfähig.« An jenem Tag mußten die Leichen in Gruben begraben werden. Vorübergehende Rückschläge in einem immer noch unvollkommenen System.

Die Verbesserungen kamen schrittweise; erst als deutsche Ingenieure die vier großen Krematorien in Birkenau bauten, war die erwünschte Effizienz erreicht. Müller wurde gezwungen, auch in dieser Phase an den Öfen zu arbeiten, und überlebte. Obwohl die Mitglieder dieser Sonderkommandos im Interesse der Geheimhaltung regelmäßig ermordet wurden, überlebte er fünf solcher Liquidierungen und konnte einen Augenzeugenbericht über die Aktionen in ihrer letzten, perfekten Form geben: »Vor jeder Vergasungsaktion hatte die SS einige sehr scharfe Vorkehrungen durchgeführt. Das Krematorium war umzäunt mit SS, und in dem Hof laufen da herum viele SS-Männer mit Hunden und Maschinengewehren. Auf der rechten Seite befanden sich die Treppen, die ja führten unterirdisch in den Auskleideraum (...) eine große Auskleideraum von etwa zweihundertachtzig Quadratmetern, und eine große Gaskammer, wo konnte man bis dreitausend Menschen auf einmal vergasen (...) Die Menschen, als sie noch hereinkamen im Krematorium haben alles gesehen ... diese schreckliche Gewalt. Das ganze Terrain war abgezäunt von SS in Waffen. Die Hunde bellten. Maschinengewehre waren da. Jeder von denen hat gezweifelt ... polnische Juden hauptsächlich. Wahrscheinlich ahnten sie auch, daß da etwas nicht stimmt. Aber niemand von denen konnte, nicht einmal im kleinsten, sich vorstellen, daß er vielleicht in drei, vier Stunden in Asche verwandelt würde.«

Obwohl die Neuankömmlinge »alles sahen«, »diese schreckliche Gewalt« von Hunden und Gewehren, ahnten sie nicht, was ihnen bevorstand. Damit ihnen nichts auffiel, war Täuschung notwendig. Müller beschreibt, wie die Opfer bei ihrer Ankunft hinters Licht geführt wurden: »Plötzlich kam eine Stille zwischen denen Menschen auf dem Hof des Krematoriums. Und diese vielen Augen guckten auf den flachen Dach des Krematoriums. Und wer stand da? Aumeyer, der SS, der Chef der politischen Abteilung, Grabner, und der Sturmführer Hössler. Und da sprach zu der Menge Aumeyer: ›Ihr seid hergekommen, um zu arbeiten für unsere Soldaten auf den Frontkämpfen. Und wer arbeiten kann, dem wird's gutgehen.‹ Plötzlich hat man gesehen, daß die Menschen wieder ... in die Menschen wieder ein bissl Hoffnung gekommen ist. (...) Den Henkern ist es wahrscheinlich gelungen der erste Schritt. Oh, der sah, daß es so geht. Da fing an wieder Grabner, zu denen Menschen zu sprechen: ›Wir brauchen Maurer, wir brauchen Elektriker. Wir brauchen alle Facharbeiter.‹ Da (...) nahm sich das Wort wieder der Hössler. Und guckt so in der Menge ... Menge und sieht so einen kleinen Mann. Noch heute sehe ich ihn in meinen Augen. ›Was sind Sie von Beruf?‹ Der Mann sagt: ›Herr Offizier, ich bin ein Schneider.‹ ›Sie sind ein Schneider? Was für ein Schneider sind Sie?‹ ›Ich bin ein Herren-, nein, ich bin Herren- sowohl auch ein Frauenschneider.‹ ›Wunderbar, solche Menschen, Frauen brauchen wir in unseren Ateliers.‹ Weiter guckte er, wandte sich auf eine Frau. Er sprach sie an: ›Was sind Sie von Beruf?‹ ›Krankenschwester‹, sagt diese Frau. ›O wohl, das brauchen wir, Krankenschwestern, für unsere Krankenhäuser, für unsere Soldaten. Wir brauchen alle. Nur, ihr müßt euch jetzt ausziehen, weil ... ihr müßt desinfiziert sein. Wir müssen für eure Gesundheit sorgen.‹ Wie ich sie gesehen hab, sie schienen überruhig zu sein. Sie waren glücklich, daß man ihnen zugesagt hat, und sie fingen sich an auszuziehen. Auch wenn sie gezweifelt haben, wenn man leben will, muß man hoffen. Auf dem Hof waren die Kleider geblieben. Überall, so zerstreut. Aumeyer schien glänzend zufrieden über den ..., wie er das gemacht hat. Und er hat sich gewandt auf einige SS-Führer und hat denen gesagt: ›Seht ihr, so muß man es machen!‹ Durch diese Maßnahme hat man entwickelt eine weitere Sprung. Jetzt konnte man diese Kleider nämlich benutzen.«

Die Täuschung wurde vollkommen, da die Methode Monat für Monat perfektioniert wurde: »Wenn die in den Auskleideraum gekommen sind, haben sie da gesehen, daß der Auskleideraum hat ausgesehen wie ein internationales Informationszentrum. An den Wänden waren angebracht Haken und auf jedem Haken war eine Nummer. Und unter den Haken waren Bänke aus Holz, damit sich die Menschen ausziehen können, bequemer, wie sie sagten. Und jetzt, auf den vielen Säulen, die stützten doch diese unterirdische Auskleideraum, befanden sich viele Plakate in vielen Sprachen angebracht. ›Rein ist fein‹, ›Eine Laus — dein Tod‹, ›Wasche dich‹, ›Zum Desinfektionsraum‹. Viel solche Schilder und Plakate, deren Aufgabe es doch war, nur die Menschen in den Gaskammern dann ausgezogen hereinlocken. Und links gegenüber war die Gaskammer, mit eine massive Tür ausgestattet.«

»Der Zyklon im Krematorium II und III wurde durchgeführt von den sogenannten SS-Desinfektoren, von der Decke an, und im Krematorium IV und V durch einige kleine Fenster. Mit fünf oder sechs Gaskonserven getötet hat vielleicht zweitausend Menschen. Die sogenannten Desinfektoren kamen, mit einem roten Kreuz getarnt, daß sie begleiteten die Kolonnen (...) daß diese Menschen im Bad begleitet würden (...) Das Sterben von Gas dauerte etwa von zehn bis fünfzehn Minuten. Das Schrecklichste in dem allen war, als man die Gaskammer aufgemacht hat, die grausame Szenerie sich anschauen. Wie die Menschen da angepreßt wie Basalt, wie Steine standen. Wie sie herausfielen von den Gaskammern! (...) Ja. Man muß es so sehen, daß der Gas, wenn er eingeworfen hat (...) von unten nach oben stieg der. Und jetzt, in diesem schrecklichen Kampf, der da entstand (...) die Lichter waren weg, also ausgeschaltet in den Gaskammern, es war dunkel da, man hat nicht gesehen, und daß die Stärkeren wollten immer mehr nach oben. Weil sie haben wahrscheinlich gespürt, daß, wie mehr sie nach oben kommen, daß um so mehr, um so mehr kriegen sie Luft. Um so mehr also konnten sie atmen (...) Und zweitens, die meisten haben sich gedrängt zu der Tür. Ja, psychologisch also, daß sie gewußt haben, die Tür ist da, vielleicht ausbrechen durch die Tür. Also ein Instinkt (...) in dem Todeskampf (...) Und dafür hat man auch gesehen, daß gerade Kinder und schwächere Menschen, ältere Menschen, die lagen unten. Und die Kräftigsten, die waren oben (...) die Leute waren verletzt, weil sie durcheinander in der Dunkelheit aufeinandergeraten sind, der eine auf'n anderen angeprallt, verschmutzt, verkotet, Blut von den Ohren, von der Nase. Man konnte auch sehen, in einigen Fällen, daß die auf die Erde liegende Menschen so (...) durch den Preß von den anderen zu unkenntlich ... sie waren nicht einmal ... man könnte sie ... sagen wir mal, die Kinder haben den Schädel auch zerbrochen.«

Als man sah, daß die Alten und Schwachen die Geschwindigkeit bremsten, mit der die Opfer in die Gaskammern getrieben wurden, und daß dadurch das Täuschungsmanöver gefährdet war, das durch die Eile möglich war, wurden für sie andere Vorkehrungen getroffen, Vorkehrungen, bei denen man sogar die surreale Gier auf die Haare der Opfer aufgab (die Deutschen sagten, daß sich bestimmt eine Verwendung für sie fände) und auf ihre Kleider verzichtete. Diese Lösung wurde »Lazarett« genannt. Richard Glazer erinnert sich in *Shoah*, was dort geschah: »Diese Schießstelle war auch nicht gedeckt, nur eine offene Stelle ohne Dach, nur wieder umzäunt, so daß niemand reinsehen kann. Der Weg hinein führte wieder durch so ein schmales Gäßlein (...) so ein kleines Labyrinth. Und in der Mitte war eine Grube. Auf der Seite, auf der linken Seite (...) war eingebaut so ein Holzbalken, das war wie ein Sprungbrett. Auf diesen Holzbalken hat man die Leute entweder hingestellt, oder wenn sie nicht mehr konnten, mußten sie sich hinsetzen, und dann, so hat man es im Jargon von Treblinka genannt, hat Unterscharführer Miete jeden, ›jeden mit einer Pille gesund gemacht‹. Mit einem Genickschuß. In der Zeit, als Transporte ankamen, war es täglich. In der Zeit war die Grube — und die war gut so dreieinhalb bis vier Meter tief — die war voll von Leichen.«

»Es kamen aber auch Fälle vor, wo aus irgendwelchen Gründen Kinder allein gekommen sind, oder irgendwie von den Eltern getrennt worden. Und da hat man diese Kinder auch ins Lazarett gebracht und dort erschossen. Und das Lazarett war auch für uns, die Sklaven von Treblinka, die letzte Station. Nicht die Gaskammer. Wir endeten immer im Lazarett.«

In diesen Methoden steckt eine gewisse Gerissenheit, sie sind eine höhnische Täuschung, ein gemeiner Trick. Doch der Erfindungsreichtum ist der kleinere Teil dieser Brutalität: die wirkliche Grundlage dieses Vorgangs ist die Gewalt. Die Opfer waren lange in den Zügen, ihre Zahl wurde schon dadurch verringert, daß man sie bewußt Hunger, Kälte und Durst aussetzte; die Leichen derjenigen, die daran schon gestorben sind, werden zuerst mit Lastwagen weggeschafft, die Kinder und die Schwachen in das sogenannte »Lazarett« gebracht, wo sie erschossen werden. Jetzt ist nur noch die Mehrheit der Überlebenden zu beseitigen, die davon überzeugt werden muß, daß sie das Glück gehabt hat, als nützlich betrachtet zu werden. Das Versprechen von Arbeit, und sei es auch nur Sklavenarbeit, ist ein Versprechen von Überleben. Ein Haarschnitt bedeutet Zukunft, ebenso wie die Aussicht auf Säuberung nach tausend Erniedrigungen.

Die große Lüge ist die, daß der nackte und frierende, hungrige und durstige Mensch nach all seinen Leiden und seinem geduldigen Warten endlich eine warme Dusche bekommt — daß ihm Sauberkeit und Wärme vergönnt sind, daß er sich sogar in der Hölle erträglich einrichten kann. Das Aufnahmeritual aller Gefängnisse, der Augenblick, in dem man sich auf Anordnung des Regimes wäscht, seine Kleider zurückerhält, nicht mehr warten muß, etwas zu essen bekommt und einen Platz in dieser schrecklichen neuen Existenz zugewiesen erhält — gerade in diesem Augenblick findet der grausamste Betrug statt: Gas kommt durch den Duschkopf, der Tod, nicht das lebenspendende Wasser.

Auch in Treblinka beruhte alles auf falschen Schlüssen und einer bestürzenden Eile. Der Moment der Ankunft, der Stacheldraht vor den Eisenbahnfenstern, das Bellen der Hunde, die Maschinengewehre, die ukrainischen und lettischen Kapos, die auf die Wagen steigen, wenn diese halten, und die Menschen bereits zur Eile antreiben, die SS-Leute, die mit ihren Maschinengewehren und einem schrecklichen fremden Wort »Schnell, schnell« befehlen. Alles ist in hektischer Aufregung; das Kommando »Blau« läuft die Rampe entlang und ruft: »Raus, raus, schnell, schnell.«

Franz Suchomel, der SS-Mann, erinnert sich gut, er hat es immer wieder gesehen. »Also so, daß in Treblinka angekommen sind fünftausend Juden, und davon waren dreitausend tot. (...) Die haben sich die Adern geöffnet oder sind so gestorben. Ausgeladen hat man Halbtote und Halbwahnsinnige (...) Das waren Tausende von Menschen, aufeinandergeschichtet, so hoch. An der Rampe. Die waren aufgeschichtet wie Holz.« Diejenigen, die noch bei Kräften sind, werden gezwungen, sich auszuziehen, und das Kommando »Rot« schafft ihre Kleider beiseite; nackt werden sie mit den Rufen »Schnell, schnell« angetrieben. Die Gewehre, die Hunde.

Die ganze hektische Aktivität führt zu einem versteckten Ort, dem Schlauch. »Hier standen zwei ukrainische Wachmänner. Also hauptsächlich für die Männer, gell. Die Männer, wenn sie nicht gern gegangen sind, dann sind sie geschlagen worden, gell, mit der Peitsche.« Es werden keine Erklärungen abgegeben, man wird zum unvermeidlichen Schlauch getrieben, gehetzt, ohne irgend etwas zu begreifen — und das ist wichtig für den Plan. Denn der Schlauch ist ein Geheimnis, rätselhaft wie die einzelnen Stadien der Menschenopfer, die von völlig fremden Wesen dargebracht werden. Dieses unerwartete, unbeschreiblich bizarre Szenario, das Nadelöhr, der Punkt, von dem aus es kein Zurück gibt. Es ist, so ein ausdrucksschwacher Begriff von Suchomel, getarnt: eine kleine, ungefähr vier Meter breite Öffnung, durch die Tausende, Zehntausende getrieben wurden — zu beiden Seiten Stacheldraht; »(...) und in den Draht war hineingeflochten, so dicht, Zweige von Bäumen, von Föhren, verstehen Sie mich?«

Diese Wahl des Materials hat etwas Atemberaubendes: Immergrün mit seinen Assoziationen von Natur, Wald, ländlichem Leben. Die raffinierte Idee, es in den Stacheldraht zu flechten, um die Gaskammer zu verdecken, sagt viel über die Verantwortlichen aus: Man bedenke die Wirtschaftlichkeit, den teutonisch- heidnischen Symbolismus, die Hybris. »Es hat ein Kommando Tarnung gegeben von zwanzig Juden, die haben jeden Tag neue Sachen gebracht (...) Und da war alles verdeckt, alles, alles. Die sahen nichts, die konnten nicht links und rechts sehen, gell. Gar nichts. Da konnte man nicht durchschauen. Das war also ... Das war unmöglich.«

Aber hinter der Öffnung sieht man: »Und an der höchsten Stelle des Hügels war die Gaskammer. Man mußte hinaufgehen.« Diejenigen, die das Geheimnis kannten, nannten es den »Himmelsweg«, also »die Himmelfahrt«, eine grauenvoll perverse Anspielung auf das christliche Bild, so grauenvoll, daß es den Charakter des religiösen Mysteriums annimmt, auf das diese brutale Ironie bezogen war.

Der Schlauch ist der letzte Trick, ein Rätsel, ein trügerischer Schein, wie der Weg zum Lazarett — aber weitaus notwendiger und raffinierter. Seinen taktischen und strategischen Wert bezieht er aus dem Labyrinth, der Fähigkeit, die Wahrheit zu verstecken und Verwirrung zu stiften, durch Verunsicherung zu beherrschen und zu entwaffnen. Auf diese Weise hatten die Eingeweihten die berechenbare Macht, ihren Plan auszuführen. An der Operation sind nicht mehr als fünf SS-Leute beteiligt, alle anderen, die Bescheid wissen, sind selbst Gefangene, deren Überleben von ihrer Fähigkeit abhängt, das Geheimnis zu hüten, die Opfer nicht zu warnen, und doch fähig, gemeinsame Sache mit ihnen zu machen, wenn das perfekte Timing der Operation auch nur einen Augenblick nicht funktioniert. Die SS-Leute sind zwar mit Maschinengewehren bewaffnet, aber sie sind nur eine Handvoll gegen Tausende. Ihre ganze strategische Macht liegt in der Arrangierung der Massenhinrichtung, im Gesamtplan, in der Ausgestaltung, im Schlauch.

Aber selbst die Täuschung, sogar die Strategie, ist nur ein untergeordnetes Element, denn es ist die Brutalität des Plans, die seinen Erfolg gewährleistet. Und die Geschwindigkeit, mit der er durchgeführt wird: »Immer wieder getrieben«, erklärt Suchomel die Technik. »(...) die haben mit den Peitschen nicht gespart, der Küttner hat a so lange gehabt, net. Frauen links, Männer rechts. Gell. Und immer und immer wieder getrieben. Sie hatten keine Zeit. Da hinein, ausziehen (...) Immer laufen, immer laufen, gell.« Durch die Eile soll bewußt Verwirrung gestiftet werden, das ist das Wesentliche: »Sie müssen immer wieder rechnen: das mußte schnell gehen«, betont Suchomel erneut. Die Männer werden zuerst in den Schlauch geschickt — »Die Männer nicht, die sind als erste hineingetrieben worden, gell. Verstehen Sie? Die Männer waren immer die ersten.«

Natürlich ist auch das Taktik, denn die SS glaubte, daß sie ihre männlichen Opfer mehr zu fürchten hatte: die Frauen werden als harmloses Vieh betrachtet. »Nur die Frauen mußten warten, bis eine Kammer frei war.« Die Frauen warteten im Freien vor dem Schlauch, hörten vielleicht die Motoren der Gaskammern. Vielleicht hörten sie die Männer auch schreien und flehen. Als sie warteten, überkam sie »Todesangst«. »(...) und in der Todesangst gibt der Mensch her, nicht wahr, da entleert er sich, entweder vorne oder hinten. Und so war das möglich, daß, wo die Frauen standen, nicht wahr, fünf oder sechs Reihen Exkremente waren.« In Ausübung seiner Pflicht beobachtete Suchomel dieses Phänomen interessiert: »(...) die konnten sich schon bücken auch, gell ... oder auch stehend, gell. Also ich habe nicht zugeschaut (...)« »Um die Abwicklung in den Gaskammern nicht zu stören«, wurden die Alten, die Schwachen und die Kinder zum »Lazarett« gebracht. Auch hier wurde etwas Falsches vorgespiegelt.

»Da ist eine weiße Fahne gewesen mit 'nem roten Kreuz. Da führte ein Gang ... Solange sie noch so gingen, haben sie nichts gesehen. Und dann ... sahen sie die Toten in der Grube. Dann mußten sich die Leute ausziehen, mußten sich auf einen Sandwall setzen, dann wurden sie durch Genickschuß getötet und fielen in die Grube. Es gab immer Feuer, in die Grube. Mit Kehricht, also Papier, Benzin, und Menschen brennen sehr gut.«

Man hört Suchomel, als hörte man einen Wahnsinnigen. Dann hört man wieder die Stimmen der Überlebenden einer Welt, die er mitgeschaffen hat. Es gibt zwei Diskurse. Jeder beschreibt das Lazarett, aber zwischen den Beschreibungen liegen Welten: »Menschen brennen sehr gut«, sagt Suchomel, zufrieden mit dem, was er sagt. Selbst nach Nürnberg, vierzig Jahre nach den Ereignissen. Da Suchomel immer noch Angst vor Vergeltung hatte, bestand er darauf, daß sein Name und sein Gesicht bei dem Interview verborgen blieben. Im Vollgefühl seiner Unsichtbarkeit und Anonymität kommt er in Fahrt, so sehr in Fahrt, daß er anfängt zu singen, glücklich, das Lied vorführen zu können, das seine Gefangenen in Treblinka singen mußten:

»Für uns gibt's heute nur Treblinka
das unser Schicksal ist.
Drum haben wir uns auf Treblinka
eingestellt in kurzer Frist.
Wir kennen nur das Wort der Kommandanten
und nur Gehorsamkeit und Pflicht.
Wir wollen weiter, weiter leisten,
bis daß das kleine Glück
uns einmal winkt. Hurrah!«

Wenn Suchomel von denjenigen spricht, die in den Gräben des »Lazaretts« brannten, nimmt er sie überhaupt nicht als menschliche Wesen wahr. Obwohl er sich gut daran erinnert, daß er sie nackt in die Gaskammern getrieben hat, auch im Winter. Er erinnert sich sogar ganz deutlich: »Ich weiß, am Anfang, da war uns auch saukalt. Wir haben keine anständigen Uniformen gehabt.« Seine Opfer waren »unerwünschte Elemente«, und das bleiben sie, »die Juden«, Wesen, die seinem eigenen Menschsein unendlich fernstehen; das ist das dauerhafte Resultat der rassistischen Ideologie, der ethnischen Indoktrination, der durch die militaristische Kultur anerzogene Habitus.

Der Wechsel von einer solchen Stimme zur Stimme der Opfer, den man bei der Lektüre des Textes von Lanzmanns *Shoah* vollzieht, oder selbst der Wechsel von den akademischen Historikern zu Primo Levis Bericht über Auschwitz ist ein sehr beunruhigendes Erlebnis. Der Unterschied zwischen dem Standpunkt des Folterers und des Gefolterten oder zwischen dem Gefolterten und der objektiven historischen Darstellung dieser Folter ist so radikal, daß der Leser dieses Auseinanderklaffen in sich selbst spüren kann, eine Erkenntnis, die uns im allgemeinen erspart bleibt. Hört man die offiziellen Nazi-Berichte oder auch nur die Stimme der Nazis, hat man unbewußt, vielleicht sogar zwangsläufig, an ihrer Mentalität teil, läßt man sich, wie flüchtig es auch sei, auf ihren Standpunkt ein – und ist entgeistert: Die Abscheu vor Suchomel ist die Abscheu vor dem eigenen Selbst. Hört man umgekehrt die Berichte der Nazi-Opfer, verwandelt sich das gewöhnlich friedfertige Mitleid mit ihnen, schlägt in Zorn um. Die Gewalt, die ihnen angetan wurde, wird jetzt uns angetan. Schon die Aussichtslosigkeit der Lage des Gefangenen ruft im Leser eine gewisse Verzweiflung hervor.

Wenn man Levi liest, ist man in der Hölle gelandet: Niemand würde einem glauben, wenn man zurückkehren und erzählen könnte. Als Levi beobachtet, wie ein Güterzug durchs Lager fährt, stellt er sich seine Flucht vor: »Einsteigen, sich in einem Winkel gut unter der Kohle verstecken, regungslos und still dort im Dunkeln bleiben, endlos vom Rhythmus der Achsen lauschen, der stärker ist als Hunger und Müdigkeit; bis irgendwann der Zug haltmachen würde. Dann würde ich die milde Luft und den Geruch von Heu spüren und könnte hinaustreten in die Sonne; ich würde mich, wie es in den Büchern heißt, auf die Erde werfen, um sie zu küssen, das Gesicht im Gras. Und eine Frau würde daherkommen und mich auf italienisch fragen: ›Wer bist du?‹, und ich würde ihr auf italienisch berichten, und sie würde mich verstehen und mir zu essen geben und mich schlafen lassen. Und sie würde meinem Bericht nicht glauben, und ich würde ihr die Nummer zeigen, die ich auf dem Arm trage, und da würde sie mir glauben ...«

Aber der schrecklichste Traum, ein Traum, den jeder Gefangene hat, ein gemeinsamer Alptraum, ist der, daß ihm niemand glauben würde, wenn er hätte fliehen können: »Ein intensives, körperliches, unbeschreibliches Wonnegefühl ist es, in meinem Zuhause und mitten unter befreundeten Menschen zu sein und über so vieles berichten zu können. Und doch, es ist nicht zu übersehen, meine Zuhörer folgen mir nicht, ja sie sind überhaupt nicht bei der Sache: Sie unterhalten sich undeutlich über andere Dinge, als sei ich gar nicht vorhanden. Meine Schwester schaut mich an, steht auf und geht, ohne ein Wort zu sagen.«

Gibt es Realitäten, die so schrecklich sind, daß man sie nicht glauben kann? »Noch warm steht der Traum vor mir, und obschon ich wach bin, erfüllt er mich noch mit seiner Angst. Und nun entsinne ich mich, daß dies ja kein beliebiger Traum ist, daß ich ihn schon geträumt habe seit meinem Hiersein, nicht nur einmal, sondern viele Male, mit geringen Abweichungen in Milieu und Einzelheiten. Nun bin ich vollkommen bei Bewußtsein und erinnere mich ebenfalls, daß ich es schon Alberto erzählt habe; und er hat mir zu meinem Erstaunen gestanden, daß dies auch sein Traum ist, und daß ihn viele andere, vielleicht alle träumen. Warum ist das so? Warum übersetzt sich der Schmerz aller Tage so beharrlich in unsere Träume, in die immer wiederkehrende Szene des gegebenen und nicht angehörten Berichts?«

Levis Umgebung ist erbarmungslos, Menschlichkeit hat hier keine Chance. Die Dunkelheit ist so greifbar, daß der Leser mit dem Gefangenen das Bombardement der Alliierten hört, das befreien, aber auch zerstören kann, und mit ihm den Wunsch teilt, Auschwitz auszulöschen, selbst wenn er will, daß es in Levi fortlebt. Was aber, wenn Auschwitz überlebt hätte und nicht Levi? Davon handeln in der Tat die ersten Abschnitte des Textes, vom Triumph des Bösen, der Perfektion eines todbringenden, grausamen Regimes. Als Levi in seinem zweiten Winter in Auschwitz aus der Ferne die Bomben hört, begreift er nicht nur, daß er wahrscheinlich der nächsten oder übernächsten »Selektion« zum Opfer fallen wird, sondern auch, daß er keinen Grund zu der Annahme hat, daß es jemals jemanden geben wird, der erzählt, was war.

Die Nazis werden davonkommen. Sie werden gewinnen und immer wieder gewinnen. Der Widerstand wird endgültig zusammenbrechen, der letzte Häftling, der fähig ist, sich zu wehren, wird vernichtet werden, und mit ihm jede Hoffnung. Ein Ereignis scheint darauf hinzudeuten: Am Ende eines Arbeitstages müssen die Häftlinge zum Appell antreten, die Kapelle spielt, und es wird eine Rede auf Deutsch gehalten, die niemand versteht – aber der Galgen, den man aufgestellt hat, sagt alles. Der Mann, der hingerichtet werden soll, hat rebelliert, war wahrscheinlich an einem Sabotageakt in Birkenau beteiligt, wo eines der Krematorien in die Luft gesprengt wurde: »Tatsache ist, daß in Birkenau, einige hundert Menschen, wehrlose, schwache Sklaven wie wir, in sich selbst noch die Kraft gefunden haben, zu handeln (...) Und vielleicht werden die Deutschen nicht begreifen, daß ihm der einsame Tod, der Tod als Mensch, der ihm vorbehalten wurde, Ruhm und nicht Schande einbringen wird.« Der Mann rebelliert mit einem letzten Schrei: »Er drang durch die starken, alten Barrieren von Trägheit und Unterwürfigkeit, rüttelte an dem nackten Lebensnerv eines jeden von uns: ›Kameraden, ich bin der Letzte!‹«

»Könnte ich doch berichten, daß sich aus uns verworfner Herde eine Stimme erhoben hätte, ein Murmeln, eine Äußerung von Einverständnis. Nichts geschah.« Der Mann wird gehängt, ohne daß ein Zeichen des Protestes von seinen Mithäftlingen kommt. »Die Fallgrube öffnete sich, jener Körper zuckte furchtbar; die Kapelle setzte wieder ein, und wir, von neuem zur Marschkolonne geordnet, zogen am letzten Beben des Sterbenden vorbei. Am Fuße des Galgens sehen die SS-Leute teilnahmslos auf unseren Vorbeimarsch; ihr Werk ist vollbracht, es ist gut vollbracht. Nun können die Russen kommen; es gibt keinen starken Menschen mehr unter uns, der letzte hängt über unsern Köpfen.« In dieser Nacht essen Levi und sein Freund Alberto die Extrarationen, die sie sich organisiert haben, schweigend und voller Scham. »Denn auch wir sind zerbrochen, sind besiegt: auch wenn wir verstanden haben, uns anzupassen.«

In seinem letzten Essayband sprach Bruno Bettelheim[9] von den Gefahren, die die Lager für diejenigen bedeuteten, die nicht nur ermordet, sondern auch entmenschlicht werden sollten. Primo Levi kommt während eines kurzen Aufenthalts in der Krankenstation zu der gleichen Erkenntnis: »Und es begibt sich, daß wir uns vergegenwärtigen, was man aus uns gemacht hat, was man uns alles genommen hat, was dieses Leben hier ist.« »In dieser Parenthese relativen Friedens haben wir gelernt, daß unsere Persönlichkeit zerbrechlich ist, daß wir weit mehr in Gefahr sind als unser Leben.«

Deswegen ist es wichtig, ja sogar lebensrettend, diese Persönlichkeit zu schützen und die eigene Menschlichkeit zu bewahren. Wie Levi dies tut, wird in einem wunderbaren Abschnitt geschildert: Er erinnert sich Zeile für Zeile an Dante, an den Gesang des Ulysses und bringt ihn Jean bei, einem intelligenten elsässischen Studenten aus dem Elsaß. Dieser ist Pikkolo (Bote und Schreiber) des Chemie-Kommandos und äußert den Wunsch, Italienisch zu lernen, als sie das flüchtige Glück genießen, einen langen unbeaufsichtigten Spaziergang zu machen, um das Essen für ihr Kommando zu holen. Als sie durch Auschwitz gehen, vorbei an den SS-Leuten und Spitzeln, führen die beiden jungen Männer ein höchst erstaunliches Gespräch über Städte und Häuser, Bücher und Studien. »Aber wir haben jetzt keine Zeit, lange zu suchen, diese Stunde ist schon keine Stunde mehr (...) Wer Dante ist, was die *Göttliche Komödie* ist (...) Wie seltsam neu einem dies alles erscheint, wenn man sich bemüht, die *Göttliche Komödie* kurz zu erklären; wie die Hölle aufgeteilt ist, was es mit der Vergeltung auf sich hat. Virgil ist die Vernunft, Beatrice die Theologie.«

Primo beginnt, den großen Gesang zu rezitieren, erinnert sich an ganze Abschnitte, sucht eine Zeile, findet sie, zwei Juden, die wegen ihrer Kultur und Religion zum Tode verurteilt sind, erfreuen sich an einem heidnischen Abschnitt in einem christlichen Epos, genießen seine Sprache mit Hilfe ihrer eigenen Sprachen. Erklärt wird zum Beispiel, daß der italienische Ausdruck »misi me«, mit dem Ulysses sich auf die See begibt, stärker ist als das französische Äquivalent »je me mis«, daß »es viel stärker und wagemutiger ist, eine zersprengte Fessel, ein Sichhinüberwerfen auf die Seite der Barriere, wie gut wir doch diesen Drang kennen. Die hohe, offene See; Pikkolo ist auf dem Meer gefahren und weiß, was es bedeutet, wenn sich der Horizont in sich selber schließt, frei, gradlinig und einfach, und dann nichts mehr als Meeresgeruch da ist; süße, grausam entrückte Dinge.«

In der langen Geschichte der Literatur, die sich auf Literatur stützt, gehört dieser Abschnitt gewiß zu den bewegendsten: »So vieles gäbe es noch zu sagen; die Sonne steht schon hoch, und bald ist Mittag. Ich habe es eilig, ich habe es furchtbar eilig. Jetzt merk auf, Pikkolo, öffne die Ohren und den Verstand, es kommt mir so darauf an, daß du begreifst:

Bedenket, welchem Samen ihr entsprossen;
Man schuf euch nicht, zu leben, wie die Tiere,
Nach Tugend und nach Wissen sollt ihr trachten.

Als hörte ich das selber zum erstenmal: Wie ein Posaunenstoß, wie Gottes Stimme. Einen Augenblick vergesse ich, wer ich bin und wo ich mich befinde.«

Henri Alleg und der Kolonialismus in Algerien

Die Wiedereinführung der Folter unter Hitler und Stalin hatte eindeutig ideologischen Charakter. Unter Lenin wird die Ausdehnung der Staatsmacht, die in der Folter zum Ausdruck kommt, als ein rein defensives, ein notwendiges Mittel betrachtet, das die Revolution vor ihren Feinden schützen soll. »Das von Lenin und Trotzki erfundene Heilmittel, die allgemeine Unterdrückung der Demokratie, ist schlimmer als das Übel, das es heilen soll«, stellte Rosa Luxemburg fest. Abweichende oder gegensätzliche Meinungen gelten als illoyal. Bald wurde in jeder Opposition gegenüber der Partei auch ein Anschlag auf die Revolution gesehen, eine Bedrohung für eine um Konsolidierung ringende neue Ordnung, die von Gefahren umgeben war. Der junge Staat, so verwundbar in einer von Korruption geprägten Weltordnung, darf für sein Überleben jede Taktik anwenden; die Ächtung der Andersdenkenden ist nur der erste Schritt seiner Selbsterhaltung.

Tausend solche Schritte führen zur Akkumulierung einer gewaltigen Macht, die Wasiliy Grossman so beschreibt: »Diese Angst, die Millionen Menschen nicht überwinden können, diese Angst, die in blutroten Lettern über dem bleiernen Himmel von Moskau steht — diese schreckliche Angst vor dem Staat.« In diesem Jahrhundert hat sich diese Angst ausgebreitet, ist zu einer allgemeinen Erscheinung geworden; sie gehört zu unserem Zeitalter. Sie durchdringt heute die Gesellschaft, unabhängig von der herrschenden Regierungsform, da jede Regierung auf Machtzuwachs aus ist und sich immer größere Übergriffe auf ihre Bürger herausnimmt. Zur Zeit vollzieht sich dies wohl am stärksten in den autoritären Regimen des Nahen Ostens und Südamerikas, wo die staatliche Brutalität mit einer neuen Schamlosigkeit auftritt und oftmals nicht einmal ideologisch begründet oder gerechtfertigt wird.

Die Angst des Individuums vor dem Staat ist ein modernes Phänomen. Eine Literatur ist entstanden, deren Gegenstand dieser Aspekt des 20. Jahrhunderts ist. Dabei handelt es sich nicht nur um eine inhaltsreiche und bedeutungsvolle Literatur, sondern auch um eine Art Geschichte und Psychologie unserer Zeit. Kafka ist vielleicht ihr größter Meister, aber es gibt noch viele andere. Ihre beiden großen Themen sind Macht und Angst: die physische Gewalt des Staates, in den Dienst seiner zum Dogma erhobenen Ideologie gestellt, und der Angriff, den dies auf den Bürger und einzelnen Menschen darstellt. Das Große gegen das Kleine und Isolierte; der Staat, allwissend und allmächtig; sein Opfer, klein und machtlos.

Benommen und in einer labyrinthischen Angst gefangen, beobachtet der Einzelne, wie die offizielle Autorität — nicht die vertraute Gemeinschaft oder organisierte Gesellschaft, sondern ein neugeschaffenes System, das nur sich selbst verantwortlich und seinem eigenen Fortbestand und Machterhalt verpflichtet ist — die Realität definiert und kodifiziert. Manchmal zermalmt diese Autorität alles. Manchmal trennt sie zuerst die Spreu vom Weizen, grausam und wohldurchdacht. Es gibt Augenblicke, da ist sie plump und direkt wie ein Stiefel, wie das Pochen gegen eine Tür. Es gibt andere Augenblicke, da ist sie so vielschichtig wie die christliche Theologie, so hochtrabend wie eine wissenschaftliche Analyse. Die Opfer halten den Atem an, während sie ein Netz von geistigen Strukturen, Mythologien, Ritualen schafft. Die Macht der Zerstörung verstellt sich, betreibt Haarspalterei, spielt mit Ideen, hält inne, bevor sie zuschlägt.

Der Staat hat die Rolle seines einst göttlichen Vorgängers usurpiert; mächtiger und sichtbarer als Gott, will er ein ebenso tiefgründiges und kompliziertes geistiges System, ein ebenso erhabenes und ausgeformtes Paradigma von Gut und Böse, Tugend und Untugend, Unterordnung und Gehorsam, Fügsamkeit und Sanftmut. Kasuistisch und spitzfindig wie die Inquisition bei bestimmten Gelegenheiten — Gelegenheiten wie die Moskauer Prozesse oder jene, die Arthur Koestler in seinem Roman *Sonnenfinsternis* beschrieben hat —, legt sich die kaum zu beantwortende Frage nach dem richtigen revolutionären Weg, in ihrer Schwammigkeit der religiösen Gnade vergleichbar, wie eine glänzende, irreführende Oberfläche über die Brutalität, die dem ungezügelten Einsatz der staatlichen Macht innewohnt.

Je mehr sich das System ausdehnt, desto mehr Angst schafft es: erst Leere, dann innere Bewegung. Wie Druckwellen, wie Spannungsstöße, hat diese Angst eine enorme Bandbreite und weist viele Variationen auf, tritt hier in konzentrierter, dort in vager Form auf. Einmal ist es nur die Angst vor der Heuchelei, der intellektuellen Unehrlichkeit, der falschen Nomenklatura. Dann ist es die nackte Furcht vor der physischen Gewalt, der technologischen Falle. Der Schlag, die Zelle. Häufig wird die Verelendung mehr gefürchtet als die Festnahme, lösen das Ausgestoßensein, der Verlust von Beruf und Wohnung Angst und Schrecken aus. Es liegen unzählige Gefahren und Risiken in Papieren und offiziellen Formularen, in Bescheinigungen, Genehmigungen, im Labyrinth der Steuern, im Dschungel der Regeln, Vorschriften und Verantwortlichkeiten – überall lauern Strafen, unvorhergesehen, unerklärt.

Man wird überwacht, bedrängt, hat einen Feind, und zwar einen, der allmächtig, allgegenwärtig ist, dessen Agenten überall sind, dessen Augen alles sehen, aber nicht gesehen werden können, der alles hört und weiß, selbst aber unerkannt bleibt. Die Macht, etwas zu erzwingen, ist so groß, die geforderte Treue so umfassend, daß der Einzelne ständig in der Defensive ist, sogar Schuldgefühle hat. Etwas verbrochen zu haben, wird zu einem fast allgemeinen Seinszustand, das Gefühl, ein Missetäter zu ein, der Eindruck, im Unrecht zu sein, beschuldigt, verdächtigt zu werden.

Dieses moderne Verhältnis zur staatlichen Autorität ist so langsam über uns gekommen, daß wir es gar nicht richtig bemerkt haben. Aber es hat sich ständig weiterentwickelt, hat während dieses ganzen Jahrhunderts um sich gegriffen, ist mit jedem Jahrzehnt stärker geworden, hat mit der Geschwindigkeit neuer Erfindungen, ihrem raschen Tempo im Nachrichten- und Verkehrswesen Schritt gehalten. Das Bewußtsein dafür ist nur teilweise und zeitweise vorhanden, die meisten von uns haben noch immer die Illusion von Sicherheit, fühlen sich unschuldig.

Aber in manch anderem Land ist die Angst vor dem Staat, die Furcht der Wehrlosen vor den Allmächtigen, ein Dauerzustand. Kein anderes Moment unterstreicht dieses allgemeine Unbehagen dem Staat gegenüber so sehr wie die Wiederkehr der Folter. Die Folter war immer möglich, wenn nicht kulturell, so doch materiell. Es gab indessen eine Zeit, in der die öffentliche Meinung die fortgesetzte Anwendung der Folter nicht hinnahm, wenn diese entdeckt wurde. Davon sind wir jetzt abgerückt, haben uns an sie gewöhnt, nehmen sie hin. Und damit ist eine grundlegende politische Veränderung verbunden: Es ist die Art dieser Veränderung, die dieser Essay zu untersuchen, zu erklären, ja sogar zu porträtieren versucht.

Als die Folter wieder zu ihrem Arsenal gehörte, konnte die staatliche Autorität anders auftreten, nach anderen Voraussetzungen handeln. Als sich die Staatsmacht des Körpers bemächtigen und seine Integrität wieder verletzen konnte, war ein Damm gebrochen, war aufs neue etwas Archaisches erlaubt, das an alte und liebgewonnene Überzeugungen anknüpfte. Es gab wieder Kategorien und Gruppen, Status und Rasse, Dominanz und Unterordnung, Höherwertiges und Minderwertiges. Die Folter lebt davon, daß Typen und Rollen zugewiesen, Definitionen des Vertrauten und Fremden geliefert werden. Die Konfrontation findet dort statt, wo es Feindschaft und Fremdheit gibt, uns und sie.

Von zwei großen Ideologien wieder eingeführt, wurde die Folter nach dem Zweiten Weltkrieg allgemein geächtet, gewann aber trotzdem in den kolonialen Außenposten an Boden, weitab von den Augen der Öffentlichkeit. Zuerst breitet sie sich dort wieder aus, wo normale Maßstäbe und Verhaltensweisen angeblich nicht gelten, wo diese durch bestimmte Umstände, durch den Umgang mit ganz andersartigen Menschen außer Kraft gesetzt sind. Die Rasse kommt ins Spiel, die Hautfarbe, Besatzungsarmeen. Auch die Sexualität kommt ins Spiel, die Verfolgung der Homosexuellen, die allgemeine Verunglimpfung der Frauen im Patriarchat. Sexualität und Geschlecht machen die Sache einfach: Hier wird die Voreingenommenheit allgemein akzeptiert, weil sie Tradition hat, wird sogar als moralisch und natürlich gutgeheißen. Das Gewohnheitsrecht entschuldigt und beschönigt diesen Mißbrauch von Macht. Herrschaft wird als etwas Natürliches betrachtet, wenn sie Männer über Frauen, Weiße über Schwarze ausüben. In den Kolonien ist es einfacher. Dort kann sie versteckter auftreten, dort kann auch die Folter eine fast unsichtbare, unbemerkte Randerscheinung sein.

Vor dem Hintergrund der allgemeinen Abschaffung der Folter zu Beginn dieses Jahrhunderts und des allgemeinen Abscheus vor der Folter, nachdem ihr Einsatz im Zweiten Weltkrieg bekannt geworden war, hat ihre Zunahme in der ganzen Welt seit dem Ende dieses Krieges etwas Anomales. Der Gulag war gut versteckt, und wo er bekannt war, wurde er als eine Tyrannei betrachtet, der die Zeit oder eine innenpolitische Situation, die nicht von außen zu beeinflussen war, ein Ende setzen würde. Selbst wenn man annimmt, daß Stalin ungestraft handeln konnte, weil sein Reich das Geheimnis bewahrte — Hitlers Verbrechen waren für jedermann sichtbar und wurden von jedermann verabscheut. Oder hatte er letztlich nur ein Tabu verletzt, das jetzt ganz aufgehoben werden konnte, zuerst in aller Stille, dann aber immer unverhohlener? Oder hatte schon das Ausmaß, in dem die Folter von diesen beiden brutalen Regimen praktiziert worden war, diese für immer zu einem Bestandteil der modernen Welt gemacht; »fortgeschritten«, »wissenschaftlich«, »logisch«? War das Mögliche jetzt in etwas Unvermeidliches, Unentrinnbares verwandelt worden? Waren die Dinge im modernen Staat so zu regeln?

Gewiß nicht auf der Ebene der öffentlichen politischen Verlautbarungen. Nach dem Krieg wurde die Wiedereinführung der Folter durch Hitler formell durch die Nürnberger Prozesse beendet, die neues Recht gesetzt hatten. Die aus der Vorkriegszeit stammende Ächtung der Folter wurde mit so feierlichem Nachdruck bekräftigt, daß die Nationen der Welt mit einer gewissen Zuversicht annehmen konnten, daß sie nicht wiederkehren würde. Neben den Nürnberger Prozessen waren es vor allem die Vereinten Nationen, die den Eindruck förderten, daß die Folter jetzt etwas sei, was der Vergangenheit angehörte, indem sie eine Charta und ein Protokoll ausarbeiteten, das ihre Anwendung überall in der Welt verbot und verurteilte.

Es war noch nicht möglich, die Folter als die Zukunft zu sehen; auch nicht als eine ständige Gegenwart. Bis Algier. Die Entdeckung von Folterungen in der französischen Kolonie Algier, die öffentliche Untersuchung und die Diskussionen, die durch diese Entdeckung ausgelöst wurden — noch mehr das faktische Eingeständnis der Regierung und die Auswirkungen dieses Eingeständnisses auf die Politik, ja sogar auf die Geschichte — hatten eine tiefgehende, wenn auch keine bleibende Wirkung. Frankreich gab Algerien schließlich auf, beschämt darüber, daß es dort gefoltert hatte. Es ist eine entmutigende Erkenntnis, daß so etwas wahrscheinlich nicht mehr passieren wird, daß die Nationen heute zu einer solchen Scham weniger fähig sind: Unehrenhaftes Verhalten hat eine geringere Wirkung, das kollektive Gewissen ist weitaus schwerer zu mobilisieren als damals die französische Öffentlichkeit, die von Jean-Paul Sartre und Henri Alleg durch Berichte über das Verhalten der französischen Truppen im Ausland aufgerüttelt wurde, ein Verhalten, das rohestem Rassismus und kolonialem Haß entsprang. Hier lag eine Brutalität vor, die nicht mehr gebilligt, geduldet oder vertuscht werden konnte, nachdem sie einmal bloßgelegt worden war.

Als 1958 Henri Allegs *La Question* erschien, war eine besondere Situation gegeben: Da war die noch frische Erinnerung an die Okkupation der Nazis und die Folter in dem berüchtigten Gestapo-Hauptquartier in der Pariser Rue Lauriston. Da war auch das große Ansehen der französischen Résistance, deren Mitglieder häufig gefoltert worden waren, sowie das Prestige von Sartre, Malraux, Mauriac und anderen französischen Intellektuellen, die sich für das Buch engagierten und gegen seine Unterdrückung durch die französische Regierung protestierten. Schließlich kam noch die Tatsache hinzu, daß in den ersten zwei Wochen nach Erscheinen und vor dem Verbot des Buches erstaunlich viele Exemplare verkauft wurden — das Verbot war die erste Maßnahme dieser Art seit dem 18. Jahrhundert. Das Buch wurde über die Schweizer Grenze zurück nach Frankreich geschmuggelt, der Text übersetzt und in der ganzen Welt herausgebracht: Man konnte den Aussagen dieses Buches nicht entfliehen.

Auch konnte man nicht umhin, Alleg anzuhören, als dieser sich schließlich Gehör verschaffen konnte: Hier sprach der Gefolterte mit eigener Stimme, ein Franzose, ein Journalist, einer von ihnen, ein absolut glaubwürdiger Mensch. Alleg war fünf Jahre lang Herausgeber des *Alger Républicain* gewesen, der einzigen algerischen Tageszeitung, die bis zu ihrem Verbot im September 1955 alle Strömungen des demokratischen und nationalen Spektrums zu Wort kommen ließ. Er wehrte sich und konnte sogar erreichen, daß das Verwaltungsgericht in Algier das Verbot für illegal erklärte. Aber Alleg konnte die Zeitung dennoch nicht weiterführen: Einige Mitglieder seiner Redaktion saßen im Gefängnis, er selbst erhielt einen Hinweis auf seine bevorstehende Verhaftung und tauchte unter.

Am 12. Juni 1957 wurde Henri Alleg in einen Hinterhalt gelockt und von Mitgliedern der zehnten Fallschirmspringer-Division gefangengenommen: »Am Tage vor diesem Mittwoch war mein

Freund Maurice Audin, Assistent an der philosophischen Fakultät in Algier, in seiner Wohnung verhaftet worden, und die Polizei hatte dort einen Beamten zurückgelassen. Er war es, der mir die Tür öffnete; so ging ich in die Falle. Ich versuchte zu fliehen, jedoch ohne Erfolg, denn der Polizist mit dem Revolver in der Faust holte mich im ersten Stock wieder ein und brachte mich in die Wohnung zurück. Er war sehr nervös, und während er mich aus den Augenwinkeln überwachte, telefonierte er mit der Zentralstelle der Fallschirmjäger, um unverzüglich Verstärkung anzufordern.«[10] Alles kommt Alleg irgendwie bekannt vor:
»In dem Augenblick, als der Oberleutnant ins Zimmer trat, wußte ich, was mir bevorstand. ...
›Wer beherbergt Sie?‹
›Das sage ich Ihnen nicht!‹
Er schüttelte den Kopf, lächelte und sagte dann sehr selbstsicher:
›Wir unterziehen Sie nachher einem kleinen Verhör, das Ihnen reichen wird. Sie werden antworten, das verspreche ich ihnen. Legt ihm die Handschellen an!‹«

Es ist so, als seien die Rollen, die Zeilen schon bekannt wie die Dialoge in Filmen, etwas, das sie beinahe schon geprobt hatten. Alleg hat sich seit November 1956 versteckt. Jetzt ist der 12. Juni: Er hat fünf Monate im Untergrund gelebt, etwa einhundertfünfzig Tage auf den Leutnant gewartet. Die Methoden seiner Gegner sind ihm bekannt; als Journalist verfügt er über zahlreiche Informationen, kennt sogar die Namen der Männer und Frauen, die gefoltert wurden. Er hat zum Beispiel herausgefunden, was mit Ali Boumendjel geschehen ist, einem Rechtsanwalt beim algerischen Berufungsgericht, der in der Haft angeblich Selbstmord begangen hat. Als Alleg abgeführt wird, weiß er, was ihn erwartet: »Sie haben ja sogar Artikel darüber geschrieben«, höhnen diejenigen, in deren Gewalt er ist.

In Allegs Bericht ist jedes Detail klar, einfach, unmittelbar: die Marke des Autos, das draußen auf ihn wartet, der Fallschirmjäger, der neben ihm sitzt und ihm eine Maschinenpistole in die Rippen drückt. Der Ort, zu dem er gebracht wird, ist seltsam, wirkt zunächst sogar etwas unplausibel — die Baustelle eines Wohnhauses. Ein wirres Durcheinander, Betonstaub, Betonträger, die aus dem Mauerwerk herausragen, an den Decken Drähte der eilig installierten elektrischen Leitungen. Es ist ein industrieller, maskuliner, unfertiger und geheimer Ort; das archetypische geheime Gefängnis der Zukunft, ein Ort, der sich für die heimliche, gesetzlose Praxis der Folter besonders gut eignet.

Die Verhöre finden im »zukünftigen Aufenthaltsraum« statt. An diesem provisorischen Ort gibt es zusammenklappbare Tische, unscharfe Fotos von Verdächtigen, ein Feldtelefon und Treppen, die Fallschirmjäger mit ihren schweren Stiefeln hinauf- und hinuntergehen, lachend und Obszönitäten austauschend, während sie arabische Gefangene vor sich her stoßen, deren Kleider zerlumpt sind und die sich seit Tagen nicht rasiert haben. Dieser Ort, der nirgends registriert ist, hat etwas Informelles, Ungeplantes, Improvisiertes: mit einem Mal wünscht man sich den durchorganisierten Formalismus, der in den offiziellen staatlichen Gebäuden herrscht, ihren öffentlichen Charakter, ihre allgemein bekannte Lage. Wenn man dort eingesperrt wird, ist der Aufenthaltsort bekannt, die Verwandten werden informiert, Akten geführt, Rechtsanwälte haben Zugang. Man ist an einem bestimmten Ort. Hier ist man nirgends.

Die heimliche Inhaftierung, die Praxis, die Opfer an einen unbekannten Ort zu bringen, ist ein zentrales Element der Folter — es belegt ihren geheimen und illegalen Charakter, ihren Terror und ihre Gewalt. Man ist in der Vorhölle, man verschwindet. Um wieder aufzutauchen, bedarf es eines Wunders. Überrascht erkennt man, wie sicher man in normalem staatlichem Gewahrsam ist. In dem Moment, in dem man verschleppt wird, geht einem auf, daß man nun äußerst verwundbar ist: Es gibt niemanden, der einem hilft; der Beistand des Gesetzes entfällt. Unter diesen Umständen wird man nicht festgenommen, sondern gekidnappt. Man ist nicht in den Händen des Gesetzes, sondern in der Gewalt von Menschen, die sich über das Gesetz gestellt haben, während sie sich seine Autorität noch immer zunutze machen. Der Staat selbst ist zu einer kriminellen Macht geworden: Der Himmel ist die Grenze.

Doch zuerst wird es einen routinemäßigen Appell mit den üblichen Mitteln geben. Alleg werden Papier und Bleistift vorgelegt, seine Handschellen werden entfernt: »Schreiben Sie uns auf, wo Sie wohnen, wer Sie versteckt, seitdem Sie untergetaucht sind, mit welchen Personen Sie zusammengetroffen sind, was Ihre Tätigkeit war.« Alleg antwortet, daß er sich um die Belange seiner Zeitung gekümmert hat, nennt die Leute in Paris, an die er sich gewandt hat:

»Mehr habe ich nicht zu sagen. Ich werde nichts niederschreiben. Zählen Sie nicht auf mich. Ich werde diejenigen nicht denunzieren, die den Mut hatten, mich aufzunehmen.«

»Lächelnd und ihrer selbst sicher, wechselten die beiden Oberleutnants fragende Blicke. ›Ich glaube, es ist überflüssig, unsere Zeit zu verlieren‹ ... Im Grunde war das auch meine Meinung: wenn ich gefoltert werden sollte, dann war es bedeutungslos, ob es früher oder später geschah. Und anstatt zu warten, war es besser, sich sofort auf das Schlimmste gefaßt zu machen.«

Ein junger Offizier kommt herein. »Ah! Da ist er, der Kunde?«, sagt er zu Alleg, »kommen Sie mit mir«. Alleg folgt ihm so gehorsam wie Wolodin: Sie werfen sich nicht hin, treten nicht um sich und schreien, sie machen nicht schlapp und verweigern nicht die Mitarbeit, sie erkennen das Unvermeidbare und verhalten sich mannhaft. Man macht mit, man schickt sich in das Unumgängliche, man hofft auf einen glimpflichen Ausgang. Man erkennt noch nicht das ganze Ausmaß seiner Hilflosigkeit; man ist noch nicht gefoltert worden. Im unteren Stockwerk betreten sie einen Raum, der eines Tages die Küche sein wird, und dort, zwischen einem gekachelten Küchenherd, einem Spülbecken und einem Eisengestell, muß Alleg sich ausziehen — »Wenn Sie nicht wollen, wird Gewalt angewendet« — und sich dann auf ein schwarzes Brett legen. Es ist ein abstoßendes, »vor Feuchtigkeit triefendes Brett, das beschmutzt und klebrig war vom Erbrochenen«.

Es ist ein einfaches Brett, an dem jedoch Lederriemen angebracht sind, so daß das Opfer festgeschnallt werden kann, sobald es liegt. Der Peiniger steht über ihm, mit gespreizten Beinen, seine Hände in den Hüften, »in der Pose eines Siegers«. »Jeder sagt aus — Sie müssen uns alles sagen, nicht nur einen kleinen Teil der Wahrheit! Alles!« Alleg liegt nackt auf dem Brett, aus einem Fenster weht ihn ein kalter Wind an. »›Haben Sie Angst? Wollen Sie reden?‹ ›Nein, ich habe keine Angst. Ich friere.‹«

Alleg bewahrt seine Würde. Vier Fallschirmjäger nehmen das Brett, auf das er gebunden ist, bringen ihn in das Nebenzimmer und stellen ihn auf dem Zementboden ab. Die Offiziere sitzen auf ihren Packtaschen um ihn herum, er hat sein Publikum. Man zeigt ihm den elektrischen Apparat: »den von Gefolterten schon hundertmal beschriebenen Apparat, und Alleg reagiert tapfer: ›Wenn Sie Gründe haben, mich zu beschuldigen, dann überstellen Sie mich dem Gericht.‹« Er läßt sich nicht einschüchtern, tritt seinen Peinigern entgegen, die ihn verächtlich duzen; ein Franzose, der auf die Menschen- und Bürgerrechte pocht, sich durch das Gelächter um ihn herum nicht entmutigen läßt.

Ein Fallschirmjäger sitzt auf seiner Brust. Alleg beschreibt ihn als sehr sonnengebräunt: »mit dem breiten Grinsen eines Gassenjungen, der sich anschickt, einen Streich zu spielen«. Die Offiziere sitzen im Kreis auf ihren Kästen, die einfachen Soldaten auf dem Boden. »Andere kamen noch in den Raum, ohne bestimmte Aufgabe, aber ohne Zweifel mit dem Wunsch, dem Schauspiel beizuwohnen.« Die Elektroden werden an Allegs rechtes Ohrläppchen und an einen Finger seiner rechten Hand angeschlossen.

»Von einem einzigen Schlag bäumte ich mich in meinen Fesseln auf und brüllte aus vollem Hals. ... Nahe meinem Ohr war ein langer Funke aufgesprungen, und ich spürte den rasenden Herzschlag in meiner Brust. Ich krümmte mich schreiend und sträubte mich dagegen, verwundet zu werden. Jedoch Charbonnier, den Apparat in der Hand, ließ die Stromstöße ohne Unterbrechung aufeinander folgen. Charbonnier stellte immer wieder die gleiche Frage, wobei er jede Silbe betonte: ›Wo warst du untergebracht?‹«

Zwischen seinen Zuckungen und Krämpfen erinnert Alleg seine Peiniger: »Sie haben unrecht, Sie werden es noch bereuen!« Sie erhöhen die Stromzufuhr und stopfen ihm einen Knebel in den Mund — »großer Gott, ist das ein Schreihals«. Ein Fallschirmspringer befestigt die Elektrode an Allegs Penis und grinst ihm dabei ins Gesicht: »Plötzlich spürte ich einen wilden Schmerz, wie den Biß eines Tieres, das ruckweise das Fleisch herausreißt.« Die Schocks, die durch ihn hindurchgehen, sind so stark, daß sich die Riemen lockern, mit denen er an das Brett gefesselt ist.

»Eine kurze Pause, um sie wieder anzuziehn, und dann ging es weiter« — der Ausdruck ›es ging weiter‹ statt ›sie machten weiter‹ ist merkwürdig, eine Dualität ist hergestellt, eine Beziehung von Gewalt und Widerstand: Alleg widersetzt sich seinen Peinigern.

Jetzt nimmt der Oberleutnant die Stelle von Jaquet ein und spannt den Draht in seiner ganzen Länge über Allegs Brust: »Ich wurde von den Stromstößen, die mich erschütterten, immer mehr und mehr geschwächt, und die ›Sitzung‹ zog sich hinaus. Man hatte mich mit Wasser besprengt, um die Intensität des Stromes noch zu erhöhen, und zwischen zwei ›Gepfefferten‹ zitterte ich wieder vor

Kälte.« Man wird gezwungen, sich wieder an die Zuschauer auf ihren Packtaschen zu erinnern; daß sie beim Zuschauen Bier trinken, bedeutet ebenso wie das Spülbecken und die zukünftige Wohnung selbst, daß das Gewöhnliche auf eine geradezu perverse Weise im Außergewöhnlichen präsent ist.

»Endlich hörten sie auf. ›Macht ihn los!‹ Die erste Sitzung war beendet.« Noch nicht ganz und noch nicht richtig. Alleg wird sein Schlips wie ein Strick um den Hals gebunden, und ein Fallschirmjäger zieht ihn »wie einen widerspenstigen Hund« hinter sich her, bringt ihn ins nächste Zimmer. Man befiehlt ihm niederzuknien und schlägt ihn solange, bis er sich nicht einmal mehr auf allen vieren halten kann. »Du bist erledigt, hörst du! Du bist ein Toter mit Bewährungsfrist!«

»Führt Audin her«, sagt ein Folterer, während der andere Alleg weiterhin mit voller Kraft schlägt. »Ich sah das bleiche, verstörte Gesicht von meinem Freund Audin, der mich anschaute, während ich auf den Knien schwankte.« Es ist eine schreckliche Begegnung. Auch Audin wurde gefoltert, vielleicht noch länger und schlimmer. »›Es ist hart, Henri‹, sagte Audin zu mir. Und man führte ihn wieder ab.« Wir hören nie wieder etwas von Audin, er wird für immer verschwinden, zu Tode gefoltert oder hingerichtet, wobei seine einzige Schuld seine Verbindung zu Alleg ist: Er wird dafür sterben. »Es ist hart, Henri« — ein Satz von erstaunlicher Sparsamkeit und bitterer Einfachheit, in dem Altes anklingt: Das französische Wort für hart, *dur*, ist Teil des alten Ausdrucks für Folter, *la peine, forte et dure*: der heftige Schmerz unter einer »harten Befragung«.

Auf wahnhafte Weise prahlen die Fallschirmspringer damit, daß sie die Gestapo sind, was ebenso verräterisch wie bezeichnend ist: Folterer haben die Tendenz, eine besondere Bewunderung für das Nazi-Regime zu hegen und gedenken seiner in vielen Gegenden der Welt mit großem Respekt. Vor allem in Südamerika, wohin viele Nazis flohen und wo sie Unterschlupf in militärischen Einrichtungen fanden, die ihnen die Fortsetzung einer Politik der Grausamkeit erlaubten. Es entsteht der Eindruck, daß der Faschismus mit Hitlers Tod keineswegs erledigt war, sondern eine lebendige Idee, eine politische Vision geblieben ist, der man immer noch anhängt und die sich nur vorübergehend verkrochen hatte.

Alleg ist entschlossen, nicht nachzugeben. Also wird er zurück in den ersten Raum geschleift, wobei er einen nackten Moslem sieht, der auf den Gang hinausgejagt wird. Ein viel größerer Apparat wird jetzt benutzt: »An Stelle der schnellen und spitzen Bisse, die mir den Körper zu zerreißen schienen, war es jetzt ein viel größerer Schmerz, der sich tief in alle Muskeln einbohrte und sie verzerrte. Ich lag verkrampft in meinen Fesseln, preßte die Kiefer auf meinen Knebel und hielt die Augen geschlossen. Sie hörten dann auf, aber das nervöse Zittern dauerte an.«

Allegs Folterer fragen ihn, ob er »schwimmen kann«, sie wollen es ihm durch die Wasserfolter beibringen. »Die Küche war nur von dem schwachen Licht des Ganges erhellt. Im Halbdunkel erkannte ich Irulin, Charbonnier und den Hauptmann Devis (...) Am vernikkelten Wasserhahn (...) befestigte Lorca einen Gummischlauch. Er umwickelte meinen Kopf mit einem Tuch (...) Durch das Tuch kniff mir Lorca die Nase zusammen. Er schob mir ein Stück Holz zwischen die Lippen, um mich daran zu hindern, den Mund zu schließen oder den Schlauch wegzustoßen (...) Und er öffnete den Wasserhahn. (...) Eine Weile konnte ich noch kleine Atemzüge machen. Ich versuchte durch Zusammenziehen der Kehle so wenig Wasser wie möglich zu schlucken und, so lange ich konnte, Luft in meine Lunge zu schöpfen, um gegen das Ersticken ankämpfen zu können. Aber bald konnte ich nicht mehr. Ich glaubte zu ertrinken, und eine quälende Angst, die Angst vor dem Tod, überfiel mich. (...) Gegen meinen Willen bewegten sich die Finger an meinen beiden Händen.«

Jetzt wehrt sich Alleg nicht mehr: »Lieber beim ersten Strahl sofort ersticken! Ich fürchtete eine Wiederkehr dieses schrecklichen Augenblicks, wo sich mein Bewußtsein verdunkelte, obwohl ich mich zugleich mit allen Kräften gegen das Sterben wehrte. Ich bewegte nicht mehr die Finger [das Zeichen, daß er kapituliert, daß er sprechen wird, K. M.], aber ich mußte noch dreimal diese Höllenangst erdulden. Im letzten Augenblick ließen sie mich Atem holen, während sie mir das Wasser herauspreßten.« Allegs Peiniger haben jetzt seinen körperlichen Widerstand gebrochen: »Beim letzten Mal verlor ich das Bewußtsein.«

Aber sie werden sich damit nicht zufriedengeben; sie haben seinen Willen noch nicht gebrochen: »Alle miteinander packten mich und hängten mich, den Kopf nach unten, an der Eisenstange des Rauchfangs über dem Becken auf. Nur meine Finger berührten den Boden. Einen Augenblick hatten sie Spaß daran, mich wie einen

Sandsack vom einen zum anderen zu schaukeln. Dann sah ich Lorca, der langsam vor meinen Augen eine Papierfackel anzündete. Er hob sie hoch, und schlagartig spürte ich die Flammen am Geschlechtsteil und den Beinen, deren Haare knisternd abbrannten. Ich bog das Kreuz so stark durch, daß ich an Lorca stieß. Der wiederholte alles noch ein paarmal, dann begann er, mir die Brustwarze anzubrennen.«

Sie treten mit ihren Stiefeln auf seine Hände, er kann nicht aufstehen, und als er weggebracht wird, fällt er die ganze Treppe hinunter, doch er redet nicht. Als er schließlich in eine Zelle gebracht wird, entdeckt Alleg, daß die Matratze, auf die er zukriecht, voller Stacheldraht ist. Ein Soldat lacht hinter der Tür über ihn, aber ein anderer sagt, »er hat aber eine Nacht gewonnen, damit seine Kumpane Zeit haben, sich aus dem Staub zu machen.« Und das ist natürlich der entscheidende Punkt: Bei diesem Kampf zweier Willen geht es um Zeit, um eine Reihe wechselseitiger Reaktionen; der Vorteil liegt in der Überrumpelung, einem schnellen Vorstoß oder einer Festnahme. Gewöhnlich gewinnt der Gefangene dadurch Zeit, daß er den schrecklichen Entschluß faßt, sich an jenem ersten Tag gegen den entsetzlichen Schmerz zu stemmen, an dem der Entschluß des Staates, ein neues Opfer zu zerbrechen, am stärksten ist. Wie viele Résistance-Kämpfer, ist Alleg Mitglied der Kommunistischen Partei: es gibt einen Kodex, eine Erwartung. Nach vielen weiteren Tagen der Folter hört er einen erfahrenen älteren Offizier über ihn sagen: »Seit zehn, seit fünfzehn Jahren haben die sich in den Kopf gesetzt, nichts zu sagen, falls sie gefaßt werden, und es gibt kein Mittel, ihnen das auszutreiben.«

Unter der Folter wird die Zeit endlos, blutet ein Tag in den nächsten hinüber, sind die Verhöre verschwommene Ewigkeiten. Das Opfer kann nicht mehr stehen, auf Handschellen und selbst einen Knebel kann man verzichten, wenn man im dritten Untergeschoß ist: »Trotzdem«, beklagt sich ein Fallschirmjäger, »es ist unangenehm.« Ruhig knöpft man dem Opfer die Hosen auf, zieht seine Unterhosen herunter und befestigt die Elektroden an seinen Leisten. Er kann nicht mehr sehr laut schreien, wenn die Schocks kommen, man hält es nicht mehr für nötig, ihn auf das Brett zu binden.

»Während die Tortur fortdauerte, hörte ich aus einem Lautsprecher die neuesten Chansons brüllen«, läßt sich Allegs Stimme wieder vernehmen. Er ist jetzt so benommen und passiv, so sehr das Opfer des Sadismus, das Studienobjekt der Notzucht, so sehr in eine Distanz gerückt, die uns durch die Pornographie vertraut ist, daß man überrascht ist, das Opfer wieder sprechen zu hören, wenn es uns daran erinnert, daß seine eigene Persönlichkeit in seiner Stimme liegt: die Entfremdung ist das Werk der anderen, ihrer entmenschlichenden Quälerei.

Allegs Bericht ist deswegen so eindringlich, weil er in der ersten Person verfaßt, das Zeugnis des Gefolterten selbst ist. Dieser klagt seine Peiniger öffentlich und vor aller Welt an. Er durchbricht das Schweigen, die Heimlichkeit, die Obszönität und die Unmenschlichkeit, die in den traditionellen und distanzierten Berichten von Dritten liegen, in denen eine Kreatur beobachtet, gequält und wieder beobachtet wird. Man denkt an de Sade und die *Geschichte der O*, an die Grausamkeit, die in solchen indirekten Erzählungen ausgebreitet werden kann. Da gibt es immer Elemente des Spielerischen, Koketten, Scheinheiligen, auch des Phantastischen, Humorvollen, Übertriebenen, Geistreichen, Frechen, Verbotenen, vor allem des Zufälligen und Unwirklichen, die alles zu entschuldigen scheinen. Der Leser wird unempfindlich, nur neugierig gemacht, wird aufgefordert, die Begeisterung über den Peiniger zu teilen.

Bei Alleg bleibt einem diese Perspektive verwehrt: »Einer der beiden Oberleutnants löste eine Klemme und stieß sie mir ins Gesicht, bis ich mich wieder aufraffte. ›Ehrenwort‹, sagte Charbonnier, ›der hat das gern.‹« Dies ist die übliche Aufforderung zu Hohn und Spott, das Opfer wird als Idiot abgeschrieben, der sein Schicksal verdient, ein Folterer stachelt die anderen zu einer Haltung absoluter Verachtung an. Aber der Leser bleibt bei Alleg: »Sie ließen mich mit den Klemmen im Fleisch zurück und gingen hinaus.«

Es ist auch unser Fleisch. Doch Alleg ist ein großes Risiko eingegangen. Sein Buch *Die Folter* beruht auf einem verzweifelten Glauben an das menschliche Mitgefühl; sein Glaube an dessen rettende Kraft nimmt paradoxerweise in dem Maße zu, in dem er erlebt, daß es denen fehlt, die ihn foltern. Weil es die Folter gibt und weil es Folterer gibt, wird die Gegenkraft von Sympathie und Empörung umso notwendiger. Sonst ist die Welt wahnsinnig und hoffnungslos, eine Einstellung, die Levi selbst in Auschwitz nicht hatte.

Alleg hat jegliches Zeitgefühl verloren, lebt im Dunkeln, bekommt nie etwas zu essen, kennt nichts anderes als zwölf Stunden

Schläge; er wird immer schwächer, ein Sack, der durchgeprügelt, getreten, mit Schocks behandelt wird — der aber dennoch seinen Feinden widersteht: »Ich merkte, daß mein Widerstand sie immer brutaler und zorniger machte.« »Stopf ihn ihm doch ins Maul«, sagen sie erbost. Wir sehen nicht Allegs Sturheit, sondern nur seine Geduld. Seinen Mut, seine Entschlossenheit, seinen Stoizismus, sein Durchhaltevermögen. Wir sehen nicht das, was sie sehen; wir sehen das, was Alleg sieht, den Draht, den sie in seinen Hals gejagt haben: »Tatsächlich waren meine Kiefer an der Elektrode durch den Strom wie festgelötet, es war mir unmöglich, meine Zähne auseinanderzumachen, so sehr ich mich anstrengte. Über meine Augen unter den verkrampften Lidern zuckten feurige Blitze, leuchtende geometrische Zeichen, und ich glaubte, sie würden ruckweise aus ihren Höhlen gerissen, wie von innen gestoßen. Der Strom hatte seine Grenze erreicht, und gleichzeitig auch meine Qual (...) ich dachte, daß sie mich nicht noch mehr verwunden könnten. Aber ich hörte Irulin zu dem, der den Apparat bediente, sagen: ›Kurze Stöße. Erst verlangsamen, dann aufdrehen ...‹«

Um seinen Schmerz zu kontrollieren, um diesem »plötzlichen Abfallen und schneidenden Anschwellen (...) zu entgehen«, um einen selbstgemachten Schmerz zu haben, eine gewisse Autonomie und Unabhängigkeit selbst im Leiden, da das Existieren jetzt nur noch Leiden ist, beginnt Alleg, seinen Kopf gegen den Fußboden zu schlagen. Davor hatte er versucht, seine Finger zum Bluten zu bringen, indem er mit den Fingerspitzen über den Zement kratzte: als eine Ablenkung, als eine Alternative zu dem glühenden Schmerz der Elektroschocks.

Seltsame Apparate des 20. Jahrhunderts: die Elektrode des Armeeoffiziers, das Elektroschockgerät des Psychiaters, ähnliche und einfache technische Mittel, in den Händen von Militärs und Zivilisten, Laien und Klerikern, beides diskrete Maschinen des Staates. Der Einsatz eines »modernen« und »technischen« Mittels wie Elektrizität steigert das Prestige desjenigen, der Schmerz zufügt, und vergrößert die Angst seiner Opfer. Der eine kann das Quantum des Leidens per Knopfdruck regulieren, während es für den anderen möglicherweise endlos ist, eine unsichtbare und unbegreifliche Gewalt.

An den Gesichtern von Patienten, die zu einer Elektroschock-Therapie verurteilt sind, kann man die Erwartung ablesen, daß sie gefoltert werden sollen, die gewöhnliche Anordnung — »kein Frühstück für Sie, Sie bekommen heute morgen den Elektroschock« — kann Hysterie und Panik hervorrufen. Selbst wenn die Behandlung hilfreich wäre, was nicht der Fall ist, würde die Überzeugung des Patienten, daß er gefoltert wird, das Verfahren zu einer Folter machen. Wenn Arme und Beine festgeschnallt sind und der Körper sich unter der Wucht der elektrischen Ladung aufbäumt, hat man es mit einer als »Behandlung« getarnten Folter zu tun.

In diesem Fall wurde das Opfer, wie ein Feind, der Kategorie des »Anderen« zugeordnet, für den eine solche Behandlung möglich, sogar gerechtfertigt ist. Im Gegensatz zum Feind ist er jedoch allein, eine Kreatur von absoluter Einsamkeit und Sonderbarkeit, von den Leidensgenossen isoliert, zu denen er keine Bande geknüpft hat, die auf Gruppenidentität oder gemeinsamer Erfahrung gegründet sind. Die Insassen der Lager sahen sich als Juden oder Zigeuner, Sozialisten oder Homosexuelle — Teil eines Ganzen, das der Verfolgung ausgesetzt war. Alleg ist Mitglied der Partei und der Opposition; er wird niemals so allein sein wie jemand, den man für verrückt erklärt hat. Es gibt einen grundlegenden Unterschied in dieser Erfahrung, zwischen der Erfahrung, ein Gruppenmitglied zu sein, und der Erfahrung, ein isolierter Sündenbock zu sein. Als ein Araber aus Versehen für einige Stunden in Allegs Zelle gesteckt wird, tröstet ihn der Neuankömmling, nennt ihn Bruder und akzeptiert ihn als Kampfgenossen; Alleg kann diesem Mann von seinem Schicksal erzählen, über sich und seine Zeitung sprechen: »Sage draußen, wenn du kannst, daß ich hier gestorben bin.«

Etwas später geht die Tür auf, und Alleg, mittlerweile immun und passiv, wartet auf die Schläge; aber statt dessen wird ein Lichtstrahl auf sein entstelltes Gesicht gerichtet, und zwei neue Rekruten, die entsetzt sind über das, was in ihrer Einheit passiert, sehen ihn mitfühlend an. »Es ist schrecklich, nicht wahr?« fragt eine junge Stimme. »Ja, es ist furchtbar«, erwidert die andere. Sie erkennen, daß das, was hier geschieht, Unrecht ist, gegen die Abkommen über die Behandlung von Kriegsgefangenen, gegen jedes zivilisierte und menschliche Verhalten verstößt.

Das gilt nie für diejenigen, die für verrückt erklärt werden. Wenn sie gequält werden, gibt es keinen allgemeinen Konsens über eine Ächtung, so wie es auch keine Verbündeten gibt. Die Nazis fingen mit den angeblich Verrückten an, und darin steckte eine gewisse Logik. Hier gab es eine völlig ungeschützte Gruppe, von der man sogar behaupten konnte, daß es keine richtigen Menschen seien. Es ist unsere Menschlichkeit, von der Sartre in seinem Vorwort zu *Die Folter* spricht: die Unmenschlichkeit, Alleg tagelang Durst leiden zu lassen, ihm salziges Wasser zu trinken zu geben, der Fallschirmjäger, der glaubt, daß er Allegs Schweigen brechen kann, indem er seine Brustwarze anbrennt, ein anderer, der ihm mit der Hinrichtung droht und während der Verhöre mit seinem Revolver spielt. Alleg selbst hat Angst, daß man ihm die Fingernägel herausreißen könnte: »Aber ich war mir bewußt, daß es nicht mehr lange so weitergehen konnte. Bruchstücke früherer Gespräche fielen mir ein. ›Der Organismus kann nicht unbegrenzt standhalten. Es kommt der Augenblick, wo das Herz erlahmt.‹« Er bekommt Fieber und hat Wahnvorstellungen. Er fängt an, an seinen jungen Freund Djegri zu denken, der zwei Monate vorher an der Folter starb, in einem Keller versteckt. Auf diese Weise war Djegri gestorben; er fängt an, die Verzweiflung dieses Todes nachzuempfinden.

»Jetzt bleibt Ihnen nur noch der Selbstmord«, sagt ihm ein hoher Offizier, nachdem er ihm gedroht hat, die Folter an seiner Frau und seinem Kind mitansehen zu müssen, und versucht hat, ihn mit einem sicheren Geleit nach Frankreich zu bestechen, falls er redet. »In acht Tagen sind Sie in Frankreich bei Ihrer Frau, ich gebe Ihnen mein Wort. Wenn nicht, werden Sie verschwinden.« Diese Aufforderung zu sterben ist Teil der Entmenschlichung, des Versuchs, den Gefangenen zu brechen, ihm alle Hoffnung und Selbstachtung zu nehmen, ihn zum Selbstmord aus Selbsthaß oder Verzweiflung zu treiben: Verzweiflung, ob er seine Qualen überlebt, ob er lebend davonkommt, ob seine Lippen weiterhin versiegelt bleiben — der Tod würde ihm diese Schande ersparen. Oder Verzweiflung angesichts weiterer und schließlich tödlicher Folterungen, oder schlicht Verzweiflung angesichts einer ewigen Gefangenschaft; oder die letzte Verzweiflung desjenigen, der aufgegeben hat, zusammengebrochen ist, alles verraten hat und jetzt über seine Nichtswürdigkeit verzweifelt ist, die ihn nicht nur in den Augen seiner Folterer und Feinde, sondern auch in denen seiner Verbündeten und früheren Freunde brandmarkt. Man stelle sich die Einsamkeit desjenigen vor, der durch die Folter »umgedreht« wurde, das schlimmste Schicksal überhaupt.

Die Folter ist eine Unterwerfung des Geistes unter den Körper. So daß der Geist — das Selbst, der Verstand, der Wille — der Fähigkeit des Körpers ausgeliefert ist, dem Schmerz zu widerstehen. Die körperliche Folter schließt alle Elemente der psychischen Folter ein, und dazu noch viel mehr. Denn man leidet unter der Beleidigung und der Feindseligkeit, der Kränkung, bewußt verletzt zu werden, der Erkenntnis, daß einem absichtlich körperlicher Schmerz zugefügt wird, wobei der Schmerz des Körpers durch die Ungerechtigkeit und Verachtung, die psychischen Wunden, verstärkt wird.

Wenn die Beleidigung das psychische Äquivalent eines Schlages ist, so zielt die Folter darauf ab, die Beleidigung so allgemein und überwältigend zu machen, daß sie zur Zerstörung führt: durch Hilflosigkeit, durch die Scham über die Hilflosigkeit, durch Erschöpfung und Ohnmacht, die schließlich die Kapitulation des Selbst zur Folge haben. Der ideale Ausgang ist der, daß nicht nur ihrer Aufforderung, sich selbst umzubringen, entsprochen wird, sondern daß diese Aufforderung Zustimmung findet, begrüßt wird. Das bedeutet Eroberung in ihrer äußersten Form. Dieser Druck ist ständig vorhanden. In den umliegenden Zellen geht die Folter die ganze Nacht weiter: »Durch die Trennungswand hindurch hörte ich das Brüllen und Wehklagen, gedämpft durch Knebel, und die Flüche und Schläge. Ich wußte bald, daß diese Nacht keine Ausnahme war, sondern das ›Übliche‹ im Haus. Die Schmerzensschreie gehörten zum vertrauten Lärm des ›Auslesezentrums‹ und keiner der *paras* schenkte ihm noch Beachtung. Aber ich glaube nicht, daß es einen einzigen Gefangenen gab, der nicht, wie ich, geweint hat vor Haß und Erniedrigung, als er zum ersten Male die Schreie der Gefolterten hörte.«

Es entsteht der Eindruck, als wollten beide Seiten vor der Geschichte Recht behalten; das Faktum der Macht in der Gegenwart steht gegen die langfristige Perspektive und das letztendliche Obsiegen der anderen Seite. » ›Wir haben Zeit‹, sagte der Major. ›Am Anfang sind sie alle so. Wir brauchen einen Monat, zwei Monate, oder drei Monate, aber er wird reden.‹« Ein ziviler Beamter ist bei der Folter anwesend, vergleicht Alleg mit Elyette Loup und Akkache, Helden des algerischen Aufstands, was nicht lobend, sondern abwertend gemeint ist: »Er will doch nur ein Held sein und in einigen hundert Jahren ein kleines Schild an der Wand haben.« Alleg wird mitgeteilt, daß seine Kinder in der Nacht aus Frankreich kom-

men, daß sie »einen Unfall haben werden«. Alleg, der schon mehrere Nächte lang gefürchtet hat, daß die Frau, die in der Nachbarzelle gefoltert wird, wirklich seine Frau Gilberte ist, weigert sich immer noch, den Köder zu schlucken. »Ist es dir egal, was mit deinen Kindern geschieht?« Der Leutnant schweigt einen Augenblick und sagt dann abschließend: »Gut! Dann wirst du sterben.«
»›Jeder wird wissen, wie ich gestorben bin‹, sagte ich zu ihm.
›Nein, niemand wird irgendetwas wissen.‹
›Doch‹, antwortete ich. ›Es wird immer alles bekannt.‹«

Jeder blufft, es wird nicht immer alles bekannt, es wird lange Zeit nicht bekannt. In vielen Fällen nie. Vielleicht ist es keine richtige Lüge, es ist eine zur Überzeugung gewordene Hoffnung, so wie ein nach Prinzipien gelebtes Leben eine Hoffnung ist, so wie Integrität manchmal eine Notwendigkeit ist. Man könnte fast sagen, daß Folter und Haft erfunden wurden, um diese Wahrheiten zu entdecken, sie zu testen, die Behauptung, daß es sie gibt, der härtesten Probe auszusetzen. Diese Probe aufs Exempel hat etwas Schreckliches, etwas Infames und Unfaires: Unsere Absichten und Proteste sollten niemals so sehr auf die Probe gestellt und zuschanden gemacht werden. Aber diejenigen, die durchhalten, werden bewundert, ihr Edelmut anerkannt. »Ein kleines Schild an der Wand in hundert Jahren« bedeutet dem zivilen Angestellten der Sicherheitsabteilung nichts; es ist vielmehr verachtenswert und absurd im Vergleich zu der Tatsache, daß seine Seite in diesem Moment die Macht hat. In diesem Moment, da er und seine Kameraden, die Bruderschaft von Soldaten und Offizieren, vor ihrem Opfer stehen.

Aber die Lektüre des Buches, die Tatsache, daß das Buch gelesen werden kann (sein Autor lebt, sein Manuskript wird gedruckt und verkauft), schafft einen Ausgleich und verändert das Gleichgewicht. Das Buch hat seinen Sieg errungen: Das ehrlose Regime, das durch diesen namenlosen Staatsbediensteten noch mehr entehrt wird, ist vor Jahrzehnten gefallen, zu einem guten Teil wegen dieses Buches, das in einer Zeit geschrieben wurde, als die Wahrheit noch triumphierte, wenn sie ans Licht kommen konnte.

Allegs Bericht über die Folter ist elementar, typisch, ein aus der Geschichte bekanntes Szenario; er führt auch eine Figur ein, die einmal zu unserer Zeit gehören wird, den Folter-Arzt. Die Nazis machten aus der Folter ein medizinisches Fachgebiet, obwohl es nur wenige Überlebende gab, die Doktor Mengele begegnet waren und darüber berichten konnten. Er ist immer eine ferne Gestalt, während Allegs Arzt nahe ist, sich über ihn beugt und ihm medizinische Präparate verabreicht. Weil sie den Willen beeinflussen, sind Medikamente bei der Folter eine starke Waffe. Während sie große Ängste erzeugen können, bringen sie den Sadisten um das Vergnügen und die Anstrengung, das Opfer mit jedem einzelnen Schlag zu quälen und die Wirkung abzuschätzen. Medikamente sind einfach und bequem; sie bieten einen raschen Zugang zum Opfer und große Eroberungsmöglichkeiten, sie sind entwicklungsfähig.

Alleg bekommt Sodiumpentothal, ein Mittel, dem er zumindest dieses Mal und in dieser Dosierung widerstehen kann. »Ich werde Sie nicht schlagen, und ich verspreche Ihnen, daß ich Ihnen nichts antun werde«, versichert ihm der Arzt in merkwürdiger Perversion des hippokratischen Eides. Das Medikament macht Alleg sehr gesprächig, und er läßt sich lang und breit über die Zeitungsproduktion aus. Aber er weiß, daß ein Patient nicht gezwungen werden kann, etwas zu sagen, was er nicht sagen will, wenn seine Willensstärke groß genug ist, so daß er gewappnet ist, als der Arzt schmeichlerisch auf ihn einredet, vorgibt, sein Freund Marcel zu sein und ihn fast dazu bringt, die Adresse von dessen Versteck anzugeben. »Es war mir gelungen, seine Fragen nicht zu beantworten, aber wie würde ich ihm das nächste Mal entrinnen? Ich wußte, daß ich im Delirium war ... aber immer wenn ich in die Realität zurückkehrte, konnte ich die Ängste nicht loswerden, die das Medikament in mir wachrief.«

Heute weiß man, daß Allegs Entkommen ein Glücksfall war und daß es viel schwerer sein kann, Medikamenten zu widerstehen als dem einfachen körperlichen Schmerz, daß manche Menschen Schläge und körperliche Qualen aushalten können, daß es aber immer noch Medikamente gibt oder geben wird, gegen die kein Widerstand möglich ist. Aber selbst gegen die Medikamente kämpft der Geist — wie lange und wie stark, hängt von der körperlichen und geistigen Verfassung des Opfers ab. Medikamente stellen eine neue Dimension dar: sowohl hinsichtlich des körperlichen und seelischen Leidens, das sie verursachen, als auch hinsichtlich der Beeinflussung des Willens. Auch der Zeitfaktor spielt eine Rolle, denn mit Medikamenten kann über einen langen Zeitraum und mit weniger Mühen für die Peiniger gefoltert werden. Eine analoge körperliche Folter würde einen großen Aufwand an Personal, Zeit und Energie erfordern: Das Schlagen der Gefangenen ist schwere Arbeit. Eine kleine Spritze oder eine Pille können qualvolle Tage bringen, die zur körperlichen, seelischen und geistigen Kapitulation führen. Der Wille des Opfers wird zermürbt durch Alpträume, Halluzinationen, Wahnvorstellungen, Angst um den eigenen Verstand, grauenhafte Wiederholungen, optische Verzerrungen, Sehstörungen, Muskelschwäche oder Krämpfe, Mundtrockenheit — ein Heer von Qualen.

In Anbetracht der Macht der Medikamente ist Alleg zutiefst verunsichert: »Ich fragte mich, ob ich nicht auf dem Weg war, wahnsinnig zu werden. Wenn sie fortfuhren, mir Drogen zu verabreichen, würde ich dann noch fähig sein, wie das erstemal standzuhalten? Und wenn das Pentothal mich dazu brachte, das zu sagen, was ich nicht sagen wollte — dann hatte es keinen Sinn gehabt, den Torturen standzuhalten ...« Bei Prolyxin, einem gewöhnlichen neuroleptischen oder antipsychotischen Medikament, das bei irischen politischen Gefangenen angewandt wurde, können die Auswirkungen einer intravenösen Injektion Wochen dauern. Manche Medikamente sind bei politischen Häftlingen getestet worden, um später bei »geistig gestörten Patienten« Verwendung zu finden: Im ersten Fall wurden sie als Kontrolle und Bestrafung verstanden, im zweiten als heilsame Medizin entschuldigt und daher anders wahrgenommen. Tatsächlich sind Erfahrung und Wirkung ähnlich. Aber der politische Gefangene widersteht ihnen aus einem organisierten und kohärenten Selbstbild heraus: Sie sind Übergriffe auf seinen Körper, die nicht nur von seinen Kameraden und Verbündeten, sondern auch vom internationalen Recht verurteilt werden. Er muß ihnen eine gewisse Zeitlang widerstehen, bis sein Status als politischer Gefangener respektiert und anerkannt wird. Bis Hilfe kommt, denn er steht auf einer Seite, und dort stehen auch andere; ob sie rechtzeitig kommen, um ihn zu retten, mag dahingestellt sein, sie existieren in jedem Fall. Das gilt nicht für »Patienten«, die gezwungen werden, die gleichen Mittel zu nehmen.

Für die sogenannten Verrückten gibt es weder ein unterstützendes System noch irgendeine Garantie, daß ihr Zustand ein vorübergehender ist: Dieser Unterschied springt besonders ins Auge, wenn man die Berichte von sowjetischen Dissidenten liest, die als schizophren bezeichnet und in psychiatrische Anstalten gesperrt wurden. Die Ungerechtigkeit ihrer Lage ist ihnen sehr bewußt; als Verrückter behandelt zu werden, Medikamente zu bekommen und eingesperrt zu sein, ist die Hölle. Für den Verrückten ist es wahrscheinlich etwas anderes: Hospitalisierung, Betreuung und medizinische Behandlung. Daß es für Inhaftierung und Übergriffe zweierlei Maß gibt, wird mehr als deutlich: Ebenso klar ist die größere Gefährdung der angeblich Verrückten, ihre totale, schutzlose Einsamkeit unter den Bedingungen, denen sie ausgesetzt sind. Um unter solchen Bedingungen bei Verstand zu bleiben — während man über einen langen Zeitraum hinweg Medikamente erhält und kein rettendes Selbstbild oder soziale Verstärkung hat —, bedarf es einer gewaltigen Anstrengung. So wunderbar und so stark der Geist, sein Wille und seine Entschlossenheit auch sein mögen, die Leidensfähigkeit ist begrenzt.

Die Briten in Irland

Was die Verrückten für die Gesunden sind, sind die Kolonialvölker für die Imperialisten. Historisch betrachtet, ist es wichtig, daß Henri Alleg ein Franzose ist, sehr französisch in seinem Empfinden und von starker patriotischer Gesinnung. Er begann sein Buch mit den Worten von Jean Christophe: »Wenn ich die korrupten Franzosen anklage, verteidige ich Frankreich.« Er endet mit einer versöhnlichen Note: »All das muß ich für die Franzosen sagen, die mich lesen wollen. Sie sollen wissen, daß die Algerier die Folterknechte nicht verwechseln mit dem großen Volk Frankreichs, von dem sie gelernt haben und dessen Freundschaft ihnen teuer ist. Aber sie sollen auch wissen, daß alles hier in ihrem Namen geschieht.«

In dem eindrucksvollen und folgenreichen Vorwort von Jean-Paul Sartre wird die französische Identität von Alleg mit Befriedigung zur Kenntnis genommen: »Alleg erspart uns Hoffnungslosigkeit und Scham, denn er ist ein Opfer und hat die Folter überlebt. Diese Umkehrung entbehrt nicht eines unheimlichen Humors. Es geschah in unserem Namen, daß er gemartert wurde, und wir finden seinetwegen endlich wieder ein wenig unseren Stolz: wir sind stolz, daß er Franzose ist. Die Leser identifizieren sich leidenschaftlich mit ihm, sie begleiten ihn bis zum äußersten Ende seiner Leiden, mit ihm, allein und nackt, bleiben sie fest. Wären sie, wären wir dessen wirklich fähig? Das ist eine andere Sache. Was zählt, ist, daß das Opfer uns erlöst, indem es uns entdecken läßt, was es selbst entdeckt hat: daß wir die Kraft und die Pflicht haben, alles zu ertragen.«

In Anbetracht des Kontextes erscheint diese Verherrlichung des nationalen Stolzes übertrieben, auch wenn dahinter der Wunsch steht, angesichts des schändlichen Verhaltens der Franzosen in Algerien das Gesicht zu wahren: Ein guter Franzose, der gefoltert wurde und tapfer genug war, der Tortur zu widerstehen, stellt das Gleichgewicht wieder her. Würde der Bericht eines Arabers die gleiche Sympathie hervorrufen? Wäre ein Araber überhaupt angehört worden? Wahrscheinlich war Alleg der einzige Franzose, der von den Fallschirmjägern gefoltert wurde. Tausende von Arabern wurden gefoltert, aber es ist Allegs Folter bzw. der von ihm erbrachte Beweis, daß es sie gibt, der die französische Regierung in Algier stürzen kann.

Es gibt Vorschriften für die Anwendung der Folter. Im römischen Recht waren sie genau fixiert: Bis in spätrömische Zeit hinein konnten zwar Barbaren, aber keine römischen Bürger gefoltert werden. Es war ein Zeichen des Niedergangs, als schließlich auch Menschen, die durch die ehrenvolle Bezeichnung »römischer Bürger« geschützt waren, gefoltert werden durften: Damit waren Freie und Sklaven gleichermaßen dem kaiserlichen Joch unterworfen. Nach Auffassung des Rechtshistorikers Edward Peters bleibt das römische Recht für das Verständnis der Folter wichtig, da es »das umfassendste Rechtssystem der westlichen Tradition darstellte« und »seine Bestimmungen über die Folter das Wiederaufleben der Folter stark beeinflußten, das die westliche Welt zweimal erlebte — im 13. und im 20. Jahrhundert«.

Nach römischem Recht hatten die Sklavenbesitzer das absolute Recht, ihre eigenen Sklaven zu bestrafen und zu foltern, wenn diese eines Vergehens verdächtigt wurden, ein Recht, das bis 240 n. Chr. erhalten blieb. Dies führte bei dem Historiker Theodor Mommsen zu der Auffassung, daß die Disziplin, die in römischen Häusern herrschte, die Grundlage des späteren römischen Zivil- und Strafrechts war. Dieses Paradigma der patriarchalen Autorität, die Konfiguration des *pater potentas* über Frau, Kind und alle bewegliche Habe liegt noch immer dem modernen Familienrecht zugrunde.

Natürlich war das Wiederaufleben der Folter während der Inquisition ein Wiederaufleben der römischen Bestimmungen und Praktiken, wie Peters sie beschreibt: »Präzise, begrenzt und im Rechtssystem wie in der Rechtstheorie genau geregelt«, sogar »Gegenstand einer umfangreichen Gesetzgebung und einer noch umfangreicheren juristischen Fachwissenschaft«. Nach mehr als tausend Jahren christlicher Ächtung der Folter nahm die Inquisition die römische Praxis in das kanonische Recht auf, wodurch die Folter erlaubt und reguliert wurde, und zwar von 1252, als Papst Innozenz IV. sein Dekretale *Ad Extirpanda* herausgab, bis ins 19. Jahrhundert hinein, als nach einem langen und entschlossenen

Kampf der Kräfte der Aufklärung die Inquisition in Spanien schließlich abgeschafft wurde. Als die Folter im 20. Jahrhundert erneut aufkommt, hat sie keine explizite rechtliche Grundlage mehr. Statt dessen ist sie die indirekte Folge einer Reihe von peripheren Gesetzen: Sondervollmachten, Aufhebung der verfassungsmäßigen Rechte unter Notstandsbedingungen, Kriegsrecht, zusätzliche Haftgründe, die alle keine Folter erlauben, sanktionieren oder regulieren, wie es das römische Recht tat. Aber jedes einzelne schafft Bedingungen für eine heimliche Anwendung der Folter.

Der Unterschied zwischen dem römischen Bürger in der Periode, in der er von der Folter ausgenommen war, und einem bloßen Barbaren ist jener Unterschied, der immer noch von den Bürgern einer Kolonialmacht gegenüber den Bewohnern der Kolonien empfunden wird und dem sich Sartre und Alleg entschieden entgegenstellen — eine legalistische Version des Rassismus. Beide begreifen, daß die imperiale Reaktion der Franzosen auf das algerische Unabhängigkeitsstreben nicht nur imperialistisch, sondern auch rassistisch motiviert ist, da der imperial/koloniale Zusammenhang auf Rassismus und Vorstellungen von herrschenden und unterworfenen Rassen basiert. Um diesen Zusammenhang zentriert sich ein ganzes historisches Begründungssystem, ja sogar eine ausdifferenzierte emotionale Praxis. In diesem Rahmen ist vieles möglich. Wichtig ist das Konzept des »Anderen«: An diesem können unvorstellbare Dinge praktiziert werden. Man kann experimentieren, Ideen ausprobieren, Theorien über menschliches Verhalten testen. Das Psychologiestudium kann hier praktische Anwendung finden, Konzepte wie die sensorische Deprivation können hier entwickelt werden.

Die Methoden können einfach sein, sobald die Prinzipien richtig begriffen und angewandt werden. Der Psychologe Robert Storr[11] untersucht die Praktiken der Briten gegenüber irischen Kämpfern im Licht der Theorie sensorischer Deprivation: »Die Köpfe der Häftlinge wurden mit einer dicken schwarzen Kapuze bedeckt, die nur bei den Verhören abgenommen wurde. Sie waren einem ständigen, monotonen Geräusch von einer solchen Lautstärke ausgesetzt, daß die Kommunikation mit anderen Häftlingen unmöglich war. Sie mußten mit gespreizten Beinen vor einer Wand stehen und sich mit den Fingerspitzen an sie anlehnen. Außerdem durften sie in den ersten Tagen nicht schlafen und bekamen im Abstand von sechs Stunden nur ein bißchen Wasser und Brot. Wenn sie sich ausruhen wollten, indem sie den Kopf gegen die Wand lehnten, wurden sie daran gehindert. Wenn sie zusammenbrachen, wurden sie hochgezogen und gezwungen, wieder die geforderte Haltung einzunehmen.«

Die Methode eines geräusch- und lichtundurchlässigen Raumes, der bei den Forschungen über sensorische Deprivation benutzt wird, ist außerordentlich teuer. Hier haben die Briten die gleichen Resultate mit einem minimalen Kostenaufwand erzielt. Die Kapuze verhindert, daß das Opfer irgendwelche optischen Informationen erhält; man ist blind und mehr als blind, weil auch das Gleichgewicht in Mitleidenschaft gezogen wird. Die Maschine sorgt dafür, daß man nichts anderes aufnimmt als ein lautes, entnervendes Geräusch. Die kinästhetische Information von der Haut oder den Muskeln wird durch die Körperhaltung reduziert: Jeder Häftling ist von praktisch allen normalen Sinneseindrücken isoliert, obwohl viele Gefangene im Raum sein können.

»Die Auswirkungen waren verheerend«, berichtet Storr, »Hunger, der zu schnellem Gewichtsverlust führt, kombiniert mit Schlafentzug und einer unbequemen Haltung reichen allein schon aus, um extremen Streß und eine Störung der Gehirnfunktion zu verursachen, selbst wenn kein Entzug der akustischen und optischen Informationen hinzukommt. Abgesehen von den Pausen für Brot und Wasser und den Gängen zur Toilette wurden manche Männer fünfzehn oder sechzehn Stunden in dieser Weise festgehalten. Viele hatten Halluzinationen und glaubten, daß sie verrückt würden. Hinterher sagten einige, daß sie lieber sterben würden als weitere Verhöre durchzumachen.«

Der Schaden ist dauerhafter Natur: »Als man diese Männer nach ihrer Entlassung untersuchte, wurden dauerhafte körperliche und seelische Symptome von Streß und Anspannung, Kopfschmerzen und Magengeschwüre festgestellt; einige würden sich nie wieder erholen.« Das meiste wird durch ein einfaches Stück schwarzen Stoffes, die Kapuze, erreicht. Kommt dann noch hinzu, daß die Menschen gezwungen werden, stundenlang eine unnatürliche Körperhaltung einzunehmen, und nicht schlafen dürfen, ist das System der psychischen Folter perfekt.

In Irland hat Großbritannien lange auf Sondervollmachten und Notstandsgesetze zurückgegriffen; die Habeas-Corpus-Akte selbst wurde im 19. Jahrhundert für beinahe zwölf Jahre ausgesetzt. Seit den zwanziger Jahren war der Special Powers Act in Kraft, der häufig Inhaftierungen ohne Prozeß zur Folge hatte; 1971 wurde er in großem Umfang wiedereingeführt, um Menschen willkürlich zu verhaften und einzuschüchtern. 1973 gab es den Emergency Provisions Act und 1975 den Prevention of Terrorism Act. Mit der Begründung, den »Terrorismus« zu bekämpfen, hatte der Staat gewaltige Vollmachten an sich gezogen und einen Präzedenzfall geschaffen. Diese Kontrollen — zusammen mit den Sonder- oder Diplock-Gerichten, bei denen die Geschworenen abgeschafft worden waren und ein Einzelrichter die Urteile fällte — schufen eine Situation, in der regelmäßig Haftstrafen von zwanzig Jahren für »geplante« Straftaten verhängt wurden. Diese Praxis bekräftigte 1978 der Emergency Provisions Act: Gemeint war jedes Delikt, das in irgendeinem Zusammenhang mit der politischen Situation stand. Man richtete Verhörzentren ein und setzte die bürgerlichen Freiheiten außer Kraft; Geständnisse waren häufig das Ergebnis von Folterungen wie den oben beschriebenen.

Daß die Briten die Folter anwendeten, wurde zum ersten Mal 1966 in Aden entdeckt, als Amnesty International seinen Rastgeldi-Bericht vorlegte, der die Briten beschuldigte, die UNO-Menschenrechtserklärung zu verletzen. Es gab einen Skandal, aber keine Reform. Im nächsten Jahrzehnt, als man die Folter gegen irische Dissidenten anwandte, war sie schon zur Routine geworden. Großbritannien wurde von Amnesty International wiederholt beschuldigt, in Irland zu foltern, und vor dem Europäischen Gerichtshof angeklagt. 1958 hatte Allegs Buch in Frankreich eine große Wirkung, aber in den siebziger Jahren konnte Großbritannien es durch geschickte Manöver verhindern, seiner eigenen Schande ins Gesicht zu sehen. Zuerst trat es den Beschuldigungen mit bürokratischen Untersuchungen und semantischen Spitzfindigkeiten entgegen. Später unternahm es große Anstrengungen, um das Gesicht vor der Europäischen Gemeinschaft und der Weltöffentlichkeit zu wahren, und schaffte es schließlich, daß der Gerichtshof seine erste Entscheidung, nach der sich Großbritannien in Irland der Folter schuldig gemacht hatte, dahingehend abschwächte, daß die irischen Gefangenen grausam und ungewöhnlich behandelt, aber nicht wirklich gefoltert würden. Das war ein entscheidender Sieg vor der Öffentlichkeit.

Es mehrten sich die Anzeichen dafür, daß Staaten, die folterten, ungeschoren blieben. Insbesondere wenn die Folter gegen ein Kolonialvolk gerichtet, die Angelegenheit undurchsichtig und »komplex« genug war, wenn die Situation »zwei Seiten« hatte, wenn sie weit in die Vergangenheit zurückreichte, kompliziert war und man sie als praktisch unlösbar hinstellen konnte, wenn die »Sache« kontrolliert und das Fernsehen herausgehalten werden konnte. Wenn es keine britischen Panzer gab, gab es auch keine Invasion, daher keinen Krieg und keine Kriegsgefangenen. Die Frage des Krieges und der britischen Invasion ist von entscheidender Bedeutung und erklärt, warum es für die Briten so wichtig war, diejenigen zu kriminalisieren, die Widerstand leisteten, und warum es für die irischen Widerstandskämpfer gleichermaßen wichtig war, in der Haft auf der Anerkennung ihres politischen Status zu bestehen.

1976 wurde den irischen Dissidenten ihr politischer Status als Kriegsgefangene aberkannt: Sie reagierten darauf mit der Weigerung, Gefängniskleidung zu tragen oder Gefängnisarbeit zu leisten; außer den Decken ihrer Pritschen trugen sie nichts am Leibe. Die Antwort darauf waren vierundzwanzig Stunden Einzelhaft und der Entzug von Post, Radio, Fernsehen, Büchern und jeglichem Lesestoff. Die Gefangenen bekamen wenig zu essen, ihre Zellen wurden im Winter kaum geheizt, sie wurden häufig und systematisch geschlagen. Als letztes Protestmittel gegen diese Bedingungen führten die irischen politischen Gefangenen mehrere Hungerstreiks durch, die teilweise tödlich endeten. Beim letzten Hungerstreik im Jahre 1981 starben zehn Männer einen langen, schrecklichen Tod.

Die Briten gaben niemals nach. Eines der Todesopfer war Bobby Sands. Als er starb, war er Mitglied des Parlaments, in das er während seiner Haft gewählt worden war. Als man Sands 1977 festnahm, wurde er mit Schlägen gefoltert, und obwohl die Kapuze noch nicht in Gebrauch war, zwang man ihn, sich stundenlang gegen die Wand zu lehnen, eine Haltung, die ihn erschöpfen und seinen Geist brechen sollte. Es war auch eine Haltung, in der seine Peiniger ihn bequem schlagen konnten: »Ich wurde mit ausgestreckten Armen und Beinen vor die Wand gestellt, gegen die ich mich nur weit oben mit den Fingerspitzen anlehnen durfte, während ich meine Füße so weit auseinander und so weit nach hinten wie möglich stellen mußte. Der Kriminalbeamte, der nach Alkohol stank, schlug mir in die Nieren, in die Seiten, in den Rücken, auf den Hals, überall hin. Der andere Kriminalbeamte zog an meinen Haaren und schleuderte mir Fragen ins Gesicht.« Diese Dinge beschreibt Sands in *The H Blocks*, einer Sammlung von Aussagen irischer politischer Gefangener in Long Kesh, nahe Belfast in der Grafschaft Antrim, die von den katholischen Kaplanen Denis Faul und Raymond Murray zusammengestellt und 1979 gedruckt wurde. Seitdem das Buch in Irland verboten wurde, gibt es dafür keinen Verleger mehr.

»Man drohte mir, daß meine Frau hierher gebracht und das bekommen würde, was ich bekam, obwohl sie schwanger war (...) Wieder wurde ich hochgezogen, geschlagen und mußte meine Stiefel ausziehen (...) der Beamte, der immer noch nach Alkohol stank, stand neben mir und schrie mich an (...) Ich stand immer noch mit ausgestreckten Armen und Beinen da. Als er sich links neben mich setzte, holte er mit dem Fuß aus und trat mir in die Genitalien. Das machte er vier- oder sechsmal, mir wurde übel, und ich bekam keine Luft mehr. Ich fiel zweimal hin, wurde wieder hochgezogen und und in die gleiche Position gebracht (...) Ich erinnere mich nicht mehr daran, daß ich gefallen bin, aber ich muß gefallen sein, denn ich wurde vom Boden hochgezogen und auf einen Stuhl gesetzt, als ich wieder zu mir kam (...) Ich war etwa sieben Stunden lang verhört und geschlagen worden, es gab nur eine Pause, in der der Arzt mich untersuchte.«

The H Blocks ist eine Sammlung von Erlebnisberichten über Menschenrechtsverletzungen in Nordirland, und wie jedes Buch über Folter ist es ein Buch über die Angst, über den Sturz in die Katastrophe. Sands setzt seinen Bericht fort: »Ich wurde zurück in die Zelle gebracht, erschöpft und von Schmerzen gequält. Das grelle Licht war noch an, und die vier Wände deprimierten mich. Ich stand vom Bett auf und ging in der Zelle auf und ab, vier Schritte in jede Richtung. Ich war, wie ich schon sagte, erschöpft, von Schmerzen gequält, deprimiert und demoralisiert, aber ich wußte, daß ich, wenn ich mich nicht bewegte und meinen Geist wach hielt, zusammenbrechen und meinen Namen unter eine Menge Dinge setzen würde, von denen ich nichts wußte. Ich war aufgefordert worden, ein leeres Blatt zu unterschreiben, was ich ablehnte.«

Das Gefühl einer persönlichen Katastrophe, das der Gefangene erlebt, wird — durch die Teilnahme eines Lesers an dem Ereignis —

verallgemeinert, geteilt, in eine kollektive Katastrophe verwandelt. Ein Opfer nach dem anderen erzählt seine Geschichte, die Wirkung ist kumulativ. Die Angst des Gefangenen ist etwas, das wir beim Lesen allmählich nachempfinden. Was ihm angetan wird, ist etwas, das wir emotional durch das literarische und psychische Erlebnis der Empathie teilen. Schließlich fühlen wir uns logisch, politisch involviert, wir erkennen die politischen Konsequenzen und Möglichkeiten: Wenn eine solche Behandlung irgendeinem Bürger zuteil wird, dann ist vielleicht kein Bürger völlig vor ihr sicher.

Das Gefühl des Gefangenen, eine Katastrophe zu erleben, bricht sich ständig an dem, was um ihn herum vor sich geht: »Ich erinnere mich an ein Verhör, das irgendwann zwischen 22 und 22.30 Uhr stattfand (...) Ich erinnere mich an die Zeit, weil einer der Beamten, dessen Namen ich kannte, sagte, daß er nach Hause gehen wollte, um im Fernsehen das Spiel des Tages zu sehen.« Der Leser ist von dem Beamten genausoweit entfernt wie Bobby Sands; wir stehen auf Sands Seite einer gläsernen Wand, die durch eine innere Einstellung errichtet wird, die ihn von seinen Peinigern trennt. Jetzt trennt sie uns auch von ihnen, was ungewöhnlich ist, da sich die meisten Leser im allgemeinen mit der Polizei und der Regierung identifizieren und nicht mit Gefangenen oder mit Personen, denen Verbrechen zur Last gelegt werden.

Das Faktum des politischen Verbrechens verändert dies, stellt unser gewöhnlich wohlwollendes Verhältnis zum Staat ernsthaft in Frage, bewirkt etwas noch Radikaleres, Vitaleres: Es stellt einen Kontakt zu den Eingesperrten, den Geächteten, den Verurteilten her und erzeugt Sympathie mit ihnen. Wir kennen ihre langen Tage, durchleiden die Nächte ihrer Qual und Angst. Eine Literatur dieser Art hat etwas zutiefst Aufwieglerisches, etwas Radikales im ethischen Sinne: Sie stellt nicht nur die Autorität in Frage, sondern auch die Grundlagen des sozialen Zusammenlebens, die in der Literatur zumeist bestätigt und verteidigt werden.

Der Gefangene als Zeuge stellt die Welt noch einmal auf den Kopf, indem er uns durch seinen Mut demütigt, denn wir wissen, daß wir nicht aushalten könnten, was er aushält. Aber seine Integrität demütigt uns ebenfalls. Sie ist alles, was er hat. Sie ist sein einziger Besitz. Nackt, kalt, geschunden, mittellos, sein Besitz beschlagnahmt, ohne Familie und Freunde, sein Beruf und seine Ausbildung nutzlos, nichts als ein Verbrecher, voller Angst vor dem, was ihn in der nächsten Stunde erwartet, dem Tod nahe, den er fürchtet, schafft er es noch immer, allein aus der Kraft seiner Prinzipien zu leben.

Bemerkenswert ist auch die Angewohnheit des Opfers, keine Namen zu nennen: Alleg bezeichnet seine Peiniger ursprünglich mit ihren Initialen, Sands nennt den Namen des verhörenden Beamten nicht, obwohl er uns sagt, daß er ihn kennt. Angst vor Vergeltung, fragt man sich, oder die Weigerung, sich zu rächen? Die Verletzbarkeit des Gefangenen hat etwas so Überwältigendes, daß sie paradoxerweise selbst eine Form der Sicherheit darstellt. Durch alle gefährdet, die ihn umgeben, ist der Zeuge nur beim Leser gut aufgehoben: Er hat sich in unsere Hände begeben und ist dort so sicher wie sonst nirgends.

Haben wir bei der Lektüre dieser Bücher den tröstenden Gedanken, daß die dort beschriebenen Umstände so viel schrecklicher sind als unsere eigenen? Stellt die ausweglose Lage des Gefangenen für den Leser eine Versuchung dar, zu phantasieren, bietet sie ihm einen imaginären Ausbruch aus seiner eigenen Realität? Lesen wir gerne von etwas, was uns niemals widerfahren wird? Von einer Welt, in der das Schlimmste bereits passiert ist? Man erinnert sich an Alleg, der weiß, daß es nicht mehr viel gibt, was sie noch tun können, der in der ersten Nacht in einer Zelle in einem wundersamen Augenblick erkennt, daß er dies noch länger aushalten und vielleicht überleben kann. Und wenn er nicht überleben kann, so kann er schlimmstenfalls den Tod als Erlösung begrüßen.

Der Tod, den wir alle immerzu und so sehr fürchten, wird unter diesen Umständen etwas Erwünschtes, eine Fluchtmöglichkeit. Und wenn wir auch alle den Tod fürchten, so fürchten wir die Folter noch mehr, fürchten sie seit unserer Kindheit, haben von ihr geträumt und sie uns vorgestellt, seitdem sie uns das erste Mal gestreift hat — bei Schlägen, bei der körperlichen Züchtigung und Einschüchterung, bei allem, was uns unsere Verwundbarkeit gezeigt hat. Die Angst des Kindes wird zur Angst des Erwachsenen, der Staat übt die väterliche, mitunter sogar göttliche Gewalt aus, praktiziert die Folter als sein äußerstes Vorrecht, sein letztes und schrecklichstes Machtmittel. Nachdem er im Zeitalter der Vernunft auf dieses Machtmittel verzichtet hat, es zugunsten des Gesellschaftsvertrags aufgab, hat er nun heimlich seinen Schwur zurückgenommen, hat die äußerste Form der Gewalt wieder an sich gezogen, ist bereit, unsere Körper über jedes erträgliche Maß hinaus zu unterwerfen und zu verletzen. Der Staat ist zu einer totalen Macht geworden, stellt sich über die Religion oder ersetzt sie, wird seine eigene Religion. Dogmatisch, erbarmungslos, grausam. Ein schrecklicher Gott, der letzte und schlimmste von allen.

Die Opfer einer solchen Macht sind Helden, die gegen die letzten Überreste der Tyrannei oder, in schöner Vergeblichkeit, gegen die ersten Triumphe einer neuen totalitären Ordnung kämpfen. Sogar als Verlierer bewundernswert, verkörpern sie uns in unseren letzten Augenblicken der Rebellion. Lesen wir darum diese Literatur wie eine Heiligengeschichte, die das gleiche Bedürfnis nach Heroismus und Vorbild befriedigt wie einst das Leben der Heiligen und Märtyrer? Eine weltliche Heiligengeschichte, die gegen die weltliche Religion des Patriotismus immunisiert? Indem wir mitfühlend für denjenigen Partei ergreifen, der Widerstand leistet, leisten auch wir Widerstand, ohne unangenehme Folgen, ohne uns gewissermaßen am Staat zu versündigen, während wir einem inoffiziellen und mittlerweile geradezu häretischen Freiheitscredo treu bleiben. Der Märtyrer lebt eine Tugend vor, zu der wir uns immer angstvoller bekennen, erfährt eine Gnade, die wir nicht erfahren werden. Weil wir nicht verhaftet werden wollen. Oder weil Gefahr in unserem unmittelbaren Umfeld nicht besteht. Eine nachempfundene Trotzhaltung ist alles, was wir jemals erleben werden.

Aber die Stimme, die wir hören, ist auch unser Gewissen. Wenn wir von vielen gehört und unterstützt werden, sind wir so sicher und letztlich so wirksam wie die Briefeschreiber von Amnesty International, die Regierungen erschüttern und Minister verärgern, sogar Gefängnistore öffnen. Der Gefangene erzeugt im Leser ein Unbehagen, verkörpert die gefährlichen, die schrecklichen Konsequenzen des Risikos. Aber er steht auch für eine Richtung und für Handeln, so verlassen, isoliert und extrem er auch erscheinen mag. Der Gefangene trägt die Bürde dieser Verdammten, indem die Macht ihn zum totalen Opfer macht, und dennoch ist er im Widerstand paradoxerweise auch die Vorgestaltung von Möglichkeiten der Errettung.

Krishnamurti sagt uns, daß unsere schlimmste Angst, ja die Angst selbst, nur die Angst vor dem Unbekannten ist. Das Verschwinden in politischer Haft ist ein solches Schicksal: Hier geschieht das Schlimmste. Beim Lesen dieser Berichte erleben wir

Angst und Verzweiflung in der Person eines anderen. Wir sind Artur London, der tschechische Diplomat, der während einer Säuberungswelle in der Partei auf seinen Prozeß wartet: Durch ihn erfahren wir die Angst, die bange Erwartung, das Gewehr an unserer Schläfe, die Schlinge um unseren Hals bei den Scheinhinrichtungen, die wir für real halten. Mit London tragen wir die Augenbinde in seinem Bericht *Ich gestehe*.[12] Er hat überlebt, um es zu berichten; wir leben, um es zu hören.

Natürlich haben nur wenige die Säuberungen überlebt, die meisten starben allein in schrecklicher Angst und vollkommener Verzweiflung. Lügt die Literatur oder sagt sie die Wahrheit? Manchmal? Immer? Irgendwann?

Um Heimlichkeit und Distanz herzustellen, sind die Folterer gewöhnlich maskiert. Die Maske des Henkers ist ein Zeichen dafür, daß er seine Funktion *ist*, ihre würdevolle Grausamkeit, und nicht nur ein Individuum, das ein Verbrechen begehen könnte, wenn es dieses Amt nicht ausüben würde. Sein Amt, eine öffentliche und anerkannte Identität, hat seine eigene persönliche Identität absorbiert und ihn von jeder Verantwortung befreit. Der Folterer, der moderne Verhörende, hat gewöhnlich den Befehl, entweder seinem Gefangenen die Augen zu verbinden oder seine Identität hinter einer Maske zu verbergen. Die Offiziere sind jedoch nachlässig, werden arrogant wie Allegs Fallschirmjäger, selbstgefällig gegenüber Menschen, die sie als minderwertig betrachten. Bei den Briten und ihren Kollaborateuren in der Royal Ulster Constabulary ist nichts von der Angeberei der französischen Fallschirmjäger, von ihrem selbstbewußten Nazi-Gebaren zu spüren. Hier spielt sich nichts Besonderes ab: Sie haben seit langem aufgehört, dies aufregend zu finden. Sie schlagen minderwertige Wesen, deren Vergeltung sie nicht zu fürchten brauchen und deren Beschwerden ihnen noch nie geschadet haben, weil sie noch nie Gehör gefunden haben. Sie operieren sozusagen straflos, mit einer gelangweilten Brutalität, die lieber rechtzeitig zu Hause sein möchte, um das Spiel der Woche zu sehen.

Sie sind auch sicher, daß sie die Unterstützung ihrer höheren Offiziere und im großen und ganzen sogar der Öffentlichkeit haben. Bei der britischen Öffentlichkeit können sie sich auf eine weit in die Geschichte zurückreichende Einstellung verlassen, die sich bei näherem Hinsehen als eindeutig rassistisch entpuppt. Obwohl beide Gruppen weiß und christlich sind, empfinden die Briten gegenüber den Iren eine alte, tiefsitzende, vollständige Verachtung, ja einen Rassenhaß. Der englische Dichter Edmund Spenser, Sekretär des Statthalters in Irland unter Elisabeth I., gehörte der Kolonialverwaltung an; er verliebte sich in die wunderschöne Landschaft Irlands, sprach aber offen von der Ausrottung der einheimischen Bevölkerung. Einige hundert Jahre später glaubt Nordirland, das nach seiner Eroberung von vielen Briten besiedelt wurde – sie entsprechen den sogenannten *colons* in Algerien, deren Reichtum, Ansehen und Überlegenheit von der Präsenz und Unterstützung der Kolonialmacht abhängen –, daß es beim Abzug der Briten viel zu befürchten hat.

In dieser Situation ist die Folter eine Folge der langen Gewohnheit, die Kolonisierten zu erniedrigen. Wie Sartre bemerkt: »Der Zweck der Folter ist nicht nur das Erzwingen des Sprechens, des Verrats: das Opfer muß sich selbst entwürdigen durch seine Schreie und durch seine Unterwerfung, wie ein menschliches Tier. In den Augen aller und in seinen eigenen Augen. Sein Verrat soll es brechen und freimachen von sich selbst. Man will den, der unter der Folter nachgibt, nicht nur zum Sprechen zwingen; man drückt ihm einen Stempel auf: den des Untermenschen.« Bei seiner Analyse des Zusammenspiels von Brutalität und kolonialem Status in seinem Vorwort zu Allegs Buch betont Sartre, daß »sich die Kolonisation durch die Vernichtung der Kolonisierten (realisiert). Sie besaßen nichts mehr, sie waren niemand mehr ... ihr Lebensstandard sank von einem Jahr zum anderen. Wenn sie die Hoffnungslosigkeit in den Aufstand stieß, mußten sie zugrunde gehen als ›Untermenschen‹, oder sie behaupten ihre Menschlichkeit gegen uns (...) diese Rebellion beschränkt sich nicht darauf, die Macht der *colons* (...) zu bestreiten. Sie fühlen sich selbst in ihrer Existenz in Frage gestellt. (...) Die *colons* sind Menschen von Gottes Gnaden, die Einheimischen sind Untermenschen.«

Angesichts der wirtschaftlichen Ausbeutung ist das rassistische Konstrukt vom Über- und Untermenschen »die mythische Übersetzung eines klaren Sachverhalts. Denn der Reichtum der einen beruht auf der Armut der anderen.« Was Sartre über Algerien sagt, gilt auch für Irland, die längste Kolonisierung in der Geschichte, eine Fallstudie über die Methoden der Ausbeutung und der Repression.

Die rassistische und die kolonialistische Einstellung sind wichtige Faktoren, da spätere Folterer genauso vorgehen werden: die Amerikaner folgen den Franzosen in Südostasien, in Vietnam und Kambodscha, und agieren in Südamerika schließlich gänzlich selbständig.

Der Kolonialherr, so fährt Sartre fort, sieht »im Aufstieg dieser Parias in die menschliche Welt nicht allein die ökonomischen Folgen, er verabscheut ihn, weil er ihm seinen persönlichen Verfall ankündigt. In seiner Wut träumt er von Massenmord. Aber das ist reine Illusion, er weiß das, er kennt seine Abhängigkeit. Was würde er ohne ein einheimisches Unterproletariat machen, ohne überschüssige Arbeitskräfte, ohne eine chronische Arbeitslosigkeit, die es ihm ermöglicht, die Löhne zu bestimmen?« Und wenn er die »anderen« als menschliche Wesen akzeptiert hat, so Sartre, dann »braucht er sie nicht mehr auszurotten. Nein, das Vordringlichste ist, (...) sie zu demütigen, den Stolz in ihren Herzen zu reißen, sie auf die Stufe eines Tieres herabzuwürdigen. Man läßt ihre Leiber leben, aber man tötet ihren Geist. Bändigen, zähmen, züchtigen – das sind die Worte, die nicht aus ihrem Sinn gehen.« Sartre sagt nicht, daß der Kolonialherr selbst die Folter erfunden oder in diese Konfrontation eingeführt hat; angesichts der Umstände erscheint sie als etwas Natürliches, Unvermeidliches: »Sie war schon zur Gewohnheit geworden, bevor man sich dessen bewußt war. Aber der Menschenhaß, der sich darin offenbart, ist der Ausdruck des Rassenwahns.« Denn der Kolonialismus erfordert in gewissem Sinne einerseits stärkere, andererseits schwächere Menschen: »(...) er haßt alle menschlichen Eigenschaften, den Mut, den Willen, die Intelligenz, die Treue, die der *colon* für sich selbst beansprucht. Aber wenn der Europäer sich so weit fortreißen läßt, sein eigenes Bild zu hassen, dann geschieht es, weil es durch einen Araber zurückgestrahlt wird.«

Oder durch eine Frau, möchte man wie Simone de Beauvoir hinzufügen. Denn wenn Sartre Mensch sagt, meint er wohl nur Männer: »Mensch sein heißt für den Europäer in Algerien in erster Linie, dem Moslem überlegen sein. Was aber, wenn sich der Moslem seinerseits als Mensch behaupten will, als ein dem *colon* gleichwertiger? Der *colon* ist dann in seinem Sein getroffen, er fühlt sich herabgesetzt und entwertet.« »Es sind zwei unzertrennliche Paare: der

Kolonist und der Kolonisierte, der Henker und sein Opfer; das zweite ist nichts als eine Auswirkung des ersten.« Der Folterer ist jedoch kein Siedler, sondern ein junger Soldat der imperialen Macht, ein junger Franzose, Engländer oder Amerikaner; »junge Leute, die aus Frankreich kommen und zwanzig Jahre gelebt haben, ohne sich jemals in ihrem Leben um das algerische Problem gekümmert zu haben. Aber der Haß war das magnetische Kraftfeld: er hatte sie durchdrungen, angefressen und unterworfen.« Algerien war, in Allegs Worten, »eine Schule der Perversion für junge Franzosen«. Sartre setzt die Beschreibung fort: »Inmitten dieser kleinen caîds, die stolz sind auf ihre Kraft, ihre Jugend, auf ihre Zahl, ist Alleg der einzige Harte, der einzige wirklich Starke.«

Sartres Vorwort enthält allerdings einige Annahmen, die zu denken geben. Erstens die Annahme, daß richtige Männer nicht reden. »Ein Harter, ja, der es vollbringt, erzürnten Dämonen Angst zu machen (...) Wenn es das Opfer ist, das gewinnt, dann ist es vorbei mit der Oberherrschaft, mit dem Vorrecht des Herren. Und die Buben fragen verlegen: ›Und ich, würde ich standhalten, wenn man mich foltern würde?‹ Im Augenblick des Sieges hat ein Wertsystem das andere ersetzt. Und es braucht nicht viel, daß die Henker auf ihre Weise vom Schwindel gepackt werden. Aber nein, ihr Kopf ist leer, die Arbeit strengt an und sie glauben kaum an das, was sie tun.«

Sartres Essay durchzieht die konventionelle Annahme, daß das Opfer und der Henker ein Paar sind, wie der Kolonisierte und der Kolonisator. »Daß man sich gegenseitig umbringt, ist die Regel: man schlägt sich immer für die Interessen des Kollektivs oder des Einzelnen.« Aber bei der Folter, so Sartre, diesem »seltsamen Wettstreit, scheint der Einsatz radikal: der Folterer mißt sich mit dem Gefolterten und alles geschieht so, als ob sie nicht zusammen der gleichen Gattung Mensch angehören könnten.«

Sofort fällt die Begrenzung auf, die darin liegt, daß das Menschsein mit der Menschheit gleichgesetzt wird, ein philosophischer Unterschied, von dem man gedacht hatte, daß er nur ein linguistischer sei. Dieser Kampf um das »Menschsein« trifft irgendwie nicht auf den Mut der irischen Hungerstreikenden zu, Frauen wie Männer, die die äußerste pazifistische Eroberungstaktik, nämlich die Selbstaufopferung, gewählt haben. Was Sartre unter »Menschsein« versteht, ist etwas Maskulines, Aktives, ein (körperlicher, geistiger oder moralischer) Kampf, der ausschließlich vom männlichen Ego geführt wird. Die Hungerstreikenden sind auf eine andere Weise heroisch. Es gibt verschiedene Arten von Mut, unterschiedliche Auffassungen von Ritterlichkeit, verschiedenartige Codes.

Es ist auch möglich, daß der Unterdrückte nur das Spiegelbild des Unterdrückers ist, der Gefolterte das Spiegelbild des Folterers, das Opfer jenes des Henkers — ständige Paarungen wie weibliche Unterwerfung und männliche Dominanz, schwarz und weiß unter den Bedingungen des Rassismus, Kolonisierter und Kolonisator. Dann ist es auch möglich, daß eine Veränderung dieser Situation nur in ihrer Umkehrung besteht, daß der Gefolterte die Freiheit bekommt, ebenfalls zu foltern. Müssen wir uns vorstellen, daß diese Möglichkeit erst erreicht werden muß, bevor die Folter abgeschafft wird?

Denn die Folter wird fortdauern, wenn das Paar-Verhältnis nicht durchbrochen wird, die Kette der Gegensätze, die Dualität, die positiven und negativen elektrischen Energien. Sartre selbst erkennt, daß diese Kräfte zu einer Explosion führen, wenn sie bis zum Äußersten ausgelebt werden, daß sie eine gelangweilte »Tollheit« hervorbringen: »Die Folter ist eine aus Angst geborene unfruchtbare Raserei: man will aus *einer* Kehle inmitten der Schreie und des Blutspuckens das Geheimnis aller herausreißen. Nutzlose Gewalt: ob das Opfer spricht oder stirbt unter den Schlägen, das unnennbare Geheimnis ist anderswo, immer anderswo, außer Reichweite. Der Folterer verwandelt sich in Sisyphus; wenn er die Folter anwendet, wird er immer wieder zu ihr zurückkehren müssen.«

Sartre hat das Sich-Fortpflanzen, die Wiederholung, die endlose Suchbewegung der Verhöre, die wahnsinnige Gier nach Macht begriffen, die niemals befriedigt und zu einer Droge wird: »Selbst das Schweigen, selbst diese Angst, selbst diese immer unsichtbaren und immer gegenwärtigen Gefahren können nicht ganz die Gier der Henker erklären, den Willen, ihre Opfer bis aufs tiefste zu erniedrigen, und letztlich diesen Menschenhaß, der sie ohne ihren Willen befallen und geformt hat.« Vielleicht quälen Frauen und Männer aus diesen Reflexen heraus Kinder zu Tode.

Es geht letztlich um Macht, wie auch der Vergewaltiger weiß, es geht um einen Reflex, den Sartre richtigerweise Wut nennt. Dies ist Wut — hier können sich alle Frustrationen entladen, die sich in einem Leben angehäuft haben, hier ist es erlaubt. Diese Erlaubnis bekommt man im normalen Leben nicht, in dem die Menschen ziem-

lich gleichwertig sind, in dem sich die Opfer in jeder Weise verweigern können, in dem man einfach aufstehen und gehen kann.
Hier ist der Staat das entscheidende Element. Und die Gefangennahme. Staatliche Autorität und staatliche Haft: Fügt man die staatliche Erlaubnis hinzu, hat man ein Rezept für die Folter. Und das Gegenmittel ist genauso einfach: das staatliche Verbot der Folter. Denkt man über die Folter nach, begreift man, daß die Gefangennahme eine wichtige Voraussetzung ist; daß das Eingesperrtsein selbst ein starker Übergriff auf den Menschen ist. Daß jede Freiheitsberaubung das Menschsein untergräbt, und wie stark sie im Falle der politischen Haft ausgedehnt wird, wo doch keine strafbare Handlung vorliegt, die die willkürliche Grausamkeit der Haft beschönigen könnte. Noch irrationaler ist es, diese Freiheitsberaubung auf die legale Unterbringung von Menschen in staatlichen psychiatrischen Anstalten auszudehnen.

Eine Inhaftierung ohne Prozeß oder Anklage ist in höherem Maße als jeder andere moderne Faktor für die Folter verantwortlich. In *Amnesty International, the Human Rights Story* berichtet Jonathan Power[13], daß von 60 der 154 Mitgliedsstaaten der Vereinten Nationen behauptet wird, daß die Regierungen die Folter anwenden (1984 waren es laut Amnesty schon 66); in mehr als 50 Staaten kann man ohne Prozeß oder Anklage eingesperrt werden. Die psychiatrische Folter wird nicht durchgehend als solche anerkannt oder aufgeführt; die politischen Dissidenten im Ostblock waren ihr ausgesetzt, aber nicht die »Geisteskranken«. Es ist schwierig, eine Unterscheidung zu treffen, wenn ein Vorgang in dem einen Fall ein Verbrechen gegen die Menschlichkeit, im anderen Fall jedoch nur ein Beispiel für Fürsorge, Wissenschaft und besorgte Zuwendung ist.

Es ist auch schwierig, in einem gepeitschten und blutenden Körper in dem einen Fall ein gefoltertes und mißhandeltes Wesen und in dem anderen Fall das freie Ausleben erotischer Phantasien zu sehen. Das Unterscheidungskriterium ist im allgemeinen der freie Wille. Aber selbst der entfällt bei einer psychiatrischen Behandlung; diejenigen, die sich dort freiwillig aufhalten, haben, sobald sie behandelt werden, nicht mehr die Möglichkeit, diese Freiwilligkeit rückgängig zu machen, und werden somit zu unfreiwilligen Patienten. Obwohl sie immer wieder gegen ihren Willen Elektroschocks und Medikamente erhalten, wird ihnen auf dem Papier immer noch Freiwilligkeit bescheinigt.

Es ist selbstverständlich, daß die Gefangenschaft des Sadisten und Masochisten nicht nur freiwillig, sondern auch etwas Gespieltes und Inszeniertes ist, wohingegen die Gefangennahme und Einkerkerung durch den Staat Realität ist. Vielleicht wird unsere Gefährdung durch den Staat durch unsere immer widerstandslosere Akzeptanz der staatlichen Autorität, durch unsere vertrauensvolle Hinnahme ihrer ständigen Ausweitung beschleunigt. Die Möglichkeit, den Bürger gegen seinen Willen einzusperren und festzuhalten, selbst wenn es zu seinem eigenen Wohl oder dem Wohl aller geschieht, ist der Anfang unseres Verderbens.

Denn Gefangenschaft ist ein absoluter Zustand. Ist man erst gefangengenommen, kann man auf jede beliebige Weise behandelt werden: Dieses physische Faktum ist das Wesen der Gefangenschaft. Es gibt keine Garantien: Die Macht braucht keinerlei Zugeständnis zu machen. Man ist physisch denjenigen ausgeliefert, die einen festhalten; die eine Seite hat alle Möglichkeiten, die andere keine. Es kann Mitleid geben oder es kann keins geben. Es liegt nicht in der Macht des Gefangenen, irgendeinen Aspekt seiner Gefangenschaft zu gestalten oder abzuschaffen. Gefangenschaft ist ein totaler Zustand; totale Hilflosigkeit angesichts totaler Macht. Wie alle absoluten Zustände, sollte auch dieser klugerweise vermieden werden: Gefangenschaft ist ein physisches Faktum.

Das gilt selbst für sadomasochistische Spiele. Sogar jemand, der sich freiwillig fesseln läßt, kann feststellen, daß dies ein absoluter Zustand ist. Sind die Handschellen erst einmal angelegt, kann man sich nicht selbst befreien, sich nicht verteidigen. Sind die Umstände dementsprechend, könnte derjenige, der Lust an diesem Experiment hat, tatsächlich eingesperrt werden; ein Eingesperrtsein mit all den Gefahren und Risiken, die Heimlichkeit und Isolation mit sich bringen. Kein Zugang und keine Hilfe. Sogar ein Mord kann sich unter diesen Umständen ereignen, obwohl das selten vorkommt.

Die Fakten, nämlich die physischen Umstände dieser persönlichen Inszenierung, ähneln denen, die der Staat anwendet, so daß man mit den Gefahren »spielt«, die Wirklichkeit werden könnten. Die Voraussetzung dieses Nervenkitzels ist das Vertrauen in den Partner. Bedenkt man, wie oft in der Liebe das Vertrauen mißbraucht wird, so hat das sadomasochistische Ritual eine lobenswerte Verläßlichkeit.

Dennoch bereitet es Unbehagen, daß Folter und Gefangenschaft — genau der Bereich, in dem die Menschenrechte in moderner Zeit durch den Staat verletzt werden — im gleichen historischen Augenblick in aller Öffentlichkeit Eingang in verbreitete erotische Spiele finden. Vielleicht ist es auch vollkommen logisch, daß das, was sich in unserer Zeit lastend auf unsere Phantasie legt, nämlich die Macht und Grausamkeit des Staates, die von einem Teil der Bevölkerung als reale Einkerkerung erfahren wird, für einen anderen Teil zur Unterhaltung wird. Beliebig, unzusammenhängend, eine Form der Nachahmung. Menschen, die sich mit der Staatsmacht identifizieren, teilen die von ihnen bewunderte Macht, teilen sie durch die Phantasie. Das koloniale Opfer baumelt im Wind, der Bürger der Kolonialmacht geht in einen Sex-Shop, fingert an Ketten herum und wählt eine Peitsche oder Handfesseln aus, Neuheiten, die nur eine Bedeutung erlangen, wenn sie in einem dramatischen Spiel zur Anwendung kommen. *Mutatis mutandis.*

Ein merkwürdiger Umstand, wenn Relikte, die die Menschheit überwunden glaubte und derer sie sich nur noch in harmlosen, aber kitschigen Hollywood-Artefakten erinnerte (römische Sklaverei, die Knute, die Folterbank), wenn Machtverhältnisse und Machtmittel, die nur noch in Kostümschinken und historischen Melodramen vergegenwärtigt werden, durch die Wiedereinführung der Folter unter staatlicher Regie aufs neue Realität werden. Das ist zweifellos das große Übel unserer Zeit, und eine weitaus größere Bedrohung als die erotische Mode.

Aber wenn die Folter heute auch real und präsent ist, so liegt doch etwas Abstoßendes darin, wenn sie zum Spaß nachgeahmt, zu einem Spiel, einem Ritual, einer Ästhetik wird. Man könnte sagen, daß es eine Kongruenz zwischen den Verbrechen einer Gesellschaft und ihren Alpträumen, Exzessen und Vergnügungen gibt. Die Formen staatlicher Machtausübung spiegeln Formen persönlicher Machtbesessenheit wider, und umgekehrt; das ist Sinn und Zweck des Chauvinismus. Welche kollektiven Wünsche befriedigt der Staat? Mehr noch, welche Wünsche werden durch das Beispiel des Staates angeregt?

Man betrachte die an den Genitalien befestigten Elektroden in diesem Licht: Wie sexy sind wieviel Volt? Stilfragen. Der sadomasochistische Enthusiasmus mit Ketten und Peitschen könnte an diesem Punkt abklingen und sich älterem Brimborium zuwenden. Die heutigen Instrumente sind zu nah an der Realität und darum zu unromantisch; eine gewisse Antiquiertheit ist reizvoll. Diese Formen stellen eine Macht dar, die angenehmerweise außer Gebrauch gekommen ist. Die ältesten, elementarsten Formen der Macht haben noch immer eine starke Anziehungskraft, sind von einem Schleier umhüllt, den die Phantasie zu lüften hat. Aber die Linien des Verbotenen und der Macht weichen nur geringfügig voneinander ab. Da ist noch immer das Prinzip von Gehorsam und Unterwerfung, Herrschaft und Unterordnung, eine Aneignung und Akzeptanz von Gewalt.

Man könnte sagen, daß die Staats-»Religion« puritanisch ist, daß sie die sexuelle Erregung gewöhnlich verschleiert oder sublimiert, auf das sexuelle Schamgefühl setzt. Sie setzt auch auf die Geschichte und die lebenslange individuelle Repression, die Gleichsetzung von Sexualität mit Sünde, Leiden, Strafe; zutiefst konventionelle Vorstellungen. Und bei den Explosionen seiner Grausamkeit, bei seinen Kriegen und seiner Polizeigewalt, kann sich der Staat auf diese konditionierten Reaktionen verlassen, die ihm Treue und Gehorsam garantieren. Wir sind unser Leben lang bestraft worden, haben Strafe und Repression akzeptiert, sind gewöhnlich gezwungen worden, Sinnlichkeit und Sinnenfreude durch Gewalt zu ersetzen.

Der Sadomasochist strebt danach, als sexueller Rebell, letzter Romantiker, Staatsfeind, wahrer Bewunderer der Leidenschaft abseits zu stehen. Doch handelt es sich bei ihm nur um eine Steigerung des Immergleichen: Wiederholung, Spiegelbild. Verbrauchte Hierarchie, altes Paradigma, abgenutztes Patriarchat, die alten Rollen, die alten Herrschaftsregeln. Der wahre Liebhaber schwingt die Peitsche, bis Blut fließt: Wenn die Ethik des Leidens in bestimmten Bereichen aufrechterhalten wird, wird sie dann nicht überall aufrechterhalten? Wo ist der Ausweg?

Das Apartheid-System in Südafrika

In manchen Ländern ist die Kontrolle total. In Südafrika. Wenn man Schwarzer ist. Hier haben die Macht des Staates und die Macht einer dominierenden Rasse einen kritischen Punkt erreicht, ein Netz an Kontrollen, das in der Geschichte nicht seinesgleichen hat. Obwohl die Allmacht dieses Systems bröckelt, ist sie noch immer furchteinflößend. Das erkennt man am deutlichsten, wenn man sie mit den Augen der schwarzen Jugendlichen in den Townships sieht, seine größten Opfer und, in den letzten zehn Jahren, seine entschlossensten Feinde. Wie die ihrer Eltern, war auch die bloße Gegenwart dieser Kinder bereits illegal. Bis zu einem gewissen Grad verstieß die schwarze Existenz selbst gegen das Gesetz der Eroberer: die weißen Südafrikaner, die nur 5 Prozent der Bevölkerung ausmachen, hatten sich 87 Prozent des Landes angeeignet, darunter alle großen Städte, so daß den schwarzen Südafrikanern, die annähernd 95 Prozent der Bevölkerung ausmachen, nur kleine unfruchtbare Parzellen für die schwarzen »Homelands«, die Zwangsreservate, blieben.

Im Apartheid-System gab es Gesetze, denen zufolge es illegal war, daß sich die Schwarzen überhaupt irgendwo anders aufhielten, da ihre Anwesenheit außerhalb der kleinen, ihnen zugeteilten Gebiete ein Straftatbestand sein konnte. Diese Gebiete konnten sie jedoch nicht ernähren, und die einzigen Überlebens- und Arbeitsmöglichkeiten lagen in den weißen Bezirken, in denen ihre Arbeit gebraucht wurde und eine feste Größe der weißen Wirtschaft darstellte. Während es ihnen also einerseits verboten war, ihre Gebiete zu verlassen, hing das Funktionieren der weißen Gesellschaft andererseits von der Ausbeutung ihrer Arbeitskraft ab. Die Schwarzen mußten sich in Slums außerhalb der weißen Zentren in angeblich heimlichen, wenn auch nicht unsichtbaren Siedlungen verkriechen, um der weißen Bevölkerung zu dienen. Daher die Townships. Und das Paß-System.

Die Pässe waren schwer zu bekommen — man brauchte eine Arbeit, um einen Paß zu bekommen, hatte man keinen Paß, bekam man keine Arbeit, so daß im Endeffekt nur wenige Bewohner der Townships einen Paß hatten. Ein gültiger Paß enthielt eine genaue Beschreibung der Arbeit und der Arbeitsstunden, er mußte immer auf den neuesten Stand gebracht und regelmäßig erneuert werden. Die bürokratischen Vorschriften, Einzelheiten und Bestimmungen für die Erneuerung waren sehr obskur. Um sie einzuhalten, mußte man sich tagelang anstellen, so daß man in dieser Zeit nicht arbeiten konnte. Daher hielten sich nur wenige der Hunderttausende von Schwarzen legal in der Nähe der weißen Städte auf, in der Hoffnung, eine Arbeit zum Überleben zu finden. Die große Masse konnte jederzeit festgenommen und eingesperrt werden.

Alle Bewohner der Townships, ob legal oder illegal, konnten jederzeit durchsucht und verhaftet werden. Das Leben unter einer solchen Überwachung war ein Alptraum, da ständig die Gefahr gewaltsamer Angriffe bestand. Besonders in der Nacht. Und für Kinder, die in bitterster Armut und unter Bedingungen leben, die denen von Haustieren ähneln, die ohne Kleider oder Betten oder sanitäre Einrichtungen in Hütten schlafen, war es ein Alptraum ungeheuren Ausmaßes.

Der fünfjährige Mark Mathabane wacht auf dem Boden unter dem Küchentisch auf, eine Polizeirazzia hat ihn geweckt. Auf dem Tisch liegt eine zerschlissene Decke, und unter dem Tisch schlafen er und seine kleine Schwester Florah auf einem Stück Pappe, zugedeckt von einigen Zeitungen. Es ist sechs Uhr morgens, sein Vater ist um halb sechs zur Arbeit aufgebrochen, seine Mutter ist in ihrer Unterwäsche draußen zum Abort gegangen und merkt, daß eine Razzia stattfindet. Mark sieht sie im Lichte der einzigen Kerze, »den Körper gebeugt wie ein Tier, das sich furchtsam zusammenkauert«.[14]

Sie sind noch einen Block entfernt, aber der Alarm, der bedeutete, »daß Menschen über Zäune sprangen, verzweifelte Versuche unternahmen, der Polizei zu entkommen«, und das allgemeine Entsetzen sind bereits da: Es wird Hiebe mit Peitschen aus Tierhaut (Sjamboks) geben, Menschen werden nackt aus ihren Betten gezerrt und festgenommen werden, es wird Schüsse und Verfolgungsjagden geben, man wird Haushalte demolieren und zerstören, und wenn alles vorbei ist, werden verlassene Kinder allein zwischen den Trümmern weinen.

Mathabanes Mutter ist entschlossen fortzulaufen, die Kerze flakkert im Wind, geht aber nicht aus, das Kind bekommt Angst: »Ich fühlte etwas Warmes in der Leistengegend, etwas Nasses, das meine Beine herunterrann, versuchte, den Fluß des Urins zu stoppen, indem ich die Schenkel zusammenpreßte. Zu spät. Um meine nackten Füße herum hatte sich eine Pfütze gebildet. Mit den Zehen verwischte ich sie.« Als die Polizei das letzte Mal da war, hatten sie den Jungen geschlagen; das letzte Mal waren seine Eltern festgenommen worden. Seine Mutter sucht verzweifelt ihr Paßbuch, als sie es gefunden hat, geht sie wieder hinaus, um sich zu verstecken.

Er ist jetzt allein, dem ausgesetzt, was kommt: »Von draußen drangen erneut Schreie herein, die von dem Splittern eingeworfener Fenster und dem Krachen von Türen, die unter Polizistentritten barsten, begleitet wurden. Das Bellen tückischer Hunde und das Trampeln rennender Füße erfüllten den frühen Morgen. Rufe wie ›Mbambe! Mbambe!‹ (Greift ihn! Packt ihn!) folgten den schrillen Trillern von Polizeipfeifen.« Einen Augenblick lang fällt ein gleißender Lichtstrahl durch das vorhanglose Küchenfenster, der Junge läßt vor Schreck die Kerze fallen, und dann herrscht Dunkelheit. Als er nach der Kerze tastet, wird die Küche erneut in ein grelles Licht getaucht: »Plötzlich war es taghell.« Der kleine Bruder wacht auf und fängt an zu schreien; er muß beruhigt werden, oder die Polizei wird es hören.

»Laß ihn am Daumen lutschen«, hatte die Mutter noch geflüstert, bevor sie hinausging, einen anderen Trost gab es nicht. Der Junge verriegelt die Tür und verbarrikadiert sie dann, ein Fünfjähriger. »Ich begann, Gegenstände aus der Küche zusammenzutragen und sie vor der Tür aufzuhäufen — eine halb mit Trinkwasser gefüllte Tonne, den halbgefüllten Kohlenkasten, mehrere Stühle. Befriedigt und überzeugt davon, daß die Hütte nun uneinnehmbar sei, ging ich in die Schlafkammer und sprang auf das Bett neben dem vergitterten Fenster. ›Halt den Mund, du Dummkopf!‹ herrschte ich meinen Bruder an, doch der lärmte weiter. Ich stammelte die Beschwörungsformel ›Draußen ist ein weißer Mann‹, die bei kleinen schwarzen Kindern normalerweise den gleichen Effekt erzielt wie ›Draußen ist der Schwarze Mann‹ angeblich bei den weißen. Also steckte ich meinen Daumen in seinen weit aufgerissenen Mund, wie meine Mutter es mir geraten hatte. Er biß fest zu. Ich jaulte auf, packte seine Füße, wirbelte ihn herum und versohlte ihm den Hintern. ›Tu das nie wieder!‹

Er verfiel in einen hysterischen Schreikrampf. Wieder griff ich nach seinen kleinen Füßen, schüttelte ihn gewaltig und beschwor ihn, endlich mit dem Geplärre aufzuhören. Doch er brüllte weiter. Ich schrie ihn wieder an; das machte es nur noch schlimmer. In meiner Verzweiflung zog ich an seinen Ohren, kniff ihn grün und blau. Er fuhr fort in seinem Schreikonzert. Voller Verzweiflung gab ich meine Versuche, ihn zu beruhigen, für den Augenblick auf. In meinem Kopf drehte sich alles. Ich hatte keine Ahnung, was ich jetzt tun sollte.

Ich schaute zum Fenster. Draußen wurde es hell. Ich sah zwei schwarze Polizisten, die auf der anderen Straßenseite eine Tür aufbrachen. Eine halbnackte, hysterisch kreischende, pechschwarze Frau wurde von einem lachenden, fetten, schwarzen Polizisten, der mit dem Gummiknüppel auf ihre Scham einschlug, aus einem Außenabort abgeführt. Der Krach draußen hatte sich zwar ein wenig gelegt, doch ich konnte immer noch hören, wie Türen und Fenster zertrümmert wurden, Hunde bellten und Kinder schrien. Ich riß George hoch und hielt ihn vor das Fenster, in der Hoffnung, er würde schon verstehen, warum ich wollte, daß er Ruhe gäbe; auch das half nichts. Er schrie ununterbrochen weiter und wand sich wie ein Wurm. Ich ließ den Blick durch den halbdunklen Raum schweifen, er verharrte an einer schweren, schwarzen Decke, die schlaff vom Bett hing. Aha! Schnell ergriff ich sie und zog sie über Georges Kopf. Das dämpfte das Geschrei. Mit beiden Händen hielt ich die Decke fest, während er sich weiter wand. Das klappte! Obwohl er nicht aufgehört hatte zu kreischen, konnte ich ihn kaum noch hören. Er zappelte und zappelte, und ich drückte die Decke fester und fester auf sein Gesicht. Nicht eine Sekunde lang dachte ich daran, daß ich meinen Bruder ersticken könnte. Endlich stellte er das Brüllen ab. Ich wartete ab, schaute wieder nervös zum Fenster.

Plötzlich wurde ich gewahr, wie sich die Schlafkammertür öffnete und schloß. Erschreckt ließ ich die Decke los und wandte meinen Kopf zur Tür. Da stand Florah. Angst blitzte in ihren Augen, dann stürzte sie schreiend und wild mit den Armen rudernd auf mich zu. Kaum am Bett angelangt, begann sie ungeduldig an der Decke zu zerren. ›Wo ist Mama?! Ich will Mama! Wo ist Mama?!‹

›Halt den Mund‹, brüllte ich. ›Geh schlafen, sonst verprügel ich dich!‹

Sie ging nicht. ›Ich habe Angst‹, quengelte sie. ›Ich will zu Mama!‹

›Halt den Mund, dummes Ding!‹ fuhr ich sie erneut an. ›Der weiße Mann ist draußen, und wenn du nicht friedlich bist, kommt er dich holen und frißt dich auf!‹ Das hätte ich nicht sagen sollen; meine Schwester geriet außer sich. Sie warf sich über den Rand des Bettes und versuchte, sich ganz hinaufzuziehen. Voller Wut schlug ich ihr ins Gesicht; sie strauchelte, fiel aber nicht runter, sondern riß weiter an der Decke. Diesmal entschiedener. Auch mein Bruder hob wieder zu brüllen an. Mein Kopf war heiß vor Verwirrung und Verzweiflung; ich wußte nicht, was ich noch tun sollte; ich wünschte, meine Mutter wäre da; ich wünschte, die Polizei würde vom Erdboden verschluckt werden.

Immer noch konnte ich das Trampeln von Füßen, das Schreien der Kinder und das Bellen der Hunde hören, deshalb hievte ich meine Schwester schnell aufs Bett; mir war klar geworden, daß sie um nichts in der Welt allein in die Küche zurückgehen würde. Wir kuschelten uns auf dem schmalen Bett aneinander … Auch draußen war es still. Dann begann das Getöse erneut. Der Lärm drang durch die verriegelte Tür, durch die Barrikade, durch die Küche, durch die Decke, durch die Dunkelheit und in meine Ohren, obwohl ich sie mir mit den Fingern zuhielt. Es war, als ob das Bett in der Mitte des Höllenschlundes stünde.«

Schließlich kriecht der Junge zur Küchentür: »Ein Stück Sacktuch war über den unteren Teil des Fensters gebreitet, in dem verschiedene Scheiben fehlten. Ein Stein, der irgendwann nachts von der Straße hereingeschleudert worden war, hatte sie zerbrochen. Mein Vater hatte sie nicht ersetzt, sondern herabhängenden Stoff als Deckung benutzt, wenn in der Nachbarschaft eine Razzia abgehalten wurde.« Der Junge erblickt zwei schwarze Polizisten, die aus einer Hütte auf der gegenüberliegenden Straßenseite kommen. Sie gesellen sich zu einem weißen Mann. »Der Weiße trug eine Pistole im Halfter um die Hüften, so wie man es aus Filmen kennt. Jetzt begann er auf und ab zu rennen, brüllte und gab mit Armbewegungen Anweisungen. Auf dem Hof befand sich noch ein weiterer weißer Mann. Er trug ebenfalls eine Waffe. Er überwachte eine Gruppe von etwa zehn schwarzen Polizisten, die halbnackte Männer und Frauen aus den Hütten zusammentrieben.

Die Szene fesselte mich. Plötzlich deutete der weiße Mann am

Tor in die Richtung unserer Hütte. Zwei schwarze Polizisten sprangen auf und liefen über die Straße auf mich zu. Ein dritter schloß sich ihnen an. Mir stockte der Atem. Lähmende Angst hatte mich ergriffen und bewegungsunfähig gemacht. Nicht einmal den Kopf, der aus dem Fenster schaute, konnte ich zurückziehen. Mein Gehirn war leer; ich schloß die Augen; mein Herz klopfte wild, ich spürte es irgendwo am Hals ...

Jetzt rannte meine Schwester, die Arme über den Kopf geschlagen, schreiend aus dem Schlafzimmer ... ich starrte sie an, war unfähig, mich zu bewegen, wollte es auch gar nicht.

›E -es ist G- george‹, stammelte Florah mit tränenerstickter Stimme; ›B- blut, t- tot, B -blut, t- tot!‹ Sie kam zu mir herüber und begann an meiner Hand zu ziehen. Sie wollte, daß ich mir meinen Bruder ansehe. Offenbar war sie überzeugt, daß George verblutete. Meine Lippen formten sich zu einem kaum hörbaren, wütenden ›Hau ab‹ und ›Halt die Klappe‹. Auf Florah machte das keinen Eindruck. Da hämmerte jemand gegen die Tür. In der Verwirrung, die folgte, hörte ich ärgerliche Stimmen: ›Es gibt keinen Grund, da hineinzugehen. Ich habe die Nase voll von schreienden Säuglingen.‹

›Ich auch.‹

Damit gingen sie. Es stellte sich heraus, daß George aus dem Bett gefallen und mit dem Kopf gegen den Steinstoß geknallt war, der es abstützte. Mein Bruder hatte einen tiefen Kratzer auf der Stirn. Die Wunde schwoll an und blutete stark. Mit einer Ecke der Decke wischte ich seine Stirn ab, bis die Blutung zum Stillstand gekommen war. Dann kauerten wir Geschwister ganz still beieinander, bis meine Mutter wiederkam. Sie hatte sich die drei Stunden, die sie fortgewesen war, in einem Graben versteckt gehalten.«

Ohne bei dieser Razzia auch nur an die Tür geklopft zu haben, war die Polizei dafür verantwortlich, daß beinahe ein kleines Kind gestorben wäre, zuerst durch Ersticken und dann an einer Kopfwunde. Mathabanes Beschreibung der in seiner Kindheit um ihn herum herrschenden Brutalität zeigt, wie mühelos eine zunächst gesellschaftliche und äußere Gewalt in die Psyche und die häusliche Sphäre von Kindern eindringt, wie der Makro- und der Mikrokosmos ein schreckliches Ganzes bilden.

Daß Kinder zu den Rebellen des schwarzen Südafrika, zu seinen Truppen, seiner Seele wurden, ist erstaunlich. Es ist neu in der Geschichte, daß Jugendliche eine so führende Rolle übernehmen. Und der Kampf hat lange gedauert. In ihrem Roman über die Schülerproteste in Soweto läßt Miriam Tlali eine Figur den Verlauf der Ereignisse darstellen, der zur Apartheid führte: »Mit der Entdeckung von Gold und Diamanten kam es so, wie es kommen mußte. Für die Afrikaner waren die Würfel gefallen. Es war nur eine Frage der Zeit, bis man ihnen ihr Land rauben würde. Die gleichen Rohstoffe, die gleichen Bodenschätze, die durch die billigen afrikanischen Arbeitskräfte herausgehauen werden müssen (die Hauptstütze dieses Apartheid-Systems), sind jetzt die Trumpfkarte.«[15] Die Kontrolle der Weißen wurde durch eine Reihe von Gesetzen gefestigt: den Land Act von 1936, den Color Bar Act von 1926, den Native Administration Act von 1927, der den Tribalismus aufrechterhielt und die Häuptlinge als Agenten der weißen Herrschaft benutzte, den Conciliatory Act von 1924, der den Weißen die Bildung von Gewerkschaften erlaubte, während die Schwarzen kein Streikrecht besaßen. Dann kamen die Gesetze, die die »Homelands« schufen, und schließlich die Zuwanderungskontrolle und die Paßgesetze.

Das Apartheid-System war eine Erweiterung der Rassenpolitik der Nazis und ließ, wie sein Vorgänger, die Erziehung nicht außer acht. Es wurden rechtliche Kategorien und Gesetze geschaffen: »Farbige Erziehung«, »Indische Erziehung« und »Bantu Erziehung«, die allesamt einen Rassenmythos propagierten und auf eine bewußt schlechte Ausbildung abzielten, um eine dienende Klasse zu schaffen.

Es war die Ausbildungsfrage, insbesondere die Frage der Unterrichtssprache, an der das System 1976 zerbrach, als die Abteilung für »Bantu Erziehung« plötzlich verfügte, daß alle schwarzen Schulen Afrikaans statt Englisch lehren sollten, wodurch die schwarze Jugend einer Weltsprache beraubt und auf die Sprache der Unterdrücker eingeengt wurde.

Mark Mathabene war dabei: »Zur ersten spontanen Explosion kam es am Nachmittag des 16. Juni 1976 in Soweto. Dort versammelten sich etwa 10 000 Schüler zu einem Protestmarsch gegen die ›Afrikaans-Verfügung‹. Die riesige Menschenmenge bewegte sich geordnet und friedlich durch die staubigen Straßen auf die Pheteni High School zu. Die Demonstranten trugen Transparente mit den folgenden Inschriften: ›Zur Hölle mit Afrikaans!‹; ›Wir wollen die Sprache unserer Peiniger nicht!‹; ›Hört auf, uns mit diesem Gift zu füttern!‹; ›Auch wir haben ein Recht auf Bildung!‹; ›Wir wollen keine Sklaven-Erziehung!‹.

Zur gleichen Zeit blockierten — was die Demonstranten nicht wußten — Polizeihundertschaften die Straße zur Pheteni High School. Die Polizisten, mit Schwarzen in der Überzahl, waren bis an die Zähne bewaffnet und mit Gewehren, Schrotflinten sowie Sjamboks und Tränengas-Kanistern ausgerüstet. Als die Schüler diese Barrikade erreichten, hielten sie inne, schwenkten aber weiter ihre Transparente und riefen im Chor ...

Während die Anführer der Schülerbewegung noch darüber berieten, was jetzt zu tun sei, eröffneten die Polizisten das Feuer. Einen Moment lang stand die Menge wie versteinert. Die Kinder und Jugendlichen glaubten, daß es Schreckschüsse seien oder Polizisten, die in die Luft schossen. Doch als mehrere kleine Kinder umfielen, als sich auf weißen Schuluniformen rote Blutflecken zeigten, brach die Hölle los.«

Mathabanes Beschreibung haftet ein ungläubiges Staunen an. Er war dort, er hat es gesehen und kann doch nicht ganz glauben, was er gesehen hat. Miriam Tlalis *Amandla* zeigt das gleiche Erstaunen, wenn dieselbe Demonstration, dasselbe Massaker beschrieben werden. Das Blutbad wird in dem berühmten Foto — später ein Poster — von einem Jungen festgehalten, der den leblosen Körper eines anderes Kindes trägt.

Am nächsten Tag ist Mark wieder da, und mit ihm noch mehr Schüler: »Wir malten Plakate und Transparente, die die Bantu Erziehung, Afrikaans und die Apartheid verdammten. Wir bestanden auf unserem Recht auf ›gleiche Bildung‹ und darauf, daß die Regierung dem Blutbad von Soweto ein Ende machte. Wir wählten die Anführer für unseren Zug, der auf dem Weg über andere Schulen — wo wir auf Unterstützung hofften — zum Stadion führen sollte. Innerhalb von einer Stunde hatten wir uns auf der Straße in Reihen aufgestellt.«

Der Aufstand hatte in Alexandra, außerhalb von Johannesburg, begonnen, aber binnen weniger Tage auf die anderen schwarzen Ghettos von Pretoria, Durban, Port Elizabeth, Kapstadt übergegriffen. Es findet kein Unterricht statt, statt dessen gibt es Aufruhr und Plünderungen. Dann kommt es zu einem Boykott, der von den Jugendlichen erzwungen wird und verheerende Auswirkungen auf die weiße Wirtschaft hat. Seltsame Kräfte sind jetzt entfesselt. Der

Jugend ist der Krieg erklärt worden. Er wird lange dauern. Was noch seltsamer ist, die Kinder werden Schritt für Schritt siegen, der Versuch, Afrikaans durchzusetzen, wird scheitern, und das Beispiel an Mut und Entschlossenheit, das die Jugendlichen geben, wird Soweto und schließlich ein ganzes Volk zum Widerstand, zum erfolgreichen Widerstand gegen die gewaltige Unterdrückungsmaschinerie ermutigen.

Aber der Preis war vom ersten Tag an erschreckend hoch, da Tausende von Kindern nach Gesetzen eingesperrt wurden, die eine Inhaftierung ohne Prozeß erlauben. Die Jugendlichen werden massenweise verhaftet und in die Gefängnisse geworfen. Überall hat Gefangennahme ohne Anklage oder Prozeß die Voraussetzungen für Folter geschaffen, und Südafrika ist das erste Land, in dem dieser Mißbrauch des Gesetzes zur weitverbreiteten Folterung von Kindern geführt hat. Als die Apartheid die Kontrolle zurückgewonnen hat, beginnen die Verhaftungen; Armeeangehörige machen Razzien in Schulen, suchen die »Rädelsführer«, dringen in Häuser ein, um die Kinder gegeneinander auszuspielen, indem sie Jugendliche mitbringen, die sie festgenommen und gequält haben, an die Tür klopfen und die kleine Gestalt mit einer Kapuze auf dem Kopf ins Zimmer stoßen. Die Kapuze hat Schlitze, so daß das Kind sehen, aber nicht gesehen werden kann, dann erhält es den Befehl, seine Freunde zu identifizieren. Das Kind unter dieser Kapuze ist verhört, geschlagen, in eine Einzelzelle gesperrt, mit Elektroschocks gepeinigt worden. Ein Gefangener wird diesen Bedingungen vielleicht immer wieder ausgeliefert, was immer er tun mag: Was aber, wenn die Kapuze ihn versteckt und schützt, wenn er durch die Denunzierung eines anderen Schülers frei sein kann?

Kinder werden gejagt und festgenommen, nur weil sie an der Beerdigung von anderen teilgenommen haben; die Bekundung kollektiver Trauer ist verboten und gilt als Widerstand. Tlali beschreibt, wie zwei Mädchen, die vom Doornkop-Friedhof bis in eine private Wohnung verfolgt wurden, von der Sicherheitspolizei in einem Versteck im Schlafzimmer aufgestöbert werden. »Sie schleiften sie hinaus, schlugen sie und stießen sie in einen Lastwagen, der voll mit anderen schluchzenden Kindern war, und fuhren sie zur Polizeistation von Protea. ... Sie sperrten sie — etwa vierzig — in einen kleinen Raum mit schwarzen Wänden ein. Sie hielten sie dort fest, in diesem kleinen Raum zusammengedrängt, Stunden um Stunden. Es wurde so heiß. Ihre ganzen Körper waren schweißnaß ... als würden sie in einem Ofen gebacken.«

In Sipho Sepamlas Roman über die revolutionäre Jugend, *A Ride On The Whirlwind*[16], werden einige oppositionelle Schüler festgenommen. Die faszinierendste Gestalt der Gruppe ist die Frau mittleren Alters, die ihnen Unterschlupf gewährt hat. Als sie verhaftet wird, nimmt sie ihre Handtasche mit. Sis Ida verkauft Kosmetikprodukte und hat ein winziges Häuschen in Soweto; jetzt wartet die Schande des Gefängnisses auf sie. Sie war fast die ganze Nacht auf den Beinen und ist sehr hungrig. Der Freiheit ihres Hauses beraubt (»zu Hause konnte sie irgend etwas zusammenkratzen, aber hier gab es nichts«), verbringt sie ihre erste Nacht an einem Ort, dessen institutionalisierte Maskulinität ihr ebenso fremd ist wie der Dreck und die Enge. Sie liest die Graffiti, die überall an die Wände gekritzelt sind: »grob, vulgär und mit entstellten Figuren«. »Es war neu für sie, wie sich Menschen auf solchen Wänden artikuliert hatten.« Es gibt Wanzen, die Decke ist widerlich: »Sie fühlte sich grob und stachelig an. Sie faltete sie auseinander, um sie über die Matten zu breiten. Der Gestank von Erbrochenem und ein angetrockneter weißer Streifen ließen sie entsetzt und angeekelt zurückfahren. Sie ließ die Decke aus ihren Händen gleiten. Sie wußte nicht, was über sie kam, aber alles um sie herum schwankte. Sie lehnte sich gegen das Waschbecken, stand dort eine Weile; die Arme über der Brust gekreuzt, schloß sie ihre Augen, als könnte das, was sie gerade erlebte, dadurch zum Verschwinden gebracht werden.«

Sis Ida verbringt ihre erste Nacht in einem Zustand der Verzweiflung, hört die Schlüssel, mit denen die Schlösser benachbarter Zellen geöffnet oder geschlossen werden: »Dieses quietschende Geräusch erinnerte sie an ihre eigene verlorene Freiheit. Sie versuchte, das Geräusch zu vergessen, aber das war nicht möglich, denn es kam immer wieder. Es gehörte zu diesem Leben im Gefängnis.« Panik kommt auf: »Die stickige Luft versetzte sie innerlich in Aufruhr. Sie fragte sich, ob sie in einer solchen Zelle überhaupt würde überleben können.«

Bei ihrem ersten Verhör wird ihr durch einen der Wärter der Charakter des südafrikanischen Haftsystems erklärt: »Das Gesetz erlaubt es mir, dich so lange festzuhalten, wie ich der Ansicht bin, daß deine Antworten nicht zufriedenstellend sind.« Er starrt sie an, und

Ida sieht die Verachtung in seinen Augen: »Von mir aus kannst du im Gefängnis alt und grau werden. Merk dir das!« Als sie diese Worte hörte, seine absolute Macht erkannte, »wurde ihr schmerzlich bewußt, daß sie ihr Leben irgendwo außerhalb des Gefängnisses verloren hatte«. Nach dem Verhör in ihre Zelle zurückgebracht, »verspürte sie eine merkwürdige Erleichterung, als die Zellentür hinter ihr zugeschlossen wurde«, als wäre sie eine Zuflucht: Sie lebt noch, und für einige Stunden wird sie von den Gefängnisbeamten, die sie verhören, befreit sein.

Doch ein Verhör folgt dem anderen. »An diesem Punkt konnte sie sich nicht mehr an die Zahl der Verhöre erinnern, noch war sie fähig, sich auf die verschiedenen Gesichter der Gefängnisbeamten zu konzentrieren. Das zu erleben, war schon eine Folter: eine seelische Qual. An diesem Punkt schien es ihr egal zu sein, was bei den Verhören herauskommen würde: wenn sie wollten, sollten sie sie umbringen.«

Eines Morgens begrüßt sie der Mann, der sie verhört, mit den Worten: »Ida, heute wirst du sterben.« Er formt mit seinen Händen eine Schlinge: »Auge um Auge! Deine Kumpels haben einen von uns umgebracht.« »Ida blieb stumm, aber die Nachricht vom Tod eines anderen Polizisten war ein Schlag für sie. Sie saß da, die Hände im Schoß, traurig.« (Man liebt sie für diese Menschlichkeit, diese Reife.) »Sie saß da mit einem feierlichen Schweigen, betäubt von der Erkenntnis, daß sie dem Polizisten jetzt völlig ausgeliefert war.«

»Der Mann handelte schnell, wußte, daß alle Vorteile auf seiner Seite waren. Er schlug Ida das Handtuch ins Gesicht, sah die Röte in ihren breiten Gesichtszügen, ihre Augen weinten, ihre Nasenflügel bebten und ihr Mund schmeckte das nasse Handtuch. Sie war noch benommen von dem Schlag, als sie dessen Kälte um ihren Hals fühlte, der mit einem Ruck zugedrückt wurde. Die Wucht der Strangulierung war so groß, daß sie taumelte, als sie versuchte, sich von der tödlichen Umklammerung zu befreien. Zum ersten Mal seit ihrer Festnahme erlebte Sis Ida, daß sie auf die Wand gegenüber starrte, wie man auf den Tod starrt.

Sie schien vergeblich darum zu kämpfen, ihren Hals von der Umklammerung zu befreien, denn jedes Mal, wenn sie sich bewegte und wand, grub sich das sonst weiche Handtuch schmerzhaft in ihren Hals ein.

Der Mann bringt sie nicht um, sondern hört plötzlich auf. Er nimmt ein Stück Draht aus einer Schublade. ›Hiermit kann ich dich sofort erledigen, ohne eine Spur zu hinterlassen.‹ Sis Ida räusperte sich, denn ihr Hals war mit einem Mal ganz eng geworden. Sie war soweit, daß sie sich mit dem Tod abgefunden hatte. Es gab keine Hoffnung auf Rettung, nicht zu dieser späten Stunde in diesem Verhörzimmer und in Gegenwart eines Mannes, der aussah, als würde es ihm Spaß machen, über ihre Angst zu lachen.«

Plötzlich gibt sich der Mann geschlagen; »sie sah keine Zeichen einer Veränderung, außer daß er irgendwie in sich zusammenfiel.« Er legt das Handtuch und den Draht auf den Tisch. Er hat verloren, Ida ist bereit zu sterben, um diejenigen zu schützen, die sie mit ihrem Schweigen deckt; vielleicht weiß sie nicht einmal, wo sich die Flüchtigen verstecken — aber sie wird niemals reden. »Sie sah, wie der Mann sich den Kopf über etwas zermarterte, was er in ihrer Gegenwart nicht ausdrücken konnte.« Und sie weiß, daß sie gewonnen hat, empfindet ein kurzes Triumphgefühl. »Dann tat ihr der Polizist leid.« Die Feststellung überrascht einen, aber der Autor besteht darauf: »Es war ein natürliches Gefühl menschlichen Mitleids.« Es ist auch für Sis Ida charakteristisch: »Wieder einmal offenbarte sich dem Gesetz ihre Großherzigkeit, aber niemand schien in ihr ein menschliches Wesen zu sehen.«

Der Junge und das Mädchen, die Sis Ida versteckt hat, sind ebenfalls in Haft. Ihnen ergeht es schlimmer: das Mädchen wird sexuell mißhandelt, indem die Polizei ihre Brustwarzen mit einer Zange verletzt, der Junge muß auf Steinen stehen, stundenlang, dann tagelang, die Folter des Stehens, die in Südafrika häufig angewandt wird. Roy steht auf zwei Steinen, die Hände über dem Kopf, bleibt standhaft, verrät seine Kameraden nicht. Er kämpft um einen klaren Kopf, um Konzentration. Die Polizisten kommen und gehen. Er steht auf seinen Steinen. Man fragt ihn nicht einmal mehr. Wenn sie ihn bemerken, schlagen sie ihn. Er hört, wie andere Gefangene ausgepeitscht werden und schreien. Die Tage vergehen, er bekommt nie etwas zu essen, die Stimmen scheinen weit weg zu sein. Er wird nicht beachtet, nur häufig geschlagen. Roy steht auf seinen Steinen und wünscht sich, er hätte sich darauf vorbereitet: »Aber wie bereitet man sich auf die Folter vor?«

Er verliert das Bewußtsein. Kommt wieder zu sich und wird wieder geschlagen. Dann wird er fast erwürgt. In der letzten Sekunde kämpft er sich frei und schlägt dabei einen Polizisten. Sie stürzen sich auf ihn: »Es dauerte nicht lange, und der leblose Roy lag still auf dem Boden, tot. Im Büro fing es an zu stinken, der Schweiß dampfte in der Luft, als wäre er versprüht worden. Den Männern war heiß an diesem Wintertag, sie keuchten und schnauften.« Ein Offizier sagt »das einzige, was in der gespannten Atmosphäre gesagt werden kann«. Allen wird Stillschweigen eingeschärft, ihre Vorgesetzten werden natürlich helfen, die Sache zu vertuschen. »Wir können nicht zulassen, daß ein Mann des Gesetzes in der Weise angegriffen wird, wie dieser Junge es vor uns allen getan hat.«

Robben Island liegt elf Kilometer von Kapstadt entfernt. Die Straße zum Steinbruch, in dem die Gefangenen Sklavenarbeit leisten, führt am Meer entlang; sie sehen und riechen es. Genau gegenüber liegt Kapstadt, schaut mit seinen Hochhäusern und glänzenden Lichtern zu ihnen herüber. Dahinter ragt der Tafelberg auf, in weißen Nebel und Wolken gehüllt. Ein Bild von großer Schönheit. Als Moses Dlamini es betrachtet, befindet er sich in der Hölle: Er ist ein politischer Gefangener auf Robben Island, der von einem Informanten der politischen Polizei verraten wurde. »Ein kalter Wind weht und treibt die Wellen an den Strand. Das Wasser steigt, und fünf Kilometer entfernt fahren zwei Passagierschiffe langsam auf den Hafen von Kapstadt zu. Sie haben Touristen aus westlichen Ländern an Bord, die das ›sonnige Südafrika‹ bereisen ... diese Touristen werden in ihre Länder zurückkehren, einige abgestoßen, aber andere mit angenehmen Erinnerungen«, sagt Dlamini, als er die andere Welt vorbeiziehen sieht.[17]

Das Gefängnis ist eine andere Welt, wie der Afrikaans-Schriftsteller Breyten Breytenbach in seinem Buch *Schlußakte Südafrika*[18] feststellt. Dieser weiße Kämpfer gegen die Apartheid war mehrere Male im Gefängnis. Im Exil ruft er sich die vertraute Landschaft in Erinnerung, in der sich die geheimen Gefängnisse des südafrikanischen Polizeistaates befinden: »Wer verschwendet auf seiner Fahrt über die Alte Kapstraße hinunter an den Strand von Muizenberg auch nur einen Gedanken an das Labyrinth des Gefängnisses von Pollsmoor, wenn er es zu seinen Füßen ausgebreitet sieht? Sollte er einmal an einem Wintermorgen vor Tagesanbruch dort vorbeikommen, würden ihm vielleicht die Suchscheinwerfer und kläffenden Hunde auffallen; er würde nicht nahe genug herankommen, um die zusammengekauerten Männer, Hüfte an Hüfte, hinter dem Stacheldraht in einem Ring aus Licht und Hundegekläff, darauf warten zu sehen, abgezählt ... zu werden.«

Das Land selbst wird in Mitleidenschaft gezogen, der Natur wird Gewalt angetan. An der Grenze, die Südafrika mit Mosambik, Simbabwe und Botswana teilt, befinden sich auf Tausenden von Meilen Minen, elektrische Zäune, Stacheldraht, elektronische Überwachungsgeräte, eine lange, beleuchtete, militarisierte Pufferzone. »Der entscheidende Faktor, das Idol, der Master der Farm in dieser ›anderen Welt‹«, wie Breytenbach sie nennt, »das ist der Staat.« Er sieht in dem Regime nicht nur dessen Rassismus, sondern auch die Grundzüge einer totalitären Macht, Strukturen, »die sich von Denunziation und Verrat nähren (...) dem Geist werden seine weißen Stellen gezeigt. Totalitarismus führt zu Unbeweglichkeit. Er ist der Tod.«

Auf Robben Island ist es eine Art Wahnsinn geworden. Abgemagerte Häftlinge schieben viel zu schwere Karren, die mit Steinen beladen sind, werden erbarmungslos und ununterbrochen geschlagen. Weit entfernt von der neuen Technologie des Staates brechen Dlaminis Mitgefangene Steine in einem Steinbruch, arbeiten unter den primitivsten Bedingungen: »Die Schubkarre bleibt stecken (...) Sieh, wie der Mann sich abmüht, sie aus dem Sand zu ziehen. Sieh, wie seine Zunge herauskommt. Sieh, wie angespannt seine Arm- und Beinmuskeln sind. Die Schubkarre bewegt sich nicht.« Es setzt Schläge, ein alter Mann befühlt seinen Kopf und sieht Blut auf seiner Hand, ein Mann, der einmal Radiosprecher war und während des Paß-Streiks revolutionäre Lieder angesagt hat, schaufelt Kalk so schnell er kann, hat elf Jahre vor sich, der Wärter ruft Befehle. Es ist eine Sisyphus-Arbeit, es ist der Gulag. Auch hier sind unter den Gefangenen Kriminelle, deren Rolle es ist, die politischen Widerstandskämpfer, die ihnen bewußt ausgeliefert wurden, zu bestehlen, einzuschüchtern, zu demütigen und wenn möglich zu töten. Es sind die gleichen Banden und das gleiche Banditentum, die das schwarze Leben in den Townships beherrschen, die Großen Fünf und die Großen Sechs, Schlägertypen, die Hakenkreuztätowierungen haben und den Nazi-Gruß gebrauchen. Die Apartheid hat ihre Opfer demoralisiert und brutalisiert. Die Gangster machen sich zu Kumpanen ihrer weißen Bewacher, katzbuckeln vor ihnen, erniedrigen sich, wenn sie ihnen ihren Kaffee reichen; einer zieht einen Lappen aus seiner Tasche und putzt einem Wärter beim Kaffeetrinken die Schuhe, während dieser »sich in seinem Königreich umschaut, um zu sehen, ob auch alles planmäßig verläuft«.

Das System von Robben Island ist barbarisch, sadistisch, aber es ist nur eine Steigerung der herrschenden Umstände: eine absolute weiße Oberherrschaft, eine demoralisierte schwarze Unterwürfigkeit und eine konzentrierte Strategie zur Brechung des schwarzen Widerstandes. Hier im Lager herrschen die gleichen Bedingungen wie in der Gesellschaft; indem es sie auf die Spitze treibt, perfektioniert es sie nur. Wenn die Großen Sechs eine Schlacht gegen die Großen Fünf verloren haben, erleiden die Verlierer das schlimmste Schicksal, das es im Gefängnis gibt: sie werden zu »wyfies«, zu Frauen. Von jetzt an »würden sie eine Herrschaft zu spüren bekommen, die sie unterwürfig und abhängig machen würde, sie würden es nie wieder wagen, gegen die Buren-Wärter und die Großen Fünf zu kämpfen. Von jetzt an würden sie feminine Ideen eingetrichtert bekommen und in der Gefängnisgesellschaft die Rolle von Frauen spielen. Sie würden lernen müssen, wie Frauen zu gehen, wie Frauen zu lächeln und wie Frauen zu sitzen.« Wie die Rasse legt das Geschlecht Klasse, Rang, Knechtschaft fest. Die neuen »wyfies« werden für ihre Herren das Essen zubereiten, ihre Kleider waschen und bügeln und ihre sexuellen Sklaven sein. Die Gefängnisbehörden setzen die Vergewaltigung ein, um die Ordnung unter den Gefangenen aufrechtzuerhalten, die gleiche Ordnung, die sie selbst zwischen den Rassen aufrechterhalten.

An diesem schrecklichen Ort begraben, muß Moses Dlamini am Leben bleiben, sein politisches Bewußtsein bewahren. Als er die anderen Gefangenen betrachtet, die von Schweiß und Staub bedeckt sind und in der Sonne die Felsen herausbrechen, fragt er sich schon, »wie ich aussehe«. Ob er standhalten kann: »Ich konnte mir vorstellen, das Gefängnis als ein Krüppel zu verlassen, unfähig, zusammenhängend zu sprechen, stotternd oder lallend, voller Angst vor jedem Weißen, dem ich begegnete. Und wenn jemand vom Freiheitskampf sprach, würde ich ihn entsetzt ansehen und nur den Kopf schütteln.«

Dlamini ist Mitglied des Panafrikanischen Kongresses, dessen Führer Sobukwe ebenfalls auf Robben Island ist, eine Kraft, eine Inspiration. Wie Mandela. Nach zwei Jahren, im Juni 1966, erfährt Dlamini, daß er freikommen wird. An diesem Nachmittag sieht er Nelson Mandela und Walter Sisulu, die von der Arbeit im Steinbruch zurückkommen. »Sie sahen müde aus. Ihre Gesichter und Kleider waren von Kalk bedeckt, den sie den ganzen Tag in Landbouspan geschaufelt hatten — ein Ort vieler Qualen.« Dlamini ist Teil der Geschichte, einer Generation, deren Großväter die Kampagnen des passiven Widerstandes begonnen haben. »Wir sind die Werkzeuge der Geschichte, und wenn wir verschwunden sind, wird die Geschichte andere Werkzeuge finden«, hat Sobukwe ihn gelehrt.

Als er die Insel verläßt, führt der Weg nicht in die Freiheit: »Der Kampf«, erinnert ihn ein alter Gefährte, »ist nicht wie ein Mantel, den man anziehen kann, wenn es kalt ist, und ausziehen kann, wenn es heiß ist. Du mußt die Arbeit draußen fortsetzen.« So ist es schon lange gewesen, seit Jahrzehnten; ist zu einem Glauben, einem Lebensstil, einem bewußten lebenslangen Engagement geworden. »Ich bemerkte, daß Sisulus Haare grau waren, aber Mandela wirkte noch stark und hatte eine stolze Haltung.« Es gibt nur dieses: Leiden und Glauben, die Sklaverei und die Tortur des Gefängnisses, die Hoffnung auf Freiheit, eines Tages.

ZWEITER TEIL
Die Vorstellungskraft

Fotografie: Die Erfahrung des Schocks

Auch wenn die Folter aus dem »inneren« Erleben des Opfers, von seinem Standpunkt aus geschildert wird, kann sie immer noch ein unpersönliches politisches und historisches Ereignis sein, das in der Vergangenheit stattfand oder weit entfernt geschieht. Dennoch wirkt sie auf uns alle ein. Wenn nicht faktisch, so doch potentiell, da die Folterpraxis sich weiter ausbreitet und auch diejenigen erreichen kann, die derzeit noch unangreifbar sind. Wenn bei denjenigen, die nicht betroffen sind, keine Empathie hervorgerufen werden kann, wird sie noch weiter um sich greifen; daher die Bedeutung der Berichte von Amnesty International, die Schilderungen der Zeugen. Durch diese Literatur bekommt die Folter einen Platz in unserer Vorstellungswelt.

Aber sie war immer da, seit der Kindheit, vielleicht sogar wegen der Kindheit; die Angst vor Schmerzen und vor der durch Schmerzen und Grausamkeit ausgelösten Hilflosigkeit hat sich irgendwo in uns eingenistet, lauert uns auf, motiviert oder hindert uns, die Dinge zu begreifen oder etwas zu unternehmen. Bei der Folter wird die ganz persönliche Angst politisch instrumentalisiert; das Innere und das Äußere gehen eine furchterregende Verbindung ein. Aber was passiert, was wird heraufbeschworen, wenn man an die Folter denkt, sie sich auch nur vorstellt?

Während ich diesen Essay schrieb, konnte ich nicht umhin, meine eigenen Reaktionen zu untersuchen, meine eigene Furcht vor dem Staat, vor Grausamkeit, die Geschichte dieser Furcht, die ihren Ursprung sowohl in meinen besonderen, individuellen Erfahrungen als auch in der mich umgebenden Kultur hat. Da ich keiner Folter ausgesetzt war, sind meine Reaktionen begrenzt und begrenzend, und sind doch alles, was ich habe, wenn ich mich von den Zeugnissen der Opfer ab- und meinem eigenen Inneren zuwende. Denn ich reagiere auf meine ganz persönliche Art auf diese Zeugnisse, ja auf diesen Kontakt mit der Grausamkeit, der sofort durch Bilder, durch Fotos, also durch Dokumente hergestellt wird, die die Folter beweisen. Fotos von Palästinensern, die in Israel gefoltert werden, bestätigen die Tatsache, halten sie fest. Ein Latino-Polizist wird in New York von weißen Polizisten traktiert: Wir sehen in der Zeitung sein geschwollenes Gesicht und wissen, daß es passiert ist, glauben es, haben Mitgefühl.

Aber irgendwann sieht man ein Foto, das mehr bewirkt, das einen fast vernichtet, das zu einer Offenbarung wird. Meine innere Beziehung zu diesem Thema entstand durch eine Reihe von solchen Offenbarungen, die zu Meilensteinen auf einer Reise wurden. Zuerst habe ich sie als ein Trauma erlebt, dann als eine Barriere und schließlich als einen Ansporn, dem ins Auge zu sehen, was ich fürchtete und haßte, und dem ich mich dennoch stellen mußte, wenn ich weitermachen wollte.

Indem ich diese Bilder vor mir erstehen lasse und untersuche, zeichne ich die Schritte nach, die mich zu diesem Thema hingeführt haben, die Momente einer zutiefst persönlichen, starken, vielleicht peinlichen Emotion, eines Gefühls, das einen überwältigt, übermannt, niederschmettert. Ich bezeichne diese Reaktion als Schock, versuche, ihn zu analysieren, seinen Ursprung zu entdecken, ihn zu beschreiben, mit ihm umzugehen, ihn zu kontrollieren, ihn zu überwinden. Meine Versuche, die in meiner eigenen Identität begründet sind, werden durch diese auch begrenzt: Klasse, Nationalität und Geschlecht. Ich habe festgestellt, daß die letzte Kategorie wahrscheinlich die prägendste ist, so sonderbar und verschlungen ihre Auswirkungen auch in dem Augenblick sein mögen, da man mit einem Beweis konfrontiert wird, gegen den man sich sträubt, und wenn es ein Foto ist.

Catherine Alport hat den südafrikanischen Freiheitskampf fotografiert und diese Bilder einem großen Publikum gezeigt. Ich sah sie zuerst in einem relativ privaten Kreis, bei einer Diavorführung im Studio eines Freundes in New York. Ein Bild erschütterte mich tief, nämlich das Foto eines Mannes, der bei lebendigem Leib verbrannte. Ein an sich schon erstaunlicher Umstand, und das umso mehr, wenn er auf einem Foto festgehalten ist. Bei diesem Bild herrschte ein fassungsloses Schweigen. Bei den Anwesenden, die bis dahin eine zufriedene und geeinte Gruppe gewesen waren, die mit den Apartheid-Gegnern solidarisch war und sich über die guten Nachrichten vom schwarzen Protest freute, machte sich eine plötzliche Spannung bemerkbar. Catherine erklärte das Bild mit einer gewissen Gelassenheit, es traf sie nicht mehr mit der

Wucht, mit der es uns traf. Das bedauernswerte Wesen in dem Feuer war nicht mehr ein erstaunliches Beispiel menschlichen Leidens, sondern ein politisches Ereignis, denn das Opfer war in Wirklichkeit ein schwarzer Polizist, an dem sich die Menge rächte. Er war ein Schwarzer, der von anderen Schwarzen angezündet worden war, die ihn wegen seines Amtes als Verräter betrachteten und ihm beim Sterben zusahen. Er ist von Männern, Frauen und Kindern umringt, und Catherine hatte den Vorfall fotografiert.

Ohne diese Erklärung wäre man vielleicht zu einer anderen gelangt: In Anbetracht des Schauplatzes stellt man sich beinahe automatisch vor, daß ein Schwarzer das Opfer von Weißen ist. Die brennende Gestalt, die jeden Beruf ausüben könnte, ist nur eine Flammensäule mit einem Gesicht, von der Menge isoliert — die für ihn oder gegen ihn sein könnte, ohne eine Erklärung weiß man es nicht. Nachdem das Bild nun erklärt worden ist, interpretiert man die Menge als Verfolger und nicht als Sympathisanten, die nicht helfen können: Jetzt erkennt man, daß die brennende Gestalt von ihren Peinigern umgeben ist. Man sucht in ihren Gesichtern ein Zeichen von Zweifel, Mitleid oder schlechtem Gewissen, sieht statt dessen aber Freude, Haß. Oder bildet sich ein, diese zu sehen.

Würde ich ein solches Foto in einem »neutralen« Rahmen, in einem Buch oder einer Zeitung, sehen, wäre es das Werk eines fremden Fotojournalisten, hätte ich es einfach hingenommen. Aber Catherine Alport ist eine Freundin, und so professionell ihre Arbeit in diesem Fall auch ist — das beweisen die Ausstellungen, die Klarheit und Genauigkeit der Bilder —, in meiner Reaktion, in meiner Art, der Fotografin Fragen zu stellen, nach ihren Motiven zu forschen, liegt etwas Persönliches.

Catherine fuhr mit ihrer Erklärung fort, wobei die Geduld in ihrer Stimme von einer gewissen Abwehr durchdrungen und dann überlagert wurde, als ich schon durch meinen Ton zu erkennen gab, daß mir dieses Phänomen zu schaffen machte: Was für ein Gefühl hatte man, wenn man so etwas fotografierte? Eine törichte Frage, aber ich will, daß sie dem Tatbestand ins Auge sieht, der in diesem Bild festgehalten ist, denn es entsetzt mich immer, daß Menschen Dinge fotografieren, die sie eigentlich beenden sollten. Man möchte, daß der Fotograf etwas für das hungernde Kind tut, ihm etwas zu essen gibt, anstatt den Augenblick seines Hungertodes zu fotografieren. Aber das tun sie natürlich nicht; das werden sie nicht tun oder können sie manchmal nicht tun.

Natürlich konnte Catherine nichts tun, eine Weiße, die nur deshalb zuschauen durfte, weil politisches Engagement ihr Beziehungen zu den vertrauenswürdigsten weißen Aktivisten verschafft hatte. Helen Josephson selbst war es, die Catherine unter ihre Fittiche genommen und ihr das Privileg verschafft hatte, in Soweto die Trauerprozessionen beobachten, darüber berichten und der gemeinsamen Sache mit diesen Bildern dienen zu können.

Sie ist auch meine Sache, und ich habe jedes Foto von ihr gemocht und ihren Mut bewundert, aber durch dieses besondere Foto habe ich plötzlich ein Gefühl der Fremdheit — sowohl wegen der Haltung meiner Freunde gegenüber dem Ereignis als auch wegen des Ereignisses selbst. In meinem Kopf geht es wild durcheinander, ich verliere die moralische Orientierung. Ja, selbstverständlich weiß ich, daß es Verräter gibt. In Kenia sind mehr Schwarze als Weiße gestorben; die Mau-Mau-Kämpfer haben mehr Schwarze wegen Kollaboration hingerichtet als sie einsame weiße Siedler terrorisiert haben. Das kam in der Tat sehr selten vor. Viele Gruppen müssen mit dem Verrat umgehen: Frei zu werden, bedeutet manchmal, das tote Holz abzuschneiden; ich kenne die Logik.

Catherine fährt mit ihren Erklärungen fort, aber etwas steht zwischen uns. Ich merke auch, daß sich mein inneres Widerstreben mehr gegen Catherine als gegen die Gestalten auf dem Foto richtet; die Motive der schwarzen Südafrikaner sind leicht zu verstehen, es wäre schwer, sie nicht zu teilen, wenn man so leben müßte wie sie. Wie gefährlich auch immer für die politische Moral, die emotionale Versuchung, Rache zu üben, wäre riesengroß. Daß Catherine offensichtlich ruhig hinnimmt, was trotz der mildernden Umstände eine abscheuliche Tat ist, kommt mir gedankenlos und parteiisch vor, untypisch für den Feminismus und Pazifismus, den wir teilen; es schmeckt nach einer linken Orthodoxie, die so gar nicht zu ihr paßt. Ich versuche, dies auf die starke Identifikation mit dem Freiheitskampf zurückzuführen, auf ihre noch frischen Erlebnisse. Aber ich empfinde noch immer Unbehagen, eine tiefe Verstörung. Eine Verstörung, die ich nicht ganz verstehe und kaum kontrollieren kann.

Ich nenne es einen Schock: Ich versuche, ihn zu verstehen, überzeugt, daß es sehr wichtig ist, ihn zu verstehen; er beherrscht mich, hat Macht über mich gewonnen, wirkt auf mich wie Zorn oder Leidenschaft, verwirrt, überwältigt mich. Ich vermute sogar, daß ich, wenn ich ihn verstehe, etwas politisch und persönlich sehr Wichtiges begreife. Diese Schockreaktion ist meines Wissens niemals erforscht oder erklärt worden. Statt dessen scheint sie ein Gefühl zu sein, das wir erleben, aber nicht untersuchen. Als wäre sie zu selbstverständlich, um erklärungsbedürftig zu sein: Wir sind über Grausamkeit entsetzt, was gibt es sonst noch zu sagen?

Aber das ist sicherlich nicht alles. Der Schock, den wir empfinden, ist ein sehr starkes Gefühl, das uns übermannt und überwältigt. Jenseits der moralischen Empörung spürt man vielleicht etwas noch Verwirrenderes, äußerst Schmerzliches. Wir sind persönlich betroffen, wie ich es durch dieses Foto zu sein glaubte; wir sehen dem Schrecken ins Auge und spüren Verzweiflung. Der Schock ist wahrscheinlich immer eine individuelle Reaktion, die der eigenen Geschichte entspringt. Aber es gibt auch kollektive Reaktionen: die Empörung über Greueltaten, die Armeen und Parteien antreibt, Haßgefühle, Mythen, Loyalitäten und Erinnerungen speist. Wir reagieren mit diesen Mechanismen, aber wir zerlegen und untersuchen sie nicht.

Daß Catherine den umgangsprachlichen Ausdruck für diese Hinrichtung übernimmt, nämlich »Halskette«, in dem ein spöttischer, volkstümlicher Humor steckt, stößt mich ab und ärgert mich, enttäuscht mich bei einer Sache, für die ich als erwachsener Mensch selbst lange gestritten habe und die mir jetzt zusetzt. Ein Exzeß, sei vernünftig; bedenke, was diese Menschen durchgemacht haben. Aber die emotionale Reaktion ist nicht Vernunft, sondern Schmerz: der des Opfers. Sogar der eigene. Unter dem Ansturm dieser Gefühle frage ich mich wieder, wodurch diese Reaktion gekennzeichnet ist. Warum steckt in diesem Schmerz ein Moment der Überraschung, des Verrats?

Wenn du Catherine nicht in die Defensive gedrängt hättest, würde sie diese Hinrichtung genausowenig billigen wie du, sage ich mir. Würdest du eine ähnliche Tat mit irgendeiner abstrusen politischen Theorie verteidigen, würde sie das genauso mißbilligen wie du jetzt: Sie übt einfach Solidarität mit den Unterdrückten, mit ihrer Wut und ihrer Empörung über Jahrzehnte des Leidens. Aber auch sie hat zugesehen, wie der Mann starb, wie er brannte und schrie. Und hatte die Selbstbeherrschung, diesen Anblick zu fotografieren. Gewiß völlig unfähig, zu helfen, irgend etwas zu unternehmen, Einwände zu erheben, sich abzuwenden, ihre Mißbilligung zu zeigen. Oder wäre ihr dann die Aufnahme entgangen?

Wie verständlich das politische Ereignis auch sein mag, das Gefühl wehrt sich, es zu akzeptieren, und man leidet weiter. Merkwürdige Einzelheiten bedrängen einen: Wie bleibt der Reifen auf dem Opfer, warum entfernt der Mann den brennenden Ring nicht, liegt er nur um seinen Hals oder auch um seine Arme? Ist er durch ihn gefesselt? Könnte er sich befreien und retten, indem er ihn über den Kopf oder die Taille hinunterschiebt? Sind seine Hände gefesselt oder gebrochen? Ein südafrikanischer Freund erzählte mir später, daß sie manchmal abgehackt werden. Macht man sich das klar, wird einem das Grauenvolle dieser Hinrichtung bewußt. Es wird real. Man wird das Opfer.

Was greift einen so sehr an, wenn man so etwas hört? Was ist ein Schock? Das Strömen des Blutes in den Kopf, das Gefühl des Erstickens, das Pochen in den Ohren, die Beschleunigung des Pulses und des Herzschlags? Was das Opfer betrifft, so teilt man sein Leiden nur zu einem winzigen Teil. Man beobachtet das Schauspiel mit Entsetzen. Man hat an seiner Hilflosigkeit teil, ist durch seine absolute Verurteilung gelähmt, erlebt seine Isolation — alles in einem ganz minimalen Umfang, verglichen mit seinen Schreien und seiner Angst; selbst die größte Empathie ist nichts dagegen.

Und ich nähere mich ihm zuerst von der Seite seiner Feinde her, indem ich mir zuerst ihre Begründung anhöre, die nicht nur die Anklage gegen ihn ist, sondern zugleich auch das Urteil über ihn fällt: ein Polizist, ein Kollaborateur. Nur mit Mühe und viel Phantasie ergreife ich Partei für sein Leben, gegen diejenigen, die es ihm nehmen: die Armut, die einen solchen Mann treibt, für seine Unterdrücker zu arbeiten, sich oder seine Kinder auf diese Weise zu ernähren. Doch denkt man weiter, kann man das erhebende und aufregende Gefühl erahnen, das ihm die Identifikation mit der Macht verschafft, das widerwillige Lob seiner Vorgesetzten, seine Gewissenhaftigkeit bei der Polizeiarbeit, die Uniform, das Auto. Auf der anderen Seite der wachsende Haß in der Nachbarschaft, der Abscheu, der sich schließlich in der ihn umgebenden Menge sammelt, nur eine wütende Menge, die übliche Rollenverteilung von Peinigern und unglücklichem Opfer. Das auch unschuldig sein könnte — dies ist schließlich irgendein Polizist —, sie haben einfach einen Polizisten gefangen.

Erinnerst du dich nicht, wie Catherine es dargestellt hat? Zwei Polizeiautos fuhren hinaus zu dem Trauermarsch, der eine politische Demonstration, ein wütender Protest gegen Polizeibefehle war. Die Leiche ist begraben worden, die Leute gehen nach Hause. Sie sind hungrig und müde und zornig, es ist spät, sie fühlen sich elend. Die Polizisten stellen fest, daß sie zu dritt Tausenden von Demonstranten gegenüberstehen, geraten angesichts dieser Übermacht in Panik. Die weißen Polizisten nehmen ihr Auto und machen sich aus dem Staub. Der schwarze Polizist, im Stich gelassen, sein Auto umringt und umgestürzt, bekommt die »Halskette«. Von jeder Seite verraten. Ein Fremder, hingerichtet von Fremden, nur weil er eine Uniform trug. Ohne sie könnte er einer der Trauernden sein, der Trauernden bei einer Beerdigung, die durch ihre Wut oder vielleicht letztlich durch ihre Hemmungslosigkeit dazu getrieben werden, einen Mord zu begehen. Ein Rätsel, ein Beispiel für den Kreislauf von Quälerei, Unterdrückung, Ungerechtigkeit.

Wieder versucht man, die eigene Bestürzung zu verstehen, den Schmerz, den die Betrachtung des Schmerzes dieses Mannes auslöst. Was ist es? Mitleid? Angst? Auch Enttäuschung: die eigene Enttäuschung über menschliche Grausamkeit, die sich mit der Geschichte, der Politik oder dem Begleichen einer Rechnung entschuldigt, aber doch nur die nächste Runde von Ungerechtigkeiten einläutet. Wenn man als Individuum oder als Regime nach solchen Taten an die Macht kommt ...

Aber das ist natürlich nicht sehr fair. Der südafrikanische Freiheitskampf, den Gandhi als erster begonnen hat und der ungeachtet tausendfacher Stimmungen und Schwankungen durch ihn geprägt ist, hat die Gewaltlosigkeit länger und besser als irgendeine vergleichbare Bewegung praktiziert. Der ANC hat lange gebraucht, den Speer der Nation *(Umkhonto we Sizwe)* zu ergreifen, und um ihn geht es hier nicht. Hier tobt sich die Gewalt der aufgebrachten Menge aus, offiziell kritisiert, wenn auch in der Praxis nicht immer abgelehnt. Und wenn man den Konsens auf Bestrafung aufbaut, gibt es Konsequenzen, die unweigerlich der ersten Ungerechtigkeit, dem ersten revolutionären Verbrechen folgen, das uns ebenso vertraut ist wie seine Rechtfertigung durch die Eiferer.

Aber dies ist nicht die Politik der revolutionären Bewegung, dies ist eine Handlung des Volkes, die auch dann von schrecklicher Authentizität ist, wenn dieses Volk aufgehetzt wurde. Vielleicht macht sie sogar Spaß, bereitet sie Menschen Vergnügen, die so etwas schon mehr als einmal gesehen haben, mehrmals daran teilgenommen haben, Witze darüber gemacht haben, durch die Handlung, die Erinnerung an sie in Erregung geraten sind. In gewissem Sinne eine Kriegshandlung: Welcher Unterschied besteht, wenn jemand durch eine Kugel und ohne Prozeß sofort hingerichtet wird? Ein Unterschied: So zu sterben, bedeutet nicht nur, auf grauenvolle Weise und unter großen Schmerzen zu sterben, sondern auch, beim Sterben beobachtet zu werden. Also ein exemplarischer Tod, eine Warnung. Öffentlich erteilt, öffentlich empfangen. Es ist die bewußte Grausamkeit, die man auch bei der Folter erkennt.

Und das Gefühl, das man dabei hat, ist Angst. Wenn man sich weigert, Angst zu empfinden, verleugnet man die Bedeutung des Schauspiels. Und wenn man unfähig ist, eine solche Angst zu empfinden, hat man die Verbindung zu anderen Menschen in Raum und Zeit, Geschichte und Gegenwart verloren. Wenn das der Fall ist, kann man nicht leicht, vielleicht überhaupt nicht aufgerüttelt werden, hat man eine wesentliche Form der Vorstellungskraft verloren, auf der unsere Menschlichkeit beruht.

Was, wenn diese »spontane« Handlung der Masse revolutionärer Terror ist? Wie lange vorher wird er »organisiert«, nimmt er politische Bedeutung an, wird er zum Instrument einer Partei oder des Staates? Historische Beispiele für den Terror fallen einem ein, die Tscheka, die Braunhemden; Parallelen aus vielen Zeiten und Orten, ins Werk gesetzt von politischen Parteien, die an die Macht kommen oder an der Macht sind und ihre Rachrituale praktizieren: die Sansculotten im Wohlfahrtsausschuß unter Saint-Just, die chinesischen Volkskomitees, die Hinrichtungen Castros im Fußballstadion. Sogar ein lynchender Mob: Es ist schwer, die Racheakte von Gruppen von ihren sozialen Wurzeln und der staatlich sanktionierten Praxis zu trennen. Auf diese Weise führen gesellschaftlicher Brauch oder staatliches Handeln dazu, daß ein allgemeiner Gehorsam entsteht und daß sich diejenigen, die zur Tat schreiten, wenig menschlich verhalten. Man erinnert sich an den Brauch des Steinigens und denkt daran, daß er nicht mehr der Vergangenheit angehört, sondern so gegenwärtig ist wie die islamische Scharia.

Fotografien haben eine große Macht. Es war eine Fotografie, die mich veranlaßt hat, dieses Buch zu schreiben, das Bild eines gekreuzigten Jungen in Kambodscha, das ich zufällig in Paris sah, als ich mit meinem Lektor André Bay unterwegs war und nichts weiter im Sinn hatte als einen Pernod und ein gutes Essen. Ganz unerwartet sprang mich ein Foto auf dem Umschlag eines neuen Buches in einem Schaufenster an. Eine gekreuzigte Gestalt, vielleicht ein Kind, sicherlich ein sehr junger Mensch. Oben auf dem Buch stand in großen Buchstaben *La Torture* und darunter als Untertitel *La Nouvelle Inquisition*, die Gegenwart im Lichte der Vergangenheit. Die Autoren waren Michel Ternisien und Daniel Bacry, Mitglieder der französischen Sektion von Amnesty International. Ein Buch in einem Schaufenster, das mein Leben im selben Augenblick veränderte.

Noch am gleichen Tag ging ich in das Geschäft, las in dem Buch, hypnotisiert, tief getroffen, von neuer Einsicht erfüllt. Denn da war dieses Foto, dieser Junge am Kreuz. Der Titel, das Wort Folter hätte mich ohne das Bild ebenso abgestoßen wie interessiert, mich eher bedroht als meine Neugier geweckt. Aber aus vier Metern Entfernung hinter einer Fensterscheibe konnte das Foto nicht übersehen werden; es sagte alles ... auf eine merkwürdig zweifache Weise. Denn dies ist eine neue Kreuzigung, eine Kreuzigung, die zum ersten Mal gesehen wird. Was die bekannte Silhouette eines gekreuzigten Menschen betrifft — man hat sie millionenfach, bis zum Überdruß gesehen —, so wurden eine ganze Kultur und Religion um dieses nekrophile Bild herum geschaffen. Die Tatsache, daß das Kruzifix ein Mittel der Folter und der Hinrichtung ist, ist in dem größeren Zusammenhang der organisierten Religion, der Bürokratie, des Geldes, des Prestiges und der Heuchelei untergegangen. Das Kruzifix war seit der Kindheit nicht wirklich überzeugend, kein richtiges Kruzifix, kein Emblem eines wirkliches Leidens.

Aber dies ist ein Foto. Dies findet jetzt statt. Die fotografische Ausarbeitung, die Schwarz-Weiß-Qualität, die technischen Anhaltspunkte machen einem bewußt, daß das Ereignis ein aktuelles ist. Man kann es nicht glauben, aber alles an dieser Kreuzigung verweist auf die Gegenwart: die Shorts des Jungen, die Uniformen der Soldaten, jene fernen Gestalten, die für den Vorgang verantwortlich zu sein scheinen und in der stillen, sich endlos ausdehnenden Ebene bewegungslos hinter der jungen leidenden Gestalt stehen, fast noch ein Kind, dünn, kraftlos. Mit den Handgelenken auf ewig an das Kreuz gebunden. Schreckliche Trockenheit und Stille, Hitze und Schweigen werden durch dieses Bild vermittelt — die Welt hinter der Gestalt ist leer und tot, auch wenn der Mensch in seinem Schmerz noch sehr lebendig ist.

Vielleicht ist er auch schon tot. Nur sein Gesicht könnte uns das sagen, und das liegt im Schatten, der Mund ist verzerrt, zu einem Schrei geöffnet. Es ist ein stilles Foto, ohne Lärm oder Bewegung. Sein Mund hängt vielleicht nur herunter, weil er schon ohnmächtig ist. Vielleicht ist er von der Hitze betäubt, dämmert dahin, seine Schreie sind verstummt, während seine ausgestreckten dünnen Arme in einem langen, unerträglichen Schmerz an die Querbalken gebunden sind.

Es ist staubig, und der Staub ist real ... man schaut auf ein Foto, nicht auf eine Illustration. Das visuelle Bild nimmt man sofort auf, seine Konsequenzen zu erforschen, dauert länger. Man braucht eine gewisse Zeit, um die Gegenwärtigkeit und Echtheit zu begreifen. Dies geschieht jetzt. Dies ist eine fotografierte Tatsache. Kein Gemälde, keine Zeichnung, keine Graphik; nichts Inszeniertes, sondern die fotografische Dokumentation eines tatsächlichen Geschehens, Realität, kein Schein. Eine wirkliche Kreuzigung, die in dieser Welt, hier und jetzt stattfindet.

Außerdem hängt an dem Kreuz nicht ein Mann, sondern ein Kind. Es ist die Brust eines Jungen, vom Hunger gezeichnet, der fleischlose, aber aufgedunsene Brustkorb eines hungernden Menschen. Die Haltung ist unnatürlich, seine kleinen Arme sind mit einem Seil fest an die Querbalken gebunden, so daß der Körper an seinem eigenen Gewicht hängt, die Zehenspitzen berühren vielleicht den Boden und geben doch keinen Halt, weil die Fersen den Boden nicht erreichen. So daß der ganze Körper von den Armen herunterhängen muß, die auf diese Weise ausgekugelt werden, oder die Zehenspitzen und Fußballen müssen das Gewicht abstützen, damit die Arme nicht ausgerenkt werden. Der Körper ist auseinandergezogen, die Arme werden bald ausgekugelt werden, diese Haltung bedeutet endloses Leiden. Vielleicht ist er auch schon tot.

Oder es ist ihm bestimmt, so lange zu hängen, wie es seinen Peinigern Spaß macht. Die im Augenblick nicht auf ihn achten. Er ist völlig allein. Und völlig in der Gegenwart: Seine Jacke hängt an einem Haken, der an dem vertikalen Balken befestigt ist, die Shorts, die er trägt, sind das Kleidungsstück der Gegenwart, der Jugend, in einem warmen Klima, im Sommer. Sein Kreuz besteht aus geschältem Holz, groben Holzpfählen, nicht aus bearbeitetem Holz, ist improvisiert, seine Handgelenke sind mit einem Seil festgebunden. Seine Hände und Füße sind nicht angenagelt; seine Füße berühren vielleicht die Erde, aber nicht so, daß er stehen und seine Arme entlasten kann.

Dies ist nicht zwangsläufig eine Kreuzigung, die zum Tode führt, es ist vielleicht nur eine »Bestrafung«. Vielleicht stirbt er nicht, sondern muß nur eine Weile so hängen, ein Exempel, das die Khmer Rouge statuieren, sein Schicksal mag in dieser Hölle gang und gäbe sein. Wenn er sterben muß, dauert es unter Umständen Tage, Hunderte von Stunden ohne Essen oder Wasser, die Muskeln versteifen sich, das Leiden ist lange, unerträglich, unvorstellbar. Und er kann nicht älter als dreizehn sein, selbst wenn man seine offensichtliche Unterernährung in Betracht zieht.

Ich war zehn Jahre lang mit einem Japaner verheiratet; dieser Junge ist ein Teil von ihm, wie jeder tote Vietnamese, der im amerikanischen Fernsehen zu sehen war. Und wegen Fumio ist die Menschlichkeit dieses Jungen nicht nur real, sondern mir teuer. Mein Blick umfängt die Arme, die Brust, die müden Beine dieses jungen Kambodschaners, einer jener Menschen, die meine Landsleute gerne »gooks« nannten. Wegen Fumio kann es für mich keine rassische Distanz geben: Diese Gestalt war die Menschheit, diese glatte jungenhafte Haut war die Männlichkeit, wie ich sie am intimsten, am längsten und mit größerer Zärtlichkeit und Identifikation erlebt hatte als die Körper von schwarzen oder weißen Männern. War es das, diese zufällige, wenn auch nicht unwichtige Ähnlichkeit mit einem Geliebten oder einem Ehemann, die mich empfänglich für dieses Foto, dieses Buch, diese Sache und dieses Phänomen machte?

Die Tatsache der modernen Folter war durch die politische Arbeit mit iranischen Oppositionellen unter dem Schah-Regime für mich schon zu einer quälenden Vorstellung geworden, aber durch die Schockwirkung und die Eindringlichkeit dieses Umschlagfotos gab der Text von Ternisien und Bacry dem Thema eine größere und bedrohlichere Dimension, die mich nicht mehr losließ. Aber die erste Empfindung war emotional, war dieses Schockgefühl, das ich zu analysieren, zu begreifen versuche. Denn es durchbrach jegliche Abwehr, dieses Foto eines jungen Mannes am Kreuz; hier und jetzt und in der Gegenwart, selbst wenn die halbe Welt dazwischen lag.

Ich hatte das Gefühl, daß ich ihn wegen Fumio sehen konnte, sonst hätte ich ihn vielleicht gar nicht wahrgenommen; meine eigene Rasse, sogar mein Geschlecht hätte ihn möglicherweise für mich unsichtbar gemacht.

Das persönliche Erleben überschritt eine Grenze und stieß zu größeren und allgemeineren Bedeutungen vor. Der Junge war nah, war Jedermann, war der Mensch, der wieder gekreuzigt wird. Unbeachtet und allein in der leeren Ebene hängend, im Hintergrund ein Soldat, der keine Notiz von ihm nimmt, lebt dieser Junge in einer Welt, die so grausam ist, daß Hinrichtungen noch nicht einmal mehr Gegenstand eines Rituals sind oder Interesse hervorrufen; überall sind ein Schweigen und eine Unaufmerksamkeit spürbar, die an Routine, Überdruß, Gewohnheit denken lassen. Man ist erst schockiert, dann wütend.

Die Felder des Grauens erscheinen vor dem geistigen Auge, die sehr gegenwärtige und unmittelbare Qualität der Folter wird lebendig, ihre ungestörte und sichere Rückkehr in die moderne Welt, die Selbstverständlichkeit, mit der sie als Herrschaftsmethode eingesetzt wird, eine neue Inquisition, wie die Autoren ihren Text untertitelt hatten. Unmöglich, daß der Begriff Inquisition bei einer Feministin mit katholischer Vergangenheit nicht die Alarmglocke schrillen läßt: der Kreislaufcharakter der Geschichte, ihre Wiederholung, kein Übel, das ein für allemal verschwunden ist, keine Freiheit, die ohne ständige Wachsamkeit erhalten werden kann. Aber daß man jemals wieder eine Kreuzigung betrachten würde ... es ist schwindelerregend, das ganze Ausmaß des Grauens in Kambodscha in diesem Jahrhundert, diesem Jahrhundert der Folter und des Massensterbens.

Wenn man auf das fotografische Bild reagiert, reagiert man auch auf die Fotografie, diese schwarz-weiße oder bunte visuelle Sprache, die wir mittlerweile als Realität akzeptieren. Das dargestellte Objekt wird zum Objekt an sich; nicht Kunst, sondern Wissenschaft. Die dokumentierte Tatsache und die Tatsache sind faktisch austauschbar. Der Ersatz der Realität, der sie zur Gewißheit werden läßt, ist ihr historischer Beweis, ist Spurensicherung, Dokumentation. Wir sind heute an bestimmte Fotos gewöhnt: die berühmten Bilder von Dachau, Bergen-Belsen, die ausgemergelten Körper von Hunderten und Tausenden, die Toten, die wie Holz aufeinandergestapelt sind, die Lebenden, abgemagerte Gestalten am Rande des Todes, die Tatsache, daß sie aufrecht stehen, ein Wunder, wie das Wunder ihrer Augen, Augen, die grauenvolle Dinge gesehen haben, die sie uns kaum beschreiben können, obwohl sie überlebt haben, um uns davon zu berichten. Ich meine nicht nur das direkte Grauen von Hinrichtungen und Folter, die nackte Grausamkeit, und auch nicht die unzähligen Körper, die zuerst nackt, dann tot waren, Millionen von Menschenleben, die von dem Schornstein verschluckt wurden, so daß nur noch diese letzten Überlebenden blieben. Ich meine vielmehr, daß diese Augen nicht nur die Selektionen gesehen haben, sie haben auch die Zeit erlebt, Stunde um Stunde, Tag für Tag Hunger und Kälte, Augenblick für Augenblick des Leidens über Jahre hinweg — Jahre von Folter, Demütigung, Schmerz und Verzweiflung, und diese Augen sind noch offen.

Man sah sie zuerst als Kind. Ich wurde 1934 geboren und war elf Jahre alt, als diese Bilder in der Zeitschrift *Life* erschienen. Ich war fassungslos, aber nach fast fünfzig Jahren sind sie mir jetzt vertraut, ihr Tabu-Charakter ist verschwunden, die Nacktheit der Opfer war nie sexuell erregend — allein diese Tatsache war bemerkenswert, hatte doch jede Form der Nacktheit eine sexuelle Wirkung auf ein elf Jahre altes Kind, selbst wenn sie bloß informativer Natur war, da man im Leben oder in der Darstellung so wenig unbekleidete Körper gesehen hatte: griechische Statuen, einige dralle Frauen in Ölgemälden. Die vielen Körper, lebendig und tot, vermittelten in ihrer Nacktheit nur die elementare menschliche Botschaft von Hunger und Mißhandlung. Selbst als Kind sah man kaum das unterschiedliche Geschlecht; das männliche und das weibliche Opfer, ihre sie unterscheidenden Genitalien stellten nichts als ihr Menschsein dar. Wie gut, daß diese ausgemergelten Körper nicht dem Chaos sexueller Gefühle wie Neugier und Verlangen anheim fielen oder Ekel und Abscheu auslösten.

Das galt nicht für das erste Bild von Grausamkeit, mit dem ich als Kind konfrontiert wurde; dies geschah merkwürdigerweise auf den »Witzseiten«, einem seltsamen Ableger der Comic-strip-Seiten mit dem Titel »Ob Sie's glauben oder nicht«, von Ripley. Was an jenem Tag kam, war schon eigentümlich für eine Sonntagszeitung in einer katholischen Kleinstadt — vielleicht auch nicht, vielleicht war es eine vorhersehbare, ja sogar prägende soziale Information. Und meine Reaktion war schon sorgfältig vorbereitet, obwohl sie mich entsetzte und verwirrte. Die Sache selbst, an die ich mich schlecht und verschwommen erinnere, war eine kurze, brutale Darstellung des Märtyrertums einer Heiligen, die wie ich Katharina hieß – ein Detail, das sie zu einer Schutzpatronin und mich selbst besonders empfänglich machte: Ripley zufolge wurde sie hinter einem Wagen durch die Straßen geschleift, während die Menge lautstark ihren Tod forderte. So rudimentär diese Darstellung war, sie betrachtete das Opfer von außen und nahm nicht seinen Standpunkt ein. Vielleicht war es gerade das, ihr distanzierter Charakter, die Objektivierung eines solchen Todes für eine Frau.

Bei den zahllosen Märtyrergeschichten, die ich von den Nonnen im Religionsunterricht erzählt bekam – Broschüren über das Leben von Heiligen waren bei Gelegenheiten wie den »Exerzitien« unsere Hauptkost, eine bequeme und vertraute Lektüre, die nichts Bedrohliches hatte –, hatte ich nie die geringste Demütigung empfunden. Eher erhebendes Mitleid und begeisterte Identifikation mit den Großen, denn die Heiligen sind wie Sterne am Firmament, Unsterbliche, Geschöpfe von unanfechtbarer Größe. Die Heiligen und Märtyrer haben viel erleiden müssen, aber sie überstanden es großartig, stiegen in den Himmel auf, wo sie reich belohnt wurden, und dann verewigte man sie in Büchern, über denen Mädchen wie ich angesichts ihrer Leiden weinten, ihre Triumphe genossen. Vielleicht genossen wir auch ihre Prüfungen, so sehr waren sie ein Teil von uns, so ungefährlich und beruhigend waren sie. Sie waren Romanzen, die nicht unglücklich enden konnten, deren Leiden nicht lange genug währten oder wirklich genug waren, um als Leiden wirkliche Bedeutung zu erhalten. Der Heilige Lorenz auf seinem Rost, Katharina, die ihr Rad zerbrach, Lucia mit ihren abgeschnittenen Brüsten, die am Ende der Geschichte auf wundersame Weise wieder heil waren.

Leiden wie die von Jesus am Kreuz wurden automatisch überwunden, so daß man sie unbeschadet ertragen konnte. Die Kreuzigung war in der Karwoche besonders präsent, dann vergoß man richtige Tränen an den Stationen des Kreuzweges, war tief beeindruckt von seiner Erniedrigung und dem an ihm geübten Verrat, stellte sich lebhaft die Dornenkrone, die Geißelung, die Soldaten vor, die um seinen Mantel würfelten, die es eilig hatten, ihm die Lanze in die Seite zu stoßen, die es hinter sich haben und ihren Dienst beenden wollten. Die Gestalten dieser Geschichte – besonders die Frauen, Veronika, Maria, die Mutter von Jesus, und Maria Magdalena, Maria, die Schwester von Martha —, man erlebte ihren Schmerz, ihr Entsetzen und ihre Treue, nur um dann zu erkennen, daß sie bei der Auferstehung übergangen wurden, um aber auch zu erkennen, daß das ganze Leiden, ja der Tod selbst auf wunderbare Weise überwunden wurde. Ostern und Pfingsten lenkten einen von den schrecklichen Augenblicken des Karfreitags ab, an dem man sich um drei Uhr so ganz auf die legendäre, übernatürliche Qual und Verzweiflung konzentrierte, sie teilte, sie ebenfalls durchlitt; alles gehörte zur Erziehung und zur Kultur, zum Kreis der bekannten Dinge, alles wurde in der Geschichte und in der Christenheit immer zum gleichen Zeitpunkt vergegenwärtigt, Kalender wurden um dieses Geschehen herum geplant — der für einen Augenblick unerträgliche Schmerz, der dann überwunden und zu einem Teil des Erlösungsmythos wurde.

In einer solchen Kindheit konnte keine Schilderung der Leiden eines Heiligen wirklichen Kummer hervorrufen, doch Ripley schaffte es. Wenn man Ripley las, sah man kein Märtyrertum, sondern eine Hinrichtung. Der Unterschied lag im Glauben; Ripley sah das Ereignis nicht nur mit den Augen des protestantischen Rationalismus, sondern auch unter einem säkularen Aspekt. Er sah eine Frau, die durch die Straßen geschleift und dann umgebracht wurde. Das Ereignis wurde von außen gesehen, bizarr, grotesk, entwürdigend. Nicht länger mythisch, sondern real. Ich erlebte ihre Scham, die Schreie der Massen. Die Aura des Heiligen war verschwunden, dies war nur ein weltliches Ereignis, eine reale Stadt, reale Straßen, reale Prügelknechte, wahrscheinlich waren auch reale Heuchler und respektable Bürger dabei. Und die Heilige war nur eine nackte Frau: Heilige waren während ihres Martyriums oft nackt; warum war diese Frau auf eine schmachvolle Weise nackt?

Ripley hatte auf den Mythos und die Illusion verzichtet: Sie war weder heilig noch geweiht, sondern nur eine gnadenlos Verfolgte wie eine Frau, die von einem Mob ergriffen und gesteinigt, eine Frau, die von einer ganzen Gesellschaft gejagt wird. Als ich das las, bekam ich einen furchtbaren Schrecken, schoß mir das Blut ins Gesicht, packte mich eine fieberhafte Angst. Das war meine Begegnung mit jener sexuellen Erregung, die mit der Schmach von Frauen verbunden und assoziiert ist, jenem kulturellen Masochismus, der uns allen zugedacht ist.

Aber etwas begleitete sie — Wut. Die absurden farbigen Illustrationen, die naiven historischen Daten und Zeichnungen machten mich wütend. Vielleicht wirkte so etwas Nebensächliches wie der schlechte Stil Ripleys befreiend auf mich. Vielleicht auch Ripleys weltliche Sicht, sicherlich seine Skepsis. Nach einem Augenblick schüchterte mich das Schmachvolle, das in dieser exemplarischen Geschichte lag, nicht mehr ein. Etwas in mir protestierte gegen die allgemeine Grausamkeit der Situation: Hier wurde eine Frau vor einer Menge entblößt, die sie verspottete und verdammte, weil sie nackt war, die sie als unzüchtig verachtete, nachdem sie ihr die Kleider vom Leib gerissen hatte, sie für ein Unrecht bestrafte, das sie an ihr begangen hatte; an diesem Wesen, das aller Würde beraubt, jetzt gefesselt war und hinter Pferden hergeschleift wurde. Wie willkürlich und ungerecht, ihre Nacktheit sexuell zu interpretieren und sie dann schmachvoll zu nennen.

Dies war ein Beispiel für »Ob Sie's glauben oder nicht«, eine jener absurden Pseudotatsachen, die jede Woche in häßlichen Farbzeichnungen dargestellt wurden: Highlights des Pyramidenbaus, die Schuhgröße eines Riesen, Babe der blaue Ochse. Eine wöchentliche Kuriosität für Kinder, ein unwahrscheinliches oder irgendwie amüsantes Ereignis. Aber diesmal wurde man mit einer unvertrauten Objektivierung und Verachtung des Leidens konfrontiert. Und meine übliche Abwehr gegen das heroische Leiden funktionierte nicht, die vertrauten Märchen meines Volkes und meiner Religion waren dieses eine Mal machtlos: Am Ende der Tortur wurde man nicht kanonisiert, man war einfach tot.

Zum ersten Mal war die Legende Historie, Ripley hatte mir die wirklichen Leiden dieser Frau nahegebracht, und ich war jetzt empört, weil es auch meine waren. Niemand würde uns retten; wir würden gegen die Welt anzukämpfen haben. Ich geriet auf Abwege, als ich aus dem schrecklichen Sog der sexuellen Neugier und Scham ausbrach, die so sorgfältig bereitgelegt waren, daß sie zuerst die erwartete Wirkung hatten: Ich war beschämt, dann aufgeregt und ängstlich; aber dabei blieb es nicht, ich wagte es, über diese Geheimnisse hinauszugehen und diesen fast überwältigenden Gefühlen Wut entgegenzusetzen. Und so begannen Ambivalenz und Konflikt, wo nur Unterwerfung gefordert war.

Statt dessen wurde ich wütend auf die Zeitung, auf Ripley, auf den gefühllosen Dummkopf, der dies veröffentlicht hatte. Angeklagt war die Sexualität, ja das Geschlecht, denn die Menge hat ihr ihre Nacktheit, ihren Frauenkörper vorgeworfen — was für einen Körper sollte sie sonst haben? Sie hatte sich nicht freiwillig entblößt, hätte lieber der allgemeinen Regel gehorcht und sich bedeckt. Man hatte sie entblößt und ihr das vorgeworfen, was man entblößt hatte, daraus ein Verbrechen gemacht, aus der Nacktheit, die ihre Strafe war. Was war falsch an ihrem Körper, grundlegend falsch? Es ist nur eine Frage der Zeit, bis ich bin wie sie, verletzbar, hilflos, angeklagt. Vielleicht nicht genau wie sie, nicht in aller Öffentlichkeit, sondern auf eine stille Art, die für mich eine innere Gewißheit sein wird. Das Urteil annehmen, dann zurückweisen. Wie willkürlich, wie verrückt, wie empörend. Es dauerte den ganzen Sonntag, es kam immer wieder, das Gefühl von Unrecht und Verrat, der Widerstreit zwischen dem Gefühl von Ungerechtigkeit und dem Gefühl von sexueller Schuld und Scham, der in ein allgemeines Bedürfnis nach Gerechtigkeit mündete, das aus anderen Quellen schöpfte, aus Quellen, wo sich Sexualität und Geschlecht nicht in den Vordergrund schoben, um die Gewichte zu verschieben. Ich war der Falle entkommen, diesem vermittelten Unbehagen, das aus Schuld und Scham bestand und mir als Frau zugedacht war.

Das Bild hat eine große Macht über uns: es wird oft gefürchtet, vermieden, versteckt. In Oxford sah ich ein Foto, das durch seine Grausamkeit einen tiefen Eindruck auf mich machte, sah es zufällig und unvorbereitet, denn ich hatte damals Angst vor solchen Bildern; wäre ich vorgewarnt gewesen, wäre ich diesem Bild aus dem Weg gegangen, wie ich es im allgemeinen tat. Grausamkeit verstörte mich; ich war darauf bedacht, mich selbst zu schützen. Als ich in *Life* schmökerte, sprang mich beim Umblättern ein Bild an, das Foto eines russischen Obersten, der während des ungarischen Aufstands an einem Fleischerhaken hing. Es war das große politische Ereignis meiner Studentenzeit, meine ganzen Sympathien waren auf der Seite der Aufständischen, die Besten meiner Kommilitonen waren an die österreichische Grenze gegangen, um den Revolutionären nach ihrer Flucht zu helfen. Aber der plötzliche Anblick dieses unglücklichen russischen Obersten — so hieß es in der Bildunterschrift, er könnte auf jeder Seite stehen oder jede Überzeugung haben, war kaum noch als menschliches Wesen erkennbar — erschütterte mich und wühlte mich auf. Nachdem ich Dachau gesehen, diese Körper nur als Körper wahrgenommen hatte, erkannte ich hier eine andere Dimension, geriet in Aufregung über die Grausamkeit, über einen Anblick, den ich nicht gewollt hatte und auf den ich nicht vorbereitet war. Ich fühlte mich schuldig, spürte, daß ein solches Bild eigentlich tabu war, weil es die unangenehme Botschaft vermittelte, daß die Aufständischen, meine Helden, meine »Seite« Greueltaten begingen, zwang mich, noch einmal hinzusehen: Das schien das einzige Gegengift zu sein. Damit mich das Bild nicht verfolgte, damit es nicht an mir nagte, keine Macht über mich hatte, die Grausamkeit keine Faszination auf mich ausübte. Also zwang ich mich, das Bild ein zweites Mal anzuschauen. Und begann dadurch, einen Feind in mir selbst zu besiegen.

So oft habe ich von Menschen, besonders von Frauen, gehört, daß sie keine Grausamkeit, kein Elend und Unglück sehen wollen. Daß sie sich bewußt abwenden und sich weigern, solche Dinge zur Kenntnis zu nehmen, nicht nur Bilder, Fotos oder andere visuelle Darstellungen, sondern auch Berichte. Ich kenne die Macht eines Bildes, doch als ich mich mit diesem konfrontiert hatte, spürte ich, daß ich gewonnen hatte: d.h. mein Entsetzen rief in mir letztlich nicht Verzweiflung, sondern Wut hervor. Nicht diese Mischung aus Erregung, Scham und Angst, die nichts anderes als Hilflosigkeit und Hinnahme bewirkt; die unser Erbe ist. Und die geplant, vorhersehbar, das Resultat von hundert kulturellen Faktoren ist.

Zehn Jahre später sah ich das Foto eines toten Mädchens namens Sylvia Likens, die in einem Keller im mittleren Westen der Vereinigten Staaten gefoltert worden war; man hatte in ihren Unterleib die Worte »ich bin eine Prostituierte« eingeritzt, eine urzeitliche Hinrichtung im Namen der Ideologie der weiblichen sexuellen Scham. Zuerst quälte mich das Ereignis, dann schlug der Schock in Empörung um und bewegte mich schließlich zum Schreiben. *Im Basement* wurde erst zehn Jahre nach *Sexus und Herrschaft* geschrieben, war als Inspiration aber schon vor diesem Buch da, machte es sogar erst möglich.

Man stellt sich vor, daß man das hinter sich hat, daß es der Vergangenheit angehört, die Gleichsetzung des Grausamen mit dem Sexuellen. Kürzlich mußte ich es noch einmal erleben. Bei einem weiteren Aufenthalt in Paris verbrachte ich einen schönen Tag mit einer jungen Freundin, die für ein Jahr in Frankreich lebte und sich mit

Georges Bataille beschäftigte. Sie war sehr angetan von ihm und meinte, daß ich mir im Zusammenhang mit diesem Buch seinen Essay über Erotik und das Visuelle anschauen sollte. Wegen der chinesischen Folter der hundert Teile sagte sie, ernsthaft, von ihrem Thema gepackt. Bis zu dem Zeitpunkt hatte ich etwa drei Jahre lang über Folter gelesen, ein bedrohliches Thema, das ich meiner Ansicht nach bewältigt hatte: Nichts konnte mich jetzt noch erschüttern oder schockieren, ich war darüber hinweg, mein Interesse war politischer, nicht psychologischer Natur.

Aber ihre Haltung hatte etwas, was eindeutig auf den Einfluß ihres Meisters zurückging, was mich herausforderte, erschreckte, bedrohte — hier war vielleicht etwas, was einem noch Angst einflößen konnte. Die Vorstellung eines solches Leidens war für Bataille aufregend, er hatte darüber Theorien, romantische Theorien. Meine Studentin war aufgeregt: Man zerstückelte tatsächlich jemanden bei lebendigem Leibe, es dauert lange, die kunstvolle Technik, der rituelle Charakter — all das ist schrecklich wichtig, insistierte sie. Für Bataille stellte es irgendein Nonplusultra dar, für ihn schien es die Quelle ekstatischen Erlebens zu sein.

Ich fühlte, wie mich Entsetzen, Übelkeit und Ärger ergriffen, wie ich in den ungeschützten Bereich von Schock und Wut geriet, von dem aus ich mich dem Thema Folter zuerst angenähert, es gewählt hatte. Im Laufe meiner Arbeit begriff ich, daß ich die ganze Emotionalität überwinden mußte, um das Thema zu verstehen, darüber nachzudenken, mit ihm zu leben, es in eine Untersuchung staatlicher Macht zu verwandeln — und hier verlor ich diese Kontrolle. Ich wurde auch wütend auf meine Studentin und ihr Idol. Sie fordert mich heraus: Ich muß dieses Buch lesen; es ist schwer zu finden, aber sie wird sehen, was sich machen läßt: Ich muß es in mein Buch aufnehmen.

Den Teufel werde ich tun, denke ich, wie kann man jemanden zerstückeln, der noch lebt, und warum sollte irgend jemand dieser Vorstellung etwas abgewinnen, wie dieser Bataille es offensichtlich tut. Dies ist einfach die barbarischste Hinrichtungsmethode, von der man je gehört hat; was können meine Freundin und ihr kostbarer französischer Philosoph daran so eindrucksvoll finden? Sie besteht darauf, daß es der öffentliche Charakter der Todesstrafe ist, das Berechnende, das Rituelle. Jetzt muß Foucault herhalten, er sitzt gleichsam als Kronzeuge mit uns im Café. Ich erhebe Einspruch: Ich dachte, Foucault würde die öffentlichen Hinrichtungen ironisch-tadelnd den Reformern des 18. Jahrhunderts gegenüberstellen, die die Einzelhaft und die Qual von Strafanstalten erfanden. Ich bitte dich, niemand kann ernsthaft die Rückkehr zu Spektakeln empfehlen, bei denen staatliche Grausamkeit zelebriert wird.

Wir stimmen darin überein, daß die chinesische Folter, die sie beschreibt, eine Hinrichtung und damit in der Tat staatliche Grausamkeit ist. Eine Grausamkeit, die vor allen ausgebreitet wird. Eine Grausamkeit, die Angst und Entsetzen einflößt, die sich nicht einmal zu verstecken braucht, eine arrogante und selbstsichere Macht. Ich vertrete den Standpunkt, daß das Schafott des Königs respekteinflößender ist als die Guillotine des Mobs. Dieser hat die Macht ergriffen, jener hat sie von Gott erhalten. Wir sind in einer Sackgasse. Ich habe das Gefühl, daß sich die Vernunft in ihren Argumenten und in denen, die sie bei Bataille bewundert, selbst einen Streich spielt. Wenn man der bürokratischen Gegenwart vorwirft, daß sie hinter die barbarische Vergangenheit zurückfällt, erliegt man der suggestiven Kraft eines Korrektivs, das nicht keinen Sinn macht, weil es keine brauchbare Alternative darstellt, sondern zudem auch gefährlich ist. Es beginnt mit einer ironisch-romantischen Verklärung des Ancien régime, und schließlich gibt man den Versuchungen eines Autoritarismus nach, der keineswegs überholt, sondern aktuell, gegenwärtig und sofort präsent ist.

Es gibt ganz neue Brutalitäten, sage ich ihr eindringlich, denk' nur an Südamerika, dort ist die Staatskriminalität physisch sehr greifbar, schau nach Guatemala. Die Folter gehört nicht der Vergangenheit an und ist daher nichts, was mit Sentimentalität behandelt oder glorifiziert werden sollte. Die Folter ist Gegenwart. Und Zukunft.

Während ich argumentiere, verfolgt mich die ganze Zeit das chinesische Opfer, die grauenhafte Zerstückelung vor einer Menge. Dies geschieht mit einem menschlichen Wesen, das für ein Spektakel herhält. Wie sehr ist es eigentlich ein Spektakel? Sicherlich muß das Opfer gefesselt werden, damit es stillhält. Bekommt es auch einen Knebel oder hört die Menge die ganze Zeit seine Schreie? Stunde um Stunde. Wer kann diese Schreie, diesen Anblick ertragen? Diese Gestalt, diese Marionette, deren Leiden ein Schauspiel, eine Sensation ist.

Als das Buch schließlich ankam, hielt ich es für ein Geschenk, merkte zuerst nicht, daß es Bataille war, erkannte zu spät, daß es dieses Foto enthalten würde, das Foto des Opfers der chinesischen Folter. Der Anblick war ein Schock. Mir wurde schwindelig, das Trauma verfolgte mich tagelang, viele Stunden lang war ich gelähmt und wütend über den Zusammenhang: Warum hat Bataille diese Abscheulichkeit als erotisch dargestellt? Ich würde mich mit dem letzten Aspekt von Grausamkeit und Folter auseinandersetzen müssen, ihrer »anmachenden« Wirkung.

Denn Georges Bataille beschließt seine Untersuchung über erotische Darstellungen in der Kunst, *Die Tränen des Eros*[19], mit drei Fotos von dieser Form der Hinrichtung, bei der das Opfer zerstückelt wird. Es wird durch langsame und kunstvolle Schnitte und Amputationen in so viele Teile zerlegt, wie es erfahrenen Henkern nur möglich ist. Alles geschieht so, daß das Opfer am Leben bleibt, um zu leiden, und die Menge dieses Leiden verfolgen kann. Um den Todeskampf des verurteilten Mannes zu verlängern, gibt man ihm viel Opium, nicht etwa, um seinen Schmerz zu betäuben, sondern vor allem, um sein Leben und damit das Spektakel zu verlängern.

Die Fotos selbst sind ein Schock, und das nicht zuletzt im Kontext von erotischer Kunst und Sexualität, in den Bataille sie gestellt hat. Er sagt, worauf es ihm ankommt: »(...) die Verbindung der religiösen Ekstase mit der Erotik, und im besonderen mit dem Sadismus«. Bataille befaßt sich mit einer obskuren Verbindung von Erotik und Sadismus, die durch die Religion vermittelt ist, vielleicht durch die ritualisierte Grausamkeit des religiösen Opfers.

Stößt man am Ende seines Buches auf diese Bilder, ist man nicht nur entsetzt, sondern auch überrascht, schockiert; man ist empört darüber, daß ein so grausiges Leiden mit sexueller Erregung in Verbindung gebracht wird, daß es einen Platz in einem Buch mit erotischen Bildern erhält. Es ist tatsächlich der Kontext, der viel mit diesem Schock zu tun hat. Alles, was grausam ist, ist noch grausamer, wenn es als etwas anderes ausgegeben wird, wenn der Zusammenhang radikal verändert und die Grausamkeit als etwas Komisches oder Erotisches dargestellt wird. Besonders schockierend ist, daß die Realität der Grausamkeit geleugnet wird; man hat das Gefühl, daß man zum Narren gehalten, daß die eigene Wahrnehmung in Frage gestellt, lächerlich gemacht wird.

Diese Szenen sind schockierend: Ein Mensch wird angezündet, ein Junge gekreuzigt, schließlich das Bild eines jungen Mannes, der mit den Händen an Pfähle gebunden ist, während sein Bein unterhalb des Knies amputiert wird. Auf dem größeren Foto wird der linke Unterschenkel des Opfers abgesägt, während die Menge zuschaut. Auf einem kleineren Foto auf der Seite gegenüber ist das Bein schon weg, und die Henker beginnen, den unteren Teil des rechten Beins abzuschneiden. Das Gesicht des Opfers ist nach oben gerichtet. Ob durch Drogen betäubt oder nicht, ekstatisch oder nicht, es ist eine Maske des Leidens, deren Eindruck noch verstärkt wird, weil unter ihr die Brust des Opfers, von der man die Haut abgezogen hat, geöffnet ist, so daß der größte Teil des Brustkorbs freiliegt; Blut fließt von den zerfetzten Rändern des Fleisches, das geschnitten und abgelöst wird, als wäre es Stoff.

Die Bilder sind alt, wurden 1905 von Louis Carpeaux aufgenommen, einem Europäer, der der Hinrichtung eines gewissen Fou-Tchou-Li beiwohnte, den man wegen Mordes an dem Prinzen Ao-Han-Ouan angeklagt und zum langsamen Tod durch Leng-Tch'e (Zerstückeln) verurteilt hatte. Sie erschienen zum ersten Mal in Carpeaux' Veröffentlichung *Pekin qui s'en va*, und dann in einem wissenschaftlichen Text von Georges Dumas *Traité de Psychologie*. Das Alter der Fotos trägt zu dem Grauen bei, das von ihnen ausgeht, das überbelichtete, fast schemenhafte Gesicht des Opfers, die verschwommenen Gesichter der Zuschauer, von denen einige ihre individuellen Züge verloren haben, viele aber vollkommen klar und deutlich sind. Jeder in gespannter Aufmerksamkeit. Alle sind Männer. Mehrere tragen Hüte und sind ihrer Tätigkeit und Funktion zufolge offizielle Henker; die anderen sind weniger bedeutend, tragen enganliegende Kappen oder sind barhäuptig. Man errät, daß das die Massen sind, für die dieses Schauspiel inszeniert wird.

Vordergründig sind alle von mir erwähnten Fotos politische Sachverhalte. Und die Reaktion darauf, zumindest meine, ist eine emotional-körperliche: der Schock, den ich auszuloten versuche. Vielleicht muß ich mich zuerst mit meiner Reaktion befassen: Ist sie zu stark, irgendwie peinlich? Eigene Schuld, Schwäche, Sentimentalität, eine Art Dummheit, Nüchternheit? Was geschieht eigentlich bei diesem Ansturm von Gefühlen, diesem Erröten? Denn das Blut schießt einem ins Gesicht, man erlebt eine fieberhafte Aufregung, gerät in einen Wirbel von Emotionen, der Magen reagiert wie bei einer Panik, Adrenalin wird ausgeschüttet. Eine Angst- oder Fluchtreaktion? Man fühlt sich schrecklich verwundbar.

Da ist auch eine niederschmetternde Empfindung von Scham, sogar persönlicher Beschämung; man nimmt nicht auf eine überlegene, rationale Weise Anstoß an einem menschlichen Verhalten, das äußerst abstoßend und verwirrend ist — wie können Menschen so etwas tun, man schämt sich ja der eigenen Gattung usw. Es ist eine andere, tiefergehende, persönliche Scham, die eigene. Eine Erinnerung und Steigerung: die Beschämung darüber, ausgelacht, herabgesetzt zu werden, aus dem Rahmen zu fallen, die langsam übergeht in das schmerzhafte Gefühl, beleidigt zu werden ... Aber alles hängt an dieser kleinen Verschiebung, an dem Unterschied zwischen Verzweiflung und Wut, dieser feinen Grenzlinie, die Kultur und Konditionierung verwischt haben.

Verwirrung ist wohl die erste Reaktion, die ich angesichts dieser Fotos und des durch sie ausgelösten Schocks empfinde. Was bedeutet das? Da es sich um eine Mischung von emotional lähmenden Reaktionen handelt, dauert es lange, sie zu entwirren und zu verstehen. Und es besteht die nicht geringe Möglichkeit, sie mißzuverstehen, denn es ist sehr leicht, sich bei der Einschätzung dieser Reaktionen zu irren, sie auf eine kurzsichtige, konventionelle Weise zu deuten, ihre negative Energie mit einer positiven Erregung zu verwechseln, die Scham, die sie auslösen, mit Aufregung zu verwechseln, auf das Verborgene, das Tabu oder das Geheimnis (denn solche Bilder wurden bis vor kurzem geheimgehalten) so zu reagieren, als wären sie verboten. Das Grausame mit dem Sexuellen zu verwechseln, in unschuldiger Verwirrung das zu tun, was Bataille bewußt tut.

Das ist ein Fehler, den Frauen leicht machen, denen unsere Kultur lange und sorgfältig beigebracht hat, masochistisch zu reagieren. Eine Erziehung zum Masochismus gehört generell zur Konditionierung jeder Gruppe, die verachtet wird. Ihre Identifizierung mit dem, was sie herabsetzt und demütigt, ist nur an der Oberfläche unlogisch: Sie ist in ihnen sorgsam herangezüchtet worden.

Daß Bataille ein Buch über Erotik mit der chinesischen Folter abschließt, ist auch nur oberflächlich gesehen verfehlt, wenn man von den Voraussetzungen unserer Kultur ausgeht. Es hat den Anschein, als habe er von diesen Voraussetzungen etwas Grundlegendes erfaßt. Im Patriarchat wird die Sexualität gesellschaftlich kontrolliert, begrenzt und verdrängt. Wie privat oder geheim sie auch sein mag, sie ist an Regeln und Vorschriften, Strafen und Konventionen gebunden. Auch ist sie unschwer mit Gewalt zu assoziieren, da das Funktionieren des Patriarchats letztlich von Gewalt abhängig ist: Vergewaltigung und Schändung, Defloration, Übermacht und Herrschaft sind fundamentale Merkmale der patriarchalischen Sexualität. Bataille scheint von dieser Art und Weise, in der sexuelle Erregung unter autoritären Bedingungen hervorgerufen wird, etwas Grundlegendes begriffen zu haben. Die Sexualität ist in solchen Situationen eine Funktion männlicher Macht und weiblicher Ohnmacht. Auf ihre Fortdauer kann Bataille zählen, wenn er uns Fotos von Folterungen zeigt und uns sagt, daß sie erotisch seien; bei den weiblichen Betrachtern kann er den Masochismus ansprechen, bei sich selbst und anderen Männern den Sadismus kultivieren.

In unserer Kultur gibt es noch eine andere traditionelle Verbindung von Sexualität und Grausamkeit, weil Darstellungen von beiden schwer zugänglich sind und häufig versteckt werden. Beide waren lange tabu und daher irgendwie magisch, hatten die Macht des Ungesehenen, des Unsichtbaren; wie alles Unsichtbare an sich schon eine Macht. Besonders für Frauen und Jugendliche, die von solchen Bildern sorgfältig ferngehalten werden. Batailles Buch ist eine Sammlung von Bildern: Die meisten zeigen die vertraute weibliche Nacktheit in einem ziemlich konventionellen Stil, nur wenige präsentieren Folterszenen. Die unerfreulichen Bilder von Grausamkeit und Leiden stehen neben den sinnlichen, lustbetonten Bildern von Sexualität und Erotik — und das ist verwirrend. Weil beides tabu, verboten war, wird das Sadistische oder Grausame sexualisiert.

Grausame Handlungen an Menschen sind offiziell verboten. Gehören sie dadurch irgendwie in die gleiche Kategorie wie bestimmte sexuelle Handlungen, die bis vor kurzem ebenfalls verboten waren? Seit neuestem dienen Bilder von vergewaltigten Frauen oder Ritualmorden der Unterhaltung und werden als sexuell stimulierend akzeptiert. Für wen? Und aus welchen Gründen? Hier wird man unweigerlich auf die Geschichte verwiesen.

Was mich an diesen Bildern so angreift, ist nicht nur ihr Inhalt, sondern auch die Haltung, mit der sie präsentiert werden; die offensichtliche Zustimmung meiner Freundin Catherine zur »Realpolitik« und Batailles Behauptung, daß die Szene der chinesischen Folter »dieses Dokument eines zugleich ekstatischen (?) und unerträglichen Schmerzes« — das Fragezeichen stammt von ihm selbst — etwas durch und durch Erotisches sei. Die Bilder eines Mannes, den man bei lebendigem Leib langsam und berechnend zerstückelt, haben keinen offenen sexuellen Inhalt, doch Bataille beschreibt die Hinrichtung als »ekstatisch« und »unerträglich« zugleich. »Diese Gewalt — und ich kann mir noch heute keine irrsinnigere, grauenhaftere Gewalt vorstellen — erschütterte mich dermaßen, daß ich eine Ekstase erlebte. Mit diesem Beispiel möchte ich auf eine grundlegende Verbindung hinweisen: die Verbindung der religiösen Ekstase mit der Erotik, und im besonderen mit dem Sadismus — des Uneingestehbarsten mit dem Erhabensten. Dieses Buch spricht nicht aus der begrenzten Erfahrung, die allen Menschen beschieden ist.«

Dann erwähnt Bataille die Tradition des religiösen Opfers, um auf die »Identität dieser vollkommenen Gegensätze: der göttlichen Ekstase und des äußersten Grauens« hinzuweisen. Um den nächsten Gedanken zu betonen, setzt er ihn in Kursivbuchstaben: »*Und das ist nach meinem Dafürhalten der unvermeidliche Schluß, der aus einer Geschichte der Erotik zu ziehen ist.* Doch ich muß hinzufügen: Innerhalb ihres eigenen Bereichs hätte die Erotik nicht zu jener grundlegenden Wahrheit gelangen können, die sich vielmehr erst in der religiösen Erotik erschließt: der Wahrheit nämlich, die in der Identität des Grauenerregenden und des Religiösen besteht. Die Religion gründet sich durchgängig auf das Opfer. Aber erst ein endloser Umweg hat zu dem Augenblick geführt, in dem die Gegensätze sichtbar vereint sind, indem das religiöse Grauen, das sich aus dem Opfer ergibt, eins wird mit dem Abgrund der Erotik, mit den letzten Tränen, die einzig die Erotik erglänzen läßt.« Das sind Batailles letzte Worte; die nächsten Seiten enthalten Stiche aus dem 17. und 18. Jahrhundert, die Zerstückelungen und eine Enthauptung zeigen und überzeugend wirken sollen.

Das, wovon man überzeugt werden soll, nämlich der erotische Charakter dieser Grausamkeit, die ihr innewohnende Fähigkeit, sexuelle Erregung hervorzurufen, funktioniert bei mir nicht; ich werde nicht sexuell erregt, sondern wütend. Verletzung und Wut, ein Gefühl des geistigen und philosophischen Verrats. Ein Gefühl des Verrats, das alt und vertraut ist, das ich aber noch nie so intensiv gespürt habe wie hier, wo der Anblick eines Menschen, der zerstückelt wird, von Überlegungen begleitet wird, die vordergründig bestechend sind und zugleich den eigenen Absichten dienen.

Es war dieses Gefühl von Verletztsein, ja, fast von Angegriffensein, das mich überhaupt dazu brachte, mich mit dem Thema dieses Buches zu befassen — denn schon bei dem Gedanken an Folter fühlte ich mich attackiert, empfand ich Schrecken und Wut, einen Gefühlssturm, den ich vielleicht verstehe, wenn ich mein Thema besser verstehen kann. Meinem Schmerz folgt Wut; beide scheinen mit meiner eigenen Erfahrung zusammenzuhängen, eine Frau in einer Kultur zu sein, in der Frauen gewöhnlich emotional und psychisch ebenso überwältigt und beherrscht werden wie physisch. Die Hilflosigkeit des Opfers ist mir völlig vertraut. Man hat uns beigebracht, angesichts dieser Situation zu verzweifeln, durch die eigene Ohnmacht und die Vergeblichkeit des eigenen Tuns gelähmt zu werden. Dies ist eine erlernte, eine anerzogene Reaktion.

Aber ich bin auch eine Frau, die dafür kämpft, diese Form der Herrschaft abzuschaffen, so daß meine zweite Reaktion — Wut — in eine andere Richtung geht; sie ist meiner anfänglichen Identifikation und Angst und der zum Fatalismus führenden Verzweiflung diametral entgegengesetzt. Die zweite Reaktion, also die Wut, die nie anerzogen und sehr mühsam erlernt wurde, ist in ihrem Wesen und ihrer Wirkung völlig anders: Ablehnung anstatt Hinnahme. Man wird aktiv, tut etwas, geht zum Angriff auf feindliche Kräfte über, und sei es auch nur, indem man seine Unzufriedenheit äußert, sich über die Ungerechtigkeit beschwert, auf die Menschlichkeit pocht, die durch die Folter verletzt wird. Anstatt eine solche Gewalttätigkeit zuzulassen, sie als schicksalhaft und unveränderbar zu betrachten und gar als mystisch oder erotisch hochzustilisieren, als eine zu respektierende exotische fremde Sitte, eine staatliche Notwendigkeit, gegen die kein Widerstand möglich ist — rebelliert man.

Man kennt vielleicht den Moment, da beim Anblick eines Ereignisses, das einen mit Angst erfüllt und in lähmende Hilflosigkeit stürzt, das einen geradezu krank macht, langsam die Wut aufsteigt. Das ist der Moment der Befreiung, der Augenblick, in dem man aufhört, ein Opfer zu sein, und den ersten Schritt in Richtung Freiheit macht. Die Unterdrückung hat es möglich gemacht, sich mit dem Opfer zu identifizieren, aber der Moment der Empörung ist derjenige, der die Sympathie in die Weigerung umschlagen läßt, anstelle des Opfers nun psychisch zu ertragen, was das Opfer physisch ertragen hat.

Man befaßt sich mit der Folter, weil man sie verabscheut und gegen sie ist, aber ist das alles? Wenn man in sich selbst hineinschaut, fragt man sich, was diesen Schock ausmacht, den emotionalen Aufruhr, den man empfindet — wieviel ist Faszination, Neugier? Wieviel ist Schuldgefühl wegen dieser Neugier, dieses Blicks auf das Tabuisierte und Verbotene? Gibt es Spuren von sexueller Erregung und, wenn ja, welcher Art sind sie? Woraus besteht der Aufruhr? Ist er immer und überall der gleiche, fällt er je nach Alter, Geschlecht oder Erfahrung anders aus? Wenn gewöhnliche Bürger fasziniert sind und einen Nervenkitzel erleben, ist es wichtig, die Elemente einer Kultur zu untersuchen, die unsere Reaktionen in ein staatliches Vorrecht oder Machtmittel ummünzt. Der Unterschied scheint immer darin zu bestehen, ob man an die Realität dessen glaubt, was passiert, oder nicht. Es ist nicht mit dem Glauben an einen Mythos zu vergleichen, sondern eher mit dem Glauben an die Möglichkeit, daß einem selbst so etwas widerfahren könnte. Bis man diesen Punkt erreicht hat, bis die bewußte Identifikation stattfindet, herrscht eine gewisse Trägheit, die das Opfer von den anderen Menschen trennt, eine Trennung, die für den Staat höchst vorteilhaft ist. Wenn wir uns die Folter nicht vorstellen können, können wir ihr auch niemals Einhalt gebieten.

Man sieht die Zuschauer auf dem Foto: Wie ist diese Szene möglich? Wie können Menschen so etwas dulden, ein menschliches Geschöpf, ob nun in ihren Augen kriminell oder nicht, dessen Leiden zur Schau gestellt und mit wissenschaftlicher Akribie, durch Drogen und anatomisches Geschick verlängert wird? Wie lange dauert es? Stunden, erfährt man. Wie die elisabethanische Methode des Streckens und Vierteilens, die auch verlängert, zu einer politischen Lektion gemacht wurde, welche sich als eine Kunstform, als Geschicklichkeit des Henkers darstellte. Dabei ist es nichts weiter als eine öffentliche Hinrichtung, ob das Opfer unschuldig ist oder nicht, die Brutalitäten, die seinem hilflosen Körper zugefügt werden, sind nichts weiter als Demütigungen, nur der Ausfluß der krankhaften Phantasie eines Herrschers. Was wirklich demonstriert wird, sind bloße Grausamkeit und eine rohe Kunstfertigkeit.

Und diese Grausamkeit soll verführen, überzeugen? Empfindet die gaffende Menge, die sich bei der Hinrichtung ihre Mitbringsel schmecken läßt, Befriedigung darüber, daß der Gerechtigkeit Genüge getan wird, identifiziert sie sich weiterhin mit der Weisheit des Gesetzes? Oder erlebt sie nur eine berauschende Überlegenheit über den Unglücklichen, die sich bei Einbruch der Dunkelheit verflüchtigt und zu einer Last wird, zum feierlichen Joch, das der Staat der Existenz des einzelnen auferlegt? Dreht sich letztlich nicht alles um Macht, immer um Macht und überhaupt nicht um das Vergnügen? Löst sich die jämmerlich kurze orgiastische Lust des Zuschauers nicht in Luft auf angesichts der eigenen Hilflosigkeit vor einer so gewaltigen Autorität?

Vielleicht hängt es davon ab, wer man ist. Wenn man eine Frau ist, wird der erste Stein gegen jegliche sexuelle Aktivität schlechthin geworfen; wenn man ein Mann ist, könnte es tatsächlich sexuell aufregend sein, daran teilzunehmen. Auch wenn es nur psychisch, geistig ist: Man erinnert sich der Erregung der Männer, die in den sechziger Jahren Freunde oder Künstlerkollegen waren, wenn sie über Richard Specks systematische Erdrosselung von acht Krankenschwestern diskutierten, an den Schauder in ihrer Stimme, an ihre Witze. Die patriarchalische Sexualität ist so beschaffen — betrachtet man ihre Logik, ihre Gesetze, ihre gewaltsame Durchsetzung —, daß es durchaus wahrscheinlich ist, daß das Sexuelle zutiefst durch das Grausame geprägt ist. Wie ist es anders möglich, daß man zu einer solchen Gleichung gelangt ist?

Aber der schlanke Chinese mit den schrecklichen klaffenden Wunden in seiner Brust, die furchtbare Gestalt, die von zwei Pfählen aufrecht gehalten wird, der grauenhaft verstümmelte Körper, dem gerade langsam und systematisch ein Bein am Knie abgetrennt wird — ist nicht einmal eine Frau. Wie kann er also ein erotisches Objekt sein? Wird auch das männliche Leiden unter diese verquere Sexualität subsumiert? Oder ist es nur die Opferrolle, die sich jener Rolle annähert, die normalerweise der Frau zugeschrieben wird? Eine extreme Verletzbarkeit, die sonst Frauen eigen ist? Wenn die Folter einen Mann in eine Frau verwandelt, wie Männer oft berichten, die gefoltert wurden, was macht sie dann aus einer Frau? Rührt die »Feminität« dieses männlichen Opfers von seinem ausgemergelten, fast kindlichen Körper her? In seiner Nacktheit erscheint er so viel kleiner als die wattierten und wohlhabenden Henker, als die Zuschauer, die dicke Mäntel tragen. Wie kann diese Gestalt erotisch sein — fast gekreuzigt, der Körper in der starren Haltung eines Gekreuzigten, wenn die Arme auch nicht ausgestreckt, sondern hinter dem Rücken zusammengebunden sind, das Gerüst mit dem Körper über die Menge erhoben, der Körper durch Holzpfähle hochgehalten, die von zwei schwer arbeitenden Kulis gestützt werden? Zerstückelt und blutend, in unvorstellbarem Schmerz schreiend, wie kann jemand das erotisch finden? Weil er ein Foto ist, ein zeitgenössisches Artefakt aus einem fernen Ort und einer ziemlich fernen Zeit? Ist er erotisch, weil er exotisch ist? Wäre ein verstümmelter Skandinavier oder ein Deutscher ebenso erotisch?

Hat Bataille für etwas Größeres gesprochen, als er das Grausame mit dem Erotischen verband, hat er die allgemeine Annahme illustriert, daß Grausamkeit selbst als sexuell wahrgenommen, als erotisch empfunden wird? Wenn ja, warum und durch wen? Wenn man sich dem Bild nähert, wenn man die Seiten von Batailles *Die Tränen des Eros* durchgeht — sich immer wieder mit der Frage herumschlägt, welche Absicht der Autor verfolgt, welche Gemeinsamkeit es geben könnte, welche Werte vertreten werden, die man als stabile Elemente einer Kultur akzeptieren kann —, sieht man Bilder, von denen eins nach dem anderen nackte weibliche Formen zeigt, voll, üppig, lebendig; fast jede Illustration ist eine weibliche Nackte, manchmal zusammen mit einem Mann oder einem Tier. Andere Gestalten auf diesen Bildern sind im allgemeinen besitzergreifend, bedrohlich, töten oder üben Zwang aus. Das so vertraute Muster der westlichen Erotik, ihre Gewalttätigkeit, ihre übertriebene Vorstellung vom weiblichen Körper als Sexualobjekt, dem einzigen Sexualobjekt, eine sexuelle Macht, eine Projektion der Sexualität selbst, als wäre schon seine Form etwas Aktives, eine erwünschte, aber auch verachtete, eine gehaßte und ersehnte Aktivität, Sexualität, die fast ausschließlich und irrational den Frauen zugeschrieben wird. Als wäre die Frau die Sexualität und daher die einzig schuldige Partei, die Ursache und das Wesen des Verbotenen. Und dann stößt man unvermutet auf dieses Bild eines gequälten Asiaten, der an einen Pfahl gefesselt ist und bei lebendigem Leib zerstückelt wird. Und der Rhythmus gerät ins Stocken, wird durch etwas Gegenläufiges unterbrochen.

»Ich besitze seit 1925 eine dieser Aufnahmen«, erzählt uns Bataille. *Die Tränen des Eros* erschien zum ersten Mal 1961, war Batailles letzte Arbeit vor seinem Tod: 36 Jahre lang hat er dieses Bild behalten und betrachtet, war von ihm besessen, der vertraute Fetisch eines grausigen Fotos. Bataille fragt sich, was de Sade wohl über dieses Bild gedacht hätte: »Ich denke, daß de Sade, der von einer solchen Folter träumte, aber keine Gelegenheit hatte, an einer wirklichen teilzunehmen, großen Gewinn aus der Abbildung gezogen hätte: auf die eine oder andere Weise hatte er dieses Bild wohl immer vor Augen. Aber Sade hätte verlangt, die Szene in der Einsamkeit zu betrachten, oder wenigstens in relativer Einsamkeit, denn ohne sie ist der ekstatische und wollüstige Ausgang unvorstellbar.« Wer außer dem westlichen Voyeurismus kann hier Ekstase und Wollust finden? Es sind nicht die Menschen in der Menge, für die das Spektakel inszeniert wurde. Sie scheinen nicht ekstatisch zu sein; fasziniert, sehr aufmerksam, sehen sie zu, wie die Säge der Henker ein Bein amputiert. Die Spannung ist sogar in ihren fotografierten Körpern und Gesichtern sichtbar, jeder ist gebannt und sehr konzentriert. Es könnte etwas anderes sein, keine Ekstase, sondern Furcht, ganz sicher Ängstlichkeit.

Niemand freut sich, niemand ruft oder schreit, niemand ergötzt sich an diesem grauenvollen Schauspiel, bei dem das Opfer wie eine Marionette zur Schau gestellt wird, an seinen Pfahl gebunden, noch am Leben, noch atmend, noch bei Bewußtsein und in übernatürlicher Qual. Doch nur die Qual ist übernatürlich, bei der Menge ist nichts von Transzendenz, von einer Kommunikation mit höheren Mächten zu spüren. Batailles Behauptungen entbehren jeder Grundlage. Man ist gezwungen, sie zurückzuweisen, doch nicht wegen der Dinge, die sie uns über die westliche Sexualität sagen — die Seiten mit den nackten Frauen waren eine Bestandsaufnahme von Macht und Dominanz, zugleich real und phantasiert, allzu vertraut. Aber was das Opfer der chinesischen Folter betrifft, so muß man einen Schritt weiter gehen, um zu entdecken, was hier als Erotik im Verständnis des westlichen Mannes vorgeführt wird. Dieses Foto sagt uns viel über Bataille, aber mehr noch über seine Kultur und seine Zeit. Ihre Grundannahmen scheinen in dem Gestalt anzunehmen, was uns als Sinnbild des Erotischen schlechthin präsentiert wird — das Bild eines Asiaten, der zu Tode gefoltert wird.

Was man unter dem Eindruck des Schocks ablehnt, kommt zum Vorschein, eine Epiphanie: Nicht mehr gezwungen, dies als sexuell oder sexuell erregend zu akzeptieren, kann man es als das sehen, was es ist — der Inbegriff von Grausamkeit, wie Bataille sagt, aber nichts Erotisches. Für sich genommen hat es nichts Sexuelles. Die Sexualität muß auf andere Weise einfließen: durch Mystifikation.

Die Grausamkeit und der Horror bleiben, in der Realität wie im Bild, aber jetzt muß man dem Bild den Anspruch absprechen, erotisch zu sein, sexuell erregend, sinnlich, raffiniert, kunstfertig, ein philosophisches Aperçu. Wenn man Grausamkeit und Horror nicht als etwas Sexuelles gelten läßt, wird eine bestimmte Art der Beleidigung und Empörung gedämpft, so daß das wirkliche Empörende klar und deutlich zutage treten kann. Alles war ein Spiegeltrick: Es ist die Vermischung der beiden, jenes Ineinssetzen, das am meisten zur Unterdrückung beiträgt, sie fördert, begünstigt und unendlich verlängert.

»Closet Land«: Staatsgewalt und Sexualität

Radha Baradwajs Film *Closet Land* beginnt in völliger Dunkelheit, der Dunkelheit einer Augenbinde: Nur Stimmen führen uns, wir sind so hilflos wie die Gefangene, deren Geschichte hier erzählt wird. Es gibt nur zwei Protagonisten, der Film ist eine Kraftprobe zwischen einem Mann, der das Verhör führt und dabei oft seine Stimme verstellt (harter Bursche, netter Bursche), und seiner Gefangenen, also einer Frau. Beim Zuschauen sind wir gezwungen, uns mit dieser Frau zu identifizieren, da auch wir verbundene Augen haben, auf der Leinwand vor uns breitet sich nur Schwärze aus, die gelegentlich durch die Buchstaben des Vorspanns erhellt wird. Nur die Stimmen geben uns eine Orientierung und stecken den Rahmen der Szene ab.

Die männliche Stimme wird anfangs unkenntlich gemacht, bewußt elektronisch verzerrt. Dieses brutale Geräusch wird später mit einem »verstopften Rohr« verglichen. Die erste verständliche Äußerung ist ein drohendes »Halten Sie den Mund«, als die Gefangene hilflos fragt »Wo bin ich?« Für einen Augenblick wird die männliche Stimme klar, spricht sozusagen zu sich selbst: »Ich glaube, ich habe alles.« Einen Augenblick später, nachdem sie die falsche Richtung (»nach rechts«) angegeben hat — wir hören, wie die Gefangene stolpert —, entschuldigt sie sich mit einem Reim: »I forgot that your left is my right and vice versa, your vices are my verses.«[*] Es ist fast ein Nonsense-Reim, ein Reim, durch den er sich schließlich verraten wird, wenn er seine Stimme verstellt, um die Gefangene zu täuschen.

Die Gefangene versucht, entschlossen zu klingen, verlangt nach ihrem Anwalt, ist erzürnt über die Behandlung, die ihr während ihrer Haft zuteil wird: der Vernehmer, der endlich mit seiner eigenen Stimme spricht, verspricht ihr, »sich darum zu küm-

---

[*] Anm. d. Übers.: Im Deutschen läßt sich dieses Spiel mit der Aussprache nicht wiederholen: »Ich habe vergessen, daß Ihre Linke meine Rechte ist und umgekehrt, Ihre Laster sind meine Poesie.«

mern«. Während dieser ganzen Zeit hat die Gefangene verbundene Augen, und erst als ihr die Binde abgenommen wird, können die Zuschauer, die alles aus der Warte der Gefangenen erleben, auf der Leinwand etwas sehen. Zuerst ist alles in eine blendende, schmerzhafte Helligkeit getaucht, dann erscheint das Gesicht des Vernehmers, orangefarben und überbelichtet; erst allmählich stellen sich die richtigen Licht- und Schattenwerte ein, da die Kamera das Auge nachahmt, das sich nach äußerster Dunkelheit an das – zuerst extrem helle, weil so ungewohnte – Licht gewöhnt und sich schließlich auf die gedämpften Verhältnisse eines großen Raumes und die künstliche Beleuchtung einstellt.

Der Raum selbst wird durch eine Reihe von Säulen mit verzierten ionischen Kapitellen unterteilt, deren Stil bewußter Ausdruck von Regierungsgewalt ist, pompös und selbstgewiß wie die Fassade eines großen öffentlichen Gebäudes. Dieser Formalismus zieht sich durch den ganzen Film, ist wesentlich für seine Aussage. Es wird kein Versuch gemacht, die banale Alltagsatmosphäre eines Büros herzustellen, in dem reale Verhöre durchgeführt werden, die verlassenen Räume, den provisorischen Charakter der heimlichen Gefängnisse zu rekonstruieren: Hier deutet alles symbolhaft auf die absolute Macht hin. Sind die heutigen faschistischen Selbstdarstellungen in Wirklichkeit schäbig und improvisiert, so ist die Intention hier, das formale Gesicht einer Staatsmacht darzustellen, die so gefestigt ist, daß sie sich in jedem Detail ausdrückt: nicht nur in den vertrauten monumentalen Außenfassaden, sondern auch in ihren geheimen Verhörzimmern.

Der Raum ist groß und hoch, in der Mitte steht der imposante thronähnliche Sessel des Vernehmers, sein riesiger Schreibtisch ist eine umgekehrte Pyramide, die sich auf einer zentralen Achse dreht, die Oberflächen sind aus glattem Stein und Stahl. Der Stuhl der Gefangenen ist dagegen leicht, zerbrechlich, aus Stoff und Stroh. Alles andere in dem Raum strotzt vor Kraft, die Steinwände, die großen Steintüren mit Stahlgriffen, die durch einen Knopf am Schreibtisch geöffnet werden und sich absolut dicht schließen. Die Ästhetik des Sicherheitsstaates manifestiert sich in arroganten Linien, harten Oberflächen, einer beklemmenden Dichte des Materials: pompös, überhöht, »futuristisch«.

Auch inhaltlich ist der Film bewußt mit formalen Mitteln gestaltet, seine Handlung hat einen kunstvoll symbolischen und allegorischen Charakter. Der Schauplatz ist unbestimmt, die beiden Gestalten haben weder einen Namen noch eine Nationalität. Der Vernehmer ist ein Mann und »diensthabender Offizier«, sein Gegenüber eine Frau. Was sie zuerst sieht — worin wir ihr folgen —, ist der Mann, der sagt, daß er sie verhören wird. Und der Ort, der Raum, der, so sagt er, ein Raum ist, in dem der Staat Verhöre durchführen läßt.

Es wird schnell klar, daß die festgenommene Frau eine Kinderbuchautorin ist, jemand, der an Politik nicht interessiert ist und davon nichts versteht. Der Vernehmer macht sogar das Zugeständnis, daß ihre Festnahme vielleicht ein Irrtum ist; nach einem kurzen Gespräch ist er bereit, sie freizulassen. Die große Tür öffnet sich in eine totale Dunkelheit hinein: Sie hat Angst vor einer Falle. Er schlägt einen freundlichen Ton an und überredet sie, einen Augenblick zu warten, bis die Behörden einen Entschuldigungsbrief verfaßt haben, den die Gefangene für ein notwendiges Dokument hält, das ihre Sicherheit gewährleistet.

Nachdem sie sich wieder hingesetzt hat, nimmt sie ein bißchen Fleischbrühe aus seiner Thermosflasche an, um sich aufzuwärmen; er schmeichelt ihr mit der Feststellung, daß er einmal gesehen hat, wie sie in einer Buchhandlung Bücher signierte. Sie wagt es, sich über ihre Behandlung zu beschweren, macht angesichts seiner offensichtlichen Verärgerung dann aber einen Rückzieher. Sie ist ihm immer noch ausgeliefert, die Tür hat sich wieder geschlossen. Die Zeit vergeht, und sie beklagt sich darüber, daß ein Mann mit einer Stimme »wie ein verstopftes Rohr« sie belästigt hat; sie hat die Abdrücke seiner Fingernägel auf ihrer Haut und will sie nur einem Arzt zeigen. Er verspricht, sich auch darum »zu kümmern«, ignoriert sie dann und liest ein Buch. Sie erinnert ihn an den Entschuldigungsbrief, und sogleich holt er ihn aus einem in die Wand eingelassenen Fach, ein Vordruck. Sie nimmt ihn und geht zur Tür. Die sich nicht öffnet. Sie gerät in Panik und wirft sich mit dem Brief in der Hand gegen die massive Tür. Er weist sie warnend darauf hin, daß es »sehr lange dauern« kann und legt ihr seine Anzugjacke um, um sie vor der Kälte im Raum zu schützen. »Warum sind Sie nicht gegangen, als Sie die Gelegenheit hatten?« fragt er spöttisch.

»Sie können weder Ihren Rechtsanwalt noch irgend jemand anders anrufen«, teilt er ihr jetzt mit. »Sie müssen mir vertrauen. Ich bin ein kleiner Teil eines großen Mechanismus. Das gilt auch für Sie, aber zusammen müssen wir die Wahrheit suchen.« Die Auslassungen des Vernehmers sind doppeldeutig, enthalten Hinweise auf eine größere Mission, auf höhere Ermittlungsebenen, auf die großen Wahrheiten, auf die sich diejenigen, die von ihnen profitieren, berufen, um Leiden und Herrschaftspraktiken, den Sadomasochismus des Staates, der Geschlechter, selbst der Kinder und Erwachsenen zu rechtfertigen. »Ich werde Ihnen nach besten Kräften helfen«, verspricht er feierlich, »aber die Hauptverantwortung liegt bei Ihnen.«

Dies ist in literarischen Schilderungen langer Verhöre ein vertrauter Topos, insbesondere in den Berichten von Solschenyzin, Artur London und Koestler über die sowjetischen Verhörmethoden, bei denen die Seele des Gefangenen ausgeforscht wird, der Verhörende wie bei der Inquisition selbstverständlich Beichtvater und Richter zugleich ist. Das Ganze wird als ein gewaltiges »Gemeinschaftsunternehmen« dargestellt, bei dem die Mithilfe des Gefangenen gefragt ist: die Durchleuchtung seines Bewußtseins, die totale Rückschau auf sein Leben, die vollständige psychologische Neubewertung jeder Handlung im Lichte der revidierten politischen Analyse. Die Wahrheit ist etwas, auf das der Vernehmer und der Staat ein Monopol haben.

Der Gefangene erkennt früher oder später, daß die Dinge umso besser laufen und weniger schmerzhaft für ihn sind, je schneller er begreift, wie »sie« die Wahrheit sehen — der Vernehmer und diejenigen, die ihn auf geheimnisvolle Weise lenken. Er muß schleunigst auf ihren Kurs umschwenken, er muß jene Version der Ereignisse entdecken und sich zu eigen machen, die sie für ihn gewählt haben. Und es muß schnell gehen: Wenigstens die Folter wird dann auf ein Mindestmaß beschränkt, das unvermeidliche Geständnis beschleunigt, vielleicht ein Urteil gesprochen, sogar ein Schauprozeß durchgeführt. Vielleicht wird man dann in ein normales Gefängnis überführt, braucht keine weiteren Verhöre, keine weitere physische und psychische Folter über sich ergehen zu lassen. Vielleicht sieht das Urteil die Hinrichtung vor, einen Tod, den man nicht mehr fürchtet — endlich sind Täuschung und Verstellung vorbei, diese alptraumhafte Kraftprobe, bei der alles gegen den Gefangenen verwendet wird.

»Obwohl ich Ihre Lügen vielleicht charmant finden werde«, warnt der Vernehmer seine Gefangene, »werden unbeabsichtigte

Fehler mit freundlicher Entschiedenheit behandelt werden: Es ist an mir, das Verhältnis von Freundlichkeit und Entschiedenheit zu bestimmen.« Seine kurzen Ansprachen verraten eine sehr gute Kenntnis der Verhörpraxis, in die die Erfahrungen aus mehreren tausend Seiten Geschichtsschreibung und die Erinnerungen an die Opfer eingeflossen sind. Jetzt formuliert er die Kasuistik des Verhörs, indem er es als Untersuchung und Sammlung von Informationen hinstellt, als eine notwendige Funktion der Regierung, als einen bloßen Job, unpersönlich, ohne individuelle Verantwortung. »Es wäre für Sie am besten, wenn Sie das, was jetzt kommt, nicht persönlich nehmen und sich nicht als Opfer fühlen würden. Denken Sie daran, daß wir beide die Wahrheit suchen, und bei dieser Suche bin ich Ihr Freund, Philosoph und Führer.« Dieser anmaßende und überhebliche Satz weist der Herrschaft und Grausamkeit eine philosophische Dimension zu, so wie auch das Wort »Entschiedenheit« und die pseudomoralischen, salbungsvollen Sentenzen später ständig wiederholt werden: »Der Schmerz adelt sowohl den Gebenden als auch den Empfangenden, wir müssen Ihren Körper brechen, um Ihren Geist zu retten.« Die Grausamkeit der Staatsmacht gebärdet sich als transzendente Klugheit, als verborgener Zugang zum übersinnlichen Begreifen einer extremen geistigen und emotionalen Erfahrung. Indem der Film die dann folgende Handlung als Allegorie darstellt, kann er sowohl das Leiden des Opfers als auch die Begründungen des Unterdrückers untersuchen.

Die Frau ist jetzt gänzlich Gefangene, hat erkannt, daß es keinen Ausweg gibt. Der Vernehmer zieht ihre veröffentlichten Werke aus einer Schublade und stellt sie vor sich auf dem Schreibtisch auf. Er nimmt ein maschinengeschriebenes Manuskript aus dem Stapel und wirft es ihr zu. Ein unveröffentlichtes Manuskript: Das ist es, was sie entdeckt haben und ihr vorwerfen. Es ist ein privates Dokument, sie haben ihr Haus durchsucht, um es zu finden. Der Vernehmer weist darauf hin, daß die Durchsuchung ordnungsgemäß durchgeführt wurde; sie haben hinterher alles wieder aufgeräumt. Auf der Toilettenbrille haben sie allerdings Blut gefunden. Das wurde behauptet: Er muß sich Gewißheit verschaffen. Er steht auf und tut etwas Merkwürdiges, er greift unter ihr Kleid und prüft, ob sie ihre Menstruation hat. Er hat ihr Manuskript, jetzt muß er auch Anspruch auf ihren Körper erheben. Die Art und Weise, wie dieser

Anspruch durchgesetzt wird, ist absolut geschlechtsspezifisch, nicht nur kennzeichnend für die Beherrschung durch den Staat, sondern auch für die Beherrschung durch den Mann, ist nicht nur das Ausspielen der Macht des Folterers über einen Gefangenen, sondern auch das Geltendmachen des männlichen sexuellen Besitzanspruchs auf einen weiblichen Gefangenen, eine Form des sexuellen Angriffs, der nicht nur Folter, sondern sexuelle Folter ist.

Am Ende des Films erscheint eine Mitteilung von Amnesty International, daß mehr als die Hälfte der Regierungen der Welt heute ihre eigenen Bürger foltern. Sie wird bewußt politisch eingesetzt, schafft eine Parallele zwischen der Beherrschung durch den Mann und der Beherrschung durch den Staat, wobei diese Ungerechtigkeit noch um ein Vielfaches verstärkt wird, wenn die Privatsphäre des Körpers verletzt wird. Das Wesen der Folter ist die Verletzung der Unversehrtheit der Körpers, einer Unversehrtheit, die die erste Garantie für die Menschen- und Bürgerrechte ist; die körperliche Unversehrtheit selbst ist ein so heiliges Gut, gehört so grundlegend zur menschlichen Freiheit, daß ihre Verletzung überall auf der Welt von der Verfassung verboten ist. Wo der Körper als ein Besitz behandelt wird, den man nicht nur einsperrt, sondern auch verletzt, demütigt, manipuliert und vorsätzlich Schmerzen aussetzt, herrscht die größte Tyrannei, sei sie patriarchalischer oder staatlicher Natur. Nimmt man beide zusammen, hat man die Situation, die in diesem Film geschildert wird. Baradwaj macht dies deutlich, indem sie ihren Standpunkt an einem Beispiel veranschaulicht, das nicht erotisch, aber sexuell gefärbt ist: ein Mann, der bei einer Frau Zeichen der Menstruationsblutung sucht. Als ein Akt der sexuellen Aggression, der per se noch keine sexuelle Aktivität ist, stellt er die männliche Vormachtstellung her, die andere Filme normalerweise durch die sexuelle Aktivität selbst vorführen.

Diese sorgfältige und bewußte Darstellung des Sachverhalts ist gesellschaftlich und politisch von besonderer Bedeutung, da die sexuelle Aktivität — wie sie in der Unterhaltungsbranche im allgemeinen und im Film im besonderen dargestellt wird — häufig ein gewaltsames und demütigendes Ereignis ist, das einer Frau zugefügt wird. Die Unterordnung von Frauen und die Praxis sexueller Handlungen sind zwei Dinge, die von der Kultur im öffentlichen Bewußtsein vermischt werden. Diese Vermischung findet in der Unterhaltungsindustrie gerade jetzt statt, da die kommerzielle Pornographie den größten Teil der produzierten und vertriebenen Filme ausmacht. Selbst das, was nicht pornographisch ist, wird durch die traditionelle pornographische Annahme beeinflußt, daß die Sexualität weiblich ist, daß die Frau für sie verantwortlich und daher der lüsternen Mißbilligung und Anprangerung durch die Pornographie ausgesetzt ist: Sexuelle Handlungen finden statt, um bestraft zu werden. Die der Pornographie innewohnende Gewalt ist die unvermeidliche Strafe, die auf die sexuelle Aktivität der Frau steht; eine Aktivität, die beweist, daß die Frau schmutzig, geil und im Unrecht ist, daß sie »es gewollt hat« (sie ist nicht so rein, wie sie sein sollte oder zu sein vorgibt) und »jetzt bekommt, was sie verdient« — Sexualität kommt als Vergewaltigung und Demütigung über sie. Durch diese Aggression wird sie als jemand wahrgenommen, der wieder einmal gesündigt hat und weiterhin durch Peitschen, Analverkehr oder sogar Mord bestraft werden muß.

Die Handlung des Vernehmers, der sich das Tabu von Blut und Menstruation zunutze macht, um sein Opfer zu demütigen, hat ihr auch die letzte Würde der Intimsphäre genommen. Die sexuelle Folter ist deswegen so grausam, weil sie unsere traditionellen Gewohnheiten und Vorstellungen von der Unantastbarkeit der Privatsphäre und der Unversehrtheit des Körpers, besonders seiner Genitalien, verletzt. Indem der Vernehmer prüft, ob sie blutet, verletzt er die Gefangene, während er gleichzeitig die Autorität des Arztes für sich in Anspruch nimmt, sich zum Besitzer und Experten aufspielt, der der Frau sogar die Funktionen ihres eigenen Körpers wegnimmt. Indem er sie nicht mit seinem Penis, sondern nur mit seiner Hand verletzt, hat er sich ohne die geringste Spur einer direkten sexuellen Annäherung in den Vollbesitz der Herrschaft gebracht. Und in allen nun folgenden Bildern wird er in Straßenkleidung über ihren halbnackten Körper triumphieren, dem man Handschellen und eine Augenbinde angelegt hat.

Er trägt einen sehr guten Anzug, über den er oft einen Mantel mit einem aufwendigen blauen Seidenfutter zieht, ein Zeichen für seine Freiheit zu kommen und zu gehen, wann es ihm beliebt: Seine Kleidung deutet darauf hin, daß er gut bezahlt wird und eine wichtige Stellung innehat. Die Brille, die er trägt, erinnert an einen Schuldirektor, sein Gebaren an einen Beamten. Zuweilen ist er die total unangreifbare männliche Autorität, und seine absolute Verfügungsgewalt über sein weibliches Opfer bedeutet eine gewaltige

Steigerung seiner Macht und seiner Männlichkeit. Alles, was der Status seines Geschlechts ihm gegeben hat, wird durch seine gesellschaftliche Position tausendfach potenziert. In diesem Raum, in dem er eine Frau mit gefesselten Händen und verbundenen Augen festhält, hat er eine gottähnliche Macht. Die Frau trägt nur das dünne Nachthemd, in dem sie verhaftet wurde; später wird sie aufwachen und feststellen, daß ihre Arme hinter ihrem Rücken gefesselt sind und sie einen schwarzen BH und einen schwarzen Slip anhat, wie man sie von pornographischen Fotos kennt, während eine körperlose Stimme immer wieder sagt, daß Frauen, die »schwarze Unterwäsche bevorzugen, heimliche Huren« sind.

Allmählich erkennen wir, daß der Raum ein Oberlicht hat, durch dessen Fenster man sieht, wie während des Films die Nacht langsam dem Tag weicht. Doch gleichzeitig hat man den Eindruck, daß die Zeit ewig ist, daß das Verhör, das erst eine Nacht dauert, wie die Gefangene versichert, sich über Monate und Jahre hinziehen könnte, wie der Vernehmer sie glauben machen möchte. Dieser Raum ist fast die ganze Welt, alles, was draußen ist, wird Rückblende, Erinnerung oder Phantasie sein; der Raum ist das Hier und Jetzt, angsteinflößend und trotz seiner Größe beklemmend. Vieles liegt im Schatten, manche Teile sind geheimnisvoll; in den Zierleisten, die den Deckenstuck einfassen, befinden sich große Öffnungen, die auf eine Überwachung von einem anderen Ort aus hindeuten; eine visuelle oder akustische Überwachung scheint gewiß. In manche Teile der Wand sind tontechnische Vorrichtungen sowie medizinische, mechanische und elektrische Folterinstrumente eingelassen. Der Vernehmer kennt sich in diesem Raum hervorragend aus, es ist nicht nur sein Arbeitsplatz, sondern auch sein Milieu, seine Identität; die Gefangene dagegen kennt sich überhaupt nicht aus, und dieser komplexe und subtile Mechanismus trägt dazu bei, ihr weh zu tun und sie zu ängstigen.

Ihr wird im Laufe des Verhörs immer wieder die Augenbinde angelegt werden, wodurch sie leicht zu täuschen ist. Der Vernehmer ist sehr geschickt im Nachahmen anderer Stimmen, kann sogar die Redeweise anderer Altersgruppen und Klassen imitieren. Er bedient den großen, durch Säulen unterteilten Raum wie ein Tonstudio: Er kann auf aufgezeichnetes Material, Verstärker, Tonbandgeräte zurückgreifen. Wie bei jedem Gefangenen, ist auch bei dieser Gefangenen das Gefühl für die Realität beeinträchtigt; was wissen

»sie« von ihr, was glauben, vermuten, stellen »sie« sich vor? Als Nichteingeweihte ist für sie alles sehr rätselhaft: der Ort, an dem sie sich befindet, das Verfahren, die Erwartungen derer, die sie festhalten, das Ausmaß der Tortur, das sie vor sich hat, der Charakter dieses Fremden, in dessen absolute Gewalt sie gegeben ist, vielleicht für den Rest ihres Lebens ... wie lange das auch sein mag.

Denn der Vernehmer hat die Macht über Leben und Tod, Freiheit oder Gefangenschaft, Angst oder Hoffnung. Die Frau, die schon die Orientierung verloren hat, mitten in der Nacht festgenommen wurde und eine Augenbinde bekam, glaubt, daß er einer unter vielen ist. Die Rückblenden ihrer Festnahme, die auf der Leinwand erscheinen, als sie davon spricht, sind merkwürdig: die Hemdbrust eines Offiziers, als sie festgenommen wird, eine Pistole, die gegen ihren Kopf gedrückt wird. Diese Bilder sieht sie vor ihrem geistigen Auge, aber aufgrund der Augenbinde sind sie abgeschnitten, wie von einem kurzsichtigen Menschen gesehen; es ist nur das erste einer Reihe von erinnerten oder vorgestellten Bildern, die wir auf der Leinwand sehen, Bruchstücke ihres Geistes, die unseren Augen zugänglich gemacht werden, so daß wir »sehen«, was sie »denkt«. Ein interessanter Gebrauch des filmischen Mediums; es soll zeigen, was im Bewußtsein vor sich geht, eine nie gesehene Welt der Vorstellung sichtbar machen. Bestimmte visuelle Motive kehren immer wieder, die Welt ihres eigenen Manuskripts »Closet Land« mit all ihren Assoziationen an eine heimliche, sehr persönliche Realität.

Aber Metaphern jeder Art sind suspekt, wie der Vernehmer ausführt, könnten Codes sein, selbst die Kinder unterliegen der Propaganda, wie er anhand von drei Fotos demonstriert. Jedes zeigt ein Kind, das man zuerst in der Nahaufnahme und dann in einem unbestreitbar politischen Kontext sieht: ein kleiner Junge, der neben einem Ku-Klux-Klan-Mitglied mit einem Gewehr steht, das lächelnde Gesicht eines kleinen Mädchens, das von Hitler gehalten wird, ein Baby, das vor drei riesigen Plakaten von Khomeini an einem Schnuller lutscht. In einem früheren Gespräch hatte der Vernehmer zu ihr gesagt: » ›Man kann mit Kindern alles machen, solange man mit ihnen spielt‹ — Wer hat das gesagt?« »Bismarck«, hatte sie geantwortet.

Die Phantasie wird zum Schlachtfeld zwischen den beiden, der einzige unangefochtene Raum, der ihr geblieben ist — die Frage ist, ob er ihn erobern kann. Zuerst muß er ihr nachweisen, daß sie schuldig ist, sie dazu verleiten, die Wege ihrer Phantasie zu erkunden, damit er folgen und das subversive Terrain abstecken kann, auf dem er sie dann stellen wird. Ihr unveröffentlichtes Buch »Closet Land« scheint ziemlich harmlos zu sein, die Geschichte eines Kindes, das von einer nachlässigen und gefühlskalten Mutter in einen Wandschrank gesperrt wird. Das Kind bewältigt die Situation, indem es die Kleider zum Leben erweckt und mit ihnen spielt; ein freundlicher Hahn warnt das Kind, wenn es Zeit ist, das Spiel abzubrechen und seine übliche verzagte Haltung einzunehmen; die zum Leben erweckte Zeichentrickfigur eines kleinen Mädchens sitzt niedergeschlagen auf dem Boden eines Schrankes.

»Wenn man für Kinder schreibt, muß man ziemlich direkt sein. Da ist kein Raum für versteckte Bedeutungen. Meine Geschichten sind harmlos, fröhlich und luftig«, beteuert die Autorin. Und wenn man die Bilder von Zeichentrickfiguren in strahlend reinen Blau- und Grüntönen sieht, den freundlichen Hahn oder die Katze mit den grünen Flügeln, die in lichte Höhen fliegt, Bilder vom Himmel und von der freien Natur, die einen Gegensatz zu den Schatten und dem Halbdunkel des verschlossenen Verhörzimmers bilden, neigt man zu der Annahme, daß diese riesigen Zeichentrickfiguren, die die ganze Leinwand ausfüllen, diese erkennbaren und konventionellen Figuren aus der Kinderliteratur, es tatsächlich kaum wert sind, daß der Vernehmer ihnen seine Zeit opfert. Aber dann wird ihr metaphorischer Aspekt als autobiographisch enthüllt: Sie war das Kind in dem Schrank, alle ihre Geschichten haben dort ihren Ursprung. Der Vernehmer will, daß sie mehr bedeuten: »Ich traue einsamen Menschen nicht, ewigen Zuschauern, die wartend am Rand stehen.«

Er versetzt sie in Erstaunen, als er ihr mit einem Tonbandgerät ihre eigene Stimme vorspielt; vor einem Jahr hatte sie ihrer Mutter in einem Krankenhauszimmer Vorwürfe gemacht: »Ich habe getan, was ich konnte, ich war für dich da, aber du warst nie für mich da, hast mich nie beachtet. Du hast mich einfach nie beachtet ...« »An dieser Stelle stürmten Sie aus dem Zimmer«, hält der Vernehmer ihr vor. »Und in der Nacht starb Ihre Mutter.« Die Frau ist entgeistert: »Sie haben mir nachspioniert.« Das ist so üblich, beruhigt er sie, das ist das politische Programm der Regierung. »Alle Gespräche in allen Krankenhäusern werden aufgezeichnet, ohne Ausnahme. Wir bekommen so Zugang zu Geständnissen, Schuldgefühlen, Sehnsüchten, von denen wir sonst keine Kenntnis hätten. Das meiste ist sentimentales Gefasel und wird vernichtet. Aber die Gespräche zwischen Künstlern, Schriftstellern, politischen Aktivisten werden nie vernichtet.«

Die staatliche Kontrolle über das Privatleben und die Paranoia der Regierung sind hier weit gediehen. Der Vernehmer steht auf und versetzt seiner Gefangenen ohne Vorwarnung einen gezielten Schlag auf die Ohren, eine gängige Foltermethode: Der Schlag erzeugt ein Trauma, das sehr der Bewußtlosigkeit ähnelt. »Kommen Sie, das war nur ein Klaps«, schimpft er sie aus. »Es geht vorbei. Legen Sie Ihren Kopf auf die Knie«, weist er sie an und wartet, bis der Schmerz sich legt, damit er wieder ihre volle Aufmerksamkeit hat. »Sind Sie gesund, nehmen Sie irgendwelche Medikamente, von denen ich wissen sollte?«, hatte er sich zuvor mit scheinbarer Besorgtheit erkundigt. Medizinische Informationen, wie auch die Anwesenheit von Ärzten, haben die Aufgabe, der Folter Grenzen zu setzen, Tod oder Krankheit zu verhindern, durch die das Opfer sich seinen Peinigern entziehen könnte.

Nachdem er sie unvermittelt mit einer Zigarette verbrannt hat (zu Anfang hatte er versichert, daß er nicht rauche), gibt er ihr etwas für ihre Hand und stellt eine Weinflasche in einem Kübel mit Eis vor sie hin: Sie trinkt gierig, um dann zu entdecken, daß es Urin ist. Jedem Schlag und jeder Beleidigung folgt eine väterliche, freundliche Anteilnahme. Er fährt fort, ihr ihre Schuld nachzuweisen: » ›Closet Land‹ ist ein Ort, an dem sich Menschen heimlich treffen. Die Kleider werden erst lebendig, wenn das Kind allein ist. Wenn der freundliche Hahn, der aufpaßt, den Warnschrei ausstößt, zerstreuen sie sich und laufen weg. Wenn die Mutter zurück ist, kann sie nichts mehr finden. Sie haben das Kind zu einem Märtyrer und die Mutter zu einem Tyrannen gemacht. Ihre Sympathien gelten natürlich dem Kind, weil Sie jegliche Autorität ablehnen.«

Die Autorin weist die Verantwortung von sich; das ist schließlich nur seine Interpretation. »Es gibt auch Menschen, die durch Passagen in der Bibel aufgestachelt werden«, bemerkt sie zutreffend. »Closet Land ist nur eine einfache Kindergeschichte.« Aber das ist keine einfache Welt, argumentiert er: »Stellen Sie sich nur vor, daß ein Skelett im Schrank klappert. Es ist ein Ort, an dem sich Menschen verstecken, wir sagen ja auch ›heimlicher Homosexueller‹, ›heimlicher Intellektueller‹. Eine heimliche Welt. Wie der Keller, wie nachts der Platz unter dem Bett.« Jede Kinderliteratur enthält ein Element des Schreckens, argumentiert sie — Drachen, Hexen —, »Kinderbuchautoren sind nicht politisch, weil Kinder es nicht sind. Politik bedeutet große Dinge. Jeder, der Kinder kennt, weiß, daß sie für sich selbst und für den Augenblick leben.«

Dennoch, sagt er warnend, sind Kinder »für Propaganda viel empfänglicher als Erwachsene« und man kann ihnen beibringen, »sich selbst und den Augenblick in einer Ideologie zu finden«. Sie zuckt mit den Achseln. »Sie haben sich einer subtilen Indoktrination schuldig gemacht«, brüllt er. »Absurd«, protestiert sie. »Sind Sie ein Mitglied des Untergrunds?« fragt er drängend. »Nein«, antwortet sie. »Unterstützen Sie uns also?« fragt er eindringlich. Ist sie nicht für »Ordnung und Stabilität«? Aus dieser Warte betrachtet, ist die äußere Welt auf zwei Lager zusammengeschrumpft; es gibt keine Neutralität.

Er nimmt ihre Geschichte weiterhin wörtlich. »Wo liegt Closed Land?« fragt er selbstsicher. »Wir haben schon zwei Abtrünnige«, droht er, »eine Kindergärtnerin und einen Physiker, Mitverschwörer.« »Wer ist der freundliche Hahn«, fragt er, »ist er in der Regierung? Uns sind einige Leute verdächtig.« Er hat jetzt den richtigen Dreh gefunden, ist bereit, jeden Trick anzuwenden, um sein Ziel zu erreichen. Er legt ihr ein Geständnis vor, das er schon die ganze Zeit in seiner Schublade hatte:

>»Ich gestehe, daß meine Geschichte ›Closet Land‹ eine Allegorie für die Kämpfe der verschiedenen Untergrundgruppen ist, die die Regierung bekämpfen. Der kindliche Protagonist steht für den uninformierten Leser, dessen Ansichten ich beeinflussen möchte. Ich stelle die Regierungsautorität bewußt in der Figur der Mutter dar. Die Kleider sind Rebellen aus dem Untergrund, der freundliche Hahn ist ein Regierungsbeamter.«

Selbst wenn sie dieses »Bündel von Lügen« gestehen würde — »Woher weiß ich, daß die Sache dann ein Ende hat?« Zum ersten Mal weint sie.

Eine Stimme ertönt, und die Leinwand zeigt uns das Innere eines Schrankes; die Schranktür ist zugefallen, so daß es nichts anderes als Dunkelheit und die ausdrucksvolle Stimme des professionellen Geschichtenerzählers gibt, der die Aufgabe hat, Kindermärchen vorzutragen. »Das Kind im Schrank wußte, daß es die Chance verpaßt hatte, die Tür zu öffnen. Was konnte das arme eingeschlossene Kind tun? Der böse Mann gibt ihm nichts zu trinken, es ist so durstig, daß es selbst den Urin trinken würde, den er ihr anbot. Das Kind im Schrank wird also das tun, was alle Kinder tun, wenn sie eingesperrt sind. Es schließt die Augen und stellt sich vor, daß es der Hölle entkommen kann. Es weiß, daß es außerhalb der Hölle einen hellen Weg gibt und daß die Zwerge dort extra einen Krug mit frischem Tau für es abgestellt haben.« Wir sehen einen strahlend hellen Durchgang, gefaltet wie die Passagiertreppe eines Flugzeugs, lichtüberflutet; die Frau geht vertrauensvoll diesen Gang hinunter, ihr Haar ist frisiert, ihr Gesicht schwebt heiter einem großen kalten Krug mit Wasser entgegen. Auf einem Bild verwandelt er sich in ein Glas mit einer kalten Flüssigkeit, das ihr die Hand des Vernehmers entgegenstreckt. Sie trinkt. Die Phantasie schafft es: Sie hat ein richtiges Glas Wasser produziert. Dann schlägt er sie bewußtlos.

Das private und das öffentliche Leben überschneiden sich in diesem Film in einer Art und Weise, die Frauen vertraut ist, Menschen also, die eine so wenig anerkannte staatsbürgerliche bzw. öffentliche Existenz haben, daß sich die Nachforschungen des Staates nicht auf die vermuteten politischen Verbindungen beschränken, sondern sich bis hin zu dem vermeintlichen Verbrechen der weiblichen Sexualität erstrecken. Als die Frau erwacht, stellt sie fest, daß sie wieder Handschellen trägt und nur mit schwarzer Unterwäsche bekleidet ist. Die Tonbandstimme ihres Peinigers wiederholt gelangweilt eine Reihe von Zahlen, als würde es sich um Nachrichten oder wissenschaftliche Tatsachen handeln: »99,6% bis 105,9% der Frauen, die schwarze Unterwäsche tragen«, sind »heimliche Huren«. Ihre Bekleidung demütigt sie in einer geschlechtsspezifischen Weise, was noch dadurch verstärkt wird, daß sie in einer solchen Aufmachung gefesselt ist. Ihr Mund ist dick mit Lippenstift beschmiert, ihre Wangen sind wie die eines Clowns bemalt, ihre Haare zu kindischen Zöpfen mit großen grellbunten Schleifen geflochten, die eine blau, die andere gelb. Sie ist jetzt durch die pornographische Ikonographie entstellt, die auf den sexuellen Mißbrauch von Kindern gerichtet ist; die weibliche Sexualität wird mit dem Bild des »kleinen Mädchens«, einer Kostümierung von verderbter Stupidität, verschmolzen. Das Ich wird zerstört.

Dann wird die Frau vor ein helles Licht gesetzt, während im Hintergrund ein Bild projiziert wird, auf dem sie mit einem Liebhaber im Bett zu sehen ist, Fotos, die auf Überwachung zurückgehen: Es gibt wiederholte Rückblenden, die Hemden in einem Schrank, eine nackte Glühbirne zeigen. Die Tonbandstimme des Vernehmers verkündet, daß gewissen »Beobachtungen und Berichten von freundlichen Nachbarn« zu entnehmen sei, daß sie nicht viel für Männer übrig hat, ein Jahr lang mit keinem geschlafen hat. Nichts in ihrem Leben gehört ihr noch, der Staat hat die totale Macht über ihre Vergangenheit, vollständigen Zugang zu ihr selbst und ihren intimsten Augenblicken. Die Stimme der Autorität gibt bekannt, daß sie einen Namen oder eine Identität nicht mehr verdiene und daher fortan die Bezeichnung AB 234 erhalte.

Der Vernehmer betritt den Raum, gibt vor, nicht zu wissen, daß man ihr etwas anderes angezogen hat. Leider muß er ihr wieder die Augen verbinden, da jetzt seine Ablösung kommen werde (»Ich rate Ihnen, offen mit ihm zu reden, er ist nicht sehr geduldig«), ein verdeckter Agent, dessen Gesicht sie nicht sehen darf. Da sie noch Schlimmeres befürchtet, bittet sie zermürbt diesen Vernehmer, zu bleiben. »Man beobachtet auch mich«, lügt er sie an, um eine Gemeinsamkeit zwischen Opfer und Täter herzustellen.

Dann tut er so, als verließe er den Raum, was der Zuschauer zuerst ebenfalls annehmen muß, da wir nur große Schuhe sehen, die die Treppe hinabsteigen, als der »Neue« kommt. Einen Moment später stellt sich heraus, daß dieser »Neue« derselbe Vernehmer ist, der aber seine Stimme verstellt und verschiedene technische Hilfsmittel benutzt: Lautsprecher, aufgezeichnete Dialoge, eine Mischung aus Worten und Toneffekten, bei denen er mehrere Stimmen nachahmt, die des Vernehmers und die des Gefangenen, des Folterers und des Gefolterten. Jede Täuschung ist für den Zuschauer klar erkennbar, während die Frau mit ihrer Augenbinde perfekt getäuscht wird.

Dann tut er so, als würde er gehen und als er selbst wieder hereinkommen, jetzt in der Rolle dessen, der Sympathie für sie hat, ihr anbietet, die Augenbinde zu entfernen, die Handschellen aufzuschließen und ihr bei der Flucht zu helfen. Kurz zuvor, während er einen Gefangenen spielte, der die Stimme eines Arbeiters mittleren Alters hatte, hatte er sich selbst als Vernehmer gelobt: »Nicht von der schlechten Sorte, spielt Klavier, fallen Sie auf die Knie, und er wird Sie gehen lassen« – diesen Tip hatte ihr die Stimme gegeben. Sie versucht, seinem Rat zu folgen. Und der Vernehmer scheint dem positiven Bild zu entsprechen. Er entfernt ihre Augenbinde. Als er aber in seinen Taschen nach dem Schlüssel für ihre Handschellen sucht, nimmt er bewußt, damit sie es sieht und versteht, Knoblauch heraus, den er kurz zuvor gekaut hatte, als er das »verstopfte Rohr« imitierte, den Knoblauch, den er in seinem Mund mit Tomate gemischt und ihr verächtlich in den Mund geschoben hatte, als sie hilflos und blind war und nicht verstehen konnte, was ihr in den Hals gestopft wurde.

Jetzt kann sie sehen, und der Anblick der Koblauchzehe macht ihr klar, daß er sie getäuscht und mit ihr gespielt, ihre Ängste durch seine Inszenierungen geschürt, sie durch Falschheit und Verstellung eingeschüchtert hat. Immer noch in Handschellen, tritt sie ihm in die Genitalien. »Sie haben nicht das Recht, hieraus einen Spaß zu machen«, wirft sie ihm vor. Er führt die Politik an: »Unser Ziel ist es, die Gesellschaft von negativen Einflüssen zu säubern, und dieses Ziel rechtfertigt den Einsatz einiger unorthodoxer Mittel.« »Ihr Ziel ist es, einen Menschen zu demütigen und zu erniedrigen; es gibt keine Rechtfertigung für Grausamkeit.« Sie tauschen wieder und wieder ihre Argumente aus, drehen sich im Kreis. Schließlich nimmt er ihr die Handschellen ab.

Sobald sie frei ist, fürchtet sie um ihr Leben. Erst allmählich und gegen ihren Widerstand wird sie wieder der Gewalt unterworfen, bekommt Handschellen angelegt und wird an die Stahlringe an seinem großen steinernen Schreibtisch gekettet, wobei der Vernehmer seinen Vorwurf wiederholt, daß die Unterwäsche, die sie getragen hat, sie zu einer »heimlichen Hure« macht. Damit ist der Teil des Verhörs zu Ende, in dem es um sexuelle Beschuldigungen ging.

Während der Vernehmer sie mit seinen Verstellungen täuschte, hatte er ein grauenhaftes »Barbecue« inszeniert, bei dem ein heißer roter Spieß in den After eines imaginären männlichen Gefangenen geschoben wird, der in einem anderen Verhörraum wirklich anwesend sein könnte, da wir seine Schreie über einen Lautsprecher hören. Wir hatten gesehen, wie der Verhörer den Rost aus der Wand holte und das kratzende Geräusch des Spießes produzierte. Wir hatten auch den Schrei des Opfers gehört, in den die Frau aus Mitgefühl einfiel, von der Realität des Geschehens völlig überzeugt.

Mit ihrem Angriff auf den Vernehmer sind die Dinge jetzt allerdings in ein anderes Stadium eingetreten. Es wird kein Erbarmen, keine Schonung, keine Inszenierung mehr geben; was jetzt kommt, wird real sein. Diesmal sehen wir, wie der Rost wirklich angeschlossen wird, das heiße rote Eisen füllt die Leinwand aus, der Spieß raucht, die Frau liegt mit gespreizten Armen und Beinen auf dem Steintisch und erwartet das glühende Eisen. Wir hören es, aber der Anblick bleibt uns erspart. Von jetzt an ist die Gefangene ihren Peinigern restlos ausgeliefert, auf den Tisch gebunden und der schrecklichsten Folter und Indoktrination unterworfen.

Der Schreibtisch des Vernehmers mit seinen Stahlringen fungiert auch als Operationstisch, wo Medikamente durch medizinische Hilfskräfte verabreicht werden, die man nie sieht. Die man aber hört; mehrere männliche Stimmen unterhalten sich lange und herzlich über ein Neugeborenes:

»Er wacht nachts nur einmal auf. Er schläft ... wie ein Baby.«

Sie lachen, und eine andere Stimme sagt: »Und dann werden sie größer und machen einem nichts als Ärger.«

»Ich hätte gerne noch eins, aber die Frau sagt, daß sie noch etwas warten will.«

»Meine Tochter hatte geschworen, daß sie nicht noch eins haben würde — jetzt ist sie im dritten Monat.«

»Wir geben ihm jetzt Obstkompott.«

Wieder Gelächter. »Seid vorsichtig damit, ihr wollt doch nicht, daß er Durchfall bekommt. Ich erinnere mich noch daran, wie es war, als meine Tochter die Bananen entdeckte.«

»Der Chef will, daß ich nächste Woche eine weitere Schicht arbeite, aber ich habe gesagt, auf keinen Fall. Ich vermisse ihn, wenn ich ihn nicht sehe. Er sieht aus wie ein kleiner Affe ...«

Dieser Dialog zeigt sehr eindringlich die Normalität der staatlichen Verhörpraxis. Die Hände, die der Frau den entwürdigenden verschmierten Lippenstift und die kreisrunden Rougeflecken abwischen, gehören einem Funktionär, der zu Hause ein neugeborenes Baby hat. Oder seinem Kollegen, der ebenfalls Kinder liebt, oder einem dritten, dessen Tochter wieder schwanger ist. Vielleicht wissen sie, daß die Frau, an der sie sich zu schaffen machen, gerade gefoltert wurde, vielleicht haben sie miterlebt, wie der Verhörer ihr einen heißen Metallspieß in den After schob und daß ihr danach eine Spritze verpaßt wurde. Die lange Nadel in ihren Händen wird sie wieder zum Schweigen bringen, ihre Hände, die in Gummihandschuhen stecken, holen ein Beruhigungsmittel aus dem Arzneischrank, eine andere Hand stellt das Tonbandgerät neben ihren Kopf, dessen Kassette immer wieder die Botschaft verkünden wird, daß ihr Körper gebrochen werden muß, damit ihre Seele gerettet werden kann, und daß »Schmerz den Gebenden und den Empfangenden gleichermaßen adelt«, Worte, die der Funktionär deutlich hört, während er seine Arbeit tut.

Es gibt keinen Widerspruch zwischen diesen Ereignissen und den Äußerungen der Männer über die Unvermeidlichkeit des weiblichen Leidens bei der Geburt, bei der die Frau ganz dem Schmerz unterworfen ist; die Untertöne verraten Zufriedenheit mit den Fügungen des Schicksals. Die stolzen Eltern, deren Gespräch wir mitangehört haben, sind bewußt oder unbewußt an einem Verbrechen beteiligt, das sie stumpfsinnig als ihre Arbeit betrachten. Wir würden zu gerne wissen, ob sie sich voll oder nur teilweise der Grausamkeiten bewußt sind, an denen sie beteiligt sind, aber diese Frage interessiert sie überhaupt nicht. Die Gestalt vor ihnen hat aufgehört, ein Mensch zu sein, ist ein Feind oder ein Patient: Welches Leiden oder welche Demütigung auch immer sie erleiden muß, ist nicht ihre Sache. Die Tatsache, daß sie über das Schicksal von Frauen reden, während sie sich an dem Körper einer hilflosen Gefangenen zu schaffen machen, ist eine Ironie, die ihnen völlig entgeht.

Die Frau soll jetzt für ihren offenen Widerstand bestraft werden. Sie wird zunehmend körperlich drangsaliert und mit chemischen Mitteln traktiert, häufig auf den Tisch gebunden, muß Handschellen tragen, wenn sie aufstehen oder stehen darf oder auf dem Verhörstuhl sitzt. Sie weigert sich, einzuschlafen, während aus dem Tonbandgerät die Botschaft tönt: »Disziplin wird solange die Politik der Regierung bleiben, wie Sie Widerstand leisten.« Zur Strafe wird sie gezwungen, in der Stellung der »Arabeske« wach zu bleiben: in der Pose einer Ballettänzerin, eine Hand über ihrem Kopf an ein Seil an der Decke gebunden, ein Fuß nach hinten ausgestreckt und festgebunden, so daß der andere Fuß ihr ganzes Gewicht trägt. Während sie lange in dieser schmerzhaften Stellung ausharren muß, singt sie gegen die Botschaften des Tonbandgeräts an und fordert damit ihre Peiniger heraus. »Der Schmerz adelt sowohl den Gebenden als auch den Empfangenden«, verkündet das Band. »Der Schmerz wird nur meinen Willen stärken«, entgegnet sie. »Widerstand ist sinnlos«, sagt die Maschine. »Widerstand ist meine einzige Waffe«, antwortet sie.

Dies ist zu einer so ungleichen Kraftprobe geworden, daß es keine mehr ist. Die Gefangene hat nichts außer ihrer Entschlossenheit und Leidensfähigkeit, die allerdings Grenzen hat. Der Staat hat alle Hilfsmittel und Zeit, soviel er will. Im allgemeinen ist es nur eine Frage der Zeit, bis die Grenzen der Leidensfähigkeit des einzelnen erreicht sind; sie sind zwar verschieden, aber sie sind vorhanden. Diese Gefangene scheint keine Ahnung von Politik zu haben, und wie viele Menschen, die heutzutage festgenommen und gefoltert werden, ist sie auf ihre Tortur nicht vorbereitet und hat ihr nichts weiter entgegenzusetzen als ihre persönliche Ehre und ihre Prinzipien. Politisch Engagierte stützen sich auf ihre Sache, auf eine Ideologie und auf Kampfgefährten. Wenn es keine verfassungsmäßigen Sicherheiten und Garantien gibt, ist der politisch nicht engagierte Bürger, der in die Fänge des Staates gerät, auf der physischen Ebene völlig hilflos. Doch es gibt noch andere Ebenen.

In den schlimmsten Augenblicken (der Vernehmer weist sie warnend darauf hin, daß es nicht die Schläge, sondern die Spannung und die Ungewißheit sind, die sie fertigmachen werden) freut sie sich in ihrer Qual über den Anblick ihrer geliebten Zeichentrickfiguren, der von ihr erfundenen Gestalten. Eine ist so real, daß sie sich herabstürzt, sie hochhebt und wegträgt, so daß der Elektroschock, der ihre Genitalien treffen soll, völlig ins Leere geht. In solchen Momenten sieht und hört sie ihre Verbündeten, hört sie einen merkwürdigen Ton, ein Pfeifen. Es kann real oder eingebildet sein. Der Zuschauer ist nie sicher, obwohl der Vernehmer es auch zu hören scheint. Und so leistet sie weiterhin Widerstand, gefesselt und einsam, aber der Botschaft des Tonbandgeräts standhaft ihre eigene Litanei entgegensetzend. Um sie herum sind die anschwellenden, herrlichen Pfeifenklänge zu hören, die sie irgendwie hervorgerufen hat. Sie bittet die Klänge, weiterhin zu ertönen.

»Man sagt mir, daß Sie stur sind«, beklagt sich der Vernehmer, der selbst erschöpft ist. »Es heißt also warten«, er zieht seinen Mantel aus. Folterer müssen ständig ihren Standpunkt darlegen. Immer wieder argumentiert er: Ihre Unterschrift unter dem Geständnis ist so bedeutungslos wie das Geständnis selbst, es ist nur ein Wort, eine Lüge in einer Welt voller Lügen, alles gar nicht so wichtig, warum um jeden Preis durchhalten? Aber sie hält durch, behält sogar ein Gefühl für Zeit und Raum, wenn sie an die Elektroden angeschlossen wird, die der Vernehmer durch einen einfachen Knopfdruck in Gang setzt. Sie weigert sich, die richtigen Antworten zu geben, setzt das Wort »Regierung« mit »Mißbrauch« gleich und gibt sich nur dann geschlagen, wenn er den Schock auslöst. »Widerstand«, sagt er. »Ist zwecklos«, antwortet sie gehorsam. Sie gibt dem Schmerz nach, weigert sich aber trotzdem, ein Geständnis zu unterschreiben.

»Macht es Ihnen nichts aus, daß jemand vor Ihnen ausgestreckt liegt«, klagt sie ihn an, »beunruhigt es Sie nicht, daß dies Ihre Arbeit ist und daß Sie sie verrichten, ohne Fragen zu stellen? Andere Männer arbeiten in Büros und Fabriken, aber Sie kommen hierher ... Was hat Sie zu dem gemacht, der Sie sind?« Sie sagen wieder ihre Argumente herunter. »Unterschreiben Sie einfach, verschaffen Sie mir eine Pause.« »Nein.« »Warum verweigern Sie eine solche Kleinigkeit?« fragt er. »Es ist nur eine Unterschrift, denken Sie einfach, daß es ein Autogramm ist.« Sie lächelt, aber sie unterschreibt nicht, ihre Integrität strahlt hell.

Entnervt öffnet er seinen Werkzeugkasten und holt eine Zange heraus. Früher, als er ihr Theater vorspielte, hatte er beschrieben, wie man einen Nagel herausreißt: »Das Schwierigste ist, die Zange gut anzusetzen. Aber wenn man den Nagel einmal fest gepackt hat, braucht man nur zu ziehen. Man zieht so lange, bis man ein Knacken hört, dann ist er draußen. Das Fleisch darunter ist rosa wie ein Babypopo. Wie Ihrer, AB 234, bevor die Unschuld verschwunden war, bevor er die Welt oder die Berührung eines Mannes kannte.« Sie hatte aus Mitgefühl mit dem Schmerz eines Gefangenen geschrien, den der Vernehmer ihr mit seinem Talent zum Bauchreden und zum Nachahmen anderer Personen vorgegaukelt hatte. Ihrem Schrei folgte ein Pfeifen, das von außerhalb des Raumes zu kommen schien, vielleicht von einem Verbündeten.

Jetzt befindet sich eine richtige Zange in der Hand des Verhörers. Wir sehen, wie er sich ihren Fuß greift, wir hören ihre Schreie. Sie ist außer sich, weil ihr niemand hilft, wünscht verzweifelt, daß ihre Seele ihren Körper verläßt, sieht immer wieder ihre Katzenfigur, ihre Augen, ihre Krallen — aber sie kann ihr nicht helfen, der

Schmerz löscht sie fast aus ... »Pfeife«, bittet sie die Luft um sie herum, aber nichts ist zu hören, das Pfeifen bleibt aus.

Ihre Schreie sind schrecklich, das erstickte Flehen von jemandem, der große Qualen erleidet und sich erniedrigt, indem er um Gnade bittet, die Laute des geschlagenen Kindes, denn der wahre Zweck der Folter besteht darin, dieses Kind wieder gegenwärtig zu machen. Doch dann kommt plötzlich die Katze mit den grünen Flügeln auf die Leinwand geflogen, wir sehen ein kleines Mädchen, das in einen Schrank eingesperrt ist, sich schnell herumdreht und mit dem Tier davonfliegt. »Ich bin entkommen«, berichtet sie — der Mann, der sie gerade verstümmelt hat, ist erschrocken, läßt sich ungläubig zurückfallen. »Wo ist Closet Land?« fragt er feierlich. »In meiner Seele«, lächelt sie triumphierend: »Sie können meinen Körper zerbrechen, aber nicht meine Seele« — sie hat es ihm gerade bewiesen.

Solange sie nach Closet Land gehen kann: Diese Fähigkeit zu entfliehen hat sie seit ihrer Kindheit besessen, seit der Zeit, als sie in den Schrank eingesperrt wurde. Schließlich verrät sie ihm, daß sie als Kind dort auch sexuell mißbraucht wurde: »Ein Mann. Mutters Freund. Sie pflegten sonntags zusammen zu frühstücken. Ich nahm die Mäntel und Schals und hing sie in den Schrank ... Als ich im Schrank war und seinen Mantel aufhing, passierte es zum ersten Mal. Er lächelte, als hätten wir ein Geheimnis. Ich war fünf.« Ihre Mutter schöpfte nie Verdacht: »Arme, törichte Mutter mit deinem affektierten Gehabe.« Die Mutter hat das Kind im Stich gelassen, ihm keine Stärke vermittelt oder es vor männlichen Übergriffen geschützt. Der Mann hat das Kind natürlich bedroht, es darf nichts sagen, sonst schlägt er ihm den Kopf ab. Aber die Phantasie bietet einen Ausweg, selbst hier, »Wenn ich meine Augen fest zumachte ... kamen meine Freunde zu mir, die fliegende Kuh und die Katze mit den grünen Flügeln ... Ich konnte vergessen, daß er da war, mit seiner Hand unter meinem Kleid.«

»Ich frage mich, ob Sie wirklich die Stärke Ihrer Seele kennen«, wundert sich der Vernehmer: »Die meisten Menschen zerbrechen innerhalb von Stunden, und Sie sind auf dem Rücken einer fliegenden Kuh und einer Katze mit grünen Flügeln entkommen.« Es ist eine ironische und amüsierte Bewunderung, die wohlfeile Bewunderung der professionellen Folterer für herausragenden Mut, ein Geschmack, dessen Kultivierung ihnen ihre Berufung erlaubt.

Eine junge Iranerin, die unter dem Regime des Ayatollah Khomeini verhaftet und gefoltert worden war, erzählte mir nicht nur von ihrer eigenen Folter durch die »Falaka«, bei der der empfindliche Fußspann von einem Sicherheitsoffizier in Anwesenheit eines Mullahs oder islamischen Priesters mit einer Peitsche oder einer Holzstange geschlagen wird, sondern beschrieb auch das Schicksal einer anderen Frau im Evin-Gefängnis in denselben Wochen, einer Frau, die für ihre Tapferkeit unter der Folter berühmt war. Diese Tapferkeit faszinierte ihre Peiniger. Sie brachte ihr bei den Soldaten im Gefängnis ein gewisses Ansehen ein, einen fast ehrfürchtigen Respekt; dieses erstaunliche Ertragen der »Falaka«, die an ihr immer wieder praktiziert wurde, so daß ihre Beine jeden Tag stärker anschwollen und die Schläge auf die Fußsohlen schließlich ihr Gehvermögen völlig zerstörten. Sie bewunderten ihre Widerstandsfähigkeit, ihren Mut, und schlugen sie noch mehr. Als sie sie schließlich umbrachten, betrachteten sie sie fast als eine Heilige.
Eine solche Bewunderung ist gefährlich, Komplimente an ein Opfer sind immer schwer erkauft ... und als der Vernehmer darauf besteht, daß sie mit ihm nach Closet Land zurückgeht, tut er es nur, um ihr noch mehr Leid zuzufügen. Damit wir uns dessen erinnern, sehen wir das Blut auf seiner Hand, nachdem er ihr den Zehennagel herausgerissen hat. Da sie nicht mehr gehen kann, schleppt er sie zur großen Steintür und dann in die Dunkelheit. Wieder sieht man die nackte Glühbirne und die Kleider auf den Bügeln, eine Tür öffnet sich, und Beine in einer Männerhose kommen näher. Das Politische tritt in eine neue Dimension des weiblichen Erlebens ein, als er ihr offenbart, daß er ihr erster Peiniger war, der Freund ihrer Mutter und derjenige, der dafür verantwortlich war, daß sie sonntagsmorgens in den Schrank gesperrt wurde. Während sie im Schrank war, kam er, um sie dort zu belästigen.
Er ist also dieser Mann, er kennt sogar den Reim über das Kopfabschlagen, eine Stimme aus der Kindheit, die einmal Koseworte flüstert und sie dann beschuldigt, eine »Hure« zu sein: eine langweilige männliche Zwangsvorstellung von »Reinheit«. »Rosa wie ein Babypopo«, so hatte er den verletzten Zeh beschrieben, als der Nagel herausgerissen war, »wie Ihrer, AB 234, bevor ein Mann ihn berührte.« Eine besitzergreifende Brutalität überkommt ihn, eine Feindseligkeit gegenüber dem Fleisch und der Sexualität selbst, die charakteristisch ist für die lüsterne Anzüglichkeit und die Pornogra-

phie. »Schreien Sie«, befiehlt er ihr dreimal, aber sie schreit nicht, also wirft er ihr die Erbsünde vor: »So ein wissender Blick in so jungen Augen.« Dann spricht er wieder zärtlich von ihren »dünnen Kinderrippen, die ich mit einem harten Streicheln hätte brechen können«. »Auch Sie haben mir meine Unschuld genommen«, klagt er sie voller Selbstmitleid an, indem er das Böse, dem er nachgegeben hat, auf sie projiziert.

Die Gestalt des Vernehmers hat etwas sehr Narzißtisches: Das Opfer existiert, damit er dem Narzißmus frönen, in die dunklen Tiefen seiner Seele hinabsteigen, die subtile »philosophische« Dimension seines Berufs ausloten kann. Das Wissen um das Böse ist einer der Nebeneffekte der Ausübung von staatlicher Macht, des Soldatischen, ja männlicher Domänen überhaupt: Frauen und Kinder fungieren als Resonanzboden, Folien, Spiegel, Vergleichsmaßstäbe. »Weil du die Macht und die Gnade erworben hast, durch diese Maske meines Ich hindurchzusehen und hinter sie zu schauen«, sagt er einen Vers auf, den er schon vorher zitiert hat; nur mit sich selbst beschäftigt, glaubt er, daß er nur durch die Mißhandlung eines Opfers sein Ziel erblicken kann, »das wahre Gesicht meiner Seele«.

»Warum?« fragt die Frau. Verständlicherweise, es ist eine vernünftige Frage — warum setzt irgend jemand eine Kette von Ereignissen in Gang, die schon vor langer Zeit in ihrer Kindheit begonnen hat? Der Vernehmer pocht statt dessen auf seine öffentliche Funktion: »Sie sind als Dissidentin hier. Solche Leute denken zuviel. Wenn Sie weiterhin über ... fliegende Kühe und geflügelte Katzen geschrieben hätten, wäre Ihnen nichts geschehen. Aber dann fanden wir ›Closet Land‹.« »Dann bin ich also dort, wo ich am Anfang war, nicht wahr?« schlußfolgert die Frau und sieht die Ungerechtigkeit des Verfahrens, die von vornherein feststehende Schuld. »Ich habe ›Closet Land‹ erfunden, als Sie ein Kind geschlagen haben. Und jetzt, nach all den Jahren, werde ich bestraft, weil ich ›Closet Land‹ erfunden habe.« Die Erinnerung an die Ereignisse überfällt sie jetzt: »Das Eindringen mitten in der Nacht, die Verhaftung, die sinnlosen Beschuldigungen, die Brutalität.«

Diese Verschmelzung des staatlichen Vernehmers mit dem Mann, der das Kind mißbrauchte, ist ein gewagtes künstlerisches Mittel und konnte nur in einem solchermaßen metaphorischen

Kontext gelingen, in dem alles Beispiel- und Modellcharakter hat. Die Frau als Opfer ist durch das Kind als Opfer ersetzt worden; die Dualität von Mann und Frau, Staat und Bürger hat sich jetzt in einem weiblichen Kontinuum verdichtet. Die Stadien der Unterdrückung, die mit der sexuellen Ausbeutung und dem Mißbrauch von Mädchen beginnen, führen dazu, daß die Frau eher wegen ihrer sexuellen Aktivität als wegen offen politischer Vorwürfe festgenommen wird: als Frau ist sie kein vollwertiger Staatsbürger. Unter der Folter wird man zuerst zu einer Frau, dann zu einem Kind gemacht, und da der Folterer aus jedem gefolterten Menschen eine Frau macht, macht er aus jedem Menschen auch ein Kind — der Bürger als Kind, voller Angst vor dem allmächtigen erwachsenen Sadismus des Staates. Das Ganze folgt einer bestimmten Logik, und die Rollenwechsel und überraschenden Wendungen des Films sind notwendig. Sobald der Staat die Opposition gegen seine Autorität besiegt hat, werden die Bürger so sanftmütig wie Frauen, so ängstlich wie Kinder: weiterer Widerstand ist unmöglich.

Doch es geschah langsam, die Freiheit wurde fast unmerklich beseitigt. Als sich die Frau jetzt erinnert, beginnt sie zu verstehen: »Ich habe nichts gewußt. Oder besser gesagt, ich wollte nichts wissen. Oder zumindest nichts sehen. Ich habe meine Augen zugemacht, wie ich es in dem Schrank gemacht habe. Die Frau unten in der Straße. Vor einigen Monaten verschwand sie, war einfach weg. Ich erinnere mich, daß ich mit meinem Verleger zum Essen ging, der diese Frau kannte, die ich eigentlich nicht richtig kannte; ich erinnere mich, daß ich sie auf der Straße grüßte. Als nächstes holten sie ihre Mutter, eine achtzigjährige Frau. Männer durchsuchten das Haus der verschwundenen Frau, während diese alte Frau dasaß wie ein weggeworfener Gegenstand und darauf wartete, mitgenommen zu werden. Wir alle gingen auf dem Weg zur Arbeit an ihr vorbei, ich weiß es genau. Und die alte Frau sah mich an, sah mir in die Augen, und ich erwiderte ihren Blick. Doch ich sah sie nicht ... Ich merkte einfach nichts. Es ist das gleiche, ein Kind in einen Schrank einzusperren und die Leute einzusperren. Man kann einem Kind so sehr Angst machen, daß es schweigt; mit der Zeit kann man auch anderen Menschen Angst machen. Sie werden ihre Augen verschließen und nicht schreien. Ich habe in dem Schrank nie geschrien, nicht wahr?« Sie fährt fort: »Das Leben geht weiter, niemand sagt etwas, während die Nachbarn verschwinden. Und dann werden sie wie Kinder, haben Angst vor dem bösen Mann, der ihnen den Kopf abschlägt. Das ist das Erschreckende. Weil Kinder so machtlos sind, werden sie so leicht zu Opfern ...«

»Wenn ich Ihnen sagen würde«, beginnt der Vernehmer, »daß dies Ihre letzte Chance ist, daß alles auf dem Spiel steht, alles, würden Sie dann unterschreiben?« Die Frau geht zum Schreibtisch. Wir wissen nicht, ob sie schließlich kapitulieren oder weiterhin Widerstand leisten wird; sie erkennt sicherlich, daß ihre Einsichten, wie immer sie jetzt aussehen mögen, zu spät kommen. »Wie wollen Sie das Denken ausschalten?« hatte sie ihn herausfordernd und selbstsicher gefragt. Jetzt, am Ende, wird er es ihr zeigen. Nachdem er sie wieder in den Raum geschleift hat, geht er zu einer Schublade; vor Wut und Aufregung bebend, zeigt er ihr ein Foto des Mannes, den er den Physiker nennt. »Sie haben seine Zunge herausgeschnitten, aber er hat sich etwas einfallen lassen, er hat gepfiffen. Dann haben *sie* sich etwas einfallen lassen. Darum konnte er heute für Sie nicht pfeifen. Eine kleine Spritze — er war Physiker —, schauen Sie ihn jetzt an, völlig teilnahmslos, nicht ein Gedanke in seinem Kopf. Und schauen Sie seine Augen an. Seine leeren, leeren Augen.«

Auf dem Foto ist alles zu sehen, das abgebildete Wesen ist zerstört. Er hätte unterschreiben und weiterleben können. Jetzt ist er ein Krüppel, zum Weiterleben verurteilt, was schlimmer ist, als tot zu sein. Seine Demütigung wird weitergehen, auch wenn er sie nicht mehr begreift. Schuldig oder nicht, ein Verschwörer oder nicht, er ist durch die Gewalt des Apparats vernichtet worden. Es gibt keinen Widerstand; dies ist die absolute Macht; der Wille ist nichts vor ihr. Dies könnte auch ihr passieren ... »Es sind sowieso alles Lügen, also unterschreiben Sie!« schreit der Vernehmer. Er hat seinen Kampf gegen ihren Willen siegreich zu Ende geführt, er ist erschöpft. Sie geht auf den Tisch zu, wo das Geständnis liegt, nimmt es hoch, liest es, zerreißt es dann langsam und systematisch, erst in der Mitte, dann in immer kleinere Teile. Sie flattern um sie herum auf den Boden.

Sie hat standgehalten. Er legt ihr wieder die Handschellen an, sie leistet keinen Widerstand; irgendwann hat sie den Kampf gewonnen, hat ihre eigenen Ängste und dadurch ihn besiegt. Es findet eine Machtübertragung statt, die er zu erkennen scheint, als er sie zu der großen Steintür führt. Diesmal öffnet sie sich, und die Kamera blickt von der Schwelle in den Raum zurück. Die Papierschnitzel auf dem Boden künden vom Ende eines Ereignisses. Die Frau dreht sich um und geht allein durch die Tür, nicht in die Dunkelheit, sondern auf einen Damm hinaus, der zuerst dunkel ist, dann immer heller wird. Den ganzen Film hindurch war der Damm das Symbol für die siegreiche Phantasie. Sie wird ihn allein erreichen, das Licht wird heller und heller, bis ihr Bild verblaßt und auf der Leinwand nur noch ein großes weißes Licht zu sehen ist. Sie ist, vielleicht, in die Freiheit gegangen. Sollte es keine andere Freiheit geben, gibt es immer noch die Freiheit des Todes.

Auf der Leinwand erscheinen Worte, die diese letzte Doppeldeutigkeit kommentieren: »Ich kann sehen, daß mitten im Tod das Leben weiterbesteht, mitten in der Unwahrheit die Wahrheit, mitten in der Finsternis das Licht.« (Mohandas Karamchand Gandhi)

Die Grenzerfahrung der Einsamkeit: Aurobindo, Ngugi, Nien Cheng

Man ist von der Verschwendung beeindruckt, die das Einsperren von Menschen bedeutet, der Verschwendung von Stunden und Tagen, Monaten und Jahren menschlichen Lebens, das der Staat plötzlich in seine Gewalt bringt, ins Gefängnis sperrt und zu seinem Besitz erklärt. Alles, was man hat, diese eine Existenz, diese Zeit auf der Erde. So vielen gestohlen; denn das Ausmaß dieser Verschwendung, der Umfang dieser Inbesitznahme ist riesig, die Zahl der entwurzelten, abtransportierten Leben, die in diesem Jahrhundert ausgelöscht wurden, geht in die Millionen. Es geschah beiläufig, routinemäßig, mechanisch. Als hätte eine große Maschine oder eine natürliche Macht eingegriffen, eine höhere Gewalt, wie es juristisch heißt. In gewissem Sinne war es auch so, eine unwiderstehliche Gewalt hatte sich in den Lauf eines Lebens gedrängt. Die Verhaftungsmaschine war von denen in Gang gesetzt worden, deren Aufgabe das Beobachten und Klassifizieren war, die die neuen Rechtsvorschriften durchführten; obgleich von einem bösen, unbeirrbaren Willen geschaffen, wurden sie dennoch akzeptiert, ohne bohrende Fragen oder wirksamen Widerstand zugelassen, bis kein Widerstand mehr möglich war.

Das Leben wird einem genommen, man verliert jegliche Kontrolle darüber, es gehört den Behörden; manchmal hat man Glück, wenn man am Leben bleibt, manchmal hat man Glück, wenn man schnell stirbt und möglichst wenig leidet. Ein Zug kommt an, in den man hineingezwängt wird, ein Lastwagen bringt einen an einen dunklen Ort, man wird in den Kofferraum eines Autos gestopft. Weggebracht, versteckt, gequält, immer gegen den eigenen Willen festgehalten. Diejenigen, die freikommen, werden in die Leere entlassen, ihre Zukunft ist trostlos und öde, von den Erinnerungen bedroht. Bürger werden zu Nomaden, Flüchtlingen, Bettlern. Menschen, die einst irgendwohin gingen, ein Ziel vor Augen hatten, einen Beruf ausübten, den üblichen Lebensweg mit Arbeit, Kindern, Verwandten eingeschlagen hatten. Unversehens kommt die Katastrophe — danach sind alle ihre Absichten und Ziele zunichte gemacht, ihr Können und ihre Fähigkeiten zerstört, verschwendet. Die Zeit vergeht, während sie wie Tiere eingesperrt sind, sich schinden müssen, angetrieben, in Arbeitssklaven verwandelt, in Zellen gepfercht oder in Einzelzellen isoliert. Ihr Leben verrinnt, sie sehen, wie es davoneilt, während ihnen der Weg nach draußen durch unerbittliche Strukturen versperrt ist, verschlossene Türen, Wärter, der Stacheldraht, der Wachturm, der elektrische Draht, die lückenlose Kontrolle an den Kontrollpunkten, der Polizeifunk auf der Straße, die Überwachung des Arbeitsplatzes und der Wohnung. Man wird zu einem Ding, das wartet; vielleicht überlebt es, vielleicht leidet es nur.

Aber man hat die Möglichkeit verloren, Gebrauch von seinem Leben zu machen, der Einzelne weiß dies, während sein Körper gefangen ist. Alle diese Zellen, Strafanstalten, Konzentrationslager, Haftzentren — angefüllt mit dem Wissen um die verrinnende Zeit. Die kostbare Zeit des menschlichen Lebens, verschwendet in einem unvorstellbaren Ausmaß.

Bei der Gefangennahme bleibt das Leben stehen. Dann geht es weiter, ohne Bedeutung. Bedeutung zu schaffen, der bedeutungslosen Zeit einen Sinn zu verleihen, das ist die schreckliche Herausforderung der Haft, vor allem der Einzelhaft. Als Aurobindo Ghose 1908 verhaftet und in das Gefängnis von Alipore gebracht wurde, steckte man ihn in eine fünf Fuß lange und fünf Fuß breite Steinzelle, ein Käfig, der vorne vergittert war. Das Stahlgitter ist in einen Rahmen mit Scharnieren eingelassen, und wenn es geöffnet wird, geht es auf einen winzigen betonierten Hof hinaus, der von hohen Betonmauern umgeben ist und an dessen Ende sich eine Steinmauer mit einer kleinen Holztür befindet. »Oben in dieser Tür, in Augenhöhe, war eine kleine Öffnung. Nachdem die Tür verriegelt worden war, schaute ein Wachtposten von Zeit zu Zeit durch die Öffnung, um zu sehen, was der Gefangene tat«, berichtet Aurobindo in *Tales of Prison Life*.[20] In dieser beklemmenden Enge, bei schrecklicher Hitze und furchtbarem Durst fand Aurobindo Gott: »Freitag, der 1. Mai ... Ich wußte nicht, daß jener Tag das Ende eines Kapitels meines Lebens bedeuten würde, und daß ein Jahr Gefangenschaft vor mir lag, in dem alle menschlichen Beziehungen aufhören würden, daß ich ein ganzes Jahr lang wie ein Tier in einem Käfig außerhalb der Gesellschaft leben würde. Und wenn ich in die Welt des aktiven Handelns zurückkehren würde, würde es nicht mehr der alte Aurobindo Ghose sein (...) Ich habe von einer einjährigen Gefangenschaft gesprochen. Es wäre richtiger, von einem Jahr in einem ›Ashram‹ oder einer Einsiedelei zu sprechen ... Das einzige Ergebnis des Zorns der britischen Regierung war, daß ich Gott fand.«

Vielleicht war dies zur Zeit der nationalen Erhebung in Indien nichts Ungewöhnliches. Für die gläubigen Hindus war Gott die Mutter, Indien das Mutterland. Obwohl Aurobindo für die Unabhängigkeit Indiens agitiert und seit seiner Rückkehr aus England nach dem Studium sein Leben der Politik gewidmet hatte, hatte er mit der Verschwörung nichts zu tun, wegen der er verhaftet wurde. Er hat keine Bombe gelegt, aber da er schon einmal verhaftet wurde, hat er einige Erfahrungen mit »juristischen Spitzfindigkeiten« gesammelt; da ihm bewußt ist, daß er ohne Haftbefehl in Gewahrsam genommen wird, hat er sich geweigert, eine Aussage zu machen und sieht jetzt einem Prozeß entgegen, von dem er weder Fairneß noch Gerechtigkeit erwarten kann.

Jetzt sitzt er allein in einer Zelle, die eigentlich ein Käfig ist, bekommt einen Becher und einen Teller und ist gezwungen, sich von Reis zu ernähren, der mit »Hülsen, Kieselsteinen, Insekten, Haaren, Dreck und sonstigem Zeug gewürzt ist«. Es ist eine verzweifelte Situation, gegen die er mit verzweifelten Mitteln ankämpfen muß.

Aurobindo Ghose hatte jahrelang meditiert, hatte die »direkte Vision« gesucht, aber die Macht von »tausend weltlichen Wünschen«, eine »Bindung an zahlreiche Aktivitäten und die tiefe Dunkelheit der Unkenntnis« hatten ihn immer scheitern lassen. Das Gefängnis war seine Chance, sein Wendepunkt, der Ort seiner Verwandlung. Als er herauskam, zog er sich aus der Politik zurück, gründete eine religiöse Bewegung und begann ein Leben als Mystiker.

Der Weg dorthin führte durch eine unerträgliche geistige Qual: Er versuchte, länger zu meditieren, »aber der Geist schweifte in tausend Richtungen ab«. Er machte dennoch weiter, brachte es auf anderthalb Stunden: Der Geist rebellierte, der Körper war erschöpft. Er hungert in seinem Käfig, brät in der Sonne, wird von Wasser überflutet, wenn es regnet, von Staub bedeckt, wenn es windig ist, konzentriert sich über seine Kräfte hinaus.»Da es kein menschliches Gespräch und nichts gab, was das Denken beschäftigte, entstand eine unerträgliche Teilnahmslosigkeit, verlor der Geist allmählich seine Fähigkeit zu denken.« Es ist schrecklich; aber er hat keine Wahl, er muß den Kampf fortsetzen.

»Es gab eine Zeit, in der es schien, als umschwirrten tausend undeutliche Gedanken die Pforte meines Geistes, die jedoch verschlossen war; ein oder zwei Gedanken, die durchkamen, waren erschrocken über diese geistige Ödnis und machten sich leise wieder davon.« In diesem »dumpfen Zustand« durchlitt er »eine große geistige Qual«. Anfangs hatte er sich mit dem Anblick eines Baumes getröstet, ein seltenes und wunderbares Ding in einem Gefängnis, dann sogar mit dem einer Kuh und einer Kuhherde: Wenn sie die Tür zum Hof offenließen und er sich an das untere Ende des Gitters seines Käfigs drückte, konnte er diese Dinge sehen. Bevor er ins Gefängnis kam, so erkennt er, war er »auf einen ziemlich engen Kreis beschränkt«, auf die intensive politische Arbeit, die ihn mit anderen jungen Männern aus allen Kasten und allen Teilen des indischen Subkontinents verband; sie schliefen auf dem Boden, aßen die Speisen der Armen, teilten das Gefühl einer »die Nation umspannenden Bruderschaft« mit Bauern, Eisenwarenhändlern, Geschäftsleuten und Töpfern, einen Glauben an den Sozialismus und die Einheit, der seinem Leben »seinen Stempel aufdrückte«. Aber in dieser Welt der Aktivitäten »bezogen sich die Gefühle, die sich in einem geschlossenen Kreis bewegten, selten auf Vögel und Tiere«. Er war einmal auf eine Gedichtzeile gestoßen, die die Liebe eines Jungen zu seinem Büffel beschrieb, fand sie bemüht, übertrieben, künstlich — würde er sie heute lesen, würde sie in ihm andere Gefühle auslösen: »In Alipore konnte ich empfinden, wie tief die Liebe des Menschen zu allen geschaffenen Dingen sein kann, welch ein Erlebnis es für einen Menschen sein kann, eine Kuh, einen Vogel zu sehen ...«

In seiner jetzigen Qual greift er wieder nach diesem Trost: »Ich schaute mir die Schönheiten der Natur draußen an, aber wie lange kann sich der Geist, der sich in einem solchen Zustand befindet und der Trostlosigkeit des Gefängnisses preisgegeben ist, mit einem einsamen Baum, einem kleinen Stück Himmel trösten?« Es funktioniert nicht: Das »kleine Stück Himmel« bestätigt ihm nur seine Lage.

Dann versucht er es mit dem Nichts: »Ich schaute auf die leere Wand.« Eine gefährliche Entscheidung: »Durch das Starren auf die leblose weiße Oberfläche schien der Geist noch hoffnungsloser zu werden; indem der Kopf die Qual der Gefangenschaft erkannte, ergriff ihn Ruhelosigkeit in dem Käfig.« Als nichts mehr hilft, versucht er wieder, zu meditieren. Es ist unmöglich, »der intensive gescheiterte Versuch machte die Seele nur noch müder, nutzloser, ließ sie brennen und brodeln.« Als er sich in seiner Zelle umsieht, bemerkt er einige schwarze Ameisen und einige kleinere rote Ameisen, die von den schwarzen angegriffen, gebissen, getötet werden. »Ich hatte viel Mitgefühl und Sympathie für die ungerecht behandelten roten Ameisen und versuchte, sie vor den schwarzen Mördern zu retten.« Dies gibt ihm eine Atempause, die mehrere Tage dauert.

Danach wird es schlimmer: »Tag für Tag rebellierte der Geist und fühlte sich immer verzweifelter«, die Zeit selbst ist eine »unerträgliche Folter«. Die Situation wirkt sich auf seine körperliche Verfassung aus, er kann nicht atmen, fühlt sich, als würde er im Traum von einem Feind erdrosselt, und hat nicht die Kraft, sich zu bewegen. So vielbeschäftigt er in seinem alten Leben auch gewesen war, er hatte sich dennoch langen »einsamen Reflexionen« hingegeben — »War der Geist so schwach geworden, daß die wenigen einsamen Tage mich so ruhelos machen konnten?« Er hat Angst, weiß sich nicht mehr zu helfen: es ist eine Sache, zu Hause alleine zu sein und Freunde oder Bücher in Reichweite zu haben oder sogar den »Straßenlärm«. »Aber hier, an die Räder eines eisernen Gesetzes gekettet, der Laune anderer ausgeliefert und ohne jeden menschlichen Kontakt«, erinnert er sich an die Redensart, daß derjenige, der Einsamkeit aushalte, entweder ein abgestumpfter Rohling oder ein Gott sei.

Jetzt quält ihn das Beispiel des italienischen Königsmörders Breci: Breci wurde nicht zum Tode, sondern zu sieben Jahren Einzelhaft verurteilt. »Binnen eines Jahres war er verrückt geworden. Aber er hatte es eine Zeit lang ausgehalten! War meine geistige Stärke so gering?« Gott, so beschließt Aurobindo, hat ihm bewußt den Geisteszustand gezeigt, in dem isolierte Gefangene allmählich wahnsinnig werden.

Das Gefängnis hat ihn schon vieles gelehrt, ihn, einen jungen privilegierten und gebildeten Mann, der seinen Peinigern in jeder

Hinsicht überlegen ist. Sie haben ihn in den tiefsten Abgrund gestoßen, wo er eine überwältigende Nächstenliebe, eine neue und dauerhafte Liebe zum Leben und zu jeder Form des Lebens entdeckt hat. Seine Augen haben sich für »den Adel des Vulgären, die Anziehung des Abstoßenden, die Vollkommenheit des Verkrüppelten und die Schönheit des Häßlichen« geöffnet. Aus seinem Leiden heraus hat er »unsagbare Güte und Mitgefühl für die Opfer menschlicher Grausamkeit und Folter« entwickelt. Die Einzelhaft hat ihn zu einem absoluten Gegner »der unmenschlichen Grausamkeit des westlichen Gefängnissystems« gemacht, ein Wissen, das er verwenden muß, um seine »Landsleute und die ganze Welt von diesen barbarischen Methoden« abzubringen.

Dies ist seine erste Lektion. Die zweite ist unmittelbarer: Er hat die Schwäche seines Geistes erfahren, so daß er »sich für immer von ihr befreien konnte«. Die dritte Lektion ist die, daß er nichts durch eigenes Bemühen erreichen kann. Yoga ist nicht das Produkt eines »persönlichen Bemühens«: Ein Geist des »Vertrauens oder der Ehrfurcht« und »völlige Selbstaufgabe« sind die einzigen Wege zu Weisheit und Glauben. Aber dort ist er noch nicht angelangt. Aurobindos Qual geht weiter: »Eines Nachmittags, als ich nachdachte, setzten sich endlose Gedankenströme in Bewegung, und plötzlich wurden diese so unkontrolliert und unzusammenhängend, daß ich das Gefühl hatte, daß die regulierende Kraft des Geistes fast erschöpft war.« Als der innere Aufruhr nachläßt, entdeckt er, daß die »geistige Kontrolle« zwar schwächer geworden, die Intelligenz selbst aber nicht verlorengegangen war, sie »versagte nicht einen Augenblick«. Es war im Gegenteil so, als würde die Intelligenz »dieses wunderbare Phänomen ganz ruhig beobachten«.

Dieses Verständnis kam erst später: »Damals, als ich von Angst vor dem Wahnsinn geschüttelt wurde«, warf sich Aurobindo Gott in die Arme und betete verzweifelt darum, daß er nicht seinen Verstand verlor: »In jenem Augenblick breitete sich eine so sanfte und kühle Brise über mich aus, der heiße Kopf wurde so ruhig, leicht und selig, wie ich es in meinem ganzen Leben noch nicht erlebt hatte.« In diesem Augenblick der Transzendenz schläft er geborgen wie ein Kind »auf dem Schoß der Welt-Mutter« ein. Er hat den Zustand der Gnade erreicht, der ihn nicht mehr verlassen, ihn, den Unschuldigen, trösten und durch den Prozeß geleiten wird. »Von dem Tag an waren alle Qualen meines Gefängnislebens vorbei.«

Aurobindo ist wie durch ein Wunder gerettet worden. Es ist ein wunderbares Geschenk, ob es von ihm selbst oder von Gott kommt, aber nicht viele Menschen erhalten es.

Einer, der es nicht erhält, ist der kenianische Oppositionelle Ngugi wa Thiong'o, der von Jomo Kenyatta ein Jahr lang, von 1977 bis 1978, im Hochsicherheitsgefängnis von Kamiti festgehalten wurde. Er mußte auf andere Mittel zurückgreifen. »Ich war vom Unglück verfolgt, bis ich seine geheime Bedeutung erkannte«, schrieb der arabische Dichter Anitar in der Sklaverei. Auch Ngugi ist ein Schriftsteller, das Schreiben ist alles, was er im Gefängnis hat, und er muß es heimlich tun. Heute nacht will er unbedingt vor dem Morgengrauen einen Roman beenden, in einem Zellenblock, den er — in Einzelhaft — mit achtzehn anderen politischen Häftlingen teilt. »Hier habe ich keinen Namen. Ich bin lediglich eine Nummer in einer Akte: K6, 77.« »Es ist nach Mitternacht (...) (Ich) sitze unter dem grellen Licht einer nackten 100-Watt-Birne am Tisch und kritzele Worte auf Toilettenpapier.«[21]

Heute nacht ist er hart zu sich selbst, aber das Manuskript, das sein Rettungsanker ist, wird in den kommenden Monaten von einem Wächter entdeckt und ihm weggenommen werden. In einem französischen Gefängnis schrieb Jean Genet *Notre-Dame-des-fleurs* auf Toilettenpapier: Als es gefunden und vernichtet wurde, schrieb er es noch einmal. Toilettenpapier hat in Gefängnissen eine literarische Tradition; es wird in kleinen einzelnen Blättern aus wiederaufbereitetem Papier ausgegeben; es ist hart und steif, aber man kann gut auf ihm schreiben. Ich habe ein Stück Papier gesehen, das nur einige Zentimeter groß war und auf dem fünfhundert Worte standen, es war von einer irischen Gefangenen aus dem Armaugh-Gefängnis hinausgeschmuggelt worden. Als Ngugi damit anfing, dachte er an Wole Soyinka und Dennis Brutus auf Robben Island. Wenn er unter diesen Umständen schreibt, kann er sich auf eine kollektive Erfahrung, auf Vorgänger stützen; fast jeder in seinem Block schreibt. Mit der Zeit entdeckt er, daß es in London wirklich ein Komitee gibt, das sich für ihn einsetzt. Zwischendurch gerät er in einen Zustand der Verwirrung, hat keine Ahnung, wie lange es dauern wird: Es gibt politische Gefangene, die schon seit neun Jahren hier sitzen; hier sind Männer gebrochen worden, er wird miterleben, wie einige sterben.

Dies ist ein Hochsicherheitsgefängnis; obwohl es in der Nähe von drei großen Städten und »neben« dem Kenyatta University College liegt, könnten die in diesem modernen Bau vergrabenen Männer »ebensogut auf dem Mond oder dem Mars« sein; sie sind isoliert »von allem und jedem, ausgenommen die sorgfältig ausgebildete und ausgesuchte Truppe von Gefängniswärtern und ihren Vorgesetzten.«

Die Vorstellung des Hochsicherheitsgefängnisses hatte Ngugi immer mit Angst und Entsetzen erfüllt: Jetzt lebt er in diesem Gefängnis und denkt über dessen politische Bedeutung nach. Er war Leiter der englischen Fakultät an der Universität von Nairobi gewesen, ein Schriftsteller, der vor kurzem ein Stück geschrieben und es auf dem Land mit Laienschauspielern einstudiert hatte; der demokratische Charakter dieser Tätigkeit war den Behörden ein Dorn im Auge. Ngugi wird nie eines Verbrechens beschuldigt und kommt nie vor Gericht. Das Blatt, das einem die Freiheit raubt, ist ein trokken formulierter Vordruck:

> »Gemäß der Bestimmung 6 (1) des Gesetzes über die öffentliche Sicherheit von 1966 (Verhaftung und Freiheitsbeschränkung von Personen) stellt der Innenminister fest, daß es sich im Interesse der Wahrung öffentlicher Sicherheit als notwendig erwiesen hat, ... [hier wird Ngugis Name eingesetzt] staatlicher Kontrolle zu unterwerfen. Er *befiehlt hiermit* die Inhaftierung der genannten Person.«

Diese dürre Feststellung endet mit einem Datum und einer Unterschrift, die sein Leben von allem abschneidet.

Sie kamen nachts, versicherten ihm, daß er nicht festgenommen werde, versprachen, daß er nur ein paar Fragen beantworten müßte, gaben ihr Wort, daß er bis zum Morgen zurück sein würde. Seine Frau ließ sich die Autoschlüssel geben, er vergaß, ihr das Scheckbuch auszuhändigen. Das Eindringen ist ein Ritual, institutionalisiert, auf Einschüchterung angelegt. Ngugi hätte auch telefonisch zur Polizeistation beordert werden können; man hätte einen Polizisten in Zivil schicken können, um ihn zu holen. Statt dessen rücken sie in großer Zahl und mit Maschinengewehren an, um »einen Schriftsteller abzuführen«, dessen einzige Widerstandshandlungen »sich zwischen den Buchdeckeln phantasievoller Reflexionen befanden«. Mit furchteinflößendem Schweigen durchsuchen sie seine Bibliothek nach belastenden Arbeiten, sind mit einigen Texten zufrieden, die öffentlich in den Buchläden verkauft werden. Unter den gegebenen Bedingungen des Polizeistaates könnten sie ihm nach Belieben und mit Leichtigkeit jedes verbotene Material unterschieben. Ngugi zitiert das Gedicht von Victor Jacinto Flecha »Es nützt nichts«[22]:

Sie werden dich finden
sie kommen in Lastwagen
vollgeladen mit Flugblättern
mit Briefen, die keiner dir jemals geschrieben
Sie füllen deinen Paß mit Stempeln
aus Ländern, in denen du nie gewesen.

Sie schleppen dich fort
wie einen toten Hund
und am Abend
in dem finsteren Raum
Brutstätte allen faulen Gestanks der Welt
wirst du erfahren
was Folter ist.

Zwei Wochen lang wird niemand wissen, wo sich Ngugi aufhält: Festnahmen sollen eigentlich in den Zeitungen veröffentlicht werden, aber die Nachricht erscheint nicht. Obwohl er freiwillig mitgegangen war, wird er in Ketten gelegt, und als er zum Gefängnis von Kamiti gebracht wird, werden unbeteiligte Umstehende mit Stökken geschlagen. Warum diese ganze Geheimniskrämerei, fragt sich Ngugi, niemand wird ihn gewaltsam befreien.

Eine Inhaftierung ohne Prozeß ist nicht nur ein Angriff auf einen politisch engagierten Menschen, sondern auch »ein wohlberechneter psychologischer Terror«, der auf jeden abzielt, ein Programm der »psychologischen Belagerung der ganzen Nation«. Darum ist es wichtig, daß sie wie ein Ritual, eine Zeremonie, eine kalkulierte Übung durchgeführt wird, die sowohl gegen den einzelnen Gefangenen als auch gegen das ganze Volk gerichtet ist; das gehört zu der Strategie, die ihn zerbrechen, ihm das Gefühl vermitteln soll, daß er von den anderen, von der Gruppe, von dem Gefühl der solidarischen Verbundenheit mit jenen Zielen und Prinzipien abgeschnitten ist, die ihm Kraft geben.«»Er soll nicht nur wissen, sondern fühlen, daß die Bande durchschnitten sind, er treibt jetzt in einem Ozean endloser Angst und Demütigung«, ist hineingeworfen,»um sich irgendwie über Wasser zu halten oder in die Tiefe zu sinken und zu ertrinken«.

Ngugi ist im selben Gefängnis, in das die Briten die Mau-Mau-Mitglieder eingesperrt hatten. Kenyatta, einst ein Revolutionär, jetzt ein Diktator, war einst selbst ein Gefangener. Der Kreislauf verändert sich, wird aber nicht durchbrochen. Die britischen Gesetze über die Aufrechterhaltung der öffentlichen Ordnung und die Sondervollmachten der Regierung wurden aktualisiert und sollen jetzt die öffentliche Sicherheit in Kenia gewährleisten. Ein Mensch ist nicht mehr so lange unschuldig, bis seine Schuld bewiesen ist; jetzt gelten schon Gedanken und Absichten als Verbrechen. Kenyatta hat seine früheren Kampfgefährten umbringen und einsperren lassen. Symbolische, aber immer noch lukrative Direktorenposten und Unternehmensaktien sind an die kenianische Oberschicht verteilt worden, damit den ausländischen Wirtschaftsinteressen keine Beschränkungen auferlegt werden und billige Arbeitskräfte zur Verfügung stehen. Es entstand das vertraute Kompradoren-Paradigma des Neokolonialismus. Neben den britischen Wirtschaftsinteressen machte sich der amerikanische Einfluß geltend; israelischen Kommandos war es erlaubt, von Kenia aus Schläge gegen Uganda zu führen.

Die Kultur der neuen kenianischen Elite ist stark durch Imitation geprägt; ökonomisch und politisch von ausländischen Quellen abhängig, begann sie, »einen unausrottbaren Wunsch nach ständiger Identifikation« mit dem Fernen, Wunderbaren, Verlockenden zu entwickeln. Es breitete sich eine Korruption aus, bei der es um »den imaginären Glanz« des Kolonialstils, modernen kosmopolitischen Luxus, schnelles Geld geht. Sicherheit in allen Formen ist zu einem Problem, einem blühenden Geschäft, einem Produkt geworden, das nicht nur für die Ausländer, sondern auch für die kenianische Oberschicht wichtig ist. Die Angst nimmt zu. Dissens wird unterdrückt. Die Menschen werden von der General Service Unit beobachtet und durchleuchtet.

Vielleicht hatte jemand Zugang zu Kenyatta, der einige Stellen aus Ngugis Gedichten gelesen hatte, ohne den Kontext zu kennen, und hatte ihm gesagt, daß dieser Kerl an der Universität die Subversion lehre. Sein Stück ist verboten worden, künftige Aufführungen wurden untersagt, das ist das einzige, dessen er sich wirklich sicher ist. Es war ein »Volksstück«, das er in seinem alten Dorf organisiert hat, in dem Dorf, in dem er aufgewachsen ist und das er bei seiner Rückkehr verelendet vorgefunden hat. Das Gemeinschaftsprojekt, zu dem dieses Stück wurde, veränderte und reaktivierte das Dorfleben: Erst lernten die Menschen Lesen und Schreiben und entdeckten die lokale Sprache wieder, dann wurde hart gearbeitet, ein Kultur- und Gemeindezentrum gebaut, Tausende von Zuschauern kamen. Plötzlich führte der Polizeichef des Distrikts die »öffentliche Sicherheit« gegen das Projekt ins Feld. Jetzt ist es verboten, sogar das Theater ist zerstört; was erlaubt und in aller Öffentlichkeit aufgeführt wurde, ist untersagt. Vielleicht wurden die billigen Arbeitskräfte, die diese Bevölkerung stellte, sich ihrer Lage zu bewußt.

In seiner Einsamkeit denkt Ngugi über die Geschichte nach, analysiert die Kräfte, die gegen ihn sind, bekämpft das Gefühl, etwas Unrechtes getan zu haben, das sich ihm in seiner Situation aufdrängt. Immer wieder geht er die Geschichte des Landes durch, mit zwei dialektisch entgegengesetzten Versionen dieser Geschichte in seine Zelle eingesperrt. Er kommt zu dem Schluß, daß »jedes Erwachen des Volkes«, das zu seiner Befreiung von innerer Repression oder äußerer Ausbeutung führen könnte, »stets als ›Sünde‹ betrachtet und mit der religiösen Rhetorik eines gekränkten, selbstgerechten Gottes angeprangert wird«. Der Sicherheitsstaat hat unter Berufung auf Gesetz und Ordnung die gesamte Moral für sich reklamiert, um ihn herum ist ein Meer von Anarchie und Volksverhetzung: Agitatoren sind »Teufel, deren Vertreibung aus der Gesellschaft jetzt als eine heilige Mission hingestellt wird«.

Die Gefängnishaft ist ein exemplarisches Schicksal, das die Unzufriedenen zu erwarten haben; sie wird andere Proteststimmen zum Schweigen bringen. Der Sicherheitsstaat kann nicht das ganze Dorf verhaften, er muß sein Opfer sorgfältig auswählen und das Exempel in Form eines Rituals statuieren. Die Inhaftierung ist ein wirksames und schnelles Mittel; sie ist wahrscheinlich die einzige Möglichkeit, den Anschein von Legalität aufrechtzuerhalten. Denn die Inhaftierung ist die Art und Weise, wie man mit Unschuldigen »umgeht«. Es gibt weder ein Verbrechen noch Beweise, also kann es keinen Prozeß geben; ein Prozeß wäre peinlich. So wird man einfach ohne Anklage ins Gefängnis geworfen. Und da es keinen Prozeß gibt, kann es auch keinen Einspruch geben. Der Staat hat sich in seiner ganzen Machtfülle inszeniert. Jetzt ist es an den Gefangenen, irgendwie standzuhalten. Ngugi tut es mit seinem Kopf, denkt über die Politik nach, die »Kultur des Schweigens und der Angst«, die ihn entführt hat.

Das Überleben findet durch den Intellekt, noch mehr durch das Schreiben statt, dadurch, daß man etwas tut: »Freie Gedanken auf Toilettenpapier«, lacht er in sich hinein, erinnert sich, wie merkwürdig es ihm früher erschienen war, daß Kwame Nkruhmahs Autobiographie *Ghana* auf diesem Zeug in einer Gefängniszelle entstanden war; »romantisch«, hatte er gedacht, sogar »ein bißchen unrealistisch«, obwohl ein Foto in dem Buch den Beweis lieferte. Jetzt versteht er, warum »Papier, jedes Papier, das kostbarste Gut für einen politischen Gefangenen ist«, vor allem für einen, der für das eingesperrt wird, was er selbst geschrieben hat. Mit Papier kann er »die verstreuten Teile sammeln«, die in seinem Kopf vorhanden sind; einesteils, um sich »etwas Erleichterung zu verschaffen«, aber andernteils auch — immer im Hinblick auf die Geschichte und die in ihr enthaltene Hoffnung —, »damit die Welt es vielleicht irgendwann erfährt«.

Unter den politischen Gefangenen befindet sich einer, der so lange in Einzelhaft war, so stark isoliert war — selbst die Wärter sprachen nicht mit ihm, sondern machten nur Gesten —, daß er an sich zu zweifeln begann, Angst hatte, daß seine Hinrichtung unmittelbar bevorstand, schließlich nur noch flüstern konnte. Mit Entsetzen erfährt man, daß das einzige Vergehen dieses Gefangenen darin bestand, daß er versucht hatte, eine neue politische Partei registrieren zu lassen, ein Recht, das die Verfassung garantierte: Noch während ich dies schreibe, teilte ein Nachrichtenblatt mit, daß Kenyattas Nachfolger Daniel Moi Kenias international bekannten Umweltpolitiker Wangari Maathai faktisch wegen der gleichen Sache hat festnehmen lassen.

Ngugi darf nicht mit den anderen Häftlingen sprechen, aber sie kommunizieren trotzdem mit ihm: Ihr Beispiel und ihre Unterstützung sind von unschätzbarem Wert. Wasonga Sijeyo, der stärkste von allen, der schon neun Jahre politischer Haft hinter sich hat, weist ihn darauf hin, daß es gut wäre, wenn die Intellektuellen Kenias ins Gefängnis kämen; es wird ihnen ihre Illusionen nehmen:

»(…) zum anderen bestünde die Möglichkeit, daß einige von ihnen das Gefängnis überlebten, um der Welt zu berichten.« Durch seine Leidensgenossen ist Ngugi die Geschichte nah, sie lassen ihn an ihrem gemeinsamen Traum von Kenias Vergangenheit und Zukunft teilhaben. »Paß auf dich auf — auf dein Denken und Fühlen ... laß es nicht zu, daß sie dich zerbrechen, dann wird alles gut sein, auch wenn sie dich für den Rest deines Lebens hier behalten ... aber du mußt es versuchen ... du mußt es tun, für uns und für die, die du zurückgelassen hast.«

Sie haben ihm seinen Auftrag gegeben. In einen Raum eingesperrt, in dem das Licht vierundzwanzig Stunden lang brennt, in eine Welt verbannt, in der absichtlich jede Farbe fehlt, nur von Grau und Weiß umgeben, »den Farben des Todes«, wie ein Tier bei einem psychologischen Experiment, »nicht einmal die ferne Linie von Bäumen und Häusern vor Augen, durch die uns ein Blick auf die Welt des aktiven Lebens vergönnt wäre«, dieser schrecklichen Monotonie ausgeliefert, gegen die seine Schriftstellerseele protestiert — »Ich brauche das Leben, um über das Leben schreiben zu können« —, selbst hier muß er standhaft bleiben, versuchen, einen Roman zu schreiben. Und die Stärke haben, statt in englischer Sprache in Kikuyu zu schreiben, einer geringgeschätzten afrikanischen Sprache, denn die höhnische Bemerkung eines Wärters, daß er nicht einmal in seiner eigenen Sprache schreibe, hatte ihn getroffen. Er schreibt nachts, kämpft gegen die Einsamkeit, gegen jede Form der Entmutigung, gegen das »dominierende Denkschema«, das wie eine böse Macht seine Zelle ausfüllt und ihn davon überzeugen will, daß alles vergeblich ist: »Es gab nur eine Möglichkeit, die Dinge zu betrachten, es gab nur eine Geschichte und eine Kultur, die sich im Kreis drehten, so daß Anfang und Ende dasselbe waren«: die Unterdrückung ist alt, die Macht gewinnt. Die Geschichte ist für ihn oder gegen ihn, aber jetzt sitzt er im Hochsicherheitsgefängnis. »Warum sich anstrengen? Wir sind alle Kinder des Sisyphos, für alle Zeiten dazu verurteilt, den schweren Stein der Tyrannei den steilen Hügel des Kampfes hinaufzurollen, um dann zu sehen, wie er wieder herunterrollt.«

»Das Gefängnis hat ihn besiegt«, sagen die Wärter gerne mit einem Achselzucken, oder noch häufiger: »Er wurde durch das Gefängnis besiegt.« So diskreditieren sie diejenigen, die sie in ihrer von zwei Mauern umgebenen Festung zerbrochen haben, sprechen aber dennoch so, als wären sie irgendein »neutraler Schiedsrichter in einem Gladiatorenkampf zwischen dem Gefangenen und dem Gefängnis, einem Kampf, in den die Besiegten freiwillig und bereitwillig mit der prahlerischen Siegespose eines Muhammad Ali hineingegangen wären.« So ungerecht das Gefängnis auch ist, es ist ein Test, und es gibt zwei Arten von politischen Gefangenen, beschließt Ngugi: diejenigen, die ja sagen und sich ergeben, und diejenigen, die nein sagen. Ja sagen heißt, von der Untergangsvision überwältigt werden, die ihre Unterdrücker für sie bereithalten; von diesem gnädigen Angebot werden sie Gebrauch machen, wenn sie sich von ihren früheren Standpunkten und Aktionen distanzieren. Sie haben beschlossen, sich dem Bösen nicht zu widersetzen. Sie haben die Evidenz des Augenblicks gesehen und sind zu dem Schluß gekommen, daß die andere Seite stärker ist als sie.

Aber es gibt so viele mildernde Umstände. Ngugi, dem alles neu ist, beschäftigt sich eingehend mit seinen Vorgängern. Harry Thuku, der Arbeiterführer der zwanziger Jahre, wurde durch neun Jahre Einzelhaft zerbrochen; als er wieder frei war, gründete er eine Organisation, deren Mitglieder »Seiner Majestät, dem König von England« die Treue schworen. Ngugi gewinnt den Eindruck, daß Kenyatta nicht nur durch das Gefängnis kaputtgemacht, sondern auch durch seinen sozialen Hintergrund unterminiert worden war, die unsichere kleinbürgerliche Ambivalenz gegenüber der Revolution. Als er an der Macht war, machte er Jagd auf die restlichen Mau-Mau-Kämpfer, ›diese Halunken und Vagabunden‹, war letztlich für den Tod von Kariuki, des letzten Mau-Mau-Symbols verantwortlich, der gefoltert und 1975 umgebracht wurde. Jetzt ist Ngugi Kenyattas Gefangener, ein Häftling in einem Regime, »an dessen Spitze ein ehemaliger Häftling steht, der schließlich vor den korrupten Kräften kapituliert hat, gegen die er einst gekämpft hatte«. Das Problem der Geschichte ist der Spielraum, den ein Ja-Sager einem Nein-Sager einräumt: »Würde er einen Gefangenen freilassen, der es wagen würde ›nein‹ zu sagen, wenn er selbst ›ja‹ gesagt hatte?« Ngugi muß vielleicht so lange hier bleiben, wie Kenyatta lebt.

Diejenigen, die Nein gesagt haben, weisen bewußt eine Kultur der Angst und des unterwürfigen Schweigens zurück. Sie handelten aus Prinzip, aber sie hatten auch Hoffnung: »Sie waren sicher, daß eine Million im Kampf vereinte Hände den Felsen der Unterdrückung endlich zerbrechen würden.« Sie mochten als Individuen scheitern, aber der Kampf würde weitergehen, und sie würden für immer ein Teil dieses Kampfes sein. Denn der Geist derjenigen, die diesen Glauben haben, »würde durch die Haft nicht gebrochen werden, höchstens ihr Körper«. Es ist ein Krieg zwischen Gut und Böse, ein Kräftemessen, ein langes Aufbegehren gegen Terror und Unterwerfung.

Die intellektuelle Hinnahme dieses Sachverhalts ist eine Sache, die »emotionale Versöhnung mit der harten Realität eine andere«: Ngugi muß eine Möglichkeit finden, sich seinen Glauben zu erhalten, der seine geistige Gesundheit bedeutet; er muß weiterhin zu der Haft selbst Nein sagen, zu »jedem Übergriff« auf seine menschlichen und demokratischen Rechte — hier, an diesem Ort, in einem Hochsicherheitsgefängnis, wo nachts sogar die Wärter eingeschlossen und ihnen die Schlüssel abgenommen werden. Er behauptet sich, indem er sich weigert, die Ketten zu tragen, die die Gefangenen tragen müssen, wenn sie Besuch erhalten dürfen. Dadurch bringt er sich um seinen Besuch, sieht seine Frau nicht mehr, erfährt nichts über eine Tochter, die in seiner Abwesenheit geboren wird. Die Häftlinge werden selbst auf dem Operationstisch in Ketten gelegt. Da er sich weiterhin weigert, Ketten zu tragen — er wurde nie verurteilt, nie auch nur eines Verbrechens beschuldigt —, erhält er keine zahnärztliche Versorgung, als er unter Abszessen am Zahnfleisch leidet.

In dieser Art Gefängnis ist die psychologische Folter hochentwickelt, jede Verweigerung wird sorgsam registriert. Krankheit wird als Waffe gegen die Gefangenen eingesetzt; entweder werden sie gar nicht behandelt oder häufig nur, damit eine Behandlung vorgewiesen werden kann; ohne daß der Gefangene wirklich geheilt wird. Die Familien werden als Druckmittel gegen die Gefangenen eingesetzt; wegen der starken familiären Bindungen sind die Gefangenen hier am verwundbarsten, leicht zu manipulieren. Man sagt ihnen, daß ihre Frauen sie betrügen, Verwandte werden auf sie angesetzt, die sie überreden sollen, aufzugeben.

Diesen Mächten hat der Häftling nichts anderes als seine Verweigerung entgegenzusetzen. Ngugi hat noch das Schreiben, eine heimliche Tätigkeit, bei der ein Wärter ihn jeden Augenblick erwischen kann, wenn er durch den rechteckigen Schlitz in der Tür schaut. Heute nacht arbeitet er mit aller Kraft, um eine bestimmte

Gestalt lebendig werden zu lassen. Dies ist ein Buch über einen Mann, der ein Buch schreibt, einen Roman, um den er im Gefängnis ringt; es ist gleichzeitig ein Essay über Politik und Geschichte, wie er sie während der Haft begriffen und später in der Freiheit reflektiert hat. Bald wird man das Manuskript beschlagnahmen, und in den drei Wochen, in denen es nicht in seinen Händen ist, wird Ngugi vor Gram fast umkommen. Man erinnert sich, wie viele Bücher im Gefängnis geschrieben wurden, angefangen bei Klassikern wie *Le Morte Darthur, Don Quijote, Pilgrim's Progress, De Profundis*. Aber in diesem Jahrhundert ist das Rinnsal zu einem Fluß geworden. Dieses Schreiben findet heute an vielen Orten der Welt statt, die Worte der Gefangenen aus Südamerika steigen wie Gebete auf, die Berichte von Zeugen füllen die Veröffentlichungen von Amnesty International — als wäre schon das Schreiben ein Heilmittel, das einzige verfügbare Heilmittel, der Beginn der Heilung.

Kenyatta wird eines Nachts sterben, während Ngugi sein Gefangener ist. Den Wärtern ist es untersagt, die Gefängnisinsassen davon zu unterrichten; die Nachricht wird ihnen wochenlang vorenthalten, doch ein Wärter wird Ngugi einen Tip geben, ihn »Professor« nennen und ihm gratulieren, daß »sein Stern« jetzt »hell am Himmel« leuchte. Als er nach einigen Monaten schließlich die Worte hört: »Ngugi, Sie sind jetzt frei«, und sieht, wie sich die Zellentür öffnet, »renne ich hinaus in den Hof, um die Nacht (die ich ein Jahr lang nicht gesehen habe) in die Arme zu schließen und zu den Sternen hinaufzuschauen.«

Für Nien Cheng ist das Schreiben im Gefängnis keine Lösung. Es ist gefährlich, zu schreiben, und dennoch wird man dazu gezwungen. Tag für Tag erhält sie eine Rolle Papier, um einen Lebenslauf zu schreiben, der letztlich ein Geständnis ist. Da sie hartnäckig darauf besteht, daß sie unschuldig ist, fügt sie den Worten »Unterschrift des Verbrechers«, die vorgedruckt unten auf der letzten Seite stehen, die Worte hinzu »der kein Verbrechen begangen hat«.[23]

Oben auf der ersten Seite steht ein Zitat des Vorsitzenden Mao, eine »Allerhöchste Anweisung«, in ihrem Fall die Worte »Sie sollten unterwürfig und gehorsam sein. Es ist ihnen nicht erlaubt, unaufgefordert zu sprechen oder zu handeln.« Zu sechseinhalb Jahren Einzelhaft in der Schanghaier Haftanstalt Nr. 1 verurteilt, mit keiner anderen Lektüre als den gesammelten Werken des Vorsitzenden Mao, hat Nien Cheng ihr eigenes Zitat parat: »Wo es zur Konterrevolution kommt, werden wir sie zerschlagen; wenn wir einen Fehler machen, werden wir ihn korrigieren.« Ihre Haft ist ein solcher Fehler, davon ist sie überzeugt, und sie wird die automatische Annahme der Schuld nicht akzeptieren, die sie während der Kulturrevolution ohne Prozeß und ohne Beweise ins Gefängnis gebracht hat.

Der Staat verfügt über den Körper des Gefangenen, aber er will auch dessen Vergangenheit: Man darf keinen Entwurf schreiben oder einen Fehler beseitigen. Der psychologische Zugriff ist hier perfekt: »Wenn Sie etwas weglassen, werden wir Sie für unaufrichtig halten.« Um sie herum beschuldigen sich die Menschen in ihrer eigenen Handschrift; wenn ein Lebenslauf nicht weit genug geht, werden sie morgen einen anderen schreiben müssen, oder nächste Woche oder in einigen Jahren, wenn sich die Lage beruhigt hat und die Vernehmer wieder ihrer Arbeit nachgehen. Zwischendurch werden die Vernehmer selbst zu Wach- und Reinigungspersonal degradiert.

Während ihrer Haftzeit übernehmen verschiedene politische Fraktionen die Kontrolle über die Verwaltung des Gefängnisses; erst entscheiden die Roten Garden, dann die Armee und dann das Proletariat über ihr Schicksal, während die politischen Größen um die Macht in China kämpfen. Während Mao sich seinen Platz in der Geschichte erobert, wird Liu Schao-tschi gestürzt, dann Tscheng Boda und schließlich Lin Piao, die Viererbande kämpft gegen Tschou En-lai. Obwohl sie zehn Jahre braucht, um all diese Manöver zu durchschauen, hängt ihr Leben und das von Millionen anderer Menschen in dieser Zeit an einem seidenen Faden.

In eine Zelle eingesperrt, in der ihre einzige Gesellschaft eine fleißige Spinne ist, ist Nien Cheng das Opfer der Machtpolitik: als Witwe und Mutter hatte sie eine gute Stellung, war Assistentin des Managers von British Shell, und hatte neun Jahre lang korrekt mit der kommunistischen Stadtverwaltung von Schanghai in einer Zeit zusammengearbeitet, als China diesen Kontakt brauchte. Shell ist gegangen und hat seine Niederlassung dem Regime übergeben; sie ist arbeitslos. Aber die Politik des Kontakts mit dem Westen wird jetzt rückwirkend attackiert, so daß es notwendig ist, diejenigen zu diskreditieren, die sie gestattet hatten. Letztlich war es Tschou En-lai, der sie absegnete, Mao und die Viererbande waren dagegen: Da

Tschou immer noch mächtig und beliebt ist, kann nichts direkt gegen ihn unternommen werden, aber wenn bewiesen werden kann, daß der Kontakt mit dem imperialistischen Kapitalismus der Spionage diente, dann ...

Bei einer »Kampfversammlung« trägt der Buchhalter von Shell, Tao, eine »hohe Narrenkappe aus weißem Papier« und gibt eine ganze Reihe von unwahrscheinlichen Verbrechen zu: Nach zweieinhalb Jahren Haft, Schlafentzug, Schwerstarbeit, Mißhandlung und Druck der Familie — sein Sohn ist Parteimitglied — erklärt Tao bereitwillig, daß er ein Spion war. Jetzt hätte man normalerweise auch gegen Nien Cheng etwas in der Hand gehabt, aber sie reagiert furchtlos, tut etwas, was es noch nicht gegeben hat, indem sie laut und verächtlich über Taos Auftritt lacht, die ganze Schau verdirbt und sich erneut weigert, ein Geständnis abzulegen. Ein Jahr zuvor hatte man versucht, ihre Tochter Meiping dazu zu bringen, sie zu denunzieren, aber Meiping war bei der Befragung widerspenstig, die Dinge gerieten außer Kontrolle, die maoistische Technik des »erschöpfenden Bombardements« ging schief und geriet zu einem der Unfälle, die durch den »Übereifer der Massen« bedingt waren: Nachdem Meiping von der Miliz in das neunte Stockwerk eines Gebäudes in der Nanking-Straße in Schanghai verschleppt worden war, gingen die Vernehmer zu weit: Meipings Tod durch Folter wurde als Selbstmord ausgegeben.

Bevor Nien Cheng China verläßt, setzt sie tatsächlich den Prozeß in Gang, in dem einer der Mörder ihrer Tochter zum Tode verurteilt wird. Aber da er Parteimitglied ist, wird seine Hinrichtung um zwei Jahre verschoben, und er wird auf freien Fuß gesetzt. Hier ist sie gescheitert; sonst war sie überall erfolgreich. Durch ihre wunderbare Geduld und Integrität hat sie ihre Haft überlebt, hat auf einer offiziellen »Rehabilitierung« bestanden und diese auch erhalten, und nach weiteren Jahren des Wartens bekam sie tatsächlich jene Entschuldigung, ohne die sie das Gefängnis Nr. 1 nicht verlassen wollte — man hätte sie sonst gewaltsam hinauswerfen müssen.

Dies ist die seltsame Geschichte eines Menschen, der den Kampf gegen gewaltige Kräfte aufnimmt und mutig genug ist, ihn durchzustehen, ja sogar zu obsiegen. Das Regime hat ihr ihr Haus genommen, sie mehr als sechs Jahre leiden lassen und ihre Tochter umgebracht. Während dieser ganzen Leiden strahlt Nien Cheng wie ein klares Licht, entschlossen, vernünftig, eine unterschätzte Heldin. Ihre eigene Existenz ist zerstört, und zwar von dem Moment an, als die Roten Garden in ihr Haus eindringen und anfangen, ihr Porzellan zu zerschlagen, wobei sie noch auf den Scherben herumtrampeln. Der nächste Angriff auf ihre Person findet bei den »Kampfversammlungen« statt, die in öffentlichen Schulgebäuden vor verblendeten, fanatisierten Bürgern abgehalten werden; diese sind in den ersten Jahren fasziniert und leicht durch die Propaganda zu beeinflussen, später gelangweilt, aber immer noch bereit, gehorsam den Liedern zu lauschen und gläubig zu den großen Postern emporzublicken, immer noch bereit, sie zu Tode zu trampeln, wenn sie wieder und wieder vorgeführt wird. Mehr als sechs Jahre Verhöre und Einzelhaft sowie Hunger in einer ungeheizten Zelle sollten eigentlich auch Nien Cheng zerbrochen haben.

Alle klassischen Techniken der Isolation werden angewandt, man will ihr die Überzeugung vermitteln, daß sie allein ist, keine Freunde hat, zur falschen Klasse gehört, schon aufgrund ihrer Geschichte, ihrer Herkunft schuldig ist. Sie vergeht vor Angst wegen des Schicksals ihrer Tochter, das ihr bis zu dem schrecklichen Augenblick entzogen bleibt, als Meipings Kleider im sechsten Jahr ihrer Haft einfach in ihrer Zelle abgeliefert werden. Ihr Gesundheitszustand ist schlecht, sie hat zweimal eine schwere Lungenentzündung, durch eine Zahnfleischerkrankung verliert sie alle Zähne, häufige, starke Blutungen werden als Krebs diagnostiziert — man nimmt an, daß sie todkrank ist, weswegen sie wohl letztlich freigelassen wird. Tatsächlich hat sie durch ihre bloße Willenskraft und ihren Glauben an ihre eigene völlige Unschuld gesiegt, die durch keinen Machtmißbrauch und keine Ungerechtigkeit zerstört werden können.

Während jedermann gesteht, hat sie sich geweigert, zu gestehen. Ihre Kollegen haben sich alle unterworfen und sie beschuldigt, schließlich verrät ihr Bruder sie durch ein falsches Geständnis. »Es ist zwecklos, Widerstand zu leisten«, erklärt er ihr. »Wenn sie sagen, daß etwas geschehen ist, dann ist es geschehen.« Nach jahrelangen Verhören fragt ein junger Arbeiter, der an jenem Tag an dem Verhör teilnimmt, sie verwundert: »Was erwarten Sie eigentlich? Worauf hoffen Sie?« Das ist eine vernünftige Frage in einem System, das keinen Fehler kennt, das immer recht hat. Hier ist die Anklage gleichbedeutend mit der Verurteilung, man braucht nur das Ritual des Geständnisses, um die Sache abzuschließen, es bedarf keiner Beweise. Sie fordert Beweise. Die Vernehmer schlagen mit der Faust auf den Tisch und verlangen, daß sie gesteht: Sie wagt es, ihrerseits mit der Faust auf den Tisch zu schlagen und ein Stück Papier zu verlangen, auf das sie schreibt, daß sie die Todesstrafe akzeptieren wird – wenn sie schuldig ist.

Eine Frau mittleren Alters, gebildet und verständnisvoll, taktvoll und feinfühlig, eine »Dame«; sie wird im Laufe der Jahre, in Augenblicken drohender Verzweiflung und wenn es nötig ist, ihren »Kampfgeist« aufrechtzuerhalten, absichtlich mit ihren Wärtern Streit anfangen, bis sie von ihnen geschlagen und getreten wird. So jemanden wie sie hat man noch nicht erlebt: »Wir haben in all den Jahren hier keinen zweiten derart aufsässigen und streitsüchtigen Häftling gehabt«, bemerkt der Gefängnisarzt bei ihrer Entlassung. »Freuen Sie sich?« will er wissen. »Sechseinhalb Jahre Gefängnis sind für einen Unschuldigen eine ziemlich lange Zeit«, antwortet sie schlicht.

Nichts kann sie davon abbringen, auf ihrer Ehre und auf Gerechtigkeit zu bestehen, und nichts kann ihr die feste Überzeugung nehmen, daß dieses System korrekt handeln muß. Obwohl es das nicht kann, gar nicht darauf eingerichtet ist. Jeder macht ihr das klar. Die Vernehmer erklären ihr den »dialektischen Materialismus«: die Gerichte sind nur die Repressionsinstrumente der jeweils herrschenden Klasse, das Proletariat, das jetzt an der Macht ist, muß sie gegen seine Feinde einsetzen, es gibt keine Gerechtigkeit, nur siegreiche Klassen. Sie weigert sich, das zu akzeptieren, und hält daran fest, daß es Beweise geben muß. Nach mehreren Jahren Haft geben die Wärter, die ihr einst versicherten, daß sie schon deshalb schuldig sei, weil sie verhaftet worden war, und die verwirrt sind über die Ausschreitungen der Kulturrevolution, die sich auf alles, auch auf die Gefängnisverwaltung auswirkt, zu, daß sie nicht mehr wissen, was ein Verbrechen ist und was nicht.

Es herrscht eine völlige moralische Verwirrung: Das hatte Nien Cheng die ganze Zeit begriffen, aus diesem Grund hatte sie beschlossen, keine Lügen zu gestehen, nicht von der Wahrheit abzuweichen. Das ist die Realität, geistige Gesundheit. Lügen sind Verwirrung, komplizieren und verlängern die Dinge.

Als der Verdacht das erste Mal auf sie fällt und sie gezwungen wird, Taos Geständnis beizuwohnen, empfindet sie »Abscheu und Scham, daß es in meiner geliebten Heimat mit ihrer fünftausendjährigen Zivilisation zu einem solchen Akt der Barbarei gegen einen Mitmenschen hatte kommen können. Ich fühlte mich als Chinesin entwürdigt.« Sie erkennt die Spirale der Unwahrheit: »Diese Männer machten auf mich den Eindruck, daß sie in jedem Fall ein Geständnis von mir wollten, auch wenn ich es erfinde.« Genau das ist der Fall, wie ihr Herr Hu, ihr alter Freund, versichert, es gibt in der Tat Quoten: »In jeder Organisation müssen etwa drei bis fünf Prozent aller Angehörigen zu ›Feinden‹ erklärt werden, weil der Vorsitzende Mao diesen Prozentsatz in seiner Rede erwähnt hat.« »Wenn ihnen das nicht gelingt, könnte man sie beschuldigen, die Bewegung im Stich zu lassen.«

Wenn man die Bewegung unterstützt, eifrig die Linie vertritt, bleibt man ungeschoren, kommt man sogar vorwärts. So geheimnisvoll und veränderbar die Linie auch ist, man muß ihr gewissenhaft folgen. Das steht überall, auf Spruchbändern, Fahnen, Plakaten — man wird von der Propaganda überschwemmt, oft von unergründlicher Metaphorik (»Grabt tiefe Tunnel«, »Reißt das Unkraut heraus«). Manchmal ist sie so allgegenwärtig und verwirrend, daß schließlich alle Slogans verdächtig sind: Die offiziellen Lügen, die so lange ausgestreut wurden, haben letztlich keinen anderen Zweck, als den Eindruck zu vermitteln, daß die Wahrheit unwichtig ist.

Statt dessen hört man auf Gerüchte, prüft, woher der Wind weht, liest zwischen den Zeilen der Zeitungen, »interpretiert« die Dinge, wie Nien Cheng es tut, wenn die Regierungszeitung täglich in ihre Gefängniszelle geliefert wird und über die Lautsprecher die richtige politische Linie oder die Namen derjenigen verkündet werden, die in der Nacht hingerichtet werden sollen.

Hu war zu dem Schluß gelangt, daß es gegen Lügen keine andere Verteidigung als die Wahrheit gibt, wobei er diese Schlußfolgerung so formuliert, daß sie keine persönliche Anleitung ist: »Dennoch sollte niemand ein falsches Geständnis ablegen, wie sehr man ihn auch unter Druck setzen mag.« Es ist gefährlich zu lügen, weil die Partei sich nie mit etwas zufriedengibt; sie wird immer neue Schuldgeständnisse verlangen: »Am Ende hat man sich in ein Gestrüpp von Unwahrheiten verstrickt, aus dem man sich nicht mehr befreien kann.« Er hat das schon bei mehreren Menschen mitansehen müssen. Sich an die Wahrheit zu halten, ist ein alter chinesischer Grundsatz, er wird auch der ihrige sein.

Die meisten lügen, um sich zu retten, und genau das wollen die Behörden: Indem man lügt, erkennt man ihre Autorität an, ersetzt man seine eigene Realität durch ihre, unterwirft sich ihrer Macht. Alles ist auf dieses Ziel ausgerichtet. Bei den »Kampfversammlungen« sitzt der Angeklagte mit gesenktem Kopf da, die Hände hinter dem Rücken gefesselt, gedemütigt, erniedrigt, zerstört. Während der schlimmsten Zeit ihrer Verhöre muß Nien Cheng elf Tage lang Handschellen tragen, kann weder schlafen noch essen, überlebt diese Tortur kaum. Man erwartet, daß sie verhungert und dann zur Konterrevolutionärin erklärt wird. »Das ist das übliche Verfahren, wenn Häftlinge vor der Aufklärung ihres Falls sterben«, erklärt ihr eine Wärterin.

Wegen der Hoffnung auf Aufklärung hat sie sich an das Leben geklammert, wegen dieser Gnade, um die sie tausendmal gebeten hat, das ist ihr Ziel, so wie der Himmel das Ziel der Frommen ist. Die Wärterin deutet an, daß es vielleicht doch eine Möglichkeit gibt, zu essen und am Leben zu bleiben. Nien Cheng denkt die ganze Nacht darüber nach und löst das Rätsel: Wenn morgen das Essen durch die kleine Tür geschoben wird, wird sie nicht den Kopf schütteln und zeigen, daß ihre Hände hinter ihrem Rücken gefesselt sind. Statt dessen wird sie sich umdrehen, ganz vorsichtig den Behälter nehmen und ihn auf das andere unbenutzte Bett stellen, das ihr als Tisch dient. Dann werden ihre gefesselten Hände den Inhalt des Behälters auf ihr sauberes Handtuch leeren, ohne etwas von dem kostbaren Reis zu verschütten. Dann wird sie niederknien und »ihn wie ein Tier hinunterschlingen«. Sie wird auch dies überleben.

Die ungeheizte Zelle — jeder war sicher, daß sie bald daran zerbrechen würde — hat jetzt ein vereistes Fenster. Ihre Hände sind ein Klumpen Blut und Eiter: sie kann sie nicht sehen, aber ihre Bettdecke ist voller Flecken. Wahrscheinlich kann sie sie nie wieder gebrauchen. Sie bekommt Fieber, in lichten Augenblicken versucht sie, sich zu disziplinieren, indem sie einfache Rechenaufgaben löst; »aber schon nach kurzer Zeit konnte ich mich nicht mehr konzentrieren und war wieder so benommen wie zuvor.« Sie versteht die Wärter nicht mehr, die an die Tür kommen, hat den Punkt erreicht, wo sie nicht mehr die Kraft hat, etwas zu essen. Aber wenn sie die Toilette benutzt hat, zieht sie noch immer ihre Hose hoch und macht den Reißverschluß zu. Da dies mit zusätzlichen Schmerzen für ihre Handgelenke verbunden ist, hätte sie dies aus nackter Not unterlassen können, aber das hätte sie »demoralisiert«. Es hätte die Kraft untergraben, die sie aufrechterhält, ihren »Kampfgeist« ausgehöhlt: Ihr Überleben ist nur deshalb möglich, weil es ihnen nicht gelungen ist, diesen zu brechen.

Am elften Tag verliert sie das Bewußtsein, und schließlich werden ihr die Handschellen abgenommen. Als sie endlich ihre Hände ansehen kann, entdeckt sie, daß sie stark angeschwollen sind. »Die Schwellung reichte bis zu den Ellbogen. An den Handgelenken, wo die Handschellen mir ins Fleisch geschnitten hatten, quollen auch jetzt noch Blut und Eiter aus den Wunden. Meine Nägel waren blutunterlaufen und fühlten sich an, als würden sie jeden Moment abfallen. Ich betastete meine Handrücken und merkte, daß Haut und Fleisch taub waren. Ich versuchte, die Finger zu krümmen, schaffte es aber nicht, weil sie so groß waren wie Karotten.« Sie betet zu Gott, daß er ihr den Gebrauch ihrer Hände erhält, aber sie muß sie selbst heilen, denn »der Arzt behandelt keine Häftlinge, die eine Strafe erhalten haben«.

Dies ist eine gängige Foltermethode. Die Handschellen werden nicht nur so fest wie möglich gespannt, sondern der Gefangene bekommt häufig auch noch Ketten angelegt und wird an ein Fenstergitter gefesselt, so daß er weder essen noch trinken noch seine Notdurft verrichten kann: Die Behörden leugnen, daß das Folter ist, und nennen es Überzeugungskunst oder Strafe. Diese Methode wird jetzt, da China eine neue Welle der Repression erlebt, wahrscheinlich bei den Studenten angewendet, die auf dem Tienanmen-Platz demonstriert haben. Als Nien Cheng sich wieder bewegen kann, muß sie sich auf dem Hof zeigen, damit drei mysteriöse Gestalten in Armeemänteln, die oben aus einem Fenster schauen, ihren Zustand beurteilen und mit ihrem Leiden zufrieden sein können.

Da ist immer jemand, der durch ein Fenster sieht. Wenn sie dem Vernehmer gegenübersitzt, blickt direkt hinter ihrem Kopf ein Gesicht durch ein kleines Fenster, das sie nicht sehen kann. Der Vernehmer sieht es, wenn er an ihr vorbeischaut, erhält sein Signal und beginnt. Da jemand anders zuschaut, ein Unsichtbarer, ist der Vernehmer nicht die letzte Instanz, sondern ein Zwischenglied. Sie wird nie die Augen sehen, die sie kontrollieren, obwohl sie oft hört, wie hinter ihr die Fensterklappe voller Zorn zugeschlagen wird. Wenn das versteckte Fenster geschlossen ist, hat es keinen Sinn, weiterzumachen, und der Vernehmer beendet seine Arbeit; ohne diese Überwachung kann nichts Wichtiges geschehen. Nien Chengs »wirklicher Antagonist« wird immer unsichtbar bleiben, obwohl sie sich immer wieder wünscht, »von Angesicht zu Angesicht demjenigen gegenüberzusitzen, der mich so ungerecht behandelte! Wie gern hätte ich mir seine Gesichtszüge für immer eingeprägt!«

Wahrscheinlich gibt es viele von ihnen, Leute mit Überwachungsfunktionen, »Höhere«, wie die hochrangigen Offiziere um Lin Piao, die große »Kampfversammlungen« belauschen. Die Drähte ihrer Abhörgeräte sind mit dem Mikrophon verbunden, in das die Sprecher der Partei laut hineinreden: In dem Augenblick, in dem diese unsichtbaren Zuhörer gehen, ist alles vorbei, die Menschen packen ihre Habseligkeiten zusammen und gehen in einer langen Reihe hinaus. Nien Cheng, die ihren Kopf unterwürfig senken muß, hört, wie sie beim Verlassen des Gebäudes miteinander plaudern, als würden sie gerade aus dem Kino oder Theater kommen: »Ziemlich kühl geworden, nicht wahr?« »Wo ißt du heute abend?«

Diese Frau ist von der Wahrheit besessen: Sie hat den Kampf mit einem Regime aufgenommen, das ein Viertel der Weltbevölkerung kontrolliert, und läßt sich von ihm nicht kleinkriegen. Sie ist eine glückliche Ausnahme — allein während der Kulturrevolution starben in Schanghai zehntausend Menschen, unter ihnen ihre eigene Tochter —, aber das bestärkt sie nur in ihrer Entschlossenheit. Als sie den langen Gang der Haftanstalt Nr. 1 zum ersten Mal sieht, wird ihr seine ganze Trostlosigkeit klar: »In den folgenden Jahren habe ich in meinen Träumen und Alpträumen immer und immer wieder diese lange Reihe von düsteren, nur schwach erleuchteten Türen gesehen und immer wieder die Hilflosigkeit und die Ohnmacht erlebt, eingesperrt zu sein.« Und dennoch besteht ihre erste Handlung darin, die Zelle sauberzumachen. Sie macht es gründlich, wie eine Hausfrau, die ihre Wohnung putzt, verschafft sich Wasser und verwendet es so gut, daß jeder Zentimeter des Bodens, das Bettgestell, die Wand, die Toilette sauber sind. Die Wand neben dem Bett ist so schmutzig, daß sie nicht mehr gesäubert werden kann: sie tapeziert sie mit Toilettenpapier, opfert Reis, um daraus eine Paste zu machen, zählt die Körner. Die Wärter reißen das Papier ab, sie klebt neues. Nachdem sie den Dreck beseitigt hat, wird heißes Trinkwasser ausgegeben: »Noch nie hatte mir einfaches gekochtes Wasser so gut geschmeckt.«

Ein Geist, der die Realität so klar wahrnimmt, ist etwas Wunderbares. Nien Cheng ist von Anfang an entschlossen, von dem Augenblick an, als der Mann mit der dunklen Brille, der sie wochenlang verfolgt hat, sie schließlich verhaftet und zwingt, in einen schwarzen Jeep einzusteigen, der sie ins Gefängnis bringen wird: Sie hat weder Angst noch fühlt sie sich besiegt, sondern sie ist entschlossen, nicht nachzugeben, falls sie sie nicht töten, wohlwissend, »daß viele Menschen, auch altgediente Parteimitglieder, rituelle Schuldbekenntnisse ablegten, wenn man sie unter Druck setzte. Sie hofften, so eine offene Konfrontation mit der Partei zu vermeiden oder durch Unterwerfung weiteren Leiden zu entgehen. Andere gerieten unter dem auf sie ausgeübten Druck in Verwirrung und legten falsche Geständnisse ab, weil sie sich nicht mehr unter Kontrolle hatten (...) Mir erschien es dumm, ein solches Geständnis abzulegen, wenn man unschuldig war. Es kam mir logischer und klüger vor, mich der Verfolgung auszusetzen, ohne Rücksicht auf das, was ich würde aushalten müssen.«

Man ist erstaunt, was sie alles aushält: das Labyrinth von Täuschung und psychologischer Manipulation, die Aufforderung von allen Seiten, aufzugeben und ein Geständnis abzulegen, die Drohungen und Schläge, das schreckliche Gewicht der Zeit, der Krankheit und des körperlichen Abbaus. Da sie an die Wahrheit glaubt, glaubt sie an die Vernunft, fordert Einsicht in das Strafgesetzbuch und juristische Bücher, und sie schafft es auch, »wie der chinesische Fatalismus in Person« zu erscheinen, als sie den ersten Rotgardisten mit einem Exemplar der kommunistischen Verfassung Chinas entgegentritt. Ein junger Mann reißt es ihr aus der Hand; die Verfassung wurde abgeschafft, durch Maos kleines Buch ersetzt. Sie akzeptiert eine solche Unvernunft nicht: Im Gefängnis fordert sie den Vernehmer auf, sich nicht wie ein »hysterischer« Jüngling der Roten Garden zu verhalten, sondern wie ein »erfahrener Mann mit Verantwortungsbewußtsein, der in der Lage war, einen Schuldigen von einem Unschuldigen zu unterscheiden«. Und wenn er ihr vorlügt, daß er Beweise gegen sie habe oder großtuerisch meint, daß Beweise unerheblich seien, antwortet sie ihm, daß sie eher sterben würde als lügen.

»Der Wunsch zu überleben, ist der Grundinstinkt aller Lebewesen«, insistiert er und droht, sie zu erschießen, wenn sie nicht lügt, das heißt ein Geständnis ablegt. »Erstens, fürchtet keine Entbehrungen«, zitiert sie Mao, »zweitens, fürchtet den Tod nicht.« »Dieses Zitat ist nicht für Menschen Ihres Schlages bestimmt. Es ist für die Soldaten der Volksbefreiungsarmee gedacht«, antwortet er verächtlich. Sie erwidert unter Berufung auf Lin Piao, der noch nicht in Ungnade gefallen ist: »Die Lehren unseres Großen Führers haben universelle Bedeutung und sind in allen Lebensbereichen anwendbar.« Sie wird dieses System an seinen Versprechungen messen; nachdem sie die kommunistische Herrschaft als historisch unvermeidlich akzeptiert hat, weigert sie sich, sie in einer chaotischen Unvernunft untergehen zu lassen. Trotz allem, was sie um sich herum wahrnimmt, lehnt sie es ab, dem Zynismus, der Berechnung, dem brutalen Autoritarismus nachzugeben, fordert statt dessen, daß sich die Autorität verantwortungsvoll verhält.

Ihr Pochen auf Beweise rettet sie, denn es gibt keine Beweise gegen sie. »Nennt die Tatsachen«, sagt Mao, »legt eure Gründe dar.« So sehr sie das Böse mißbilligt, das er getan hat, indem er so viele Menschenleben vergeudete, ist sie fair genug, seinen Aufsatz über die Taktik des Guerillakrieges zu bewundern. Als vollendete, bewundernswerte Vertreterin der bürgerlichen Lebensweise weiß sie das Gute zu schätzen, das das Regime erreicht hat, seine Überlegenheit gegenüber dem vorausgegangenen korrupten Kuomintang-Regime. Und da es jetzt die legale Autorität ist, wird sie es zur Rechenschaft ziehen. Sie wird seinen Vertretern nicht erlauben, die Idee der Gerechtigkeit zu ignorieren und lächerlich zu machen: Sie will Gerechtigkeit von ihnen. Eine Frau nur, die dies verlangt. Vielleicht ist das alles, was sie tun kann. Sonst wäre sie so entehrt wie sie; sonst würde sie in derselben chaotischen Unvernunft versinken, in die sich das Regime und seine große Untertanenschar gestürzt haben: Lügen und Denunziationen, Geständnisse und Hinrichtungen, eine Barbarei, die Bücher verbrennt und Kunstwerke zerstört, rücksichtslos die Vergangenheit verwüstet, während die Gegenwart in einem Alptraum des wirtschaftlichen Mangels und der zerstörten Hoffnungen versinkt.

In gewissem Sinne wird Nien Cheng ihren Feinden gegenüber zur Verkörperung des wahren China. Selbst als sie das Land verläßt, mit einem Koffer und der erlaubten Summe von zwanzig Dollar nach Hongkong und dann in den Westen geht, bringt sie diese Haltung mit, so daß sie schließlich über ihre Erlebnisse während der Kulturrevolution berichten kann. Als die Roten Garden in jener ersten Nacht kamen, um ihr Haus zu plündern, als sie ihre eigene Kristallnacht erlebte, hatte sie gerade William Shirers *Aufstieg und Fall des Dritten Reiches* gelesen. Als sie die Treppe hinuntergehen will, um die Tür zu öffnen, fällt ihr Blick auf die chinesische Verfassung, und sie nimmt sie mit. In diesem Moment nutzlos, ist sie bei anderen Gelegenheiten von unschätzbarem Wert, so ausnahmslos wertvoll wie die klassische Dichtung der Tang-Dynastie, die sie sich systematisch aus dem Gedächtnis hersagt, um sich im Gefängnis zu trösten, während sie Maos Zitate auf dem Schoß hält. Als ihr einige Stücke ihrer Porzellansammlung zurückgegeben werden, kostbare Gegenstände, deren begeisterte Zerstörung sie nur dadurch verhindern konnte, daß sie an die Habgier der Aktivisten appellierte, nachdem ihre Hinweise auf die Geschichte oder das handwerkliche Können nichts bewirkt hatten, vermacht sie sie dem Museum von Schanghai.

Dann verabschiedet sich Nien Cheng widerstrebend von der Stadt selbst, entkommt der ständigen Überwachung, der sie auch nach ihrer Rehabilitierung ausgesetzt ist, beginnt im Alter von sechzig Jahren ein neues Leben, weiß, daß sie nie zurückkehren, daß sie in fremder Erde begraben werden wird. Beim Lesen ihres Buches erkennt man den Geist dieser Frau, bewundert nicht nur seine Stärke, sondern auch seine großartige Sensibilität. Nien Cheng verkörpert Stoizismus und philosophische Distanz, Gleichgewicht und Weisheit, eine vollendete Würde, die sie aus ihrer Kultur gewonnen hat und die in ihrem Buch für alle Zeiten dargestellt ist.

DRITTER TEIL
Die Politik der Grausamkeit in der Gegenwart

Die Kleine Schule: Argentinien und Brasilien

»An jenem Mittag trug sie die Hausschuhe ihres Mannes; es war heiß, und sie hatte keine Lust gehabt, den Schrank auf den Kopf zu stellen, um ihre eigenen zu suchen. Es gab im Haus genug andere Sachen zu tun. Als an die Tür geklopft wurde, ging sie den neunzig Fuß langen Korridor hinunter, flipp-flapp, flipp-flapp. Eine Sekunde lang dachte sie, daß sie die Tür lieber nicht öffnen sollte; es wurde mit ungewöhnlicher Heftigkeit geklopft ... aber es war Mittagszeit. Sie hatte immer damit gerechnet, daß sie nachts kommen würden.« Beinahe hätte sie die Tür aus Gewohnheit geöffnet, aber das Klopfen wird so stark — sie müssen es sein. Als sie dies erkennt, flüchtet sie auf den Hof hinaus.
   Die Erzählerin in Alicia Partnoys Buch *The Little School*[24] ist Partnoy selbst. Sie hatte nicht nur erwartet, daß »sie« nachts kommen würden, sie hatte auch viele Nächte mit ihren Schuhen geschlafen, auf sie gewartet. Daß sie bei ihrer Festnahme ein bequemes Hauskleid trägt, ist ein unerwarteter Komfort, und wenn es komisch ist, daß sie jetzt gerade »seine Hausschuhe« trägt, so ist es auch irgendwie beruhigend.
   Aber sie eignen sich nicht gut zum Laufen: »Ihren ersten Schuh verlor sie im Korridor«, bevor sie die Stelle erreichte, an der Ruth, ihre kleine Tochter, stand. »Den zweiten verlor sie, als sie über die Mauer sprang.« Inzwischen waren die Rufe und Schläge an der Tür brutal geworden. Das Kind brach in Tränen aus. Während Partnoy sich in die Büsche kauert, hört sie einen Schuß. »Sie blickte auf und sah auf jedem Dach Soldaten. Sie rannte durch mannshohes Gestrüpp zur Straße (...) Als die Soldaten sie packten und in einen Lastwagen steckten, schaute sie auf ihre Füße herunter, die von trockenem Straßenstaub bedeckt waren ...« Sie würde barfuß verhaftet werden.
   Alicia Partnoys Bericht über ihre Erlebnisse in einem argentinischen Geheimgefängnis unter der Militärregierung wurde nach und nach anonym in Zeitschriften von Menschenrechtsbewegungen veröffentlicht, bis er komplett in einem Band unter dem Titel

The Little School erschien. Obwohl in der dritten Person erzählt wird, handelt es sich um ihre eigene Entführung am 12. Januar 1977, als sie zum Hauptquartier des 5. Armeekorps und dann in ein seltsames kleines Gebäude gebracht wurde, das dahinter versteckt war; ein paar schäbige Anhänger parkten um ein altes Haus herum, das etwa eine Meile von dem Motel »Du und ich« (Tu y Yo) entfernt, an der Carrindanga-Straße, lag, einer Ringautobahn außerhalb der Stadt Bahia Blanca. Es liegt weitab, ist staubig, man hört den Verkehr, ein paar Züge, sogar das Muhen von Vieh. In Handschellen und mit einer Augenbinde wurde Partnoy dorthin gebracht, als sie aber den Kopf schräg hielt, konnte sie die Buchstaben A.A.A. lesen, die Anfangsbuchstaben der Antikommunistischen Allianz Argentiniens, einer paramilitärischen Gruppe, »zu der das Militär angeblich keine Verbindung hatte«.

Die Bezeichnung »Kleine Schule« *(La Escuelita)* ist militärischer Humor, ein Name, den die Opfer dieses Geheimgefängnisses die ganze Zeit hörten, ein Name, den sie selbst gebrauchten, sich zuflüsterten, wenn sie es wagten, das Schweigegebot zu durchbrechen; eine scherzhafte Ironie, an die sich die Überlebenden genauso erinnern wie an das Erlebnis selbst. »Ich kenne nur eine Kleine Schule«, warnt Partnoy den Leser, »aber auf unserem Kontinent gibt es viele solcher ›Schulen‹, deren Lehrer Folter und Demütigung benutzen, um uns zu lehren, die Erinnerung an uns selbst zu verlieren. Man nehme sich in acht: In den Kleinen Schulen sind die Grenzen zwischen einer erfundenen Geschichte und der Geschichte so fein, daß selbst ich sie kaum erkennen kann.« In Argentinien verschwanden während des »schmutzigen Krieges« zwischen 1976 und 1979 dreißigtausend Menschen, darunter vierhundert Kinder, die mit ihren Eltern entführt oder in der Gefangenschaft geboren wurden. Der Verbleib der meisten Verschwundenen ist bis heute nicht geklärt.

Partnoys Kleine Schule ist tatsächlich eine kleine Hölle: Es gibt zwei kleine Räume, in denen durchschnittlich fünfzehn Personen gezwungen werden, auf dem Bauch auf Feldbetten zu liegen. Sie müssen vierundzwanzig Stunden lang in dieser Position verharren, also in einem Zustand der Hilflosigkeit und Untätigkeit. Sie haben immer verbundene Augen und gefesselte Hände. Zwischen den beiden Räumen liegt ein kleiner gekachelter Flur, von dem aus die diensthabenden Wärter aufpassen, daß sie weder sprechen noch sich bewegen. Primitive, aber absolute Umstände: Der Gefangene ist zur völligen Bewegungslosigkeit verurteilt und darf kein Wort sprechen. Ohne etwas zu sehen, ist er auf ein Objekt reduziert. Spricht er oder bewegt er sich, wird er mit einem Gummiknüppel geschlagen. Partnoy erduldete diese Parodie einer autoritären Schulordnung sechs Monate lang, von ihrer Festnahme im Januar bis zum folgenden Juni, unfähig, sich zu bewegen, zu sprechen oder zu sehen.

Unter diesen Umständen gefangen zu sein, ist an sich schon Folter. Aber es gibt noch andere Torturen: Hinter dem Zimmer der Wärter, hinter ihrer Küche und ihrem Bad geht eine Tür auf einen Innenhof hinaus, in dem sich das »Folterzimmer« befindet, direkt vor der Latrine und dem Wassertank. Im Folterzimmer steht ein eisernes Bettgestell, die Standardausrüstung an solchen Orten; ein bescheidener Gegenstand, der eigentlich anderen Zwecken dient, hier aber für die Folter durch Elektroschock benutzt wird. Das Metall leitet und ist stabil; die Gefangenen können daran festgebunden werden. Die Wärter schlafen in Anhängern, im Laufe der Zeit werden für weitere »Verschwundene« noch zusätzliche aufgestellt.

Es sind ganz gewöhnliche, erbärmliche Umstände, die dieses absonderliche, improvisierte Gefängnis so real machen. Das Dach ist undicht: »Wenn es regnete, floß Wasser in die Räume, und wir waren völlig durchnäßt. Wenn die Temperatur unter Null fiel, wurden wir nur mit schmutzigen Decken zugedeckt; wenn die Hitze unerträglich war, wurden wir gezwungen, sogar unsere Köpfe zu bedecken. Wir waren gezwungen, still zu sein und auf dem Bauch zu liegen, oft stundenlang unbeweglich oder mit dem Gesicht nach unten. Unsere Augen waren verbunden, unsere Handgelenke fest zusammengebunden.«

Es ist, als sollten die Gefangenen dadurch in ihrem Geheimgefängnis verschwinden, daß man sie mit Decken zudeckt. Sechs Monate lang wußte Partnoys Familie nicht, wohin sie verschwunden war; das Militär leugnete, sie in Gewahrsam zu haben, so wie es Tausende von anderen Fällen geleugnet hatte. Die Fähigkeit, einen Menschen zu »verschwinden«, ist eine so furchtbare Macht, daß das Verb, das grammatisch eigentlich intransitiv ist, transitiv wird und ein Objekt bekommt. Es entsteht auch ein neues Passiv: Man verschwindet nicht, sondern wird verschwunden. Das Wort verliert seine fast abstrakten Konnotationen von Wahrnehmungen und Eindrücken und wird in eine spezifische Handlung verwandelt: jemanden zu »verschwinden« heißt, eine Gegenwart, vielleicht sogar eine Existenz durch Gefangennahme auszulöschen.

Aber auf eine sehr spezielle Weise; es handelt sich nicht um eine normale Entführung, sondern um eine, hinter der die staatliche Autorität steht. Die Regierung bestimmt jetzt, ob Bürger existieren oder aufhören zu existieren. Dieses mysteriöse Auftauchen und Verschwinden, dieses Sichtbar- oder Unsichtbarsein, Vorhanden- oder Nichtvorhandensein grenzt an Zauberei. Die Fähigkeit des Staates, unliebsame Personen zu entführen, hat nicht nur zur Folge, daß sie nicht mehr existieren, sondern daß es sie nie gegeben hat. Da ihre Festnahme nicht zugegeben, an keiner Stelle offiziell registriert wird, können die »Verschwundenen« ebenso leicht getötet werden, wie sie festgehalten werden können, bis sie an der Folter zerbrochen sind. Dann kann man sie verurteilen, als Zeugen verwenden oder ermorden.

Um die Folter zu praktizieren, schafft der Staat die entsprechenden Voraussetzungen: Als die Junta 1976 an die Macht kam, setzte sie zunächst die Verfassung außer Kraft. In den folgenden drei Jahren, den repressivsten der Militärregierung, verschwanden dreißigtausend Argentinier vor den Augen ihrer Mitbürger. Die Regierungserklärungen bestritten dies ständig, die letzte offizielle Verlautbarung, das Schlußdokument der Militärjunta über den Krieg gegen Subversion und Terrorismus vom April 1983 leugnete es kategorisch: »Es ist auch die Rede von ›verschwundenen‹ Personen, die von der argentinischen Regierung noch immer an unbekannten Orten festgehalten werden. Dies ist nichts als die Unwahrheit, die aus politischen Zwecken verbreitet wird, denn es gibt in der Republik weder geheime Gefängnisse noch Personen, die in irgendeiner Haftanstalt heimlich festgehalten werden.«

Einige Monate später brach die Diktatur zusammen. Im Dezember 1983 kam ein demokratisch gewählter Präsident an die Macht. Partnoy kehrte im nächsten Sommer nach Argentinien zurück, in ein Land, wo »Hunderte von nicht-identifizierten Leichen ausgegraben wurden, von denen die meisten Folterspuren aufwiesen«. Sie sagte vor der Kommission aus, die eingesetzt worden war, um Nachforschungen über die Verschwundenen anzustellen, und half, die Kleine Schule ausfindig zu machen. Aber trotz aller Verbrechen dieser Regierung und trotz der überwältigenden Beweise wurden nur zwei führende Militärs, General Jorge Videla und Admiral Emilio Massera, für ihre Mitwirkung an der Entführung und Folterung dieser riesigen Zahl von Opfern zu lebenslanger Haft verurteilt.

Partnoy ist furchtbar enttäuscht über die Ergebnisse, die der Prozeß gegen die Junta gebracht hat: »Nur drei andere wurden verurteilt, und vier Offiziere wurden von allen Anklagen freigesprochen. Die übrigen Verbrecher erfreuen sich völliger Freiheit.« Sie ist sich bewußt, daß dieser Prozeß einen Präzedenzfall für Lateinamerika hätte schaffen können, der zweite bedeutsame Prozeß wegen Folterungen seit Nürnberg.[25] In Nürnberg urteilten allerdings die Sieger über den Besiegten; hier urteilte eine Nation über sich selbst: »Es ist richtig, daß ein sehr wichtiger Prozeß gegen die Generäle stattgefunden hat, die über das Land geherrscht haben, gegen die Männer, die für die Massenmorde verantwortlich sind. Aber es ist auch richtig, daß es erst dann einen Schutz vor der Wiederholung solcher Verbrechen in der Zukunft geben kann, wenn Fälle wie die Kleine Schule vor Gericht gebracht werden.«

Die Ergebnisse des argentinischen Prozesses sind in der Tat bedauernswert, stellen sie doch faktisch eine Entlastung des Militärs dar, das unzählige Brutalitäten begangen hat, Brutalitäten, an denen Tausende von uniformierten Mitgliedern der Streitkräfte sowie Tausende von paramilitärischen Kräften und verdeckten Agenten beteiligt waren, die nie angeprangert oder vor Gericht gestellt wurden. Es gab nur fünf Verurteilungen, in drei Fällen zu geringen Strafen: Die Verbrechen blieben nahezu folgenlos. Das Ergebnis war nicht nur für das argentinische Militär sehr beruhigend, sondern auch für alle anderen Militärregime in der Region. Eine große Chance war vertan worden. Was als Prozeß gegen das Militär begonnen hatte, endete als Kapitulation vor seinen Einschüchterungsmanövern. Indem Argentinien vor der Armee kapitulierte und darauf verzichtete, die Folterer aus deren Reihen zu verurteilen oder zu bestrafen, hat es ihre Rückkehr nicht nur ermöglicht, sondern vielleicht sogar erleichtert. Man scheint von Gerechtigkeit weiter entfernt zu sein denn je, und die Schwadronen, die überall auf dem Kontinent Kleine Schulen unterhalten, arbeiten weiter wie bisher.

Wie anders ging die »Gerechtigkeit« mit Partnoy und den Insassen der Kleinen Schule um, die monatelang terrorisiert und gefoltert wurden, gefesselt waren und auf dem Bauch liegen mußten, die Augen verbunden hatten und nicht sprechen durften, ständig von den Wärtern geschlagen wurden. Die sogar geschlagen wurden, wenn sie ihren Teller schräg hielten und ein wenig Suppe verschütteten, während sie allein in der schrecklichen Dunkelheit aßen, von Soldaten umgeben, die nur darauf warteten, sie für jeden Verstoß gegen dieses wahnsinnige System zu bestrafen.

Obwohl keiner der Verantwortlichen für diese Leiden angeklagt wurde oder angeklagt werden wird, ist Alicia Partnoy dem Schicksal ihrer Mitgefangenen nachgegangen, weil jeder für Tausende von Gefangenen in Süd- und Mittelamerika steht und weil diese Fakten so wenig zur Kenntnis genommen werden. Ihre enge Freundin Graciela Alicia Romero de Metz war bei ihrer Festnahme im fünften Monat schwanger. Graciela wurde bei ihrem Transport von einem anderen Gefängnis in die Kleine Schule geschlagen und mit Elektroschocks in den Bauch gefoltert. Sie brachte in der Kleinen Schule ein Kind zur Welt, das ihr von einem der Vernehmer weggenommen wurde. Graciela wurde am 23. April 1978 entführt, und man hörte nie wieder etwas von ihr: Sie steht auf der Liste der verschwundenen Personen von Amnesty International. In der Nacht des 12. April 1977 wurden Maria Elena Romero und Gustavo Marcelo »Benja« Yoti von der Kleinen Schule weggebracht und erschossen: Am nächsten Tag stand in der Zeitung, daß sie bei einem »Zusammenstoß« mit den Streitkräften umgekommen waren. Beide waren siebzehn Jahre alt.

Da war auch Carlos Maria Ilaqua: »Die Wärter renkten ihm seine Schulter aus, als sie ihn an den Armen in einen Brunnen hängten«; am nächsten Tag brachte man ihn fort, und er verschwand völlig. Die Biochemikerin Ana Maria de Maisonave und ihr Mann Rodolfo Maisonave wurden gefoltert und dann von einem Militärgericht zu fünfundzwanzig Jahren Gefängnis verurteilt. Nestor Junquera und seine Frau Maria Eugenia Gonzalez de Junquera wurden ebenfalls in der Kleinen Schule gefoltert: »Maria Eugenia, die gerade eine Fehlgeburt hinter sich hatte, war nahe daran, an der Folter zu sterben«, beide wurden im Dezember 1976 von der Kleinen Schule weggebracht. Weiter ist über sie nichts bekannt.

Juan Carlos Castilla und Juan Pablo Fornazzi wurden im Herbst 1976 in ihrem Kleintransporter gefangengenommen, nach ihrer Festnahme lange gefoltert und dann zur Kleinen Schule gebracht, wo sie »bei schlechtem Wetter viele Stunden lang mit verbundenen Augen nackt im Freien verbringen mußten, umgeben von abgerichteten Wachhunden, die aufpaßten, daß sie keine Bewegung machten.« Sie wurden »grausam gefoltert«, und als »Juan Carlos Castilla durch die Folter mit Elektroschocks völlig geschwächt war, mußte er stehenbleiben, während seine Hoden ans Fenstergitter gebunden wurden«. Im Dezember wurde berichtet, daß sie bei einem »Zusammenstoß« mit dem Militär getötet worden waren; dieser Satz wurde gewöhnlich verwendet, um den Mord an einem Gefangenen zu vertuschen. Ihr Kleintransporter wurde vom Militär übernommen und der Kleinen Schule übergeben.

Es gab auch ein Dutzend Oberschüler, von denen einige mit Elektroschocks gefoltert wurden. Ihre Behandlung macht den Charakter des Faschismus deutlich: Sie wurden entführt, weil sie einem Lehrer gegenüber ungehorsam waren. »Die Schüler standen kurz vor dem Abschluß, und an der Schule herrschte eine frohe Stimmung. Der Lehrer, ein Marineoffizier, befahl den Schülern, mit dem Lärm aufzuhören. Als sie nicht gehorchten, verwies er sie von der Schule. Die Eltern der Schüler beschwerten sich bei den Militärbehörden und forderten, daß ihre Kinder wieder in die Schule aufgenommen würden. Die Behörden warnten sie davor, sich zu beschweren, ›sonst würden sie es bereuen‹. Einige Tage später drangen schwerbewaffnete maskierte Gruppen in die Wohnungen der Schüler ein und entführten sie.«

Es gibt andere Gefangene, deren Schicksal und deren Namen Alicia Partnoy nicht kennt: ein 26 Jahre alter Gärtner, der von den Wärtern mit einer Lötlampe gefoltert und draußen in einem Anhänger festgehalten wurde; ein junger Mann mit einer tiefen Wunde in der Brust, das Ergebnis der Folter: »Ich hörte ihn tagelang betteln, daß man ihm seine Wunde verbinden möge, als die Wärter sie schließlich verbanden, hatte sich jedoch eine schwere Infektion entwickelt.«

Für diejenigen, die in der Kleinen Schule und in der Dunkelheit ihrer Augenbinden verschwunden sind, ist die Welt ebenfalls verschwunden. Vielleicht hat Partnoy deswegen einen so ausgeprägten Sinn für Farben. Im Augenblick ihrer Festnahme hatte sie nach oben geschaut: »Der Himmel war so blau, daß es weh tat.« Am ersten Morgen in der Kleinen Schule stellt sie beim Aufwachen fest, daß »jemand in der Nacht ihre Augenbinde wieder festgebunden hatte«; »jetzt war der Schlitz, durch den ich sehen konnte, noch kleiner, aber groß genug, daß ich den Fußboden sehen konnte; Blut auf den Fliesen neben einem himmelblauen Flecken.« Sie wird von einem Teil der Kleinen Schule in einen anderen gebracht: »Als sie das Eisengitter öffneten, dachte sie kurz an den himmelblauen Flekken. Sie hätte schwören können, daß es eine sehr vertraute Farbe war, wie das Himmelblau der Hosen ihres Mannes; er *war* es wirklich, lag verwundet auf dem Fußboden.«

Die verbundenen Augen bedeuten vieles. Derjenige, der verbundene Augen hat, ist in einem solchen Maße desorientiert und verletzbar, daß er abhängig wie ein Behinderter ist. Physisch hilflos und psychisch eingeschüchtert. Das alles wird mit einem einfachen Stück Tuch erreicht, sobald die Hände gefesselt sind. Obwohl diese Leute nichts sehen können, sind sie selbst auf eine absurde Weise sichtbar: Objekte, die Hohn und Mißhandlung über sich ergehen lassen müssen. Jeder in dem Kreis, der sie mißhandelt, bleibt unsichtbar, sicher vor Entdeckung und möglicher Verfolgung, selbst wenn das, was er tut, jetzt nur noch theoretisch illegal ist, selbst wenn sein Amt ihm völlige Straflosigkeit garantiert. Trotzdem fühlt er sich sicherer, wenn diejenigen, die er quält, nichts sehen können, für den Fall, daß er eines Tages doch mit Vergeltung oder einer ordentlichen Anklage zu rechnen hätte — was in diesem Moment unvorstellbar weit entfernt ist. Die Augenbinde vermittelt ein Gefühl von Untergang und Ohnmacht, das Privileg des Sehens gibt dem Peiniger das Gefühl der Allmacht gegenüber seinem gefesselten Opfer, das nichts sehen kann. An manchen Orten verlassen sich die Folterer völlig auf Augenbinden, die mitunter jahrelang nicht abgenommen werden dürfen.

In der Kleinen Schule ist die Augenbinde nicht eine vorübergehende Maßnahme, die angewandt wird, wenn ein Gefangener von einem geheimen Ort zu einem anderen gebracht wird — sie ist ein Dauerzustand. Partnoy hatte man während ihrer ganzen Gefangenschaft von Januar bis Juni die Augen verbunden. Auf dem Bauch liegend, regungslos, stumm und in Dunkelheit. Die Gefangenen müssen sogar mit verbundenen Augen essen, während sie auf dem Bett sitzen, den Teller auf ihrem Schoß: »Wenn es Suppe oder einen wäßrigen Eintopf gab, wurden wir ständig geschlagen, weil die Wärter darauf bestanden, daß wir unseren Teller gerade hielten.

Wenn wir Durst hatten und um Wasser baten, waren Schläge die einzige Reaktion. Wenn wir sprachen, schlug man uns mit einem Knüppel oder nahm uns die Matratze weg. Die Atmosphäre war ständig von Gewalt geprägt. Die Wärter drückten uns Revolver gegen den Kopf oder hielten sie in den Mund und taten so, als würden sie abdrücken.« All diese Gewalt im Dunkeln, während man selbst nichts sehen kann, die Geräusche, wenn ein Freund geschlagen wird, die bange Erwartung, der nächste zu sein, ohne es kommen zu sehen.

Es gibt Parteien hier, wie im Krieg. Partnoy und ihre Freunde in der Opposition sind machtlose Gefangene, aber der Staat zieht es vor, sie als gefährliche Feinde und subversive Elemente wahrzunehmen. Überall befindet sich der Staat im Krieg mit der Subversion, ob real oder imaginär. »Closet Land ist ein Ort, an dem konspirative Treffen stattfinden«, hatte der Vernehmer behauptet, als er das Märchen seiner Gefangenen politisch interpretierte, die Geschichte von einem einsamen Kind, das in einen Schrank eingesperrt wird und die Kleider, die dort hängen, in imaginäre Freunde verwandelt. »Die Kleider werden erst dann lebendig«, wenn die Mutter weggeht und »das Kind allein ist«, insistiert er. »Wenn der freundliche Hahn, der Wache hält, den Warnschrei ausstößt, zerstreuen sie sich und laufen fort. Wenn die Mutter zurückkommt, findet sie nichts vor. Sie sympathisieren mit dem Kind, weil Sie gegen jede Autorität sind.« Der Vernehmer will um jeden Preis, daß sie das Geständnis unterschreibt, daß ihre Geschichte »eine Allegorie für die Kämpfe der verschiedenen Untergrundgruppen ist, die die Regierung bekämpfen. Der kindliche Protagonist der Geschichte steht für den uninformierten Leser, dessen Ansichten ich beeinflussen möchte. Ich stelle die Autorität der Regierung bewußt in der Gestalt der Mutter dar. Die Kleider sind allesamt Untergrundkämpfer: Der freundliche Hahn ist ein Regierungsbeamter.«

Würde diese Aussage die Wut der Staatsmacht besänftigen? Wie würde sie auf das Eingeständnis reagieren, daß »die Kleider allesamt Untergrundkämpfer sind«? Würde sie es als eine absurde Behauptung werten, die einem bestimmten Zweck dient, oder als endgültigen Beweis für eine Verschwörung? Wäre sie zufrieden, wenn sie sicher wäre, daß der freundliche Hahn wirklich ein Regierungsbeamter, also ein Spion ist, der die »Ordnung« verrät, die sie repräsentiert? Hier geht es um einen Geisteszustand, eine Mentalität, um etwas Grenzenloses. Grenzenloses Mißtrauen und Doppelspiel, grenzenloser Verdacht, grenzenlose Feindschaft. Wenn der Gefangene politisch naiv und in keiner Weise engagiert ist, liegt in dem Ganzen ein gewisser grimmiger Humor, ein Wahnsinn, der komisch wäre, wenn er nicht so mächtig und gefährlich wäre. Wenn der Gefangene ein politisch bewußter Mensch und in diesem oder jenem Maße an der Opposition und am Widerstand beteiligt ist, ändert sich die Situation drastisch.

Der Staat mag mit seinen Beschuldigungen vielleicht noch völlig danebenliegen. Er wirft seine Angel vielleicht auf gut Glück aus. Denn so wie es in der Welt völlig »Unschuldige« gibt, gibt es auch »Schuldige«, die sich dem Staat widersetzen, die vielleicht die Taten begangen haben, derer man sie anklagt, kriminelle Handlungen aus der Sicht ihrer Verfolger, Protesthandlungen aus ihrer eigenen Sicht, in jedem Fall aber spezifische Handlungen, von denen manche herkömmliche Straftatbestände, andere nur politische Aktivitäten sind, die das Regime verboten hat, ohne sich auf Verfassungsbestimmungen oder Gesetze zu stützen: Aktivitäten wie das Drucken und Verteilen von Flugblättern, die Einberufung von oder Teilnahme an Versammlungen, persönliche Äußerungen oder Reden — Aktivitäten, die willkürlich als kriminell definiert werden.

Vielleicht geht es gar nicht um eine Handlung, sondern nur um eine Einstellung, ein Verbrechen, das man mit dem Herzen oder mit dem Kopf begangen hat. Ein Häftling hat bei seiner Festnahme vielleicht keine festen Ansichten oder Überzeugungen, aber die Gefangenschaft wird für ihn eine Offenbarung sein, eine unfreiwillige, aber gründliche politische Erziehung. Selbst den Unschuldigen ist es nicht erlaubt, unwissend zu bleiben; diejenigen, die die politischen Verhältnisse einigermaßen durchschauen, werden durch die Haft wahrscheinlich vieles dazugelernt haben. Die Theorie wird zur Praxis, das Abstrakte erhärtet sich zum Konkreten, Prinzipien stehen auf dem Prüfstand.

Es gibt die Unschuldigen und die »Schuldigen«, diejenigen, die politisch nicht engagiert sind, und diejenigen, die politische Gegner des Regimes sind — Menschen, die das Regime automatisch schuldig spricht, weil sie in Opposition zu ihm stehen. Unabhängig von jeder anderen Aktivität, der legalen oder illegalen, der kriminellen, kämpferischen oder defensiven, ist allein die Haltung häufig der Schuldbeweis.

Und da die Schuld so oft eine Sache der Theologie anstelle der juristischen Beweise ist, kann man ebensowenig annehmen, daß der Staat die Gerechtigkeit repräsentiert, wie daß der Gefangene das Unrechtmäßige repräsentiert. Wir wollen ihnen andere Bezeichnungen geben, Bezeichnungen, die ihre gegenwärtige Position beschreiben: diejenigen, die ins Gefängnis schicken, und diejenigen, die ins Gefängnis geschickt werden, die Mächtigen und die Ohnmächtigen. In längerfristiger Perspektive wollen wir sie die Amtsinhaber und die Rebellen nennen, eine unsichere Gegenwart im Ringen mit einer unsicheren Zukunft. In einen ständigen und mörderischen Krieg verwickelt, können die beiden Lager entweder diametral entgegengesetzt oder potentiell ähnlich sein, sie können verschmelzen oder ihre Identität tauschen, wenn die Macht in andere Hände übergeht.

Ein Wandel, ein richtiger Wandel, wird jedoch erst dann stattfinden, wenn sich auch das geändert hat. Bis dahin können die Rebellen ihrerseits zu Amtsinhabern werden, durch die Herrschaft der Gewalt, die Wechselfälle des Krieges, die Zufälle von Staatsstreichen, die Erfolge von Selbstdarstellung und Propaganda. Nur durch die Schaffung einer neuen Ethik kann sich die Sache der Rebellen als etwas Besonderes erweisen und die unbeteiligten Zuschauer beeinflussen, sie überzeugen, sich auch dann gegen die Macht zu stellen, wenn die Chancen schlecht stehen. Der Grad des Andersseins ist entscheidend, es kommt darauf an, wirklich etwas verändern zu wollen und nicht nur nach der Macht zu streben.

Alicia Partnoys Freunde in der Kleinen Schule repräsentieren diesen Wertewandel sehr gut. Sie sind jung, haben eine Universitätsausbildung, fühlen sich durch den Ruf der Peronisten nach sozialer Gerechtigkeit, wirtschaftlicher Unabhängigkeit, politischer Souveränität und nach dem Ende der neokolonialen Einflüsse angesprochen, die dazu beigetragen hatten, den Staatsstreich und die Militärherrschaft zu ermöglichen. Alicia hat Literaturwissenschaft studiert, ebenso ihre Freundin »Vasca« (Zulma Izurieta), die in den Slums an einem Alphabetisierungsprogramm mitarbeitet. Vasca und ihren achtzehn Jahre alten Freund Braco wird man aus der Kleinen Schule wegbringen und erschießen, nachdem sie zuerst durch eine Injektion betäubt und in Decken gewickelt wurden; auch dies wird als ein »Zusammenstoß« bezeichnet werden.

Viele Häftlinge in der Kleinen Schule sind mit der Befreiungstheologie in Berührung gekommen, wie zum Beispiel Nestor: »Wenn man nicht an Gott glaubt, wie soll man dann die Kraft finden, sich der Gefahr auszusetzen, von den Militärs umgebracht zu werden?« Partnoy selbst ist eine jüdische Agnostikerin; außer der Religion hat sie alles mit Nestor und seiner Frau gemein: »Von unserer Teenagerzeit bis zu den Toren dieses Konzentrationslagers hatten wir den gleichen Weg: Ehe, Kinder, politische Aktivität.« Alicia las bei ihrer Hochzeit aus dem Evangelium vor. In der Nacht, in der ihr Onkel entführt wurde, suchte sie in ihrem Haus Zuflucht und las ihre Bibel, um sich wach zu halten; ein Handtuch war um eine Lampe gewickelt, so daß niemand in das Haus sehen konnte, in der Hand hielt sie ein stumpfes Messer. Die beiden Frauen redeten über ihre Kinder, ihre Ehe, »die politische Arbeit von Frauen«, und stellten sich vor, daß sie Zeit haben würden, zu fliehen, wenn sie wach blieben. »Als später drei Militärlastwagen vor meinem Haus hielten und ich hier landete, erkannte ich, wie naiv wir waren, als wir glaubten, fliehen zu können. In Nestors und Marias Haus waren drei Kinder, drei Messer und eine Bibel. Wie man es auch drehte und wendete, wir waren verloren.«

In der Kleinen Schule gibt es den für das Militär typischen Antisemitismus; als die Wärter entdecken, daß Partnoy Jüdin ist, drohen sie, Seife aus ihr zu machen. Aber nicht deswegen ist sie hier, sowenig Nestor hier ist, weil er Christ ist: Die Priester haben immer wieder die Waffen der Junta gesegnet, die Rabbiner den Staatsstreich mit Hinweis auf das »Chaos« gepriesen. Sie sind hier, weil sie zur Opposition gehören. Alicias Vergehen bestand darin, Informationen über die wirtschaftliche Situation, über Arbeiterstreiks und die Repression beschafft und verteilt zu haben. Sie weiß um die Verschwundenen; jedermann weiß etwas, aber natürlich weiß niemand etwas Genaues: es gibt keine Listen, es wird nichts zugegeben. Jacopo Timermann, dessen Bericht *Prisoner Without a Name, Cell Without a Number* seine Haft und seine Folter beschreibt, wurde über zwei Jahre in einer geheimen Zelle festgehalten, weil er die Namen der Verschwundenen in seiner Zeitung *La Opinion* gedruckt hatte. Als die Mütter der Verschwundenen anfingen, schweigend auf der Plaza de Mayo zu demonstrieren, und dabei Schilder mit den Namen ihrer vermißten Kinder trugen, obwohl auch sie Repressalien und der Gefahr des Verschwindens ausgesetzt waren, hatte der Protest ein neues Stadium erreicht, war schwerer zu unterdrücken. Ihr Mut trug sehr dazu bei, den Druck zu verstärken, den die Menschenrechtsgruppen auf die internationale Öffentlichkeit ausübten. Die Opposition ist ein langwieriges, schwieriges und gefährliches Unterfangen. Die Ungerechtigkeit arbeitet schnell und von einer Machtposition aus; die Oppositionellen sind verletzbar, kaum organisiert.

Aber sie lassen sich von Prinzipien, politischem Verständnis, Empörung, einer gemeinsamen Ethik leiten. Als Partnoy die hellblaue Hose ihres Mannes sieht, weiß sie, daß auch er ein Gefangener ist: »Ihr Herz zog sich noch mehr zusammen, bis es hart war wie ein Stein.« »Wir müssen zäh sein‹, dachte sie, ›sonst werden sie uns in Streifen schneiden.‹« Der Wärter schubst sie den Flur entlang, sie tritt auf den Zementfußboden des »Maschinenraums«, wo sie kurz das eiserne Bettgestell sieht, das für Folterzwecke benutzt wird: Die Angst »grub ein riesiges Loch« in ihren Magen.

Es gibt so vieles, vor dem man Angst haben muß: Folter, Schläge, die tödliche Kugel. Partnoy liegt mit verbundenen Augen auf dem Bett und stellt sich ihren Tod vor, indem sie in Gedanken die Kugeln zählt, die in ihren Körper eindringen werden. Einen Tag lang versucht sie, sich an das Gesicht ihres Kindes zu erinnern, aber es gelingt ihr nicht; vielleicht ist es gut so, denn wenn sie das Bild vor sich sehen würde, müßte sie weinen, »und wenn ich weine, breche ich zusammen«. An einem anderen Tag versucht sie stundenlang, ihre Eltern durch Telepathie zu erreichen und ihnen zu versichern, daß sie noch am Leben ist. Durch eine große Willensanstrengung schafft sie es, sich die Eltern vorzustellen. Ihre Mutter sitzt im hinteren Zimmer und malt, ihr Vater macht Tee, ihr jüngerer Bruder liest ein Buch. Das Teewasser kocht, der Junge dreht eine Seite um. Dort, in Freiheit, Normalität, Frieden, so weit weg.

Hier, in dieser öden Monotonie der Untätigkeit, der Blindheit, der willkürlichen Schläge schieben die Soldaten den Gefangenen ihren Revolver in den Mund, um den pervers-sexuellen Charakter ihrer Macht zu demonstrieren. Aber selbst hier gibt es kostbare Augenblicke, Augenblicke subtiler Andeutungen unter Freunden, die nicht miteinander kommunizieren dürfen, es aber dennoch schaffen, sich eine oder zwei Sekunden lang etwas zuzuflüstern, eine Wahrnehmung zu teilen. So eine Gelegenheit ergibt sich häufig nach den Mahlzeiten, und das, was man sagt, ist wichtig, die Worte werden sorgfältig gewählt. »Vasca«, flüstert Partnoy, »sie haben mir Schuhe mit nur einer Blume gegeben.« »Immerhin«, flüstert Vasca zurück: Partnoy kam barfuß hierher. Aber das ist nicht der Punkt: »Nur eine Blume, zwei Schuhe und nur eine Blume«, betont Partnoy und möchte, daß ihre Freundin sich das vorstellen und verstehen kann, »einen Schuh mit einer Blume inmitten von Schmutz und Angst, den Schreien und der Folter, diese Blume, so plastisch, so unglaublich, so lächerlich«, wie eine Theaterrequisite, »fast obszön, absurd, ein Witz«. Vasca, deren Augen ebenfalls verbunden sind, sieht sie auch vor sich, und sie lachen.

Die Wärter machen sich über sie lustig, haben ihren Spaß daran, in ihre Intimsphäre einzudringen, sie in der Latrine zu beobachten, Küsse zu fordern, indem sie den weiblichen Gefangenen ein Messer an die Kehle setzen, fummeln ständig an ihnen herum oder versuchen, die Gefangenen zu sexuellen Intimitäten anzustacheln, damit sie zusehen und masturbieren können. Auf dem Flur lassen sie Partnoy mit einem anderen Gefangenen zusammenstoßen und befehlen ihr dann, dem Mann ins Gesicht zu schlagen. Sie kann das Gesicht nicht sehen, streichelt es aber, weil es das Gesicht eines Leidensgenossen ist. Zur Strafe bekommt sie zwölf Schläge, und mitten in dieser Entwürdigung erkennt sie, daß es Hugos Gesicht war, Hugo, der stärker als sie gefoltert worden ist: »Ich wollte keinen Freund schlagen.« Bei einem anderen Spiel müssen sich die Gefangenen an den Händen halten und im Zimmer herumlaufen, ohne sehen zu können, wohin sie gehen. Alicia kann Vascas Hand halten, »ein verstehender, solidarischer Händedruck«. An der anderen Hand hält sie Hugo: »Unsere Handflächen vermittelten eine Botschaft: ›Mut. Heute und an den restlichen Tage, die wir hier werden aushalten müssen.‹«

Sie sind jung, und wenn sie die Gelegenheit haben, lachen sie, schneiden Grimassen, tun sogar so, als würden sie flirten. Meistens spenden sie Trost, als sie mit wachsendem Entsetzen bemerken, daß von ihren Freunden einer nach dem anderen eingeliefert wird. Alicia hört Elis Stimme und weiß, daß man auch sie erwischt hat. Dann Maria Elena. Benja, der jüngste, wird eines Nachts gebracht und an Partnoys Bettende gefesselt. Sie schiebt ihm mit den Zehen den Käse zu, den sie heute bekommen haben; sie erinnert sich an seine schnellen jungen Hände, die Flugblätter verteilten, an seine ernsthaften Versuche, die politische Lage zu analysieren. Sie be-

sprühten zusammen Wände: »Nieder mit der militärischen Mörderbande! Wir werden siegen!«
»Wir sind alle hier, alle. Was haben diese elenden Schufte getan, um uns alle zu kriegen?« Natürlich gingen sie langsam vor, sammelten jede Einzelheit; »jedes Stückchen Information trug dazu bei, die Lawine auszulösen, die unsere übrigen Freunde zermalmen würde.« Nach und nach sind sie auf die Decknamen gekommen, die Haarfarbe, den Tonfall. Als die Lawine Alicia Partnoy erreicht, nennt sie sich Rosa; sie weiß nicht, welchen Namen sie suchen, »aber sie kamen meinetwegen«. Benja wird erschossen werden, und Maria Elena; Nestor und seine Frau wurden weggebracht, und man hörte nie wieder etwas von ihnen. Auch von Hugo nicht.

Patichoti liegt in dem Bett unter ihr. Er tut so, als würde er ihre Fesseln bewundern und versucht so, sie zum Lachen zu bringen: »Was ist los, Kleines?« Sie hat Geburtstag, der Wärter hatte ihr ein Soda versprochen, und in dieser unerträglichen Hitze und Langeweile hält sogar der Haß sie nicht davon ab, sich »zu wünschen, daß die prickelnden Bläschen« durch ihre Kehle rinnen. Es wird kein Soda geben, statt dessen wird das Radio aufgedreht werden, und unten wird die Folter beginnen, wobei die Schreie nur in den Pausen zwischen den Schlagern zu hören sind. »Ich lese Patichoti von den Lippen ab: ›Hab' Mut‹«; sie weiß, daß er sich an seine eigene Folter erinnert.

Als Partnoys Mann gefoltert wird, versucht er, den Schmerz auszuhalten, indem er sich auf ein vertrautes Kinderlied konzentriert, das er früher ihrer kleinen Tochter vorgesungen hat, ein Nonsense-Reim über Frösche und Kaninchen; mitten in seinem Schmerz wiederholt er immer wieder die Worte, während sich seine Gedanken verwirren: »Ihr könnt mir nicht weismachen, daß ich ein Tier bin«, das ist nicht mein Schrei, das ist der Schrei eines Tieres«. Irgendwann gibt er nach: »Ich sagte den Folterern, daß ich auf ihn zeigen würde, wenn sie mich zu dem Treffpunkt bringen würden«, aber als der Augenblick da ist, kann er den anderen nicht verraten: »Als ich ihn sah, konnte ich das, was ich versprochen hatte, nicht tun. Danach gab es wieder Elektroschocks und Schläge.« Die Worte des Reims gehen ihm im Kopf herum: »Wir alle hören ihn, wenn es regnet... niemand weiß, wo er sich versteckt«; noch mehr Schmerzen, die Erkenntnis, daß er sein Kind vielleicht nie wieder sieht, daß er dies nicht überlebt, seine Nieren sind übel zugerichtet, in seinem Urin ist Blut ... »Ich rieche wie ein Tier im Käfig.«

Die Kleine Schule hat etwas schrecklich Unwirkliches, eine betäubende Grausamkeit, die einen Eindruck vom Leben unter dem Faschismus vermittelt: Als Partnoy gezwungen wird, in eine Aluminiumdose zu urinieren, kann sie neben dem »fast musikalischen Plätschern« ihres Urins hören, wie ein Wärter im anderen Raum jemanden auspeitscht. Das Radio ermahnt die Bürger, alle Gruppen sofort den Militärbehörden zu melden, die tagsüber oder nachts zu ungewöhnlicher Zeit unterwegs sind: »Die Nummer ist ...«. Man hört das Fernsehgerät des Wärters, das Geklapper von hölzernen Salatschüsseln und Weinflaschen aus der Küche, die Schreie von dem eisernen Bettgestell. Nach jeder Mahlzeit müssen die Hände der Gefangenen wieder festgebunden werden, immer wieder die Augenbinden. Der Gefangene ist dafür verantwortlich, daß die Augenbinde fest sitzt: Wenn sie sich gelockert hat, muß man »Senor« rufen — das Wort hat hier ein viel größeres Gewicht als »Herr«, es bedeutet soviel wie »gnädiger Herr« — und ihn bitten, sie fest anzuziehen.

Das einzige, worauf man sich verlassen kann, ist das Brot, das jeden Tag kommt und sich dadurch ankündigt, daß der Sack mit Brot über den Flur geschleift wird; es ist Trost, ja Reichtum. Es ist das einzige »Verläßliche«, neben »der Überzeugung, daß wir immer recht hatten, daß es die einzige intelligente Option war, unser Leben im Kampf gegen diese Mörder zu riskieren.« Brot hat eine besondere Bedeutung: Man kann es verkaufen, es gegen andere Dinge austauschen, es mit anderen teilen. So teilen sie sich ihre Zuneigung und Solidarität mit, indem sie anbieten, ihren einzigen Besitz zu teilen. Wenn das Brot alle ist und jemand um mehr bittet, gibt es immer Stimmen, die rufen: »Ich habe etwas Brot übrig, kann ich es abgeben?« Wenn die Erlaubnis nicht gegeben wird, wird es heimlich weitergegeben; es ist das Risiko wert, weil es Gemeinsamkeit stiftet: Da ihre Isolation wächst und die Welt, nach der sie sich sehnen, »immer schattenhafter wird«, erinnert das Brot daran, »daß die wahren Werte noch lebendig sind«.

Die Gefangenen der Kleinen Schule leiden und sterben für diese Werte, bewahren sich eine Menschlichkeit, die überall um sie herum durch die dumpfen und leblosen Kräfte des Zwangs und des Gehorsams zerstört wird. Sie glauben noch immer an Barmherzigkeit und Freundlichkeit, Großzügigkeit und Ehre. Sie können eine Plastikblume erkennen und wissen, was Brot ist. Sie haben jenen Mut und jene Integrität, die von dem Regime, gegen das sie kämpfen, systematisch ausgemerzt werden.

Wie entstehen solche Systeme? Das läßt sich modellhaft am Fall Brasilien zeigen, denn die Politik der Grausamkeit gehört heute zum Leben in dieser Region, und viele Länder könnten dafür ein Beispiel liefern: Uruguay, Paraguay, Bolivien, Peru, Venezuela, Panama, El Salvador, Guatemala. Es beginnt mit einer Ideologie, der Doktrin vom nationalen Sicherheitsstaat. *Brazil, Nunca Mais*, der historische Geheimbericht der Erzdiözese von São Paulo, der in englischer Sprache unter dem Titel *Torture in Brasil*[26] veröffentlicht wurde, basiert auf der Auswertung der offiziellen Gerichtsakten von Militärprozessen in den Jahren 1964 bis 1969. Er stellt dar, wie sich eine solche Idee entwickelt und ausdehnt, wie sie aus den ökonomischen Bedingungen hervorgeht, auf die Politik übergreift, das Rechtssystem durchdringt und einen weitverzweigten Polizeiapparat entstehen läßt, der mit Entführungen, Verhören und Folter arbeitet.

Obwohl sich Teile des brasilianischen Militärs zuerst vom Nazismus angezogen fühlten und von seinen Anfangssiegen beeindruckt waren, schloß sich Brasilien im Zweiten Weltkrieg schließlich den Alliierten an, und sein Expeditionskorps kämpfte an der italienischen Front unter dem Kommando der Vereinigten Staaten. Diese Verbindung wurde noch stärker, als Generationen von brasilianischen Offizieren in den Vereinigten Staaten ihre militärische Schulung erhielten. Als sie zurückkehrten, waren sie stark von einer neuen Theorie der nationalen Verteidigung beeinflußt. Sie hatten in Amerika gelernt, daß die Stärkung ihres Systems zur Abwehr eines äußeren Angriffs »weitaus weniger wichtig war als die Stärkung von Institutionen zur Abwehr eines ›inneren Feindes‹, der versuchen könnte, sie zu unterminieren«.

1949 wurde in Brasilien die Militärakademie gegründet; ihr Vorbild war die Militärakademie der Vereinigten Staaten, und sie paßte diese Interpretation der amerikanischen Strategie des Kalten Krieges den brasilianischen Verhältnissen an. Die Verteidigungspolitik der USA war auf einen äußeren Feind, die Sowjetunion, ausgerichtet. Für Brasilien gab es eine solche äußere Gefahr nicht. Aber da die

Bedrohung der amerikanischen Wirtschaftsinteressen in Brasilien ebenfalls als Kommunismus wahrgenommen wurde, ersetzte man den einen Feind durch einen anderen: Der Feind in Brasilien war ein innerer und nicht ein äußerer. An der Militärakademie wurde dazu ein detailliertes politisches Programm ausgearbeitet, und da man davon ausging, daß das Militär die Macht ergreifen würde, wurde das Militärpersonal für die Übernahme politischer und administrativer Aufgaben geschult.

Diese Idee wurde von den brasilianischen Militärs in den Jahren zu einem politischen Programm weiterentwickelt, als sie sich auf den Staatsstreich von 1964 vorbereiteten. Der Reformpräsident João Goulart wurde von der Armee mit Hilfe der Vereinigten Staaten abgesetzt, und zwar durch verdeckte Operationen, destabilisierende Propaganda und Hilfsleistungen von seiten der US-Botschaft und ihres Militärattachés.

Die neue Militärregierung stellte sich als eine »siegreiche Revolution« dar, die »ihre Legitimität aus sich selbst schöpft«. Dann ging sie daran, die Gesetze zu ändern, während sie sich durch die Einführung von fünf sogenannten »Institutionellen Verordnungen« diktatorische Vollmachten verschaffte. Sie waren notwendig; das Wirtschaftsprogramm war so unpopulär, daß es nur mit Gewalt durchgesetzt werden konnte. Es gab alle erdenklichen Anreize für ausländische Investitionen, Krediterleichterungen und günstige Bedingungen für den Erwerb von Land. Riesige Projekte wurden in Angriff genommen, eine massive Verschuldung entstand, während sich die Lebensbedingungen der brasilianischen Bürger verschlechterten. Diese neokoloniale Situation, in der eine Nation die Macht über ein formell unabhängiges Land hat, das ihr wirtschaftliche und politische Vorteile verschafft, erfordert nach und nach immer mehr militärische Zwangsmittel.

Und deswegen wird das »Sicherheitsbedürfnis« immer größer. Bei ihrer Machtübernahme entließ die neue Regierung zehntausend Staatsbedienstete und richtete Allgemeine Ermittlungsausschüsse ein; fünftausend mit insgesamt vierzigtausend Personen. Innerhalb von einigen Monaten hatte sie einen Nationalen Geheimdienst aufgebaut, die Zuständigkeit der Militärgerichte auf die Zivilbevölkerung ausgedehnt, die meisten politischen Parteien abgeschafft, ein Verfahren entwickelt, mit dem sie die Legislative nach Belieben ausschalten konnte. Überdies hatte die Regierung die Verfassung geändert und der Exekutive alle Vollmachten gegeben.

Durch eine Flut von Verordnungen, Erlassen, Verboten hatte sie fast jegliche Opposition zum Schweigen gebracht, aber da es doch noch sporadischen Widerstand gab, nahm sie diesen zum Anlaß, die Todesstrafe wiedereinzuführen und immer mehr »Sicherheitsorgane« zu entwickeln, bis sie einen riesigen Repressionsapparat hatte, der als »das System« bekannt wurde. Als General Emilio Medici 1969 Marschall Castello Branco ablöste, war das System gut ausgebaut: Tausende wurden ins Gefängnis gesteckt, auf der Straße entführt oder bei Razzien in ihren Wohnungen verhaftet, verhört, gefoltert und ermordet.

Der »innere Feind« wird überall und mit tausend Waffen gejagt, viele verschiedene Polizeikräfte werden geschaffen und in ein Netz eingegliedert, dessen einzelne Teile miteinander verbunden sind: die Polizeigewalt von Armee, Marine und Luftwaffe, die politische Staatspolizei, die Bundespolizei, die zivile Polizei, die militärische Staatspolizei und die zivile Miliz. Es ist kein offener Krieg, sondern ein verdeckter, der mit Hilfe von Verhören, heimlichen Ermittlungen, dem Abhören von Telefonen, durch Sammeln und Verarbeiten von Informationen geführt wird; er hat eine bürokratische und eine brutale Seite. Das System verzweigt sich in immer mehr Akronyme, faßt autonome und offiziell geleugnete paramilitärische Einheiten unter dem Dach der OBAN (Operation Bandeirantes) zusammen. OBAN gewinnt die Unterstützung von Geschäftskreisen, bekommt Geld von multinationalen Konzernen, unter ihnen Ford und General Motors, ihr Hauptquartier ist ein Polizeirevier, von dem aus alle Polizeiorgane koordiniert werden.

Schon die Tatsache, daß dieser Komplex außerhalb des Gesetzes existiert, verleiht ihm eine große Flexibilität und garantiert ihm Straflosigkeit im Hinblick auf die angewandten Verhörmethoden; dies wiederum versetzte OBAN in die Lage, wichtige Siege im »Kampf gegen die Subversion« zu erzielen. OBAN ist so erfolgreich, daß sie als Vorbild für den nächsten Schritt dient: DOI-CODI, das Zentrum für innere Verteidigungsoperationen, das alle polizeilichen und paramilitärischen Organe der einzelnen Regionen koordiniert. Allem übergeordnet sind die staatlichen Abteilungen für die politische und soziale Ordnung (DEOPS), die wichtigsten politischen Repressionsorgane, die für die meisten Ermittlungen, Entführungen, Verhöre, Folterungen und Morde verantwortlich sind.

Sobald die Bürger selbst der Feind sind, kennen die Sicherheitsbedürfnisse keine Grenzen mehr, ist jede abweichende Meinung Verrat, ist Opposition eine kriminelle Handlung. Das System ist eine Pyramide, deren Fundament die Verhörzimmer sind und deren Spitze der Nationale Sicherheitsrat bildet. Der Leiter dieses Sicherheitsrats hat den Rang eines Regierungsmitglieds und trifft jeden Tag mit dem Präsidenten zusammen, sein Budget wächst exponentiell. Gegen das eigene Volk gerichtet, muß dieser Apparat von eben diesem Volk unterhalten werden, ein Luxus, den die Paranoia des Militärs ihm aufbürdet, ein großer sinnloser Kostenaufwand, der der eigenen Unterdrückung dient.

Als General Golbery do Conto e Silva nach seiner Ausbildung in den Vereinigten Staaten den Nationalen Geheimdienst schuf, hatte er dies vorausgesehen. In seinem Buch *Geopolitica do Brasil*, das zu einem Handbuch der Militärregierung wurde, war er zu dem Schluß gekommen, daß es keine Alternative gab: »Es gibt ein neues Dilemma, nämlich Wohlstand versus Sicherheit. Dies wurde in der Vergangenheit von Göring auf eine ungenaue, aber höchst eingängige Weise mit dem bekannten Slogan ›Mehr Kanonen, weniger Butter‹ dargestellt (...) es gibt keine Möglichkeit, der Notwendigkeit zu entkommen, den Wohlstand für die Sicherheit zu opfern, sobald diese ernsthaft bedroht ist.« Göring hatte natürlich von einem Land gesprochen, das im Krieg gegen einen äußeren Feind stand; Golbery spricht von einem Land, das Krieg gegen die eigene Bevölkerung führt. Die Menschen müssen nicht nur Armut ertragen, damit das Militär die Macht über sie behalten kann, sondern sie müssen auch alle Rechte opfern.

Im nationalen Sicherheitsstaat ist letztlich nur das Militär sicher, alle anderen sind gefährdet, jedes Leben kann Verdacht erregen und unerträglichen Verfolgungen ausgesetzt sein. Das Militär, das in einer eigenen, geschützten Welt lebt, ist eine Kaste für sich, die sich großer Privilegien erfreut und unbegrenzte Macht hat; seine Welt ist die der Regierungskriminalität und der Gesetzlosigkeit, abgeschirmt durch die Scheinlegalität der Gesetze. Die Doktrin der nationalen Sicherheit ist eine absolute; sie hat von Anfang an dekretiert, daß »eine innere Opposition nicht geduldet werden kann«, wenn die Sicherheit aufrechterhalten werden soll. Dem Erhalt dieses Machtmonopols dient das ganze Arsenal der Zwangsmittel, jedes Gewehr und jede Straßensperre, jeder Horchposten und jeder Agent. Doch die schwerste Waffe ist die Folter: Auf dem Weg zur totalen Kontrolle wird sie als das sicherste Mittel betrachtet.

Die Folter ist in solchen Regimen institutionalisiert, sie ist eine bewußte Politik, eine wohlkalkulierte Strategie der umfassenden Einschüchterung, die weit über die alten unrechtmäßigen Praktiken der Polizeiverhöre hinausgeht. Die Folter wird nicht konsequent geheimgehalten: Proteste gegen Folterungen im Kongreß oder in der Presse sind selten und werden schnell bestraft; aber wenn Verdächtige verhaftet werden, ist es üblich, sie in Sicht- und Hörweite der Nachbarn zu schlagen. Die breite Bevölkerung muß etwas über das Verschwinden von Menschen wissen, genug, um Angst zu haben; die Opposition muß mehr wissen, genug, um den Mut zu verlieren. Das Wissen ist unterschiedlich verteilt, aber im System selbst werden die Dinge kaum vertuscht: Der Bericht der Erzdiözese, der aus offiziellen Akten der Militärgerichte zusammengestellt wurde, gibt ein offenes und ungeschminktes Bild. Diejenigen, die im Gewahrsam von OBAN oder DOI-CODI landeten, konnten nur sehr selten der Folter entgehen, aber die meisten Opfer sprachen nicht darüber, wenn sie endlich dem Gericht vorgeführt wurden. Entweder verschloß ihnen die eigene Angst den Mund oder das begründete Gefühl, daß es zwecklos war, darüber zu reden, oder aber der Rat ihres Rechtsbeistands. Trotzdem hatten von den siebentausend Angeklagten in diesem Zeitraum zweitausend den Mut, vor einem solchen Gericht offen ihre Meinung zu sagen, zu bezeugen, daß sie gefoltert wurden, und dagegen zu protestieren. Obwohl ihr Mut nichts bewirkte und Aussagen über Folterungen ignoriert oder abgetan wurden, liefern uns ihre Zeugnisse wertvolle Informationen, die das Militärregime noch nicht einmal unterdrückte und die uns einen Einblick in das Geschehen geben.

Die Folter hatte einen Etat und Personal, ein Ausbildungsverfahren, Lern- und Lehrmethoden, wurde als eine Wissenschaft betrachtet. Es gab Unterricht, Unterrichtsräume, visuelle Hilfsmittel, Fachausdrücke und Apparate: Den Dias, die Folterszenen zeigten, folgten praktische Demonstrationen an Gefangenen. Der Unterricht wurde von den Gefangenen in ihren Aussagen vor Gericht beschrieben: Sie wurden als lebende Demonstrationsobjekte in den

Unterrichtsstunden benutzt, in denen anerkannte Experten wie Leutnant Hayton große Gruppen von achtzig bis hundert Militärangehörigen unterwiesen, wobei dem Vortrag und den Fotografien praktische Übungen am lebenden Objekt folgten. Dulce Pandolfi, eine vierundzwanzigjährige Studentin, wurde als Versuchskaninchen für den Folterunterricht in der Kaserne in der Barão de Mesquita-Straße in Rio benutzt: »Sie war nackt, wurde geschlagen, Elektroschocks und weiteren Quälereien, wie zum Beispiel der ›Papageienschaukel‹, ausgesetzt. Nachdem sie in ihre Zelle gebracht worden war, wurde sie von einem Arzt behandelt, und nach einer Weile wieder mit ausgesuchter Grausamkeit gefoltert, um zu zeigen, wie gefoltert werden mußte.« Ein Student wurde sogar im Rahmen des Unterrichts von Offiziersanwärtern als Demonstrationsobjekt benutzt. Einem anderen Gefangenen sagten seine Folterer, daß sie ihr Spezialwissen über die Technologie des Schmerzes exportierten und daß ihre Sachkenntnis »nicht irgendeiner fremden Organisation zu verdanken war«.

Vielleicht übertreiben sie: Die Praxis, lebende Objekte zu benutzen, wurde in Brasilien in den ersten Jahren des Militärregimes durch den amerikanischen Polizeiausbilder Dan Mitrione eingeführt: »Mitrione holte Bettler von den Straßen und folterte sie in Unterrichtsräumen, damit die örtliche Polizei lernen konnte, auf welche verschiedenen Arten man bei dem Gefangenen den äußersten Widerspruch von Körper und Geist herstellen konnte, indem man ihn auf die empfindlichen Körperstellen schlug.« Als Mitrione nach Uruguay ging, um dort das Foltern zu lehren, war die Verwendung von lebenden Objekten gang und gäbe und konnte verfeinert werden.

Die Foltermethoden, die in den Akten der Militärgerichte beschrieben werden, sind heutzutage überall auf dem Subkontinent verbreitet. Sie haben Namen wie »Papageienschaukel«, »Eiskasten« und »Drachenstuhl«. Bei der ersten Methode werden die Hand- und Fußgelenke des Gefangenen an eine Eisenstange gebunden, die auf zwei Tischen aufliegt; der Körper, der dicht über dem Boden hängt, wird geschlagen oder mit Elektroschocks behandelt. Der »Drachenstuhl« ist eine Vorrichtung, an der man zum selben Zweck festgeschnallt wird; er hat einen Metallsitz, der besonders gut leitet, und eine Eisenstange, die die Beine bei jedem Stromstoß nach hinten schleudert, was tiefe Wunden verursacht.

Der Stromstoß wird durch Feldtelefone und verschiedene andere Geräte erzeugt, die »der kleine Pfeffer« oder »Spannungsverdoppler« genannt werden. Der »Eiskasten« ist ein kalter, enger Raum, in den das Opfer lange eingesperrt wird und in dem es betäubende Geräusche, starkes Licht oder Sauerstoffmangel ertragen muß. Insekten und andere Tiere werden ebenfalls benutzt: Schlangen, Hunde, Kakerlaken. Jede Körperöffnung und jedes Organ wird durch diese Methoden angegriffen: der Stromstoß wird zumeist auf die empfindlichsten Stellen des Körpers gerichtet, Finger und Mund, Penis, Vagina, Brüste und After. Das Gefühl, ertränkt zu werden, wird erzeugt, indem man Wasser durch Schläuche oder Handtücher gewaltsam in den Mund preßt; ein Erstickungszustand wird durch Aufhängen oder mit Hilfe einer Garotte herbeigeführt. Die Opfer werden gezwungen, auf Aluminiumdosen zu stehen, oder in Kreuzigungshaltung an Balken gehängt.

Die Gefangenen werden schon vor Beginn des Verhörs ziemlich lange gefoltert, ohne daß man behauptet, von ihnen Informationen haben zu wollen; die Folter soll die Opfer terrorisieren, zur Verzweiflung treiben, moralisch vernichten. Um das zu erreichen, werden auch Freunde und Verwandte gefangengenommen, so daß man an emotionale Bindungen appellieren kann. Aus den Gerichtsakten geht klar hervor, daß »Kinder vor den Augen ihrer Eltern geopfert wurden, daß schwangere Frauen Fehlgeburten hatten und Ehefrauen gequält wurden, damit sie ihre Männer belasteten.« Die weiblichen Gefangenen wurden vergewaltigt, bekamen Gegenstände in die Vagina eingeführt und wurden von Gruppen von Männern gedemütigt, die ein Ritual daraus machten und ihre Verletzbarkeit auf jede erdenkliche Weise ausnutzten.

Schläge sind die wichtigste Methode, die häufigste und aggressivste, feindseligste und persönlichste Form der Einschüchterung und Vernichtung. Die Schläge werden von Gruppen durchgeführt, mit Knüppeln, Schaufeln, Gummiriemen und anderen urbeitsparenden Instrumenten; geschlagen wird systematisch, stundenlang und tagelang, oft mit der Absicht, daß die anderen Gefangenen die Schreie der Opfer hören. Zehn Stunden, nachdem der Journalist Wladimir Herzog freiwillig zur Polizei gegangen war, um sich von einem Verdacht zu befreien, war er tot, totgeschlagen, während viele Zeugen zuhörten: Es wurde als Selbstmord ausgegeben, und die Ursache von Herzogs Tod wurde als »Ersticken durch Verengung des Halses« dargestellt. Falsche medizinische Berichte waren die Regel, die wirklichen Todesursachen wurden als Selbstmorde, Autounfälle, Schießereien und Zusammenstöße ausgegeben.

Die Medizin spielte bei dem Ganzen eine wichtige Rolle: Es gab ganze Stäbe von Ärzten und Krankenschwestern, die nicht nur verhindern sollten, daß der Gefangene durch einen »Betriebsunfall« starb, sondern die den Folterern die empfindlichsten Körperstellen zeigten und das Leiden des Opfers dadurch verlängerten und vermehrten, daß sie ihm Medikamente verabreichten, so daß die Folter weitergehen konnte. Immer wieder wird von Spritzen und Anregungsmitteln berichtet, die dazu führten, daß der Schmerz wiederkam; die Namen praktischer Ärzte werden genannt, sogar spezifische Dosen und Arzneimittel. In einem Fall werden eine Cepasol-Injektion von 25 mg und Beruhigungsmittel beschrieben, die bewirken, daß der Körper des Opfers »wieder für den Schmerz der Schläge empfänglich wurde«, wenn er nach einem vorübergehenden Stillstand der Atmung oder des Herzschlags »völlig schmerzunempfindlich geworden war«. Das medizinische Personal war an der Folter aktiv beteiligt, hatte nicht nur eine beratende Funktion: Die Folter war zu einem Wissenschaftszweig, einem Spezialgebiet geworden.

Von den 7000 Personen, die vor Militärgerichten standen, wurden durchschnittlich vierzehn Menschen ein und desselben Vergehens angeklagt, manchmal legte man einzelnen auch bis zu zweihundert Vergehen zur Last. Außerdem gab es 3600 Personen, die verhört, aber nicht angeklagt wurden; sie wurden als Zeugen benutzt. Zwei Drittel von ihnen waren eingesperrt und gefoltert worden. Wurde man an einen der Orte des Systems gebracht, sei es zu den offiziellen Zentren, sei es zu geheimen »Außenstellen«, war man ihnen hilflos ausgeliefert. Der Bericht der Erzdiözese vermerkt dazu: »Die Menschen wurden mit Kapuzen über dem Kopf verhört, während die Verhörer Decknamen oder Spitznamen gebrauchten und sich den Gefangenen nicht zu erkennen gaben. So gut wie kein Gefangener, der durch ihre Hände ging, entging der Folter.«

Die Folter ist ein wirksames Mittel, um ein Geständnis zu erlangen, jedes Geständnis, wie falsch es auch sein mag. Und ein Geständnis war praktisch der einzige Beweis, den das Gericht anerkannte, denn es hatte häufig nichts anderes in der Hand. Das Verhör konnte einen Menschen schließlich dazu bringen, ein Geständnis abzulegen; selbst wenn es später widerrufen wurde, weil es erzwungen worden war, blieb das Geständnis das entscheidende Element. Jede Art von falschem Geständnis wurde abgelegt; um ihre Folter zu beenden, unterschrieben Menschen Aussagen, die ihnen diktiert wurden, oder eidesstattliche Erklärungen, die sie nicht einmal lesen durften. Sie waren auch bereit, leere Bögen zu unterschreiben, wenn sie so gebrochen waren wie dieses Opfer aus dem geheimen Gefängnis in Petropolis: »Ich war am Ende, krank, zu einem Wurm herabgewürdigt, gehorsam wie eine Marionette.« Sie wurde dazu gebracht, ihre unschuldige Schwester zu belasten, im Fernsehen zu erklären, daß sie eine bezahlte Agentin der Regierung sei, von sich Fotos machen zu lassen, auf denen die Spuren ihrer Folter als Folgen eines Verkehrsunfalls dargestellt wurden, sogar einen Arbeitsvertrag zu unterschreiben und sich filmen zu lassen, als sie das Geld zählte, das sie bekam.

Nachdem die Institutionelle Verordnung Nr. 5 von 1968 das Recht abgeschafft hatte, seinen Haftbefehl zu sehen, gab es überhaupt keine Hoffnung mehr. »Ohne das Habeas-Corpus-Recht, ohne das Recht, anderen seine Verhaftung mitzuteilen, und ohne eine zeitliche Grenze für den Abschluß der Untersuchung war der politische Gefangene, sobald er in den Händen der Sicherheitsorgane war, völlig wehrlos, vom Tag seiner Entführung an bis zu seinem Erscheinen vor dem Militärgericht. Der Gefangene – der auch langen Folterungen ausgesetzt war – hatte kaum eine andere Wahl, als alles zu gestehen, was seine Verhörer wollten.« Daß so viele litten und schwiegen, ist bemerkenswert; daß andere dies nicht konnten, ist nur zu verstehen.

»Dies ist nicht die Armee, die Marine oder die Luftwaffe, dies ist die Hölle«, rief eine Stimme dem Apotheker José Cavalcante zu, der gezwungen wurde, eine Kapuze zu tragen, als er in ein geheimes Gefängnis gebracht wurde, das er später nicht wiederfinden konnte. Der Verkäufer Ednaldo Silva hatte bei seiner Einlieferung den Eindruck, daß er seine eigenen Schreie hörte. Als er in die Realität zurückkehrte, merkte er, daß er andere hatte schreien hören, »Menschen wie ich«, in einer »wirklichen Hölle«. Als der Rechtsanwalt Affonso Monteiro, ehemaliges Mitglied des Stadtrats und des Kongresses, in das Geheimgefängnis in der Militärschule von Belo Horizonte gebracht wurde, sagte man ihm, daß »niemand ihn retten konnte und daß seine letzte Stunde gekommen war«.

Solche geheimen Gefängnisse garantierten dem System völlige Straflosigkeit und waren das Schlimmste, was einem Menschen passieren konnte; hier wartete der Tod, und die Heimlichkeit ermöglichte einen noch größeren Terror. Die Menschen, die dort festgehalten wurden, sahen diese Gefängnisse nie von außen, nur ein paar Einzelheiten deuteten darauf hin, was sie früher vielleicht einmal gewesen waren: verlassene Gehöfte, leerstehende Landhäuser, Lagerhäuser. Man kam auf dem Boden eines Autos liegend an, hatte verbundene Augen, zählte die Kurven, versuchte, irgendwelche markanten Anhaltspunkte auszumachen und sich zu merken, riet Entfernungen und Richtungen. Wenn man das Glück hatte, alles zu überleben, konnte man manchmal sogar dorthin zurückkehren, sie finden und einer späteren Regierung seine Aussage zur Verfügung stellen: Jacobo Timermann suchte unermüdlich und entdeckte sein Privatgefängnis schließlich in einem unscheinbaren weißen Haus in einem Vorort von Buenos Aires. Aber er konnte seine Peiniger in Argentinien ebensowenig vor Gericht bringen wie Alicia Partnoy.

In Brasilien wurden derartige Versuche nie gemacht: Die Amnestie von 1979 zog einen Schlußstrich unter alle Verbrechen, die das Militärregime gegen seine Bürger verübt hatte, und die lange Liste der 440 Folterer, die am Ende des Berichts der Erzdiözese aufgeführt wird – die Namen stammten aus den Akten der Militärgerichte selbst –, ist eine Liste von Männern, die nicht mehr belangt werden können und von denen viele immer noch »im Dienst« der Republik stehen.

Die Gewalt bleibt immun gegen die Gerechtigkeit, sogar gegen die »moralische Gerechtigkeit«, für die der Bericht eintritt; er hat die Hoffnung aufgegeben, daß es eine andere geben könnte, und ist darauf bedacht, nicht der »Rache« beschuldigt zu werden. Wenn Rechtstaatlichkeit und Demokratie in Argentinien und Brasilien wiederhergestellt sind, so vielleicht nur vorübergehend; unterdessen hat man sie anderswo abgeschafft. Die Schreie der Opfer ertönen anderswo, aber sie sind in den Zeugnissen anderer aufbewahrt. Vier verschiedene Personen, ein Ingenieur, ein Radiomechaniker, ein Vertreter und eine Lehrerin, allesamt Gefangene, hörten im Hauptquartier des DOI in São Paulo, wie der Geologiestudent Alexandre Vannucchi Leme starb. Der erste Zeuge hörte die Schreie von jemandem, der schon fünfzehn Tage lang in Einzelhaft gewesen war. »Anfangs waren seine Schreie laut, dann wurden sie leiser, bis sie schließlich ganz schwach waren.« Der zweite Zeuge war in der Nachbarzelle und hörte, wie Vannucchi Leme gefoltert und geschlagen wurde. Der dritte sah seine Leiche: »Zwei oder drei Tage lang hörte ich seine Schreie, und am späten Nachmittag des 19. März (...) sah ich, wie seine Leiche aus seiner Einzelzelle gebracht wurde und überall im Innenhof Blut verströmte.« Der letzte Zeuge, die junge Lehrerin Neide Richopo, der man sagte, daß ihr »das gleiche passieren könnte wie Alexandre«, wenn sie ihre Aussage nicht unterschreiben würde, hat über diesen Tod gesagt: »Den ganzen Tag hörte man die Schreie (...) am zweiten Tag wurde er tot aus der Zelle geschleift.«

Vannucchi Lemes Tod wurde als Selbstmord hingestellt; Richopo fiel auf, daß es ursprünglich mehrere Versionen dieses Selbstmords gab, obwohl die »offizielle Version«, die zum Schluß präsentiert wurde, völlig anders war: »Es hieß, er sei von einem Auto überfahren worden (...) er konnte nicht überfahren werden, weil er schon tot war, als er das DOI verließ.«

Irgendwie ist die offizielle Version immer eine Lüge; die Komitees legen ihre Berichte vor, aber der Prozeß findet nie statt; die Zeugen werden vorgeladen, die Leichen exhumiert und von Experten nach Folterbeweisen untersucht, aber irgendwie kommt das Militär immer ungeschoren davon, irgendwie bleibt der Nationale Sicherheitsstaat unangetastet. Das ist heute ein so allgemeines Phänomen, eine so weitverbreitete Ideologie, eine so wesentliche Bedingung für das Militär, seine unangefochtene Macht in der Gesellschaft dieser Region und seinen neokolonialen Auftrag, daß der Mechanismus einfach weiterarbeitet, sich anderswo etabliert und weiterhin der Bestrafung entgeht, wie eine Bakterienkolonie in vorübergehender Remission.

Im Hinterhof der USA:
Guatemala, El Salvador

Der ganze Alptraum begann mit einem absurden Fehler. Ein Fehler bezüglich der Uniformen: Sie waren an die Uniformen gewöhnt, die das Muster von Tarnanzügen hatten — das war die Armee, ihr mußte man gehorchen, sie regierte das Land. Aber die Männer, die sich ihnen jetzt näherten, trugen hellgrüne: Es mußten Guerillas sein. Die Dorfbewohner von Tzalala in Huehuetenango, einer winzigen Siedlung der Mayas in den Bergen von Guatemala, mußten auf Befehl der Armee eine zivile Patrouille bilden. Auf diese Weise können sie überwacht werden, dazu gebracht werden, sich selbst zu kontrollieren, gezwungen werden, zu kooperieren; ihre Kultur wird in dem Maße untergraben, wie sie allmählich militarisiert werden, verhärten und abstumpfen, sich selbst und andere nicht schonen, abgeschnitten von jedem Kontakt zum Widerstand. Da man ihnen nicht trauen kann, wenn sie Waffen haben, sind sie nur mit Stöcken, glattpolierten Knüppeln, manchmal Holzgewehren ausgerüstet, die mitunter sogar schwarz gefärbt sind, damit sie richtigen Gewehren ähneln. Sie haben auch Schleudern und Steine.

Unglücklicherweise ist auch ein Gewehr dabei, ein altes, aber als der Mann, der es trägt, seine Pflicht tut und schießt, weil er meint, so seinen Befehlen zu gehorchen und den »Feind« anzugreifen, gegen den er, wie er in den letzten Wochen gelernt hat, das Dorf verteidigen muß, bringt er Verderben über sie alle. Die Armee antwortet mit ihren Maschinenpistolen, und sechs Dorfbewohner werden getötet; der Rest wird zusammengetrieben und für den Fehler bestraft. Der Lehrer schaut zu, blickt über den Dorfplatz, während seine Kinder auf dem Boden ihres Klassenzimmers liegen; sie hören, wie das Gewehrfeuer näher kommt, die Soldaten ankommen und die verzweifelten Mitglieder der Patrouille auf dem öffentlichen Dorfplatz mit seinem Basketballplatz zusammengetrieben werden. Der Lehrer ist Victor Montejo, und sein Buch *Testimony: Death of a Guatemalan Village*[27] ist ein Bericht über jenen schrecklichen Freitagnachmittag, den 9. September 1982.

Alles ist ein dummer Fehler, ein grober Schnitzer von Bauern, die Soldat spielen. Die Indianer von Tzalala sind unschuldig, unberührt von dem großen Kampf, der um sie herum tobt; sie haben keine richtige Verbindung zum Widerstand. »Die Guerilleros waren dann und wann durch das Dorf gezogen, und diejenigen, die sie gesehen hatten, sagten, daß sie Gummistiefel trugen und niemandem etwas taten«, erzählt ihm die Mutter von einem seiner Schüler: Ein Soldat mit Lederstiefeln hat gerade die Tür ihrer Hütte aufgebrochen, wo sie sich über den Körper ihres Sohnes beugt, das erste Opfer der Armeekugeln. Die Menschen sind ihre Kleidung, ihre Uniformen, die Schauspieler sind das, was sie tragen: Die Ereignisse dieses Tages sind für sie unverständlich. Der Mann mit den Stiefeln wird ihre Hütte ausrauben, sie vor ihren Augen plündern, ihre silbernen Ohrringe und sogar die Matten stehlen, die sie gewebt hat. Dann wird er sie auf den Platz jagen, wo sie zusammen mit den restlichen Frauen von dem Sergeanten in die Kirche getrieben werden wird.

Montejo ist hier seit zehn Jahren Lehrer, er lebt in einer benachbarten Stadt und geht am Wochenende nach Hause, zu seiner Frau und seinen Kindern. Einen Augenblick lang denkt er an Flucht, sein eigener Bruder wurde von der Armee bei einer willkürlichen, fast zufälligen Schießerei in einem Park ermordet. Als Mann mit Schulbildung versteht er viel mehr von Politik als die indianischen Dorfbewohner um ihn herum, die keinen begrifflichen Bezugsrahmen haben. Die Nachbarsiedlung Coya war zwei Sommer zuvor zerbombt, nahegelegene Dörfer zu Beginn dieses Jahres durch Massaker vernichtet worden, das flache Land ist Ziel ständiger Angriffe und Übergriffe im Zuge der letzten, verzweifelten »Offensive gegen die Subversion«, die Präsident Rios Montt gestartet hat. Die Guerilleros hatten in den indianischen Dorfgemeinschaften schließlich Stützpunkte aufgebaut. Da das Militär sie im offenen Kampf nicht besiegen konnte, hatte es einen anderen Kurs eingeschlagen: Es wird ihre Stützpunkte vernichten, also die indianische Bevölkerung selbst. Es wird die Dörfer besetzen, alle Sympathisanten hinrichten, ganze Siedlungen massakrieren, ihre Strohhütten und kleinen Getreidefelder zerstören, das Gemeindeland verkaufen, hungernde Flüchtlinge in Zwangsarbeitslager stecken, die »Modelldörfer« genannt werden, und in den überlebenden indianischen Gemeinschaften zivile Patrouillen organisieren.

Das geschah in Tzalala. Zuerst weigerten sich die Dorfbewohner: Sie brauchten eine Straße und keine Patrouille. Der Militärbeauftragte erlaubte ihnen die Aufstellung von Arbeitstrupps und verwandelte diese dann einfach in zivile Patrouillen, wobei jeder Dorfbewohner einen Ausweis bekam und zu einer Schicht eingeteilt wurde. Das Ganze ist für sie noch neu, als die Katastrophe über sie hereinbricht. Aber sie wurden schon vorher zum Töten gezwungen. Vor zehn Tagen, am 30. August, hatten sie den Befehl, bei ihren Nachbarn verdächtige Elemente ausfindig zu machen, und sie »durchkämmten die Umgebung wie ein Rudel Wölfe, das einer Fährte folgt, um Subversive zu finden«. Die Propaganda zahlt sich aus: »Der Kommunismus ist schlecht; sie werden uns unser Land wegnehmen. Wir müssen unser Land schützen«, verkündet ein traurig aussehender junger Mann, obwohl er kein Land hat; die Indianer dieses Gebietes haben den traditionellen Gemeinbesitz.

Die Gefangenen bitten ihre Nachbarn, sie am Leben zu lassen — sie haben Kinder. »›Wir haben versprochen, niemanden freizulassen, der uns in die Hände fällt‹, antwortet einer der Anführer der Patrouille. ›Auch nicht, wenn es unser eigener Vater oder Bruder ist.‹« Als Montejo dies hört, weiß er, daß eine Kultur und eine Lebensform aussterben: »Dies war das erste Mal, daß die zivilen Verteidiger so sprachen. Wie traurig ist es, wenn ein Mensch seine eigene Identität verliert und leicht indoktriniert werden kann.« Der »Verteidiger« sagt zu seinem eigenen Nachbarn, »was das Militär ihm eingebleut hatte: vernichten, töten, selbst wenn es die eigene Familie ist.«

Gefangen zwischen Zwang und Überzeugung, zwischen ihrer Angst vor Repressionen und dem Eindruck der Macht, der Wichtigkeit ihrer Aufgaben, der neuen Autorität ihrer Funktion, dem erhebenden, maskulinen Privileg, dem machohaften Stolz auf die Patrouille, ist die Gemeinschaft dem Verfall preisgegeben. »Diese Militärdoktrin hat die Grundlagen einer indigenen Kultur allmählich untergraben, hat den Indianer dazu gebracht, gegen seinen eigenen Willen und seine ureigensten Interessen zu handeln und die heiligsten Elemente seiner alten Maya-Tradition zu zerstören.«

Und so geschieht es, daß die Gefangenen zum Platz gebracht, von den Militärs geschlagen und gefoltert und dann ihren Nachbarn von der zivilen Patrouille übergeben werden, damit diese sie hinrichten: Sie werden gezwungen, sich zu bewähren.

»Also, ihr Herren Verteidiger«, fordert der Offizier sie heraus: »Ich will, daß ihr diese beiden subversiven Elemente selbst hinrichtet. Ihr habt sie gefangengenommen, und jetzt müßt ihr ihnen den Rest geben.« Sie schrecken zurück, sehen sich an und weichen zurück. Der Offizier nennt sie »Waschlappen«, »feige Dreckskerle«. »Wir sind das Töten nicht gewöhnt. Wir sind Christen«, wagt einer zu sagen. »Wie die Mutter der großen Hure. Entweder ihr gewöhnt euch daran zu töten, oder ich bringe euch selbst um«, der Offizier deutet mit seinem Gewehr auf sie. »Ein alter Mann, der gefühloseste von ihnen, trat vor und versetzte dem ersten knienden Gefangenen, Jesus, einen heftigen Schlag auf den Kopf. Seinem Beispiel folgten die Dorfbewohner, die die Gefangennahme geplant hatten, und dann die anderen, die im Kreis um den Gefangenen herumstanden. Sie fingen an, mit ihren polierten Knüppeln auf den verurteilten Dorfbewohner einzuschlagen. Er versuchte zu schreien, aber alles, was aus ihm herauskam, war das schreckliche Glucksen des Blutes in seiner Brust.«

Sie ermüden und werden weiter angefeuert: »Noch einmal, alle müssen mitmachen, und macht es jetzt richtig.« »Die Verteidiger machten sich wieder an ihre makabre Aufgabe, einen Menschen zu töten, von ihren Stöcken und Knüppeln tropfte warmes Blut. Die Schläge, die auf den Kopf des Unglücklichen niedersausten, klangen so, als würde man eine Kokosnuß aufknacken. Als der Schädel zu Brei und das Gesicht unkenntlich geschlagen worden war, traten die Teilnehmer dieses grauenvollen Dramas zurück, um ihr schreckliches Werk zu betrachten.«

»Dieses Aas will nicht sterben«, sagt der Offizier trocken, und ein Soldat ersticht ihn mit einem Messer – den nächsten müssen sie selbst umbringen. »Kennt ihr diesen Mann?« »Er ist ein Fremder«, antworten sie. »Worauf wartet ihr noch?« »Die Verteidiger stürzten sich umgehend auf den Mann und schlugen ihn ohne Unterbrechung.« Jetzt geht es schneller, sie sind schon besser geworden. Sie haben eine Grenze überschritten. Und der Offizier kann sagen, daß die Armee nicht tötet: »Es sind die indianischen Verteidiger, die die Leute abschlachten.«

Einige Tage später werden sie aufgefordert, ihr Können in einer anderen Gemeinde zu demonstrieren; sie führen eine Hinrichtung auf einem Friedhof durch, »um den Leuten zu zeigen, wie sie mit den Feinden der Regierung umgehen.« Schon beim ersten Mal hatte sich das Ereignis »unauslöschlich in das Gedächtnis der Gemeinschaft eingegraben, die fürchtete, daß das Blutvergießen weiteres Unglück nach sich ziehen würde«, aber auf das, was heute geschah, waren sie in keinster Weise vorbereitet. Sie waren bereit gewesen, mit ihren Unterdrückern zu kooperieren: Sie hatten nicht vorgehabt, eine Armeepatrouille in unbekannten Uniformen anzugreifen, sie hatten wirklich versucht, den Befehlen zu gehorchen, indem sie auf alles schossen, was sie für Guerilleros hielten. Die Frauen und Kinder werden in die Kapelle eingesperrt, die Männer stehen entgeistert auf dem Platz. »Auf dem Gesicht eines jeden Verteidigers konnte ich Angst sehen. Sie schienen verwirrt und unfähig, ihre Situation zu begreifen. Vielleicht verstanden sie diese auch und bedauerten ihren Fehler. Sie waren ausgezogen, einen unbekannten Feind zu vernichten, und waren genau auf die Männer gestoßen, die behauptet hatten, ihre Freunde und Beschützer zu sein. Sogar diejenigen, die etwas begriffsstutzig waren, hatten Gelegenheit, darüber nachzudenken, was sie getan hatten.«

Sie waren auch nicht auf die schwarze Liste vorbereitet, die jetzt kam; jeder mußte seinen Ausweis vorzeigen, der mit der Liste des neuen Sergeanten verglichen wurde, eine Liste, die von einem der Dorfbewohner aufgestellt worden war, von jemandem, der anonym bleibt, denn jetzt kann jeder einen Nachbarn denunzieren, um eine Rechnung zu begleichen. Fünf Männer werden herausgegriffen und an die Eichenpfosten des Basketballplatzes gebunden, das einzige Freizeitzentrum des Dorfes. Als diese fünf von den Soldaten hingerichtet worden sind, werden die Überlebenden gezwungen, die Pfosten abzuhacken, damit ein Hubschrauber landen kann. Sie tun es vorsichtig, in der Hoffnung, den wertvollen Platz mit seinen Körben und Korbbrettern wiederherstellen zu können, den sie selbst angelegt haben.

Der Lehrer schaut noch immer zu. Er hatte versucht, den Irrtum des Angriffs, die Verwechslung der Uniformen zu erklären, aber jetzt ist er selbst verdächtig geworden: Ein junger Mann hat ihn unter der Folter denunziert, hat gesagt, daß seine Stimme die Stimme war, die ihn neulich abends im Dunkeln bedroht hat. Die Soldaten nennen die Folter »Witze erzählen«: Sie wird so lange fortgesetzt, bis ein Geständnis abgelegt wird, selbst wenn es nichts als Lügen sind. Der junge Mann namens Manuel liegt in einer Blutlache, er hat einen Namen angegeben, ihn auf eine Streichholzschachtel geschrieben, er hat den Lehrer beschuldigt, sie haben früher zusammen Fußball gespielt, er hat den Ruf eines Großmauls, und vielleicht hat ihn jemand anders bedroht. Montejo fragt ihn eindringlich: »Was hast du davon, wenn ich getötet werde?« »Ich will, daß sie dich auch umbringen. Dann sterben wir zusammen«, antwortet Manuel gehässig; die Soldaten schlagen weiter auf ihn ein. Dann gehen alle nach draußen, Montejo sieht wieder den Himmel, hört die Frauen schreien, sieht, daß alle, die erschossen werden sollen, auch geschlagen worden sind: aber keiner konnte eine brauchbare Information liefern. Ein weiterer Verteidiger wird denunziert und dann durch die Mitteilung gerettet, daß er wohlhabend und daher unschuldig ist.

Montejo wird gewahr, daß man ihm eine Schlinge um den Hals gelegt hat. Eigentlich hatten sie vorgehabt, ihn mit dem Hubschrauber wegzubringen, aber so ineffizient wie sie sind, landet die Maschine zweimal und schafft es beide Male nicht, ihn aufzunehmen, so daß der Sergeant wütend hinter dem Piloten herschimpft. Wenn die Hinrichtungen vorüber sind, wird er zu Fuß über die Berge in die Stadt gebracht werden. »Ich wandte mich von dem Platz ab und konnte die Gesichter meiner Bekannten nicht erkennen. Ich sah alles verschwommen, weil Tränen in meinen Augen standen; ich sah jeden wie in einem Traum an. Wohin ich auch blickte, die Männer kauerten auf dem Boden und wichen meinem Blick aus, wendeten sich ab.«

Der Weg zu diesem entmutigenden Augenblick ist lang, hat aber eine gewisse Logik, die Logik der Eroberung. Im kolonialen Guatemala wurden Milizen zuerst für die Unterdrückung und Kontrolle der eingeborenen indianischen Völker eingesetzt, die immer noch die Mehrheit der Bevölkerung in einer starren Rassen-, Kasten- und Klassenhierarchie ausmachen, an deren Spitze die Mestizen, die Spanier und andere Europäer stehen. Unter der jahrzehntelangen Militärherrschaft wurden die ländlichen Gebiete Guatemalas von »Militärbeauftragten« kontrolliert, die dem Staat Wehrpflichtige und den privaten Grundbesitzern fügsame Arbeitskräfte verschafften.

In diesem Jahrhundert hat Guatemala nur eine Reformperiode erlebt, nämlich die zehn Jahre von 1944 bis 1954, die Amtszeit der Präsidenten Juan José Arévalo und Jacob Arbenz Guzman, eine Periode demokratisch gewählter Regierungen, die die gewerkschaftliche Organisation nicht nur erlaubten, sondern sogar förderten und erste Schritte zu einer Landreform unternahmen. Der Sturz von Arbenz ist der Moment, in dem die Geschichte in Guatemala stillstand bzw. in eine andere Richtung gelenkt wurde. Die Armee entzog einer gewählten Regierung ihre Unterstützung, die sich auf sie verlassen hatte, wirkte an einem von der CIA unterstützten Staatsstreich mit, der den Demokraten durch den Diktator ersetzte, und leitete eine vierzig Jahre andauernde repressive Militärherrschaft ein. Niemals wieder würde man an eine Landreform denken in einer agrarischen Wirtschaft, die von krasser Ungleichheit geprägt war. Der Agrarexport liegt zu neunzig Prozent in den Händen der Großgrundbesitzer. Da sich die großen Plantagen auf Kosten des Gemeindelandes der Bauern ausdehnen und die kleinen Parzellen, die der eigenen Versorgung dienen, immer mehr schrumpfen, sind die Bauern gezwungen, an die Küste zu gehen und sich mehrere Monate als Wanderarbeiter zu verdingen, wobei ihre Löhne kaum zum Überleben reichen. Die großen Plantagen stinken nach Chemikalien, Giften, Insektiziden; die Felder werden aus der Luft besprüht, während die Indianer dort arbeiten, ihre erbärmlichen Wohnverhältnisse werden von der Internationalen Arbeitsorganisation (ILO) als »total unzumutbar im Hinblick auf Hygiene, Gesundheit, Bildung und Moral« beschrieben.

United Fruit nahm Anstoß an der Agrarpolitik von Arbenz, da diese die Enteignung ungewöhnlich großer Teile von deren großen Besitzungen vorsah. Das amerikanische Unternehmen forderte eine Entschädigungssumme, die fünfundzwanzig Mal so hoch war wie die, die Arbenz anbot, und meldete seine Ansprüche direkt beim Außenministerium an: Ein Staatschef auf Kollisionskurs mit der Regierung der Vereinigten Staaten. Eine direkte Bedrohung der Interessen amerikanischer Unternehmen war völlig inakzeptabel, die bescheidenen Reformen von Arbenz wurden jetzt als »kommunistisch« betrachtet. Die Regierung Arbenz wurde gestürzt, und die neue Militärregierung war sehr darauf bedacht, sich in den Dienst sowohl der Investitionsinteressen der Vereinigten Staaten als auch ihrer Ideologie im Zeichen des Kalten Krieges zu stellen.

Die Doktrin war amerikanisch, ebenso die Beratung, die Ausbildung, die Militärhilfe, das militärische Gerät. In Guatemala war die vorherrschende Doktrin die Aufstandsbekämpfung (Counter Insurgency), eine Variante der Ideologie des Nationalen Sicherheitsstaates. Vielleicht war sie auch eine Steigerung dieser Ideologie, wenn man bedenkt, daß die Aufstandsbekämpfung auch als Terrorismusbekämpfung beschrieben wird. Während der riesige Repressionsapparat des Nationalen Sicherheitsstaates auf der Lauer liegt, um alle Verstöße gegen seine Autorität zu verfolgen, selbstsicher und immer bereit, zuzuschlagen, geht die Aufstandsbekämpfung davon aus, daß das Unheil schon seinen Lauf nimmt, daß aufständische Kräfte präsent sind, daß sie es gewagt haben, sich zu organisieren und zusammenzuschließen, daß sie irgendwo da draußen sind, auf den Angriff warten, sogar bereit sind, die Autorität selbst, den Militärstaat, anzugreifen. Das impliziert die Annahme, daß der Feind nicht nur ein innerer, also die Bevölkerung selbst ist, sondern daß es einen realen Feind mit einem Gesicht gibt, die Guerilla, den bewaffneten Widerstand.

In der ersten Phase der Aufstandsbekämpfung in den sechziger Jahren, als amerikanische Spezialeinheiten Beratungs- und Ausbildungsfunktionen hatten, manchmal wohl auch selbst mitkämpften, wurden achttausend Menschen von der guatemaltekischen Regierung umgebracht, obwohl die Guerilleros nicht mehr als fünfhundert Kämpfer zählten. In den achtziger Jahren hat es vielleicht zehntausend Aufständische gegeben, aber etwa achtzigtausend Menschen wurden umgebracht. Die anderen Opfer wurden als Unterstützer, gewissermaßen als Komplizen betrachtet: Sie waren dort, sie waren in der Nähe, es ist schwer, die Schuldigen von den Unschuldigen zu trennen, und diese Leute müssen niedergehalten und, wenn nötig, vernichtet werden. Wie der Vietcong, denn die Aufstandsbekämpfung basierte auf der amerikanischen Strategie in Vietnam, wo »Modelldörfer« der Durchdringung und Kontrolle der fremden Bevölkerung dienten und wo nach dem »Phönix«-Muster gemordet wurde. Man beginnt mit Täuschung, dem Verbreiten von Lügen und falschen Informationen, »sie täuschen, finden, angreifen, vernichten«, wie die vier Taktiken von Rios Montt lauten, die in seinen »Ständigen Dienstanweisungen für die Entwicklung der anti-subversiven Operationen« des Kampfplans Victoria 82 festgehalten sind.

Es ist interessant, daß das lateinamerikanische Militär mit der Doktrin des Nationalen Sicherheitsstaates und der Aufstandsbekämpfung eine US-amerikanische Interpretation der militärischen Situation und des Verhältnisses zu seiner eigenen Bevölkerung akzeptierte, ohne zu bemerken, daß die amerikanischen Strategen diese Doktrin im eigenen Land nicht anwendeten. Nur amerikanische Sondereinheiten gingen mit Zivilisten so um wie die lateinamerikanischen Regime, und bei ihnen handelte es sich um Einheiten, die gegen Ausländer vorgingen oder ihr Wissen als Ausbilder exportierten. Daß das US-amerikanische Militär weder die eigene Bevölkerung als Feind betrachtete noch den Bürgern gegenüber eine Dynamik der Feindseligkeit in Gang setzte, hieß nichts anderes als: Das war zwar gut für den Export, zu Hause aber nicht akzeptabel. In diesem Messen mit zweierlei Maß liegt ein unbewußter Rassismus und Imperialismus. Er hängt mit dem Privileg zusammen — oder mit dem, was angesichts des Mangels zum Privileg geworden ist —, mit jenem narzißtischen Wohlgefühl, das die US-Bürger aus der Gewißheit schöpfen, daß ihre Bürgerrechte noch intakt sind, respektiert werden. Andere Völker haben die »Freiheiten« verloren oder nie besessen, derer sie sich erfreuen — ganz abgesehen von ihrer wirtschaftlichen Vormachtstellung. Der Vergleich ihres eigenen Glücks mit dem Schicksal anderer Bürger unter anderen Regierungen kann so befriedigend ausfallen, daß keine Skrupel in bezug auf Gerechtigkeit oder Ursachen aufkommen.

Die amerikanische Doktrin der Aufstandsbekämpfung war prägend, hat alle Bereiche durchdrungen; die durch sie vermittelten Wahrnehmungen entschieden über Leben und Tod. Ihre Folge war eine alptraumhafte Brutalität mit heimlichen Hinrichtungen und verstümmelten Leichen, die für den lateinamerikanischen Militarismus aus bestimmten Gründen akzeptabel war. Man könnte vermuten, daß es das Minderwertigkeitsgefühl der Kolonisierten gegenüber dem Glanz und Reichtum der Weltmacht war, der junge Offizier, der durch seine Ausbildung im Ausland geblendet wurde. Aber weitaus wichtiger ist die Macht im eigenen Land, ihre Erhaltung. Um an der Macht zu bleiben, haben sie ein besonderes Mißtrauen entwickelt, das alle Bedingungen akzeptiert. Daß sie es mit ihrem Volk zu tun haben, ist unerheblich: Die Ideologie des Antikommunismus hat die Menschen des eigenen Landes zu Fremden, Andersartigen, Verseuchten gemacht, die von einer diabolischen

Macht besessen sind und ihnen daher ferner stehen als Fremde, weniger sympathisch, weniger menschlich sind. Die Kriegsregeln haben hier keine Geltung, sie beziehen sich auf militärische, nicht auf paramilitärische Aktionen. In diesem Kampf ist nichts zu grausam oder brutal, es gibt keine Hemmung, keine Gnade, kein Pardon. Die Aufstandsbekämpfung wird zur Terrorismusbekämpfung.

In der Stadt agieren immer »unbekannte Angreifer«, »maskierte Männer« und namenlose oder anonyme »Todesschwadronen«, »Bürgerwehren«. Auf dem Land, wo die Armee offen gegen die Bauern vorgeht, gibt es andere Formen der Manipulation und Distanzierung: Indianische Soldaten werden gegen indianische Bauern eingesetzt, wobei eine sorgfältige Planung darauf achtet, daß sie nie aus denselben Provinzen oder Sprachgruppen kommen. Die Ausbildung des Soldaten bestand darin, daß ihm seine natürlichen Sympathien ausgetrieben wurden, teilweise auch in einer bewußten Brutalisierung; er wurde regelmäßig geschlagen, lernte es, die Schläge zu ertragen und andere zu schlagen. Ihm wurde eingebleut, daß es überall »Kommunisten« gibt und daß sie ein Fluch sind. Er wurde belogen und seiner Herkunft und seinem Milieu entfremdet. Obwohl er aus Armut zur Armee ging oder am Markttag sogar entführt wurde, ist die Armee mit der Zeit zu seinem Zuhause, seinem ganzen Erfahrungsbereich geworden: Ihre maskuline Kultur ist ihm vertraut und angenehm. Sie ist eine richtige Institution, verleiht Sicherheit, ist mit Autorität und Prestige verbunden und bietet Möglichkeiten, die weit über denen liegen, die das Schicksal sonst für ihn bereitgehalten hätte; Beförderungen finden häufig statt, manchmal alle vier Monate, es gibt besondere Belohnungen für tote Guerilleros, Hinrichtungen.

Man steht in einem Kreuzzug, in einem Krieg gegen das Böse schlechthin, die Aufstandsbekämpfung wurde immer als ein »schmutziger Krieg« verstanden. Jeder lügt und heuchelt: Es gibt keine kommunistische Bedrohung, die Opposition kommt aus dem Land selbst, ist ein breites Spektrum von unzufriedenen Arbeitern, Bauern und Angehörigen der Mittelschicht, die traditionell der Demokratie und religiösen Werten verpflichtet sind. Die kommunistische Partei stellt eine unbedeutende Minderheit dar. Aber das Schreckgespenst des Kommunismus ist mit Erfolg benutzt worden, um die Militärherrschaft und dann die Diktatur zu rechtfertigen. Doktrin, Dogma, Mythos — praktisch und zweckmäßig. Die Armee wird reicher und mächtiger, ist nicht mehr Diener der wohlhabenden Klassen, sondern ihr Partner. Die politischen Parteien sinken zu bedeutungslosen Organisationen herab, die Wahlen sind gefälscht. Die Maßnahmen werden immer extremer, das Militär setzt sich in jeder Institution fest, kontrolliert immer größere Teile der Gesellschaft, verhängt häufig den Belagerungszustand, der die Verfassung und alle anderen Bürgerrechtsgarantien außer Kraft setzt.

Es gibt keinen Ort, an dem sich der Widerstand verschanzen kann. Ende der sechziger Jahre, nach zehn Jahren insgeheimer und offener Repression und Einschüchterung ist er zusammengebrochen: Die Guerilla ist verschwunden, die Studenten sind ruhig, die Gewerkschaften protestieren nicht. Und dann beginnt alles von neuem: wachsender Dissens, größere Streiks, Kooperativen, christliche Basisgemeinden, mitgliederstarke Bauerngewerkschaften, ein einheitlicher, bewaffneter Kampf. Dann die weitere Mobilisierung der Armee, mehr Todeslisten und Entführungen, ein Chaos der Brutalität, die schlimmsten Massaker gibt es auf dem Land.

In diesem Kampf liegt ein Fieber, eine psychotische Gewalt, die erschreckend ist, monströs wird, auf alles abfärbt. Vierzig Jahre lang hat man Leichen an Straßenrändern gefunden, in Schluchten, Sandgruben und auf Müllkippen, auf »geheimen Friedhöfen«, die zufällig auf dem Land oder am Stadtrand entdeckt wurden: Die Körper weisen durchgehend Folterspuren, ja sogar Verstümmelungen auf. Hände, Ohren, Nasen, Genitalien sind abgeschnitten. Die Opfer sind Studenten, Lehrer, Rechtsanwälte, Journalisten, Gewerkschaftsführer, sogar zentristische Politiker, Mitglieder der Christlich-Demokratischen Partei. Viele Opfer sind sehr angesehene Persönlichkeiten, deren Tod oder Verschwinden jede Hoffnung auf eine Veränderung der politischen oder rechtlichen Lage in noch weitere Ferne rückt, noch unerreichbarer macht. Alle Hoffnungen der Dissidenten oder Oppositionellen sollen vernichtet werden, eine kollektive Verzweiflung soll sich ausbreiten.

Man spürt das an der Ratlosigkeit und Erschöpfung der Mitarbeiter von Menschenrechtsgruppen, die pausenlos Rufmordkampagnen, Todesdrohungen, Tod und Entführung ausgesetzt sind. Der derzeitige Präsident, ein Zivilist, hat es wieder nicht geschafft, das Foltern und Morden zu stoppen, das euphemistisch als »Menschenrechtsverletzungen« bezeichnet wird; statt dessen hat er der Armee eine erneute Amnestie, also völlige Straflosigkeit gewährt.

Es geht weiter mit Entführungen, Zwangsarbeit, Bürgerpatrouillen. Menschenrechtsgruppen wie die »Gegenseitige Hilfe« müssen einen monatelangen Papierkrieg gegen die Bürokratie führen, um einen geheimen Friedhof öffnen zu lassen; ursprünglich informell, erhält er plötzlich einen formellen Charakter, die Opfer der Regierung sind jetzt Eigentum der Regierung. Überall wird überwacht, Ausländer werden beobachtet, es gibt »Ohren«, und die Ohren werden bezahlt. Auf dem Land braucht man die Genehmigung des Militärbeauftragten, wenn man einen Übernachtungsgast hat. Die Armee plant eine noch perfektere Reglementierung der Bürger durch das System der Bürgerpatrouillen, eine vollständige militärische Überwachung des Lebens auf dem Land.

Die Leute, die in den Kooperativen gearbeitet haben, sind ebenso verdächtig wie Mitarbeiter der Gesundheitsdienste, insbesondere diejenigen, die in die Gruppen zurückkehren, die zur Zeit des Erdbebens von 1976 entstanden sind und sich die Gesundheitsförderung zum Ziel gesetzt haben. In David Schwantes Buch *Guatemala, A Cry From The Heart*[28] erklärt der Mitarbeiter einer Menschenrechtsgruppe einem Besucher, wie das Leben einer dieser medizinischen Hilfskräfte aussieht: »Als die Gewalt begann, wurde er verdächtigt, ein Umstürzler zu sein, so wie die meisten, die sich bemühen, das Leben der Bauern zu verbessern. Er versteckte sich. Vor einigen Jahren beschloß er, daß es sicher genug war, um wieder ein normales Leben zu leben. Im letzten Jahr mußte er jedoch seine Arbeit in der Klinik und seine Mitarbeit am Gesundheitsförderungsprogramm aufgeben und sich wieder verstecken. Er hatte sich ›die Finger verbrannt‹, was bedeutete, daß er als Umstürzler, als eine Gefahr für die politische Stabilität eingestuft wurde, ein Mann, dessen Name auf ›der Liste‹ stand (...) jetzt ist nur noch die Frage, wann sie zuschlagen.« Ein Mann wie er wartet nur darauf, ermordet zu werden. »Er wird die nächste Runde nicht überleben«, sagt der Erzähler zum Schluß erschöpft und resigniert.

Unter solchen Bedingungen erscheint die Ideologie jeden Tag fadenscheiniger; die Doktrin ist jetzt nicht einmal mehr Ausdruck einer Paranoia, sondern nur noch Tarnung für einen brutalen Machterhalt. Die Eroberung beruht auf nackter, abscheulicher Gewalt: Das Vorbild ist nicht die Ethik des Kriegers oder des Offiziers, sondern die Mafia, die Kriminalität. Aber es ist eine hochtechnisierte und hochentwickelte kriminelle Gewalt, die alle Vorteile der Verbindung mit der Regierungsmacht auf ihrer Seite hat: Ihr technisches Kernstück ist das große Kommunikationszentrum im Nationalpalast, wo alle Geheimdienstinformationen koordiniert und die Befehle für die Todesschwadronen ausgegeben werden. Dieser große Komplex, das Regionalzentrum für Telekommunikation *(La Regionale)*, ein Geschenk der Vereinigten Staaten im Rahmen der »Entwicklungshilfe«, verbindet Guatemala nicht nur binnen vierundzwanzig Stunden mit den Polizei- und Sicherheitskräften von sechs Nachbarstaaten und dem Südkommando der Armee der Vereinigten Staaten in der Panama-Kanal-Zone, sondern fungiert auch als Kommandozentrale für die angeblich zufälligen Morde, die Tausende von gefolterten Leichen, die das Regime als unerklärliche Verbrechen hinstellt, von unbekannten Mördern oder gesetzlosen Personen begangen, von Zeloten, die das Regime angeblich nicht kontrollieren oder identifizieren kann.

Am 18. Februar 1981 veröffentlichte Amnesty International einen Bericht, der zu dem Schluß kam, daß es »keine regierungsfreundlichen Gruppen gab, die nicht von der Regierung kontrolliert wurden, und daß Regierungsstellen direkt für die Morde und Entführungen verantwortlich waren, die die Behörden extremistischen Todesschwadronen zuschrieben.« Amnestys Schlußfolgerungen basierten auf einer Vielzahl von Zeugenaussagen, darunter die von Elias y Barahona, ein früherer Pressereferent des Innenministeriums, dessen Aufgabe es gewesen war, solche Todesfälle als Folge der Auseinandersetzungen zwischen der extremen Rechten und der extremen Linken darzustellen, die überhaupt nichts mit der Regierung zu tun hatten. Die Todesfälle, die bekannten Schwadronen wie Weiße Hand, ESA und NOA zugeschrieben wurden, Gruppen, die ihre Taten auf Flugblättern ankündigten und sich hinterher zu ihnen bekannten, indem sie vulgäre Kommentare auf entstellten Leichen hinterließen, waren und sind das Werk der Regierung selbst: Es hieß, daß das Innenministerium einen Vorrat an Blankobriefbögen von den wichtigsten Todesschwadronen besaß.

Die Hinrichtungen, die auf das Konto der verschiedenen Polizeikräfte gehen, werden von degradierten Polizisten durchgeführt, die gezwungen werden, für frühere Unregelmäßigkeiten zu büßen, indem sie für eine geringe Bezahlung und eine gewisse Chance der Rehabilitierung Morde begehen. Die Hinrichtungen, die das Militär selbst anordnet, werden ebenfalls von Regierungsangestellten begangen, wobei die Mörder im allgemeinen zwei *confidentiales* oder Agenten des militärischen Geheimdienstes sind. Sie bekommen Fahrkarten und Fotos ihrer Opfer, wobei die Opfer entweder von den Chefs der Kriminalpolizei und der Militärpolizei aus den regionalen Zentralkarteien oder, wenn es sich um Prominente handelt, auf Zusammenkünften des Innen- und des Verteidigungsministeriums ausgesucht werden. Diese Diensteinsätze sind zeitlich begrenzt und schwer zurückzuverfolgen: Die Agenten kehren sofort an ihre Standorte zurück und werden mit dem Verbrechen nicht in Verbindung gebracht.

Durch *La Regionale* ist die Überwachung perfektioniert worden, da elektronische Informationen aus jeder Datenbank der Regierung vom Geheimdienst abgerufen werden können; alle Informationen der staatlichen Telefongesellschaft, des Arbeits- und Finanzministeriums sowie der Einwanderungs- und Paßbehörden. Alles ist verfügbar, »jederzeit abrufbar«, wie der Historiker Michael McClintock in *The American Connection, State Terror and Popular Resistance in Guatemala*[29] aufzeigt. Zehntausende haben dieses Schicksal erlitten. Es gibt nur wenige Festnahmen, fast jeder, der in Guatemala verschwindet, wird ermordet; durch Folterungen und Verstümmelungen erleidet er einen unvorstellbar schweren Tod.

Bevor die Terrorismusbekämpfung 1982 Tzalala erreichte, hatte sie schon dreißig Jahre lang Angst und Schrecken verbreitet; mehr als zehn Jahre sind seitdem ins Land gegangen. Der unbegreifliche Apparat erscheint noch immer am Himmel und stürzt sich, gottähnlich und schrecklich, auf die einfachen Menschen, die keine Waffen gegen diese Gewalt haben, die arme Schlucker sind und mit seiner aufwendigen Ausstattung und seinen hervorragend ausgerüsteten Soldaten konfrontiert werden, denen sie mit leeren Händen gegenüberstehen. Der amerikanische Hubschrauber — man ist seinem Lärm, seinen aufmontierten Maschinengewehren, seinem peitschenden Propeller wehrlos ausgeliefert.

In Chiapas an der mexikanischen Grenze hörte ich die Berichte von Flüchtlingen aus Guatemala. Sie erzählten, wie die Maschinen in ihren Dörfern gelandet waren, bei Indianern, die völlig überrascht waren, bei denen der Trick mit dem Versprechen von Elektrizität und Schulen, der Trick mit dem Zusammentreiben der Führer auf dem Platz noch verfing; der Schock, als die Soldaten die Gemeindeältesten mit Maschinengewehren erschossen, war jetzt noch in der geflochtenen Hütte spürbar, in der wir saßen und die genauso beschaffen war wie die Strohhütten zu Hause. Als die Soldaten das zweite Mal landeten, befahlen sie den Leuten, in ihren Hütten zu bleiben und setzten diese dann in Brand: Wenn man in so einer leichten Hütte sitzt, kann man sich vorstellen, wie sie brennen würde, wie schnell sich die Hitze entwickelt, wie sehr man in der Falle sitzt. Der uns allen vertraute Spion und die reizvollen Kinobilder vom Untertauchen in der Stadt, unsere Phantasiewelt von fremdartigen Intrigen und tropischen Abenteuern löst sich in das brutale Verbrennen von einfachen Menschen auf. Vor dem Feuer gibt es kein Entrinnen, doch einige brachen aus und rannten davon, diese wenigen um mich herum überlebten das Maschinengewehrfeuer. Die Frucht der Ideologie: Es ist erstaunlich, daß ein militärischer Mythos wie die Aufstandsbekämpfung jemals die Macht bekommen konnte, ein solches Leiden, eine solche Unmenschlichkeit zu erzeugen.

Für El Salvador beginnt die moderne Geschichte mit dem Massaker von 1932, als General Martinez im Westen des Landes eine große Bauernrevolte niederschlug. Innerhalb von achtundvierzig Stunden wurden von einer Bevölkerung, die damals nur eine Million Menschen umfaßte, dreißigtausend Menschen umgebracht. Das war der Wendepunkt. Unter einem Leichenhaufen begraben, überlebte Miguel Marmol, einer der bekanntesten Arbeiterführer der Region, ein Erschießungskommando, so daß er von dem Massaker berichten konnte. Der Dichter Roque Dalton hat dafür gesorgt, daß auch Miguel Marmols Persönlichkeit überlebt hat, vollständig durch seine eigene Stimme vermittelt, die gesamte Biographie des Mannes ein langer Monolog, reich an Sinnesfreude und Derbheit, Erkenntnis und Ehre.[30] Dalton hat nicht einmal ein Tonbandgerät benutzt, sondern beim Zuhören wochenlang geduldig von Hand mitgeschrieben. Marmol zufolge hat dieses Ereignis allem seinen Stempel aufgeprägt: »Seit jenem verwünschten Jahr sind wir alle anders geworden, und ich glaube, daß El Salvador ein anderes Land geworden ist. El Salvador ist heute vor allem ein Resultat jener Barbarei (...) die grundlegende Denkweise, die uns immer noch beherrscht, ist die Denkweise derjenigen, die das Massaker verübt haben.« Es folgen Jahrzehnte militärischer Repression unter dem

Schreckensregiment der Nationalpolizei und der Nationalgarde, ein Polizeistaat mit Bild-Ausweisen, Kontrollpunkten, Reisebeschränkungen und Inlandspässen, der seine Kontrolle immer weiter ausbaute, bis es 1975 zur Aufstellung der Todesschwadronen kam.

Aber der Augenblick, als Erzbischof Romero am 24. März 1980 vor dem Altar ermordet wird, während er die Messe liest, ist ebenso entscheidend. Damals herrschte Bürgerkrieg, gab es eine starke Volksbewegung, gegen die die Armee Krieg führte. Damals konnte der Mann der Kirche nicht nur die Soldaten auffordern, sich Folterbefehlen zu widersetzen, sondern auch die offene Rebellion, vielleicht sogar den bewaffneten Kampf rechtfertigen: »Wenn eine Diktatur die Menschenrechte verletzt und das Gemeinwohl verletzt, wenn sie unerträglich wird und alle Wege des Dialogs, der Verständigung und der Rationalität versperrt sind, wenn dies geschieht, spricht die Kirche von dem legitimen Recht auf aufständische Gewalt.« Bei seinem Begräbnis bekundeten hunderttausend Menschen auf dem Platz vor der Kathedrale ihre Trauer, und das Militär schoß mit Maschinengewehren in die Menge. So weit war es gekommen.

Die Aufstandsbekämpfung beschleunigte die Repression durch paramilitärische Kräfte, den Aufbau eines leistungsfähigen Geheimdienstes und Kommunikationssektors mit amerikanischer Hilfe, eine Ausweitung jenes Staatsterrors, der die Leichen von Verschwundenen produzierte, die Opfer der Todesschwadronen, die so oft in Büchern und Zeitungen dargestellt wurden, für viele von uns aber in Joan Didions Buch *Salvador*[32] vielleicht zum ersten Mal und am beklemmendsten beschrieben werden: »Eine Mutter und ihre beiden Söhne von acht *desconocidos*, unbekannten Männern, in ihren Betten zu Tode gestückelt. In derselben Morgenzeitung: der nicht identifizierte Körper eines jungen Mannes, erwürgt, am Straßenrand gefunden. Am selben Morgen eine andere Geschichte: die nicht identifizierten Körper von drei jungen Männern in einer anderen Straße gefunden, die Gesichter zum Teil von Bajonetten verwüstet, in ein Gesicht ein Kreuz geschnitten.«

»Die Leichname«, die von der Menschenrechtskommission der Erzdiözese fotografiert und in Akten aufbewahrt werden, damit Verwandte sie identifizieren können, »liegen häufig in unnatürlichen Verrenkungen da«, fährt Didion fort, »und auch die Gesichter, an denen die Körper hängen (falls sie noch daran hängen), wirken unnatürlich und sind manchmal gar nicht mehr als menschliche Gesichter erkennbar, sind von Säure entstellt oder so zu Brei geschlagen, daß sich Ohren und Zähne an einer völlig falschen Stelle befinden, oder sind von einem Ohr bis zum anderen aufgeschlitzt und wimmeln von Insekten.« Manche können wegen der Kleidung besser identifiziert werden: »weißes Hemd, purpurrote Hose, schwarze Schuhe«. Dies ist ein Körper ohne Augen, »weil die Geier noch vor dem Fotografen da waren«.

Dies sind keine forensischen Fotos, da es nie einen Prozeß geben wird. Jetzt ist die Terrorismusbekämpfung am Zuge, ihre Folgen sind überall sichtbar, aber ihr Produkt ist die Leiche, der exemplarische Gegenstand. Leichen tauchen jeden Tag auf den Straßen auf, Didion selbst hat eine auf ihrem Weg nach Gotera gesehen; einen Tag vorher lag dort eine, zwei Tage vorher waren es fünf. Und da sind El Playon und Puerta del Diablo außerhalb von San Salvador, wo es richtige Leichenberge gibt. Da ist täglich die Angst, ein psychotischer Terror; ein gewaltiger Sicherheitsapparat erreicht jede Ecke des Landes, koordiniert die Todeslisten. Jeder Fünfzigste ist ein Informant.

Die Aufstandsbekämpfung hat dies hervorgebracht, die amerikanische Doktrin, die amerikanische Ausbildung und die amerikanischen Berater, die amerikanische Hilfe und das Kriegsgerät, für das der Kongreß immer wieder Mittel bereitstellt. Erzbischof Romero hat darum gebeten, die Unterdrückung zu beenden und die US-Militärhilfe einzustellen: Einen Tag nach seiner Ermordung wurden neue Gelder bewilligt. Am Anfang der Theorie und Praxis der Aufstandsbekämpfung steht der Glaubensartikel, daß alle Formen der Opposition und des Protestes Subversion sind: Gewerkschaften, Studentendemonstrationen, oppositionelle Parteien. Jede Form des Dissenses ist kriminalisiert, zu Kommunismus und Verrat erklärt worden: aus ökonomischen Gründen, da die Ungleichheit der Vermögen so gewaltig, die Oligarchie der »vierzehn Familien« so mächtig, die Rolle der Sicherheitskräfte als Schutzmacht der Elite so offensichtlich ist. »Entwicklung« und »zivile Projekte« sollten das Gegengewicht zum »Zwang« bei der Aufstandsbekämpfung sein, aber da dies einen grundlegenden ökonomischen Wandel implizieren würde, der unerwünscht und daher nicht machbar ist, bleibt es bei öffentlichkeitswirksamen Gesten, Worten und Phrasen.

Statt dessen wird ein weitgespanntes Netz von Sicherheitskräften und politischer Polizei geschaffen, das Produkt von zwanzig Jahren US-amerikanischer Ausbildung. Daneben werden geheime paramilitärische Kräfte aufgebaut, gesichtslose Banden von Männern, die bestimmte Gönner haben, kleine Regierungsangestellte, die diese Aufgaben »freiwillig« übernehmen müssen, um ihre Stelle zu behalten, Armeereservisten und Veteranen, die in der Stadt und auf dem Land zu Teilzeitmördern ausgebildet werden und die im Jargon des US-Verteidigungsministeriums, der CIA, des Programms für öffentliche Sicherheit und jener Verlautbarungen der US-Armee, die im ersten Band von McClintocks *American Connection* zitiert werden, die »grundlegende zivile Anti-Terror-Organisation« bilden. »Junge Eliten« werden sie schmeichlerisch genannt, »die etwas zu verlieren haben, weil sie eine Familie, ein Haus, ein Stück Land haben, in der Wirtschaft, im Beruf oder in der Politik vorwärtskommen wollen.« Die Auswahl solcher Männer hat »absoluten Vorrang, wenn das Militär ein Gebiet gesäubert hat«; sie werden dazu ausgebildet, Wache zu halten, nächtliche Straßensperren zu errichten, Überwachungen durchzuführen, als Informanten und Kundschafter für das Militär zu fungieren — nicht ausgeschlossen ist auch der Dienst in einem Hinrichtungskommando. Amerikanische Berater schufen dieses Netz von Organen der Aufstandsbekämpfung in Gestalt von ORDEN und anderen paramilitärischen Organisationen, Bürgerwehren und Todesschwadronen.

Bei der Schaffung solcher Einheiten kann jedes Interesse und jedes Vorurteil ausgenutzt werden, gekaufte oder ideologische Zugehörigkeit, religiöse Überzeugung, ethnische Identifikation, Klassenbewußtsein — es sind Angestellte der Grundbesitzer, Verwandte der Wohlhabenden, Empfänger von Vergünstigungen, Familien, die sich mit der Nationalgarde identifizieren. Es ist eine brisante Mischung: Sobald die Bürger organisiert und zu bestimmten Handlungen ermächtigt sind, ermutigt, ausgebildet und angehalten werden, das Gesetz zu brechen, Waffen zu tragen, Morde und Attentate zu verüben, ist es schwer, diesen Prozeß zu stoppen, zu verändern oder zu begrenzen. Die Identität der Mitglieder der paramilitärischen Verbände, die von der Armee und den Sicherheitskräften gelenkt werden, bleibt der übrigen Bevölkerung verborgen, so wie ihre Taten in der Presse vertuscht und vernebelt werden, indem sie »extremen Elementen der Rechten oder Linken« zugeschrieben werden. Ständige Verwirrung ist notwendig, Hinweise auf rätselhafte Vorgänge, unbekannte Attentäter, maskierte Männer, Bürgerwehren, Randgruppen, »unkontrollierbare« Personen, die »keine Beziehungen zu offiziellen Stellen« haben, Phantome, unabhängige und »ungebundene« Kräfte. Eine Sprache des Unbestimmten, Unerklärlichen entsteht: Es gibt keine Verantwortlichkeit, nur Macht, Angst.

Dennoch haben die »paramilitärischen Kräfte in erster Linie politischen Charakter«, wie es eine Untersuchung der US-Armee formuliert. Eine erstaunliche Feststellung, selbst wenn die Botschaft nur auf Einschüchterung abzielt: »Ihre Funktion besteht darin, die Macht des Staates sichtbar und wirksam zu demonstrieren.« Selbst wenn die Quelle der Gewalt vernebelt wird, ist die Botschaft deutlich: man erkennt, worum es geht. Gleichzeitig werden Verantwortlichkeit und Schuld ausgeklammert.

Auf einer anderen, formellen und öffentlichen Ebene bleiben Lüge, Zensur und »Desinformation« wichtige Elemente. Was wirklich passiert, muß vor der Öffentlichkeit der Vereinigten Staaten verheimlicht oder zumindest durch vage und distanzierende Begriffe wie »Menschenrechtsverletzungen« verharmlost werden; die Menschen vor Ort, die um die Absprachen zwischen den Regierungen wissen, müssen durch Angst gelähmt werden. Es kümmert niemanden, daß der Terror der Aufstandsbekämpfung ein direkter Verstoß gegen die Gesetze des Landes und alle internationalen Abkommen ist, denen beide Regierungen beigetreten sind. Regierungskriminalität wurde traditionell als Exzeß und Entgleisung betrachtet, doch diese Brutalität wird als etwas anderes akzeptiert, als eine wohldurchdachte und innovative Politik.

Folter und Festnahmen haben eine neue legale Grundlage erhalten: Festnahmen werden durch das Dekret 507 der Junta der Revolutionären Regierung völlig legalisiert, die Folter wird insofern fast legal, als Geständnisse zulässig sind, die bei Verhören abgelegt werden. Häufig wird der Belagerungszustand mit Ausgangssperren ausgerufen, bei dem jeder, der auf der Straße gesehen wird, erschossen werden kann und offene oder verdeckte Hinrichtungen zur Routine werden. Die Aufstandsbekämpfung schafft neue Maßstäbe und Perspektiven: Wenn Menschen aus Hubschraubern geworfen oder ihre Häuser angezündet werden, so gehört dies jetzt zu einem ausgeklügelten neuen Programm. Es wird zu einem Verbrechen, über Menschenrechtsverletzungen innerhalb oder außerhalb des Landes zu berichten. El Salvadors einzige medizinische Fakultät wurde vom Militär besetzt, dann geschlossen. Todesschwadronen drangen in Krankenhäuser ein, ermordeten Chirurgen in Operationssälen und erschossen Patienten in ihren Betten, Krankenschwestern und Krankenpfleger »verschwanden«. Dr. Charles Clements beschreibt in *Witness to War*[32], wie er zum ersten Mal mit salvadorianischen Verhörtechniken konfrontiert wurde, als er eine Frau behandelte, deren Brüste mit der Machete abgeschnitten worden waren.

Gewalt hat die Tendenz zu eskalieren; entfesselte staatliche Gewalt entwickelt sich zu einer grauenhaften Lebensform, hat jedoch die Tendenz, die gegenteilige Wirkung zu erzielen: Je repressiver der Staat, desto größer der Widerstand des Volkes. Letztlich ist die Aufstandsbekämpfung kontraproduktiv und kann genau die revolutionäre Aktivität hervorbringen, die sie angeblich verhindern will, da die nackte Gewalt immer mehr Ablehnung und Wut erzeugt. Wenn sich eine Regierung der Gewalt verschreibt, verliert sie ihre Orientierung und ihre Autorität.

Wohnt der Aufstandsbekämpfung einerseits die totale Verantwortungslosigkeit inne, so stehen andererseits das Prestige und die Macht, die moralische Autorität der Vereinigten Staaten sowie ihre vielfältige materielle und militärische Hilfe hinter der Denkweise, die kennzeichnend für die Handbücher der US-Armee ist. Sie beschreiben ein imaginäres lateinamerikanisches Land namens »Zentralia«, für das die Techniken der Aufstandsbekämpfung mit dieser einzigen Einschränkung vorgesehen sind: »Man sollte keinen massenhaften Anti-Terror, sondern selektiven Terror gegen die Zivilbevölkerung anwenden, d.h. der Völkermord ist keine Alternative.« McClintock zitiert diese Quelle, und mit ihm muß man sich fragen, wie hoch wohl der Prozentsatz der Bevölkerung sein darf, der »selektiv« ausgerottet wird.

Bei den Massakern, die die Armee im Zuge der Aufstandsbekämpfung verübt, kann dieser Prozentsatz in der Tat sehr hoch sein. Diesem Denken zufolge ist der bewaffnete Widerstand wie der Fisch in einem See; da die Armee den Fisch nicht fangen kann, wird sie statt dessen den See trocken legen, indem sie die Basis des Widerstands in der örtlichen Bevölkerung zerstört, nötigenfalls die Bevölkerung selbst ausrottet. Der Begriff »zivil« hat jetzt keine Bedeutung mehr, in manchen Regionen werden alle Bürger mit Bomben und Maschinengewehren getötet; Strategen wie Oberst Ochoa leugnen sogar, daß es in manchen Gebieten überhaupt eine Zivilbevölkerung gibt, selbst Kinder sind militärische Ziele. In den achtziger Jahren war die Armee, ermutigt durch die Reagan-Regierung, selbst zu einer Todesschwadron geworden. Die Menschen fliehen zu Fuß in die Berge, ohne Nahrung, schutzlos, Kinder und Alte mit sich schleppend, um dann bei der Durchquerung eines Flusses in einen Hinterhalt zu geraten und beschossen zu werden, manchmal trifft es mehrere hundert Menschen auf einmal. Ein amerikanischer Hochschulabsolvent namens Philippe Bourgeois hat eine solche Flucht miterlebt und vor dem amerikanischen Kongreß ausgesagt: »In den nächsten vierzehn Tagen floh ich mit der örtlichen Bevölkerung; wir wurden aus der Luft bombardiert, waren Artilleriefeuer, Schüssen aus Hubschraubern und Angriffen der salvadorianischen Soldaten ausgesetzt. Rückblickend sieht es so aus, als hätten die salvadorianischen Regierungstruppen das Ziel gehabt, alle Lebewesen (Menschen und Tiere) auf einem Gebiet von 30 Quadratmeilen auszurotten.« (McClintock)

Im Mai 1980 wurden in Copan mindestens sechshundert unbestattete Leichen gefunden, mehrere Tage lang eine Beute für Hunde und Bussarde. Am Lempa-Fluß wurden im März 1981 Tausende von fliehenden Dorfbewohnern bombardiert und beschossen. Ein paar Monate später fanden zwei Massaker am Sumpul statt. Im selben Jahr kam es in Cabanas und Morazan zu einer Reihe von »Säuberungs«-Operationen; die salvadorianische Menschenrechtskommission *(Soccoro Juridico)* hat dokumentiert, daß eines der Massaker dazu führte, daß »vierundvierzig Jugendliche ermordet, zehn Familien gefangengenommen und ermordet und dreiunddreißig Frauen getötet wurden. Insgesamt wurden 147 Zivilisten von den Sicherheitskräften entweder umgebracht oder entführt. Die Menschen in dem Gebiet sahen nach der Operation Leichen den Fluß hinuntertreiben.«

Viele Massaker werden dem Bataillon Atlacatl zugeschrieben, das in El Salvador von US-Sondereinheiten aus Fort Gulick in der Kanalzone ausgebildet wurde, oder dem Bataillon Ramon Belloso, das in Fort Bragg in North Carolina ausgebildet wurde. Das Massaker von El Mozote, über das die amerikanische Presse und das »Americas Watch Committee« berichteten, kostete tausend Zivilisten aus einigen Dörfern in Morazan das Leben. Auch hier tat sich besonders das Bataillon Atlacatl hervor, das dreitausend Angehörige der Armee und der Sicherheitskräfte sowie paramilitärische, irreguläre Truppen umfaßte.

In El Mozote gab es nur eine einzige Überlebende, und zwar die achtunddreißigjährige Rufina Amaya. Die Truppen kamen frühmorgens und trieben die Dorfbewohner zusammen, schlossen die Männer in der Kirche und die Frauen in einem Haus ein. Mittags wurden die Männer im Stadtzentrum erschossen, nachdem man ihnen zuvor Augenbinden angelegt hatte, darunter Amayas Ehemann, der fast blind war. Dann kamen die Frauen an die Reihe: Nachmittags wurden die jungen Frauen in die Berge gebracht, vergewaltigt, getötet, ihre Leichen verbrannt. Als nächstes wurden die alten Frauen erschossen. »Die Soldaten hatten keine Wut«, erklärte Amaya, »sie gehorchten nur den Befehlen des Leutnants. Sie waren kalt und berechnend.« Amaya, die sich hinter einem Baum versteckt hatte, hörte die Soldaten darüber diskutieren, wie man die Kinder umbringen sollte; sie beschlossen anscheinend, sie zu erdrosseln, denn später hörte sie ihre Schreie und Hilferufe, aber keine Schüsse. Drei von ihren eigenen Kindern waren unter den Toten, alle waren jünger als zehn Jahre.

Solche Zustände haben einen massenhaften Widerstand hervorgebracht, eine Volksfront in den Städten, die Besetzung von Teilen des Landes durch bewaffnete Guerillaeinheiten, Kriegsbedingungen, schließlich sogar Friedensverhandlungen. Ein entscheidendes Element in diesem Kampf war das wachsende Gewicht der Frauen, insbesondere der Co-Madres, einer salvadorianischen Gruppe, die aus den Demonstrationen hervorging, die zuerst von den argentinischen Müttern der Verschwundenen initiiert worden waren. Sie wurden immer mehr Repressalien, Verhaftungen und Folterungen ausgesetzt, aber zugleich immer stärker politisiert und international wirksam. Die Biographie einer der Begründerinnen dieser Gruppe steht für das Leben der Armen in El Salvador, die durch die Ideen der Befreiungstheologie, die christlichen Basisgemeinden und die Genossenschaftsbewegung ihre Lage erkannten und Hoffnung entwickelten. Es ist ein Leben in drückender Armut und unaufhörlicher Verfolgung durch die Regierung, vor der sie nicht kapitulieren wollen. Es ist für sie absolut notwendig, der Übermacht zu widerstehen, die von den Reichen und Mächtigen in El Salvador, die sich auf die fast grenzenlose Macht der Vereinigten Staaten stützen können, gegen sie aufgeboten wird. Es liegt sowohl Ironie als auch Optimismus in der Tatsache, daß diese Biographie ins Englische übersetzt wurde und vom Büro der Co-Madres in Washington D.C. vertrieben wird[33], wo die Gruppen jetzt Büros haben und mit feministischen Organisationen und Menschenrechtskreisen in den Vereinigten Staaten zusammenarbeiten.

»Ich heiße America Sosa. Ich stamme aus San Miguel, El Salvador. Ich bin neunundvierzig Jahre alt. Ich bin bis zur sechsten Klasse in die Schule gegangen. Ich bin Witwe und habe sieben Kinder zwischen neunzehn und dreißig Jahren. Jetzt lebe ich Washington D.C., bei der Dumbarton United Methodist Church in Georgetown.

Von 1973 bis 1979 war ich aktives Mitglied der Leitung der christlichen Basisgemeinde von San Antonio Abad; im Vorstand einer Sparkassen-Kooperative und eines Gemeindekrankenhauses (...) Zu meinen Pflichten und Verantwortlichkeiten als führendes Gemeindemitglied gehörte es, daß ich die Einheit und Harmonie der Gruppe aufrechterhielt, den Katechismus lehrte, Beratungen vor Taufen und Eheschließungen durchführte, Paare mit Eheproblemen beriet, die Bibelgruppen koordinierte und Kurse über das Genossenschaftswesen hielt.

Im Januar 1979 überfiel eine Gruppe von Soldaten und Sicherheitskräften das geistliche Zentrum El Despertar der Gemeinde und ermordete Vater Octavio Ortiz Luna und vier Jugendliche (zwischen vierzehn und sechzehn), die gerade Exerzitien durchführten. Danach wurde das Dorf San Antonio Abad von den Militärs besetzt, und einige Führer und Mitglieder der christlichen Gemeinde, darunter meine ältesten Kinder und ich, wurden von den Behörden gesucht. Ich war gezwungen, mein Haus zu verlassen und meine Aktivitäten in der Gemeinde aufzugeben.

Im Dezember 1980 wurde einer meiner Söhne, Juan, bei einer Straßensperre von Mitgliedern der Nationalpolizei festgenommen. Er wurde zusammen mit anderen Festgenommenen in das Hauptquartier der eben erwähnten Sicherheitskräfte gebracht. Drei Tage lang war er verschwunden, da die Nationalpolizei seine Festnahme bestritt. Mein Sohn war bei seiner Festnahme vierzehn Jahre alt. Er war in der achten Klasse und arbeitete als freiwilliger Helfer für das Grüne Kreuz. Er blieb drei Monate lang im Hauptquartier der Nationalpolizei, wo er häufig gefoltert, geschlagen und beschimpft wurde. Sie zwangen ihn, eine Erklärung zu unterschreiben, die er nicht lesen durfte und die behauptete, daß er einen Oberst ermordet und mehrere Busse angezündet hätte.

Danach wurde er ohne Prozeß, ohne Untersuchung, ohne das Recht auf einen Rechtsanwalt zu einer Gefängnisstrafe verurteilt. Er wurde als politischer Gefangener nach Santa Tecla gebracht und sieben Monate später freigelassen. Sofort nach seiner Freilassung flüchtete er in die mexikanische Botschaft, weil er Angst hatte, ermordet zu werden, wie es in vielen anderen Fällen vorgekommen war. Die mexikanischen Behörden gaben ihm politisches Asyl, und heute lebt er in Mexiko. Ich habe ihn seit sieben Jahren nicht gesehen.

In der Zeit, als ich meinen Sohn in Krankenhäusern, Gefängnissen, auf den Straßen suchte, in dieser Zeit des Schmerzes und der Verzweiflung schloß ich mich dem Komitee der Mütter an. Sie gaben mir Informationen sowie juristische und finanzielle Hilfe. Aber das Wertvollste, was ich dort fand, war die moralische Unterstützung und die menschliche Solidarität, die alle diese Mütter mir boten. Sie verstanden meine Angst, weil ihnen bereits das gleiche passiert war.

Im November 1981, drei Monate nach der Freilassung meines Sohnes, wurde mein Mann Joaquin von der Politischen Polizei festgenommen, als er von der Arbeit kam. Er war neunundvierzig Jahre alt und Bauarbeiter. Er arbeitete nie in politischen Organisationen und engagierte sich nicht politisch, weil er Angst hatte, in etwas hineingezogen zu werden. Sein einziges Ziel im Leben war das Wohlergehen seiner Familie. Wieder mußte ich diese Angst durchleben, weil einer meiner Lieben verschwunden war. Überall, wo wir meinen Mann suchten, sagte man uns, daß man ihn nie gesehen hatte, daß man ihn nicht kannte. Eine Woche nach seiner Verhaftung schickte uns mein Mann durch einen früheren Häftling, der gerade entlassen worden war, die Nachricht, daß er in Sotanos (einem Geheimgefängnis) festgehalten wurde.

Nach vielen Bittschriften an den Leiter der Sicherheitskräfte wurde mein Mann entlassen. Als er aus dem Gefängnis kam, konnte er nicht gehen und mußte getragen werden. Er war brutal geschlagen und gefoltert worden. Der Leiter der Politischen Polizei sagte, daß es ein Irrtum gewesen war, daß sie ihn mit einem anderen Verdächtigen verwechselt hatten. Wir brachten ihn sofort in ein Krankenhaus. Dort erhielt er medizinische und psychiatrische Behandlung, weil er auf den Kopf geschlagen worden war und teilweise sein Gedächtnis verloren hatte. Aber es war zwecklos. Er hatte innere Verletzungen und konnte in seinem geschwächten Zustand die starken Medikamente nicht verkraften, die man ihm gab. Nach fünfzehn Tagen starb er.

1985, sieben Monate nach meiner Einreise in die Vereinigten Staaten, erfuhr ich von der Gefangennahme meines Sohnes Joaquin Caceres. Als er sein Büro bei der Menschenrechtskommission in El Salvador verließ, folgte ihm ein Auto mit getönten Scheiben. Das Auto der Sicherheitspolizei, die in Zivil gekleidet war, entführte Joaquin, als er aus einem Bus stieg. In einem Park wurde er so stark gefoltert und verhört, daß er fast daran starb. Dann brachten sie ihn zur Nationalpolizei, wo er fünf Tage hintereinander verhört wurde. Bevor sie ihn in das Gefängnis von Mariona brachten, machten sie Fotos von ihm und veröffentlichten sie in der Zeitung mit der Beschuldigung, er sei ein Umstürzler und Guerillero. Nach einem Jahr kam er auf Initiative der Internationalen Solidarität frei.

Das ist das Unrecht, das meine Familie erlitten hat, und das sind die Motive, die mich veranlaßt haben, im Komitee der Mütter mitzuarbeiten.«

In dieser Aussage liegt eine große Stärke: die Genossenschaftsidee, die sich auf die Kraft der organisierten Dorfgemeinschaft gründet, die bescheidene Pflicht des Katechisten, die von der Eheberatung über die Verwaltung der Finanzen bis zur Gesundheitsfürsorge reicht. Gegen diese unschuldige Selbsthilfe werden alle Mittel des staatlichen Terrors eingesetzt: das ganze Arsenal von Armee, Sicherheitskräften, Nationalpolizei, die gefürchtete Politische Polizei, geheime Gefängnisse, die typischen getönten Fenster der Cherokee Jeeps, hinter denen so viele verschwunden sind, offizielle Dementis, Festnahmen, Folter, Tod. Die einzige Verteidigung: die Solidarität anderer unglücklicher Frauen, die zerbrechliche Organisation der Menschenrechtsgruppen, die Hoffnung auf Gerechtigkeit.

Folter und Religion — Folter an Kindern

Im Iran ist die Folter nicht nur das übliche Mittel diktatorischer Politik, sondern außerdem eine Strafe, die gottgewollt, nicht von dieser Welt ist. Im Irak beispielsweise hat die Folter trotz geographischer oder kultureller Unterschiede die gleiche »Bedeutung« wie in Südamerika: Ein Militärregime zerschlägt die Opposition, setzt seine Gewaltherrschaft durch, schüchtert Dissidenten ein. Was den Mechanismus der Staatsgewalt angeht, so ist er auch für die Islamische Republik Iran kennzeichnend. Aber hier kommt noch eine andere Dimension hinzu: Die Autorität, von der die Folter abgeleitet wird, ist keine menschliche, sondern eine göttliche. Das Politische hat sich mit dem Übernatürlichen verbunden.

Das Komplizierte an der Folter im Iran ist auch die Tatsache, daß sie einerseits legalisiert worden ist, andererseits verboten ist und heimlich praktiziert wird. Die islamische Verfassung des Iran läßt gewisse Formen der Folter zu, wie beispielsweise das öffentliche Auspeitschen, das eine vorgeschriebene Strafe für Unzucht und Blasphemie ist. Das religiöse Recht wurde in das weltliche integriert. Als Zugeständnis an die heute geltenden internationalen Normen (der Iran hat die UN-Konvention gegen Folter von 1984 unterzeichnet) ist jedoch die vom Gesetz nicht gedeckte Folter verboten, beispielsweise die Folter an Gefangenen zur Erlangung von Geständnissen.

Obwohl offiziell verboten, ist das Foltern von Gefangenen durch die »Falaka«, das Schlagen auf die Fußsohlen oder die Beine, im Iran weit verbreitet. Aber die »Falaka« wird selten als Folter anerkannt, sondern vielmehr als eine »islamische Strafe« betrachtet. Sie wird gewöhnlich nach der Verhaftung praktiziert, häufig während der Haft oder sogar später, wenn die Häftlinge ihre Strafe verbüßen. Die »Falaka« ist eine diabolische Quälerei, die Beine des Opfers schwellen an, die Kleidung ist blutdurchtränkt vom Hosenaufschlag bis zur Hüfte; viele können nach den Schlägen nicht mehr gehen und müssen sich den Flur entlang in ihre Zellen schleppen, die Narben sind noch jahrelang vorhanden, die Menschen sind beim Gehen beeinträchtigt, können manchmal gar nicht mehr gehen. Die Gefangenen werden bei der »Falaka« oft aufgehängt oder in verrenkter Haltung gefesselt. Im Bericht von Amnesty International über den Iran vom Januar 1992 beschreibt ein weiblicher Häftling diese Qual: »Meine Hände waren in eine Position gebracht worden, die kaum auszuhalten war, sie wirkte sich auf das gesamte Nervensystem aus. Selbst wenn sie nicht stark schlagen, spürt man die Schläge nach einer Weile sehr intensiv. Wenn sie einen mit einem Bleistift schlagen, hat man das Gefühl, es wäre ein Hammer.«

Die Verhältnisse im Iran sind insofern ungewöhnlich, als er in seinem Strafrecht gewisse Folterungen legalisiert hat, während er andere, die offiziell verboten sind, als Strafen betrachtet, die von derselben religiösen Ordnung vorgeschrieben, also Ausdruck von Gottes Willen sind. Die Folter spielt bei der Repression im Iran eine große Rolle; das gilt sowohl für das öffentliche Auspeitschen als auch für die »Falaka«, die heimlich in den Gefängnissen praktiziert wird. Das Opfer wird an ein Bettgestell gefesselt und stundenlang mit Drahtseilen von Wärtern geschlagen, die sich ablösen, bis Füße und Beine geschwollen sind und bluten oder der Rücken tiefe Striemen aufweist und die Nieren verletzt sind.

Dies ist die Folter an dem politisch Verdächtigen, die, wie wir gesehen haben, in vielen Teilen der Welt stattfindet — aber mit einem Unterschied: die Autorität, die sein/ihr Leiden verursacht, ist in die Sphäre des Göttlichen erhoben worden. Die iranische Theokratie hat ein anderes Bezugssystem und eine andere Dimension geschaffen. Das Gefühl der Hoffnungslosigkeit und Einsamkeit ist in dem trüben Licht des Gefängnisses von Evin oder Qasr, wo so viele schon unter dem alten Schah-Regime gelitten haben, noch größer geworden. Das Opfer fühlt eine stärkere Übermacht als je zuvor: Die Verurteilung ist nicht mehr ein menschlicher, sondern ein heiliger Akt; hinter ihm steht eine allmächtige, allwissende Instanz.

Die legalisierte Folter im Iran findet im Beisein eines Geistlichen statt; um sie zu beaufsichtigen, zu bezeugen, zu regulieren. Aber ein Mullah oder Geistlicher ist häufig auch bei der offiziell verbotenen oder heimlichen Folter, der »Falaka« anwesend. Die Anwesenheit eines Arztes bei der Folter ist nach westlichen Wertvorstellungen bereits ein unerhörtes Sakrileg; die Anwesenheit eines

»Gottesmannes« ist ein noch größeres. Die einzige Parallele, die wir haben, ist die Inquisition. In beiden Fällen drückt das bewußte Quälen von Menschen nicht nur den Willen des Staates, sondern auch einen göttlichen Willen aus. Das Schicksal des Einzelnen steht in einem größeren Zusammenhang und wiegt schwerer. Die Last, die auf dem Opfer liegt, nimmt exponentiell zu, ebenso die Autorität des Staates, der jetzt übernatürliche Mächte auf seiner Seite weiß und sie seinem furchterregenden Arsenal physischer Zwangsmittel einverleibt.

Die Wirkung der Folter, ihre »Bedeutung« für alle Parteien — die Gefolterten, die Folterer, die Öffentlichkeit, die so informiert wird, daß sie Genugtuung empfinden und unter Kontrolle gehalten werden kann — verändert sich erheblich, wenn sie Ausfluß und Ausdruck nicht nur des Staates oder der Armee, einer weltlichen Regierung oder einer politischen Partei, sondern des Übernatürlichen selbst ist. Das Leiden ist jetzt Strafe: genau zugeteilt und angemessen. Menschen Schmerzen zuzufügen, ist nicht mehr ein Verstoß gegen das Gesetz oder zivilisierte Sitten. Die rechtlich zulässige Form der Folter (besonders das Auspeitschen) wurde vom islamischen kanonischen Recht nie aufgegeben, und die Wiedereinführung dieses Rechts ist ein Sieg für die Theokratie. Die völlige Wiederherstellung der *Shari'a*, des islamischen Gesetzes, mit seinen *Qissas*, den Amputationen wegen Diebstahls, dem Auspeitschen für sexuelle Freizügigkeit und der Steinigung für Ehebruch, war in der Tat ein wesentliches Ziel des religiösen Willens, der sich politisch artikulierte: Dies würde der menschlichen Gesellschaft Frieden und Harmonie bringen.

Eine andere Gewalt ist nun Mittler. Das Übernatürliche kann nicht von einer weltlichen Regierung, sondern nur von denen verstanden werden, die gelehrt wurden, den göttlichen Willen zu interpretieren, von den Geistlichen. Daß die Geistlichkeit wieder zu einer autoritären Macht und herrschenden Klasse wird, ist das Besondere an dem iranischen Experiment. Es macht seine Einmaligkeit aus und verweist auf die Möglichkeit der Theokratie als einer Form der modernen Staatsführung — eine unvorhergesehene Entwicklung.

Aber an der iranischen Revolution war letztlich alles eine Überraschung. Sie begann so, wie es sich Aufständische erträumen: die langersehnte und für unwahrscheinlich gehaltene Massenerhebung, das Wunder des gewaltlosen und spontanen Widerstands gegen eine alte und schließlich unerträgliche Tyrannei – eine, die abweichende Meinungen so gründlich unterdrückt hatte, daß diese Explosion des politischen Willens eigentlich gar nicht hätte geschehen können. Organisierte Parteien waren nicht erlaubt, die Zensur war äußerst wirksam. Wie konnte es sich überhaupt ereignen, diese Bewußtwerdung, diese sich steigernden Protestwellen? Es begann 1977 mit den Lesungen erklärtermaßen rebellischer Dichtung im Teheraner Goethe-Institut, dann kam eine Reihe von Protestaktionen, die nicht niedergeschlagen werden konnten und sich allmählich zu immer größeren Straßendemonstrationen ausweiteten, im Winter 1978/79 folgten schließlich die großen koordinierten Streiks; jedes Element dieser Volksfront schien sich fast zufällig zu ergeben, ein Wunder. Der Schah hatten den politischen Willen des Volkes abgetötet, eine Wüste geschaffen und sie mit den Geheimagenten des Savak vermint. Nach fünfundzwanzig Jahren einer despotischen Monarchie war das politische System entweder so beschädigt, daß es nutzlos geworden war, oder es war so lange außer Kraft gesetzt worden, daß es keine Stärke und Substanz mehr hatte. Doch jetzt dieses Aufblühen, diese Hartnäckigkeit, dieses allgemeine Erwachen: jeder demonstrierte, Bankangestellte und Büroangestellte streikten, die Post und die Ölraffinerien stellten den Betrieb ein, der Handel kam zum Erliegen, das Leben verlagerte sich auf die Straße. Dort würde sie stattfinden, die wundersame Machtprobe, eine allgemeine Konfrontation mit dem letzten Bollwerk der Gewalt. Das Volk stand der Armee gegenüber. Am 12. Februar 1979 gab die Armee dem Volk nach.

Iran, seine rätselhafte Revolution, diese große Bevölkerung, die sich ohne Waffen gegen eine der größten und bestausgerüsteten Armeen der Welt erhob, dieser neue historische Präzedenzfall, dieses Volk, das es wagte, sich gegen diese sichtbare Gewalt zu stellen, das durch seinen Mut, seine Hartnäckigkeit, seine Todesverachtung, seine Fähigkeit zum Märtyrertum den Sieg davontrug. Was noch wirksamer war – die psychologische Kriegsführung der Demonstranten, die versuchten, die Soldaten zum Überlaufen zu bewegen, sie nur herausforderten, ansonsten sehr diszipliniert waren. Die Aufständischen hielten sich selbst dann noch zurück, als sie schließlich bewaffnet waren; die Luftwaffe gab der Forderung des

Volkes nach und weigerte sich, weiter in die Menge zu schießen, verteilte Gewehre.

Doch dann, im Augenblick seines Erfolges, wird der Aufstand kooptiert, die Revolution von der Geistlichkeit übernommen. Das war geplant, ein bewußter Diebstahl, die offenen und locker organisierten demokratischen Kräfte waren den meisterhaften Manipulationen des weitverzweigten klerikalen Apparats, seiner brillanten, aber leeren antiimperialistischen Rhetorik nicht gewachsen. In den Städten gab es organisierte Nachbarschaftskomitees, die wiederum mit den Moscheen verbunden waren, sichere und geschützte Versammlungsorte, Nachrichten-, Informations- und Koordinationszentren, durch Tonband und Lautsprecher schließlich auch Orte der klerikalen Inspiration. Die vornehme Stimme des exilierten Ayatollah Khomeini, der lange vom Schah verfolgt worden war, wandte sich von Frankreich aus gütig an das Volk — die moralische Autorität des Aufstands pries die Demokratie und die Gleichheit der Geschlechter, wiederholte fromm die Prinzipien, für die die Demonstranten ihr Leben aufs Spiel gesetzt hatten.

Zuerst mußten die Waffen zurückgegeben werden, und zwar in den Moscheen. Das geschah. Die Volksfront ist jetzt zum Untergang verurteilt. Denn als die Waffen erneut verteilt wurden, gingen sie an einen Teil der Bevölkerung, der völlig unter der Kontrolle der Geistlichkeit stand, an die »Enterbten«, arbeitslose Wanderarbeiter am Rand der Gesellschaft, ein Lumpenproletariat, das durch die Waffen jetzt stark war, seine Rolle als Vertreter der Autorität genoß, bei Straßenpatrouillen und Straßenblockaden allgegenwärtig war. Die Konterrevolution.

Alles ändert sich: Überall sind Gewehre, eine verantwortungslose Gewalt in den Händen von Rabauken; und hinter diesem willkürlichen Machogebaren macht man verschwommen die Gestalt des Priesters aus. Die Polizei, die Armee und die Gendarmerie sind durch diese neuen Werkzeuge der Geistlichkeit ersetzt worden: die Pasdaran, die Revolutionswächter, und, am wenigsten sichtbar, die paramilitärischen, geheimen Männerbanden der Hisbollah oder Gottespartei. Die Macht ist auf die Habenichtse übergegangen, deren einzige rettende Identität in den städtischen Slums ihre religiöse Bindung, ihre Treue zum Islam und zur Geistlichkeit war. Konservativ, weitgehend analphabetisch, feudalistisch in ihrer Ordnungsvorstellung, haben sie nichts zu verlieren und alles zu gewinnen, als die Geistlichkeit gegen die Demokratie vorgeht und ihre Kontrolle verstärkt. Sie benutzt diese neue und äußerst loyale Miliz, um eine immer autoritärere Politik durchzusetzen, und die Gewalt, die diese »Massenbasis« des »Volkswillens« darstellt, wird von ihr abwechselnd zugelassen und unterbunden.

Diese Banden werden mit Bussen zu Demonstrationen gekarrt, damit sie mit Ketten, Steinen und Knüppeln über die friedlichen Teilnehmer herfallen können, wobei sie aus einem starken, sorgfältig manipulierten Haß heraus agieren, der sich zu Anfang gegen Ziele wie die Feministinnen und die Demokraten, später gegen die Pressefreiheit oder politische Oppositionsgruppen wie die Volksmudjahedin richtet. Mit der Unterdrückung der Frauen war die Konsolidierung der Macht schon zur Hälfte erreicht. Ein Geschlecht stand über dem anderen, die Frauen wurden gedemütigt, erniedrigt, ihrer Bürgerrechte beraubt; das männliche Einverständnis wurde zu einem guten Teil durch diese Bestechung mit einer unbestrittenen Hegemonie erkauft. Schließlich wurde alle Macht in der göttlichen Person des Ayatollah Khomeini, des Imam oder Propheten, konzentriert.

Eine Theokratie ist eine besondere Variante des autoritären Lebens, sie hat ein charakteristisches emotionales Klima, die in ihr herrschenden Ängste und Sorgen unterscheiden sich qualitativ von denen, die unter anderen Formen des Despotismus erlebt werden, sei es eine Militärdiktatur, sei es eine absolute Monarchie wie das vorausgegangene Schah-Regime. Die Machtströme, die durch diese Systeme fließen, sind unterschiedlich, so ungleich wie ihre äußere Darstellung, ihr Wesen, ihr Ergebnis. Die Arroganz, die Lust an der Macht erzeugt jeweils ein anderes Hochgefühl, eine andere Euphorie. Bei den Günstlingen eines jeden Systems nimmt die Selbstgerechtigkeit eine spezifische Form an.

Der Schrecken, den jedes System verbreitet, ist ein unterschiedlicher Schrecken. Man stelle sich vor, wie tief und stark das persönliche Erleben unter theokratischem Vorzeichen ist, wie sehr Schuld ausgenutzt wird: Der Angeklagte ist gleichsam noch mehr angeklagt, weil er sich vor einem größeren Publikum und vor einer höheren Macht als der nur menschlichen verantworten muß. In der islamischen Theokratie spielen die staatliche Reglementierung der Sexualität und die Polarität zwischen den Geschlechtern eine große Rolle, da ihre erste Voraussetzung eine reaktivierte männliche Vorherrschaft ist, auf der das ganze übrige hierarchische Denken beruht; die Spaltung zwischen den Geschlechtern ist so zentral, wie das Geschlecht selbst schon eine Katastrophe sein kann.

Ein Beispiel: Eine Frau, der sexuelle Freizügigkeit vorgeworfen wird, weil sie keinen Schleier trägt, wird wegen einer Reihe von Punkten angeklagt, von denen der elementarste ihr Geschlecht selbst ist, und dieses Geschlecht wird automatisch und willkürlich sexualisiert, so daß eigentlich keine konkrete Handlung nötig ist, um ihre Schuld zu beweisen; sie liegt schon in ihrer Existenz. Die Kräfte, die sich hier gegenüberstehen, sind nicht einfach die beiden Geschlechter in ihrer bekannten Konfliktsituation im Patriarchat, die ewig miteinander im Kampf liegen, obwohl ihre übergeordnete und untergeordnete Rolle feststeht. Hier ist eine höhere Macht anwesend, die einen höheren Maßstab anlegt, die Streitfrage bereits entschieden, dem männlichen Element ihren Segen gegeben und der Frau ihre Niederlage und Wertlosigkeit mit einer solchen Sicherheit und Endgültigkeit mitgeteilt hat, daß diese Mitteilung etwas Überraschendes — und Unvermeidbares hat. Die Wahrheit ist jetzt unanfechtbar. Es gibt keine übergeordnete Instanz, an die man sich wenden könnte. Was an ihrem Schicksal möglicherweise willkürlich war, was vielleicht relativ, von lokaler Geltung war, in anderen Kulturen anders geregelt, ist jetzt etwas ungeheuer Festgefügtes, Unwandelbares.

So nimmt sie es wahr. Wie es von außen, von anderen wahrgenommen wird, ist noch klarer. Das Rätsel ihrer Schuld oder Unschuld ist ohne Berücksichtigung der beiden Geschlechtergruppen gelöst worden, von denen jede durch ihre eigenen Interessen, ihr eigenes sexuelles Potential geprägt ist, das an sich schon Gefährdung, Makel ist. Dem ständigen Urteil des Übernatürlichen unterworfen, ist die Streitfrage schon so gut wie entschieden, wenn sie aufgeworfen wird: Die Versuchung, die die Frau für den Mann darstellt, ist ein bekannter Sachverhalt, eine erwiesene Tatsache, dem Weiblichen so sehr innewohnend, daß die einzelne Frau keine konkrete Handlung begehen muß, um daran teilzuhaben, dafür sorgt ihre bloße Existenz. Unschuld ist unmöglich. Schuld ist ihr Schicksal, ist Teil des weiblichen Wesens, unveränderbar.

Alle Entscheidungen, die unter den Bedingungen der Theokratie getroffen werden, erhalten eine übersteigerte Bedeutung, werden gewissermaßen in Stein gehauen. Selbst die kleinsten Unstimmigkeiten und Kontroversen werden intensiviert und gesteigert, wenn sie im Prisma des Ewigen betrachtet werden. Ein Macht- und Bedeutungszuwachs findet schon dadurch statt, daß die zeitlose Dimension des Heiligen hinzutritt. Alles hat jetzt die größtmögliche Bedeutung, Implikation, Resonanz. Das Verbrechen wird zur Sünde und verändert dadurch zur Gänze sein Wesen. Das politische Verbrechen ist bereits eine fadenscheinige Form des Verbrechens, und wo es vom Strafrecht nicht gedeckt ist, ist es reine Konstruktion: wie zum Beispiel eine Anklage wegen der Verteilung von Flugblättern. Doch wenn das Verbrechen in Sünde verwandelt wird, gerät der politische Dissens zu einem Vergehen von schrecklichen Ausmaßen, das nicht gegen die momentanen Machthaber gerichtet ist, sondern gegen die Macht selbst, die ewige Macht, die das genaue Gegenteil einer weltlichen, zeitlich begrenzten Regierungsmacht ist — das Heilige selbst ist erzürnt.

In jeder Theokratie wird das Vorübergehende zum Ewigen; jedes kleine Ereignis gewinnt an Gewicht, wird verzerrt, überhöht. Die herrschenden Autoritäten mögen täuschen und betrügen, aber jetzt, unter religiösem Vorzeichen, sind sie so schwer zu widerlegen wie alles Unwägbare. Triumphierend, unergründlich, maßlos in ihren Ansprüchen, in den von ihnen konstruierten Übereinstimmungen von Ursache und Wirkung, menschlichem Handeln und göttlicher Bestimmung. Und maßlos ist der Rahmen, den sie für geistige Verbrechen abstecken, für Verbrechen, die in Meinung, Glauben, Überzeugung bestehen.

Fortan werden alle Kriterien innere, psychologische sein — die geringste Absicht ist gleichbedeutend mit der Tat. Das Potentielle und das Reale sind nicht mehr erkennbar voneinander unterschieden. Haltung und Handlung sind eins. Weil es um das Herz, den Willen, die Absicht geht, gibt es keine Privatsphäre mehr, keinen Ort, an den man sich flüchten, an dem man auch nur einen Gedanken, einen vorübergehenden Impuls verstecken kann. Die Kontrolle ist absolut.

Die Theokratie ist die absoluteste Regierungsform, und das Leben im Iran scheint dies zu beweisen. Seit der Ausrufung der Islamischen Republik ist das alltägliche Leben bis in die kleinsten Details der persönlichen Erfahrung und des privaten Verhaltens hinein reglementiert. Alkohol ist absolut verboten, und unter dem

Vorwand der Suche nach ihm kann man praktisch jederzeit in jedes Haus eindringen. Was früher einmal eine private gesellige Zusammenkunft war, gewinnt so eine neue »politische« Bedeutung. Das gleiche gilt für die private Wohnung, in die man jederzeit eindringen kann, wobei in der Regel andere Vergehen entdeckt werden als die ursprünglich gesuchten.

Der Staat hat nicht nur einen Standpunkt gegenüber dem Alkohol, dessen Konsum von den meisten Staaten mitunter reguliert, aber nicht verboten wird, da er als Teil des gesellschaftlichen oder privaten Lebens anerkannt wird. Im Iran hat er auch einen Standpunkt gegenüber der Musik und hat fast alle Musikformen verboten, bis auf die religiösen oder klassisch-nationalen. Jede andere Musik sowie Tanz und Film sind kriminalisiert worden, und bei Verstößen kommt es oft zu einer schnellen und harten Bestrafung. Die Sexualität ist im Iran ebenfalls ein Bereich, der einer genauen staatlichen Kontrolle unterliegt, mit schrecklichen Strafen und beträchtlicher Überwachung verbunden ist.

Ansprüche auf Privatsphäre und Privatleben haben wenig Bedeutung, denn die Islamische Republik ist nur dann verwirklicht, wenn die *Shari'a*, das islamische kanonische Recht, in jedem Detail und jeder Facette des Lebens voll zum Tragen kommt — es gibt keinen Aspekt, der außerhalb des Geltungsbereichs der Religion liegt. Eine Trennung von Kirche und Staat wird nicht angestrebt. Statt dessen soll ihre Einheit durch alle staatlichen Gesetze gewährleistet werden. Im fundamentalistischen Denken schließen sich die öffentliche und die private Sphäre nicht aus, ja unterscheiden sich nicht einmal voneinander: Sie sollen zusammenfallen, ein nahtloses Ganzes vor dem unerbittlichen Auge der heiligen Autorität sein.

Das Recht ist unwandelbar und unbeugsam, man kann ihm sowohl in der privaten Wohnung als auch im öffentlichen Gerichtssaal Genüge tun. Bei sexuellen Verbrechen ist ein Prozeß in der Wohnung vorzuziehen, weil so ein Skandal vermieden und der Name der Familie geschützt wird. Die *Shari'a* erlaubt es, ein Familiengericht abzuhalten und sogar das Urteil privat zu vollstrecken. Eine gewaltige Macht wird dann den männlichen Familienmitgliedern übertragen, faktisch die Macht über Leben und Tod. In der Schlußszene von Jane Rawlinsons Roman *The Lion and The Lizard*[34] übernimmt der Sohn des Hauses, ein ehrgeiziger junger islamischer Gardist, die Aufgabe, ein Todesurteil an seiner Schwester zu vollstrecken, weil diese ein uneheliches Kind zur Welt gebracht hat. Die Idee der Familie wird ad absurdum geführt, wenn die Eltern und die Geschwister um den Küchentisch sitzen, da ihre Einheit durch dieses Urteil zerstört wird, das ein Hohn auf die Gerechtigkeit ist. Wird das islamische Prinzip konsequent durchgeführt, ist es grotesk und barbarisch; der Bruder glaubt sich im Recht, eine Schwester zu erschießen und eine jüngere Schwester einem alten Priester zur »vorübergehenden« Ehe bzw. als Konkubine zu geben. Es ist das erbärmliche Ende der von der Revolution geweckten Hoffnung. Es ist auch eine Anatomie der Kräfte, die diese Hoffnung zunichte gemacht haben.

In den geistlichen Gerichten können Todesurteile ausgesprochen werden, nachdem nur eine kurze Anhörung vor einem einzigen islamischen Richter stattgefunden hat. Eine Berufung ist nicht vorgesehen. Die Prozesse sind geheim, die Angeklagten haben keinen Rechtsanwalt und dürfen keine Zeugen beibringen. Gefangene können jahrelang ohne Prozeß festgehalten werden. Die Berichte von Amnesty International über Iran sprechen sogar von Fällen, in denen die Gefangenen vor Gericht gestellt und über ihr Urteil nicht informiert wurden. Von Anfang an hatte es die revolutionäre Gerechtigkeit eilig: Khomeinis Generalstaatsanwalt, der Geistliche Sadeq Khalkahli, arbeitete »rund um die Uhr«, um die »Feinde des Islam« vor die Erschießungskommandos zu schicken, wohlwissend, daß diese »Welle« der öffentlichen Meinung »abebben« würde und daß seine Aktivitäten dann begrenzt werden würden: »Solange wir also die Möglichkeit und die Zeit hatten«, und den dringenden Auftrag Khomeinis, »ließ ich sie alle für ihre Verbrechen hinrichten. Nach dem Wortlaut des Koran waren sie ›irdische Verderbte‹ und mußten getötet werden.«[35]

Tausende von Iranern sind seitdem wegen ihrer politischen Überzeugung hingerichtet worden. Über 1700 Hinrichtungen fanden in den letzten sechs Monaten des irakisch-iranischen Krieges, also zwischen Ende Juli 1988 und Anfang Januar 1989, statt. In den folgenden fünf Monaten wurden weitere 900 Menschen wegen krimineller oder politischer Delikte hingerichtet, wobei der Unterschied sich oft in einer Politik der Beherrschung von Sexualität verliert, da auf Ehebruch und Homosexualität die Todesstrafe steht. Die Hinrichtung von Homosexuellen hat jetzt einen öffentlichen, rituellen Charakter angenommen, damit ein solches Verhalten für immer ausgemerzt wird.

Wenn im Iran jemand die politische Haft überlebt, dann oft nur nach einer langen und demütigenden Selbstbezichtigung im Fernsehen. Nach Folterungen und sonstigen Einschüchterungen wird man gezwungen, sich von den eigenen Prinzipien und Gefährten loszusagen, nachdem man eine Loyalitätserklärung gegenüber der Islamischen Republik unterschrieben hat. Gefangene können in diesem Fall aus der Haft freikommen und in eine Art Katz-und-Maus-Spiel entlassen werden, da sie oder ein Verwandter, der als Ersatz dienen muß, jederzeit wieder eingesperrt werden können. Die Gefangenen müssen auch eine Erklärung unterschreiben, derzufolge sie nie mit irgend jemandem über ihre Gefängniserfahrungen sprechen dürfen, so daß ihre Folterer geschützt sind. Selbst wenn man seine Strafe verbüßt hat, hängt die Entlassung von der Unterschrift unter ein Reuebekenntnis ab.

Alles greift lückenlos ineinander. Zu den Geboten und Verboten des Staates gesellt sich das ganze Arsenal von Tugend und Laster, Sünde und Verdammnis, Ehre und Lüge, Heimlichkeit und falschen Geständnissen. Das Territorium der Moral wird von der offiziellen Autorität und der gesellschaftlichen Strategie der religiösen Hingabe usurpiert und erobert. Wenn dies alles einhergeht mit dem rechtsförmigen bzw. physischen Zugriff auf die Person in Form der Festnahme und Inhaftierung — den traditionellen Machtmitteln des Staates, die durch das Hinzutreten des Übernatürlichen jetzt eine gewaltige Steigerung erfahren haben —, ist das Ergebnis furchterregend, total, absoluter als alles, was wir in den letzten Jahrhunderten kennengelernt haben. Vielleicht ist es eine neue Weichenstellung. Vielleicht ist der Iran nur ein Vorläufer, die erste von vielleicht vielen Islamischen Republiken, die auf einer politischen Interpretation des Fundamentalismus basiert und in der moslemischen Welt zunehmend Anhänger bei Gruppen wie der Moslembruderschaft und der Hisbollah (Partei Gottes) findet. Der Iran, ein Vorbote des neuen theokratischen Staates.

Hat sich die Folterpraxis erst einmal etabliert, scheint sie auf jede Gruppe oder Situation anwendbar zu sein. Ein bequemes Mittel, eine Möglichkeit, mit gewissen Elementen, bestimmten sozialen Problemen umzugehen, eine Brutalität, die sich als Allheilmittel durchsetzt. Das Verschwindenlassen von Menschen beispielsweise: Zuerst bei den »Politischen« angewandt, hat sich diese Praxis in vielen Gegenden auf die Behandlung von Kriminellen ausgeweitet. Die Vorstellung vom menschlichen »Abschaum« hat sich in den Köpfen der Polizei und der Sicherheitskräfte festgesetzt. Am tragischsten ist vielleicht das derzeitige Vorgehen gegen Kinder.

Es gibt Länder, in denen solche Praktiken ungewöhnlich häufig sind, wie z.b. die weitverbreiteten Folterungen von Kindern in Südafrika nach dem Soweto-Aufstand. Es gibt auch Länder, in denen Kinder regelmäßig gefoltert werden, d.h. Regierungen, die Verdächtige foltern, werden auch verdächtige Kinder foltern.

Das ist in der Türkei der Fall. Die Rechtsanwältin Lois Whitman von »Helsinki Watch« beschreibt in der *New York Times* von Freitag, dem 3. Januar 1992, mehrere Fälle von Folter an Kindern in der Türkei, die sowohl aus kriminellen als auch aus politischen Gründen, z.B. dem Verteilen von Flugblättern, festgenommen wurden; für dieses Vergehen wurde ein sechzehnjähriges Mädchen furchtbar geschlagen und zwei Monate festgehalten. Whitman selbst interviewte neun Kinder zwischen dreizehn und siebzehn Jahren, die man alle während der Haft mißhandelt hatte. »Helsinki Watch« hat Berichte über Dutzende anderer Fälle von Folter an türkischen Kindern. Ihren Familien wurde ihr Aufenthaltsort nie mitgeteilt; alle wurden in Gefängnisse für Erwachsene eingesperrt, durften bei ihren Verhören keine Rechtsanwälte hinzuziehen. Ein fünfzehnjähriger Junge, der des Diebstahls angeklagt war, wurde der »Falaka« unterworfen, erst wurden seine Fußsohlen, dann sein ganzer Körper mit Knüppeln geschlagen, während er nackt und mit verbundenen Augen mit dem Kopf nach unten aufgehängt war. Dann wurde er mit Handschellen an seine Zellentür gekettet und wieder geschlagen, an den Armen aufgehängt und mit Strom gefoltert. Dieses Kind unterschrieb ein Geständnis, das es später widerrufen hat. Die türkischen Behörden leugnen hartnäckig, daß es Folterungen gibt: Türkische Rechtsanwälte erheben den Vorwurf, daß in achtzig bis neunzig Prozent der politischen und in fünfzig Prozent der kriminellen Fälle die Folter eingesetzt wird. Die Türkei hat die europäische Konvention und die UN-Konvention gegen Folter unterzeichnet.

Es gibt Anzeichen dafür, daß die Folter an Kindern gezielter praktiziert wird. Arme und wehrlose Straßenkinder verschwinden oder werden umgebracht, werden zu Opfern einer mittlerweile gewohnheitsmäßigen Grausamkeit, gängiger Praktiken im Umgang mit unerwünschten Menschen. Zuerst gab es nur vereinzelte Pressehinweise und Berichte über dieses Phänomen in Guatemala, obwohl die Zahl der Kinder, die durch Todesschwadronen, Polizei und Militär in Brasilien und Irak ermordet wurden, auf ein ähnliches Muster hindeutete. Inzwischen hat UNICEF Informationen über das Foltern und Verschwindenlassen von Kindern in vielen Ländern, denen zufolge es in einigen Ländern starke Tendenzen in diese Richtung gibt, während in anderen Ländern bereits eine ernste Situation eingetreten ist.

Die Praxis der Todesschwadronen hat mittlerweile ein Szenario geschaffen, eine bestimmte Art und Weise, ein Ziel auszumachen und anzugreifen; der Sündenbock verschwindet, um als verstümmeltes Beispiel einer Lebensform wiederaufzutauchen, die man nicht dulden wird: Kommunismus, Armut, Überbevölkerung, verwahrloste Kindheit. In diesem Fall sind es Straßenkinder, Bettler, manche »schnüffeln Klebstoff«, manche sind Migranten oder Flüchtlinge, manche wurden verlassen, haben Bleibe, Land und Eltern verloren; es gibt niemanden, der auch nur an sie denken würde. Ihre Zahl wächst, sie sind ein »Problem«, ein zunehmendes soziales Phänomen, das in der ganzen Region als Brutstätte von Kriminalität und Drogensucht betrachtet wird. Drogen sind eine altbekannte Entschuldigung für die Brutalität der Polizei und erlauben es, die verzweifelte Lage dieser Kinder auf ihre Verderbtheit und nicht auf ihre Armut zurückzuführen. Für die Sicherheitskräfte ist schon ihre Anwesenheit ein Stein des Anstoßes: Sie fallen auf, schaden dem Image des Landes, sind nicht nur eine Zumutung für die Besucher, sondern auch eine Bedrohung für das Tourismusgeschäft.

Ihr bloßes Vorhandensein deutet auf Heimatlosigkeit hin, ist eine Beleidigung für Ordnung, Eigentum und Familienzusammenhalt. Ihnen haftet eine unvermeidliche Gesetzlosigkeit an, weil sie bitterarm sind und von Abfällen und kleinen Vergehen leben, in Gräben, Schluchten, Abwässerkanälen schlafen, nur mit Pappe oder irgend etwas anderem notdürftig zugedeckt. Diese Kinder gehören zu niemandem. Sie leben außerhalb einer sozialen Ordnung, in der die Existenz von Kindern davon abhängt, daß sie das anerkannte Eigentum von Erwachsenen sind. Nicht anerkannt, ohne öffentliche

Mittel, ohne jegliche kollektive Unterstützung, die so etwas wie eine »Erlaubnis«, überhaupt zu leben darstellen könnte, existieren sie dennoch irgendwie; ohne Erlaubnis, d.h. ohne Eltern oder Förderer. Es ist eine Existenz, die in einer autoritären Gesellschaft, auch im Hinblick auf die zunehmende Brutalität der Polizeimethoden und die wachsende Verhärtung, die mit dem Einsatz von Folter zu sozialpolitischen Zwecken einhergeht, immer unsicherer und gefährlicher wird.

In Guatemala sind diese Kinder einer Polizeibrutalität ausgeliefert, die von gelegentlichen Folterungen bis zu Verstümmelungen, Verschwindenlassen und Ermordung reicht. Amnesty International und dem Bericht von W.E. Gutman in der Zeitschrift *Omni* vom November 1991 zufolge, der Informationen des Kinderschutzvereins »Casa Alianza« und viele Fotos von entstellten und verstümmelten Körpern enthält, sind die Urheber dieser Verbrechen gegen Kinder in Guatemala die Polizei und die Sicherheitskräfte. Manchmal operieren die Polizeipatrouillen in Zivilkleidung oder verstecken ihre Abzeichen. Manchmal haben Polizeioffiziere einen zweiten Job und führen »nebenberuflich und im Auftrag lokaler Behörden und privater Geschäftsleute« Hinrichtungen durch. Eine dritte Gruppe sind Mitglieder privater Sicherheitsdienste, die mit Genehmigung der Nationalpolizei und des Innenministeriums operieren. Trotz ihrer offenkundigen Verbrechen werden sie selten angeklagt oder verurteilt.

Diese Tode lösen wenig Empörung oder gefühlsmäßige Reaktionen aus, da es sich bei diesen Menschenleben nicht um geliebte Kinder, sondern um ein öffentliches Ärgernis handelt. In Anbetracht der »Verzögerungen, Unregelmäßigkeiten und offensichtlichen Rückschläge im Zusammenhang mit den offiziellen Untersuchungen dieser Fälle« hat Amnesty den Eindruck, daß die Rechte der Kinder ständig wirtschaftlichen und diplomatischen Interessen untergeordnet werden. Weltweit gibt es mittlerweile 100 Millionen Straßenkinder, die Angst um ihr Leben haben und von denen viele »verschwinden, von staatlichen Ordnungskräften geschlagen, unrechtmäßig eingesperrt und festgehalten, sexuell ausgebeutet, gefoltert und systematisch ermordet werden«. Gutman und Amnesty führen zweiundzwanzig Länder an, in denen Kinder systematisch sexuell ausgebeutet werden, wie auf den Philippinen, in Taiwan, Sri

Lanka und Thailand, oder unrechtmäßig eingesperrt und gefoltert werden, wie in Argentinien, Brasilien, Bolivien, El Salvador, Irak, Südafrika und der Türkei. Es gibt auch Länder, in denen sie hingerichtet werden, wie in den Vereinigten Staaten, wo in vierzehn Staaten Jugendliche in den Todeszellen sitzen.

In Guatemala gibt es zahlreiche Beweise dafür, daß die Polizei mit unerbittlicher Brutalität gegen obdachlose und drogensüchtige Kinder vorgeht. Gutman beschreibt die Ermordung eines solchen Kindes, des drogenabhängigen Jungen Nahaman, der von Polizisten zusammengeschlagen und dann achtlos auf der Straße liegengelassen wurde: »Als die Kinder etwa 30 Minuten später wiederkamen, hatte Nahaman es geschafft, sich ein paar Meter vorwärts zu schleppen. Er hatte die Kontrolle über Darm und Blase verloren. Er war bewußtlos. Irgend jemand hatte Papierblumen und ein weißes Stück Krepp auf ihn gelegt, wie es in Guatemala üblich ist, wenn Kinder sterben. Nahaman wurde von einem Krankenwagen nach San Juan de Dios, in ein staatliches Krankenhaus gebracht. Es wurde weder ein Polizeibericht verfaßt — er wurde als ›XX‹ (unbekannt) registriert — noch eine medizinische Untersuchung vorgenommen. Im Koma litt er unter starken Krämpfen und schied Blut aus. Außer sechs gebrochenen Rippen hatte der Junge zwei gebrochene Finger und offene Wunden an Wangen und Kopf (...) Er hatte auch eine tiefe Wunde auf dem Rücken. Man operierte ihn an der Leber, um sein Leben zu retten. Trotz wiederkehrender Krämpfe wurde keine Ultraschall-Untersuchung an seinem Kopf vorgenommen. Er kam nicht wieder zu Bewußtsein und starb zehn Tage später.« Gutman berichtet auch, daß Bruce Harris von »Casa Alianza«, der die Klage gegen die Mörder Nahamans bei Gericht einreichte, danach von der guatemaltekischen Polizei so schikaniert wurde, daß er das Land verlassen mußte und jetzt in Mexiko lebt. Vier Offiziere wurden tatsächlich wegen des Mordes an dem Kind verurteilt, doch jetzt gibt es von seiten der Regierung Bemühungen, diese Verfahren wegen eines angeblichen Druckfehlers in den Gerichtsakten für ungültig zu erklären.

In den Jahren 1991/92 wurden in Guatemala vierzig Kinder von der Polizei ermordet, wobei einige Körper Folterspuren wie abgeschnittene Ohren oder ausgestochene und verbrannte Augen aufwiesen. Wie zur Ermahnung hatte man auch die Zungen herausgeschnitten. Daß die Todesschwadronen ungestraft ihr Unwesen treiben können und geradezu atemberaubende Möglichkeiten haben, muß bei den Verbrechen gegen diese Kinder ein sehr starkes Motiv sein. Ihnen kann man alles antun, es gibt kein Hindernis, da die obdachlosen Jugendlichen völlig verlassen sind, keine Freunde und Beschützer haben. Wie verletzbar sie doch sind mit ihren schmächtigen Körpern.

Daß Vergewaltigungen durch die Polizei immer mehr um sich greifen, hängt vielleicht damit zusammen, daß die Polizisten Frauen und Mädchen auf solche Weise sehen. In einem kürzlich veröffentlichten Bericht von Amnesty heißt es, daß diese Gewalttätigkeiten epidemische Ausmaße angenommen haben: Das jüngste Beispiel der Massenvergewaltigungen in Bosnien steht uns allen vor Augen. Alle Wegwerf-Kinder werden sexuell mißbraucht, aber im Patriarchat, wo sie infolge einer bewußten Erziehung zu Passivität und Resignation besonders verletzlich sind, werden Mädchen unverhältnismäßig häufig belästigt und angegriffen. Zwei normalerweise getrennte Kategorien, die politische Folter und die »unpolitische« sexuelle Versklavung und Quälerei von Frauen im häuslichen Bereich, die im Patriarchat gang und gäbe ist, überschneiden sich hier nicht nur, sondern verschmelzen mitunter zu einem neuen Verständnis von Sexus und Herrschaft. Wenn die Polizisten selbst die Vergewaltiger sind und auch Minderjährige nicht verschonen, beginnt man, unermeßliche Möglichkeiten für Straflosigkeit zu erkennen, eine schreckliche Macht, die entfesselt wird, damit man im Angesicht der staatlichen Autorität wieder zum hilflosen Kind wird. Wir befinden uns wieder in Closet Land, starren auf die Hierarchien von Staat, Geschlecht und Alter, sind umgeben vom widerlichen Geruch der Herrschaft, der Dynamik der Grausamkeit.

Schluß

Letztlich sind wir als Einzelne hilflos gegenüber dem Staat, der gemeinsamen Macht von Armeen und Regierungen, den Stimmen, die uns befehlen, auf der Straße stehenzubleiben oder auf den Summer zu drücken, um sie ins Haus zu lassen. Wenn die Leute, die gekommen sind, um uns abzuholen, vor der Tür stehen, ist es zu spät, über die Möglichkeiten einer organisierten Opposition nachzudenken. Aber das Wissen um die Folter ist an sich schon ein politischer Akt, so wie das Schweigen oder die Unwissenheit politische Auswirkungen hat. Das Aussprechen des Unaussprechlichen ist der Beginn des Handelns.

Zur Auseinandersetzung mit der Folter gehört die Frage: Was soll mit den Folterern geschehen, wenn diktatorische Regime durch die Demokratie abgelöst werden? Der Folterer lebt weiterhin unter denen, denen er Unrecht getan hat. Soll er gestellt, angeklagt und verurteilt werden? Ins Gefängnis gesteckt werden oder nur sein Amt verlieren? Oder soll man ihm vergeben? Ihm eine totale Amnestie gewähren? Man fragt sich, warum letzteres überhaupt in Betracht gezogen wird, aber Tatsache ist, daß dieser Weg häufig gewählt wird. Warum? Weil die Demokratie noch zerbrechlich ist, weil die Armee putschen könnte, weil die Zivilherrschaft noch nicht gefestigt ist und nur mit Duldung der Militärkaste besteht.

Weil die Politik der Grausamkeit nur vorübergehend ausgesetzt ist, für eine Weile hinter einem Vorhang verborgen ist. Unter ihm sieht man die verräterischen Armeestiefel hervorlugen, ein Bild, das der allgemeinen Wahrnehmung eingeschrieben ist, eine Präsenz, die sich dem Bewußtsein eingeprägt hat und unter der nervösen Rhetorik des Politikers beständig aufscheint. Die Armeeoffiziere, die das Verbrechen der Folter begangen haben, werden zusammenhalten, es ablehnen, daß ihre Leute verurteilt werden, und statt dessen auf einer Form von Amnestie bestehen. Wenn man ihre Unfehlbarkeit in Frage stellt, stellt man die Gewalt selbst, vielleicht sogar die Macht und Legitimität des Staates in Frage.

In seinem Buch *A Miracle, A Universe*[36] beschäftigt sich Lawrence Weschler im Hinblick auf Brasilien und Uruguay mit diesen Fragen, und wie der Untertitel *Settling Accounts With Torturers* besagt, führt die Frage des Gehorsams der Armee gegenüber der zivilen Autorität zu der umfassenderen Frage der Legitimität bzw. Notwendigkeit einer Armee von dieser Größe und mit dieser Macht — vor allem angesichts der Schandtaten, zu denen sie fähig war. Wenn es richtige Prozesse gäbe, wenn wirklich Rechnungen beglichen würden, wären die Ergebnisse sehr bedeutsam: »Wenn gezeigt — nicht nur gewußt, sondern gezeigt — würde, daß das Militär systematisch solche ungeheuren, unehrenhaften Dinge getan hat«, vermutet Weschler, könnte es nicht nur seine Ehre verlieren, »die immer mehr oder weniger eine Fiktion war«, sondern auch »den ohnehin nicht sehr starken Glauben der breiten Masse an diese Fiktion.« Geht man mit seinen Fragen so weit, stößt man auf »potentiell *magische* Wahrheiten«, die sehr reale Konsequenzen für den »Etat des Militärs, seinen Auftrag, die Kontrolle über seine Indoktrinierungs- und Beförderungspraktiken, seine bevormundende Rolle gegenüber der Bevölkerung haben könnten.« »Wer weiß, wie weit das Militär gehen würde, um zu verhindern, daß solche Dinge zur Sprache kommen?« Die Bedeutung und die Zukunft des Militarismus selbst könnten auf dem Spiel stehen. Aber in der Realität werden keine Rechnungen beglichen.

Es geht nicht nur um Worte, sondern auch um Taten: Es gibt die öffentliche Verbreitung der Wahrheit über das, was in den Tagen der Diktatur wirklich geschehen ist, und es gibt die Möglichkeit, diese Ereignisse vor Gericht zu bringen und zu verurteilen. Das hat viele Konsequenzen, alles hängt letztlich davon ab, wieviel Macht das Militär noch hat und welches Maß an Wahrheit oder Gerechtigkeit es der Gesellschaft jetzt zugestehen wird. Dies ist in vielen Ländern ein Dilemma: Argentinien, Guatemala, Brasilien, Chile, Uruguay. Nur Argentinien hat seine Folterer vor Gericht gestellt und von den Hunderten von Angeklagten nur eine Handvoll verurteilt. Selbst das rief im Militär einen solchen Groll hervor, daß es mehrmals putschte und rebellierte, seit die Prozesse 1985 begannen. Als Carlos Menem 1989 Präsident wurde, versprach er denjenigen eine Begnadigung, die ihren Prozeß noch vor sich hatten, womit er andeutete, daß die wenigen Verurteilten vielleicht auch mit einer Begnadigung rechnen konnten.

Wenn nicht Gerechtigkeit — dann Wahrheit? Das Militär würde beides verhindern. Aber von den beiden ist das Verlangen nach Wahrheit elementarer und wird von allen Opfern einer Gesellschaft, in der gefoltert wurde, als dringende Notwendigkeit empfunden. Weschler formuliert es so: »Die Menschen bestehen nicht unbedingt darauf, daß die früheren Folterer ins Gefängnis kommen — man hat genug von Gefängnissen —, aber sie wollen, daß die Wahrheit ans Licht gebracht wird.« Obwohl die Wahrheit bekannt ist (die Menschen wissen, wer die Folterer sind, und die Folterer wissen es auch), muß sie offiziell ermittelt, gesellschaftlich anerkannt werden. Weschler zitiert in diesem Zusammenhang den Philosophen Thomas Nagel von der New York University: Nagel zufolge gibt es einen Unterschied zwischen »Wissen und Anerkennung, d.h. das, was mit dem Wissen geschieht, wenn es offiziell anerkannt wird, wenn es zu einem Teil des öffentlichen Bewußtseins wird«, ist eine »sakramentale« Verwandlung.

Das gilt sicherlich für die Berichte der Opfer, die in Argentinien und Uruguay unter dem Titel *Nunca Mas*[37] veröffentlicht wurden. Es gilt auch für die große brasilianische Darstellung der Ereignisse, *Nunca Mais*, den Bericht der Erzdiözese von São Paulo, der in einem Zeitraum von fünf Jahren heimlich und unter den Bedingungen ständiger Repression zusammengestellt wurde. Hierbei handelt es sich nicht um Aussagen von Opfern, sondern um die Auswertung von Akten des Obersten Militärgerichts, in denen die Folterer ihre eigenen Taten beschreiben und sich mit ihren eigenen Worten überführen; auf einer Million Seiten, die heimlich »ausgeliehen«, dann fotokopiert und von den Mitgliedern einer Gruppe unter Führung von Kardinal Arns und Jaime Wright analysiert wurden. Es war ein gefährliches und zwangsläufig geheimes Projekt, so geheim, daß die Identität der Mitarbeiter immer noch weitgehend unbekannt ist. Um die Entdeckung und Vernichtung der Dokumente zu verhindern, wurden sie an verschiedenen Orten versteckt und in Genf auf Mikrofilm aufgenommen. Die Daten sind ein unschätzbares Archiv, das Einblick in die Verbrechen der Regierung gibt, und die beiden Endprodukte der Untersuchung, eine dreißigbändige Version für die Forschung und ein Band für die Öffentlichkeit, werden immer bezeugen, wie das Leben unter einem solchen Regime aussah. Der letztgenannte Band hat eine größere Leserschaft, als sie je ein Buch in der Geschichte Brasiliens hatte, und er will die Jahre von

1964 bis 1979 so eindringlich darstellen, daß eine Wiederholung ausgeschlossen ist.

Aber ein Rückfall ist eine ständige Gefahr. Wenn eine Gesellschaft so stark reglementiert wird wie in Argentinien, Brasilien oder Uruguay, so sehr von einer inquisitorischen Ideologie, von Sicherheitskontrollen und Überwachungsmechanismen beherrscht wird, ist ein Rückfall immer möglich, kann er ebensowenig ausgeschlossen werden wie eine Rückkehr zur Militärherrschaft — für die häufig zivile Politiker verantwortlich waren. Sie können es wieder sein, wenn sie für Amnestien stimmen, die das Militär praktisch straflos davonkommen lassen. Die Partei und die Armee arrangieren sich, die Politiker vergeben alles, gehen auf Nummer sicher, besänftigen die Streitkräfte. Die Opfer verlieren ihre Rechte, ebenso die breite Bevölkerung. Man denke an Uruguay, wo es mit Hilfe einer Volksabstimmung den Versuch gab, einen Beschluß von Berufspolitikern im Kongreß zu annullieren, der eine totale Amnestie auch auf das vorausgegangene Militärregime ausgedehnt hatte. Bürgerinitiativen organisierten eine Kampagne, um dieses Geschenk der Straflosigkeit durch ein Referendum rückgängig zu machen. Dem Referendum wurde jedes erdenkliche Hindernis in den Weg gelegt: Eine riesige Zahl von Unterschriften — sie entsprach einem Sechstel der Bevölkerung — war erforderlich, um das Referendum überhaupt durchzuführen. Dann verging ein Jahr, in dem die Regierung die Unterschriften aus den fadenscheinigsten Gründen anfocht und diejenigen schikanierte, die es wagten, zu unterschreiben. Trotzdem unterschrieben genügend Leute, und es kam zu einer Volksabstimmung. Mittlerweile war die Bevölkerung allerdings konfus und eingeschüchtert; eine pausenlose Propaganda und Werbung hatte eine Mehrheit geschaffen, die schließlich zermürbt und verwirrt den Standpunkt der Regierung unterstützte, daß eine Amnestie für die Verbrechen der Armee der Erhaltung des neuen demokratischen Friedens förderlich sei.

Die Amnestie war ein Verstoß gegen die Verpflichtung, die Uruguay mit der Unterzeichnung der UN-Konvention gegen Folter eingegangen war. Und das Ergebnis des Referendums, daß nämlich Verbrechen durch eine Volksabstimmung entschuldigt werden können, verletzte das Prinzip der Gleichheit vor dem Gesetz, das ein fundamentaler Rechtsgrundsatz ist. Ebenso verletzte das Referendum das Prinzip der Verantwortlichkeit der Regierung: Rebellen und Kriminelle müssen teuer bezahlen; der Staat kann immer weniger zur Rechenschaft gezogen werden. Es ist so, als hätten die Deutschen nach dem Krieg durch eine Volksabstimmung die Verbrechen gegen die Juden entschuldigt. Die neue »demokratische« Regierung Uruguays war jetzt zum Beschützer und Apologeten des vorausgegangenen Militärregimes geworden.

Und die Folter hört nie auf, weil sie nie zugegeben wird, der berühmte prahlerische Satz des Folterers — »Niemand wird etwas erfahren, niemand wird dich hören, niemand wird etwas herausfinden« — gilt weiterhin, ist wahr. Man fragt, was Folter denn sei; und natürlich ist es Folter, wenn man aus dem Bett geholt und an einen Ort gebracht wird, wo man geschlagen, mit Wasser vollgepumpt und mit Elektroschocks gequält wird. Aber, wie einige Opfer betonen, man kann auch entführt und irgendwo eingesperrt werden, um wochenlang ununterbrochen die Schreie anderer zu hören … und selbst wenn sie dich nicht geschlagen haben, bist du gefoltert worden — du hast ein falsches Geständnis unterschrieben. Denn jeder Zwang, der zu einem Geständnis führt, ist Folter. Und Folter ist vor allen Dingen Angst: Wenn man wüßte, daß sie nur eine begrenzte Zeit dauert, könnte man sie vielleicht ertragen; es ist das Nicht-Wissen, die Unsicherheit über die Bedrohung, die einen in Panik versetzt. Nicht nur das, was sie einem antun, sondern auch das, was sie als nächstes tun könnten, was sie jederzeit und immer mit einem anstellen können. Die Folter ist zur Gänze Potentialität, vielfache Möglichkeit. Und wenn die Welt hinterher schweigt, hat die Folter nicht nur gesiegt, sondern dauert an, ist ewig. Endlos.

In ihrem beeindruckenden Essay über »Die Struktur der Folter« in ihrem Buch *Der Körper im Schmerz*[38] nennt Elaine Scarry die Folter einen Dialog zwischen der Stimme des Folterers, der Fragen stellt, und dem Fleisch des Gefangenen, das diesen überwältigenden Schmerz aufnimmt, der die ganze Welt, jede Wahrnehmung, jede Erinnerung, die Vergangenheit, jeden Gedanken auslöscht und jeden Winkel des Bewußtseins ausfüllt, bis das Opfer nichts als Schmerz ist. Das Geständnis, das selbst in den Augen teilnahmsvoller Menschen einen Verrat darstellt, ist nichts weniger als der Verlust der Welt und der Werte des Gefangenen in seinem Schmerz, an sich schon eine Zerstörung, eine Folter und ein Verbrechen. Man verliert seine Seele an den Schmerz, wenn die ganze Welt auf den Körper reduziert wird; die Welt des Opfers schrumpft in dem Maße, wie sich die des Folterers ausweitet und ihn an die Fiktion seiner politischen Macht glauben läßt, eine Fiktion, die nur auf dem realen Schmerz des Opfers beruht. Aber hier liegt das Dilemma, wie Weschler in seinem Kommentar zu Scarry feststellt: Diejenigen, die für andere Menschen und für soziale Ideen leben, werden von ihrem Körper besiegt, von seinem Schmerz und seiner Verzweiflung über die absolute Einsamkeit der menschlichen Existenz, die im wesentlichen eine Einsamkeit angesichts des Todes ist. Ein schreckliches Wissen entsteht aus diesem Schmerz. Der Schrei des Opfers ist der Hilferuf des Körpers an die Seele, der Hilferuf des Ich an andere. Beide bleiben ungehört und unbeantwortet. Die Lehre der Folter ist dieses Schweigen. Genau so wie sich der Folterer brüstet — niemand wird dich hören, niemand wird etwas erfahren, niemand wird etwas herausfinden.

Aus diesem Grund muß das Schweigen ein Ende haben, muß gebrochen werden, muß die Stimme des Opfers Gehör finden, weil die Folterer sonst niemals mit einem kategorischen Nein, einer Niederlage oder auch nur einer Gegenmeinung konfrontiert werden. Sonst ist es einfach so, daß sie entweder die Macht haben oder nicht, wobei sie auch in Zeiten, in denen sie nicht an der Macht sind, durchaus noch präsent sind, weil ihre Botschaft nicht wirklich verurteilt, sondern nur zurückgedrängt wird. Ob der Folterer wieder Macht erlangt oder, durch eine Amnestie geschützt, unauffällig im Hintergrund bleibt und auf eine neue Chance wartet — seine Welt der Gewalt wird nicht mit einer rettenden Gegenwelt konfrontiert. Wenn das Schweigen anhält, geht die Ungerechtigkeit weiter, wird die Qual verlängert, denn das Wesen der Folter ist ihre bewußte Grausamkeit, ihre gewollte Unmoral, ihre willentliche Ungerechtigkeit. Ein höhnisches Lachen.

Und wie leicht ist es, zum Komplizen zu werden. Vielleicht durch das Lachen oder das Lächeln, das unbewußt, gegen unseren Willen über unser Gesicht fliegt — so wie wir lachen, wenn jemand hinfällt. Nicht so sehr, weil es komisch ist, sondern weil wir überrascht, unvorbereitet sind. So lächeln wir auch, wenn wir Angst haben, wenn wir uns nicht amüsieren, sondern nervös sind. Solch ein Lächeln macht uns oft zum Komplizen dessen, was wir verabscheuen; es verrät uns, oder wir verraten uns selbst mit diesem Lächeln, es ist eine fast unfreiwillige Reaktion, ein Zucken. Mit eindrucksvoller

Ehrlichkeit beschreibt Weschler eine Gelegenheit, bei der er zu einem solchen Lächeln des Verrats verleitet wurde, als er nämlich General Medina interviewte, den früheren Militärdiktator von Uruguay, jetzt Verteidigungsminister. Es ist der Augenblick, als Medina die Folterpolitik seines Regimes zugibt: »Wenn ein Mann verhaftet worden war, wurde er verhört, energisch oder milde, je nach Persönlichkeit«, sagt Medina, der seine Sprache noch sehr kontrolliert. »Energisch?« hakt Weschler nach, der ja schließlich Reporter ist. »Energisch, wenn ein Mann nicht reden wollte.« »Energisch bedeutet was?« »Er schwieg einen Augenblick, sein Lächeln war festgefroren. Für ihn war dies ganz klar ein Katz-und-Maus-Spiel. Sein Lächeln entsetzte mich, aber ich merkte, daß ich angefangen hatte, zurückzulächeln. (Eindeutig hatte das Interview einen kritischen Punkt erreicht; entweder würde ich zurücklächeln und dadurch zeigen, daß ich zu der Sorte von Männern gehörte, die diese Dinge verstanden, oder das Interview würde abrupt zu Ende sein.) Also lächelte ich, und jetzt war ich doppelt entsetzt darüber, daß ich lächelte. Ich bin sicher, daß er dies bemerkte, denn jetzt lächelte er noch breiter, und zwar genau über jene Art und Weise, wie er mich zum Lächeln gebracht hatte, und darüber, wie offensichtlich entsetzt ich war. Ich zappelte an seiner Angel.«

Das Lächeln ist alles, denn Humor signalisiert Neutralität, ja Zustimmung. Wir werden zu Komplizen unterhalb der rationalen Ebene, unterhalb der sprachlichen Ebene oder der ausdrücklichen Zustimmung — wie bei einer Droge, bei Musik oder bei der Bewegung zu einem Rhythmus. In einem sehr guten, heute aber nur noch wenig beachteten Roman über das totalitäre Leben in Rumänien, *Incognito*[39], beschreibt Petru Dumitriu das gleiche Phänomen des Lächelns. Ein Sozialist hatte einige sowjetische Offiziere zum Essen eingeladen, sie waren irgendwann total betrunken und vergewaltigten seine Frau und seine Tochter. »Das Dumme ist«, erklärt der Parteiapologet dem Erzähler am nächsten Tag, »daß sie eine Flasche in seine Frau stießen, sie hatte Blutungen und starb ein paar Stunden später.« Der Erzähler hört zu, das Parteimitglied lächelt. »Es ist das Lächeln eines Mannes, der zu keiner normalen oder perversen Freude mehr fähig ist, außer zu der, sich einem fremden Willen unterzuordnen.« Der Erzähler hat es oft auf den Gesichtern von Parteiaktivisten gesehen, die ihr Leben lang intrigiert, verraten, ermittelt und denunziert haben. Obwohl es aus einer ganz anderen

Richtung kommt, ähnelt es dem Lächeln Weschlers, des fähigen Reporters des *New Yorker*, der für einige Augenblicke im Bann des Willens eines Militärdiktators steht; vielleicht erlebt auch er das, was Dumitriu »das Gefühl der absoluten Macht und gleichzeitig die Scham über eine schändliche Unterwerfung« nennt.

Eine andere Figur von Dumitriu ist ein Folterer mit einem Hang zum Philosophieren, der von seiner »Wissenschaft« schwärmt: »Die älteste der schönen Künste, älter als die sogenannte Kunst der Liebe und sicherlich vielseitiger und abwechslungsreicher. Die Kunst der Liebe ist nichts weiter als ein Dutzend Stellungen und ein paar Dutzend Raffinessen, aber die Folter hat tausend Varianten. Alle Tiere können sich paaren, aber der Mensch ist das einzige Tier, das foltert.« Denn die Folter ist ein sozialer Akt, das Vorgehen einer Gruppe gegen den Einzelnen: »Alles, was man braucht, ist eine Gruppe, die einen isolierten Menschen bearbeitet. Wie wir wissen, ist die Gruppe stärker als der Einzelne, und die Folter ist dafür der erste Beweis.«

Das Lächeln ist eine Art sozialer Reflex; wenn wir lächeln, identifizieren wir uns — selbst wenn es unfreiwillig und vorübergehend ist — mit der Gesellschaft, die durch Gewalt entstanden ist. Es ist ein Lächeln, in dem ein erzwungenes, aber verantwortungsloses Komplizentum steckt, ein erschrecktes, gefrorenes Lächeln; aus Einschüchterung geboren, »pflichtet es bei« — was schon genug ist. Dumitrius Erzähler erkennt, daß der Terror »ein allgemeiner Zustand ist, der die ganze Gesellschaft betrifft«, für den es aber auch eine kollektive Verantwortung gibt: »Er ist das Werk aller Mitglieder der Gesellschaft, die ihn mehr oder weniger bewußt und offen akzeptieren, dulden, billigen« ... und schließlich umfaßt er alles, so wie die Gesellschaft den Einzelnen umfaßt. Aber dann ist es natürlich zu spät. Denn der Einzelne vermag nichts gegen die Folter. Das ist genau der Sinn ihrer Anwendung: Der einzelne Gegner soll zerstört werden.

Man muß nicht einmal komplizenhaft lächeln. Vielleicht genügt bei den meisten Bürgern die konditionierte Neigung, der Autorität mit Gehorsam zu begegnen. In Stanley Milgrams klassischem Experiment[40] verabreichten naive Studenten, die in der Rolle von »Lehrern« an einem Universitätsexperiment über Lernen und Gedächtnis teilnahmen, ihren Kommilitonen in der Rolle der »Lernenden« massive Elektroschocks, nur weil dies wiederholt von einem

»Wissenschaftler« angeordnet wurde. In einem Artikel für die Zeitschrift *Harper's*, den er mit dem Titel »Die Gefahren des Gehorsams« versah, betonte Milgram, daß die meisten Kandidaten, die Elektroschocks anwandten, dies aus einem »Gefühl der Verpflichtung« heraus taten. Dies läßt ihn der These Hannah Arendts von der Banalität des Bösen zustimmen und zu dem Schluß kommen, daß die Anwendung von Gewalt keineswegs eine sadistische Persönlichkeit erfordert: »Die vielleicht fundamentalste Erkenntnis unserer Studie ist die folgende: Ganz gewöhnliche Menschen, die einfach ihrer Arbeit nachgehen und keine besondere Feindschaft empfinden, können Werkzeuge eines schrecklichen zerstörerischen Prozesses werden. Selbst wenn die zerstörerischen Wirkungen ihres Handelns ganz offensichtlich werden, haben relativ wenige Menschen die Fähigkeit, der Autorität entgegenzutreten, wenn man sie auffordert, Handlungen vorzunehmen, die unvereinbar mit moralischen Grundsätzen sind.«[41]

Berücksichtigt man außerdem die Wirkung der staatlichen Erlaubnis und des patriotischen Dienstes, die in Spezialausbildungen gewonnene Motivation und die Anreize in Form eines höheren Status, der Privilegierung und anderer Vergünstigungen, wird deutlich, wie die sadistische Energie im Normalfall nicht so sehr das Ergebnis persönlicher Neigung oder einer besonderen Prädisposition, sondern ein Produkt der Umstände ist.

Warum beschäftigt man sich mit der Folter? Liest darüber, denkt darüber nach, analysiert sie, ist von ihr »besessen«. Weil man sie verabscheut, fürchtet, sie gespürt, sich vorgestellt oder sie irgendwie erfahren hat. Weil man möchte, daß sie ein Ende hat. Wie schafft man die Folter ab? Man schafft sie nicht ab — die Frage ist ebenso absurd wie die Frage, wie man den Krieg abschafft. Und dennoch wurde dieser Essay, wenn man es ganz einfach ausdrücken will, genau aus einem solch absurden Wunsch, Verlangen, Impetus heraus geschrieben — als wäre die Bekundung der eigenen Empörung schon ein Mittel, »etwas dagegen zu tun«. Wenn man das verheerende Wüten der Folter in so vielen Ländern, ihre Zunahme, ihren routinemäßigen Einsatz durch Regierungen einerseits und ihre Hinnahme durch Bevölkerungen beobachtet hat, die nicht direkt betroffen sind, macht sich eine gewisse Resignation breit, hat man das Gefühl, gegen den Wind anzuschreien.

Und dennoch ... Amnestys Emblem ist eine Kerze im Wind, die von einem Stacheldraht umgeben ist, die Flamme der Kerze ist geneigt, aber sie geht nicht aus, behauptet sich. Man schafft die Folter nicht einfach ab, sie wird schrittweise zu einem Ende gebracht. Langsam und mit gewaltigen Anstrengungen, Reibungen, Kraftakten, so wie eine Lokomotive allmählich zum Stehen gebracht wird. Denn wir haben es hier mit einer starken Dynamik zu tun. Es gibt Augenblicke, in denen alles sinnlos erscheint, und doch: »Eins und eins macht eine Million«, heißt es in einem alten Freiheitslied, und damit ist das Bemühen vieler gemeint, weltweit. Ein kollektiver Wille. Etwas, das noch fehlt oder erst entsteht, noch zu jung und zu klein ist. Trotz der Anstrengungen von Amnesty International, Helsinki Watch, Americas Watch und all der anderen nichtstaatlichen Organisationen, die die Situation beobachten oder aktiv werden, wobei der Begriff »nichtstaatlich« an sich schon vielsagend ist.

Man ist fast versucht, noch weiter zu gehen und den Ausdruck »antistaatliche Organisationen« zu gebrauchen, denn es sind die Regierungen — selbst die Regierungen, die die UN-Konvention gegen Folter unterschrieben haben —, die schuldig werden. Die Vereinigten Staaten zum Beispiel, die im Ausland mehr Schuld auf sich laden als im eigenen Land, obwohl es auch dort Menschenrechtsverletzungen gibt, haben sehr lange gezögert, die Konvention zu unterschreiben.[42] Ein Internationales Tribunal, das 1990 im Hunter College veranstaltet wurde, kam zu dem Schluß, daß die Vereinigten Staaten die Konvention in der Tat dadurch verletzen, daß es politische Häftlinge gibt, diese unverhältnismäßig hart bestraft werden und man ihre Rechte durch eine grausame und entwürdigende Behandlung in den Gefängnissen verletzt, insbesondere im Bundesgefängnis in Marion, Illinois, sowie im Hochsicherheitsgefängnis für Frauen in Lexington, Kentucky, das wegen seines Programms der sensorischen Deprivation mit unterirdischen Zellen, Dauerbeleuchtung und absoluter Isolation öffentliche Proteste auf sich gezogen hat. Zahlreiche bekannte politische Gefangene in den USA wie z.B. Leonard Peltier sitzen völlig überzogene Haftstrafen ab, manche in Einzelhaft unter inhumanen Bedingungen.

Während die Regierungen zweifellos bei der Abschaffung der Folter mitwirken müssen, ist es unwahrscheinlich, daß sie dies ohne öffentlichen Druck tun werden. Konventionen gegen die Folter sind, wie alle Zusicherungen und Versprechen, nur in dem Maße von Nutzen, wie sie durchgesetzt werden und wie es Mittel gibt, Verstöße zu ahnden; ein Mittel wäre ein internationaler Gerichtshof, an den sich jeder Bürger wenden könnte — was heute noch nicht möglich ist. Die Durchsetzungsmöglichkeiten sind entscheidend: Garantien für eine Auslieferung nur an sichere Länder, die Anklage der rechtsverletzenden Behörden, die Möglichkeit, gegen den eigenen Nationalstaat in Revision zu gehen. Heute sind die staatliche Souveränität und der Nationalstaat große Hindernisse, die der Abschaffung der Folter im Weg stehen.

Der Nationalismus in der Bevölkerung und auf Regierungsebene, die multinationale oder transnationale Wirtschaftsmacht — diese Kräfte erzeugen und perpetuieren die Folter. Solange wir Kultur, Sprache und Heimatliebe mit der Nation und der nationalen Regierung gleichsetzen, sind wir für die patriotische Manipulation anfällig; je mächtiger die Regierung wird, desto stärker wird auch die Manipulation. Um auf die Staatsmacht einzuwirken, um sie auch nur zu erkennen und zu begreifen, müssen wir zuerst den Nationalismus überwinden. Amnesty und die anderen nichtstaatlichen Organisationen sind gerade deswegen effektiv, weil sie sich über Staatsgrenzen hinwegsetzen und sich über die allgemeine Menschlichkeit definieren.

Der Begriff »Bürger«, der historisch dem Begriff »Untertan« folgte, einst neu und verheißungsvoll im Sinne von »Rechten« und »Vorrechten« war, erinnert uns heute oft daran, daß diese Ansprüche verkümmert sind, während der Staat immer mehr Macht anhäufte und seine Kontrolle zunehmend zentralisierte, was technisch durch die Geschwindigkeit der Computersysteme erleichtert wurde: Dokumente, Daten, Informationen werden zu einer Hand, die sich um den Arm eines jeden Bürgers schließt. Das Gefühl, ein Untertan zu sein, kehrt zurück.

Man kann »diese Situation nehmen, wie sie ist« oder »sich aus ihr verabschieden«, sie akzeptieren oder ablehnen, wenn nicht ins äußere, so doch ins innere Exil gehen, einen inneren Rückzug antreten, wie es Menschen oft tun, wenn das öffentliche Leben unerträglich ist. Aber in der heutigen »einen Welt« gibt es keinen Ort, an den man flüchten kann, und da man nicht wirklich weggehen kann, muß man statt dessen die Dinge verändern, einen Wandel herbeiführen, der für die meisten Menschen auf der Erde so vorteilhaft wäre, daß es merkwürdig erscheint, daß er noch nicht stattgefunden hat. Aber die Auseinandersetzung mit der Macht ist die Auseinandersetzung mit etwas, das über einen langen Zeitraum und mit einem großen Energieaufwand angehäuft wurde. Und wenn sich die Energie schließlich auf dem entgegengesetzten Pol sammelt, kommt es manchmal zu einer Revolution, einem Umschwung, einem Umsturz. Dann beginnt häufig eine neue Kette von Menschenrechtsverletzungen, und das Foltern wird mit neuen »Notwendigkeiten« entschuldigt.

Es ist wesentlich besser, sich von Vernunft und Rechtsstaatlichkeit leiten zu lassen, die auf lange Sicht »revolutionär« und »radikal« sind, da sie uns in der Vergangenheit zu denjenigen Rechten verholfen haben, die heute an so vielen Fronten gefährdet sind; in einigen Bereichen bereits beseitigt, könnten sie in Zukunft vielleicht ganz abgeschafft werden. Die Folter ist ein Indiz für Unfreiheit; sie ist zutiefst obszön, wird zur Raserei, entfesselt die Leidenschaften, ist beständig auf Rache aus; Grausamkeit will Wiederholung, ihr Spiegelbild. Das Recht überwindet dies, die Vernunft verweigert diese Art der Wiederholung. Reformbestrebungen können eine Bewegung, eine große Kampagne für die Abschaffung der Folter in Gang setzen.

Hoffnung zu haben, ist entscheidend. Verzweiflung ist Unterwerfung unter die Androhung unerträglicher Qualen; wenn es nicht unsere eigene ist, dann ist es die Verzweiflung anderer. Aber es ist schließlich das Schicksal eines anderen Menschen, nicht das eigene. Wen würden wir nicht verraten, um der Folter zu entgehen? Wen würden wir nicht an unserer Stelle der Papageienschaukel ausliefern? Besser der andere als ich, sagen wir innerlich; selbst die Besten von uns denken zuerst an sich selbst. Die Politik der Grausamkeit, die auf dich oder mich angewandt wird, wird so lange Bestand haben, wie wir isoliert werden können, wie uns das Gefühl gegeben wird, einander fremd und voneinander getrennt zu sein, wie wir als Einzelne eingeschüchtert werden können. Jeder von uns weiß, daß er angesichts der Möglichkeit der eigenen Folter andere verraten würde.

Daher müssen wir verhindern, daß diese Möglichkeit je eintreten kann. Oder daß sie wieder auf den Plan tritt. Hier oder anderswo. Die Folter kann nicht verboten werden, wenn die Macht des Staates nicht angegriffen, begrenzt, auf ein demokratisches Maß zurückgeführt wird, wenn ihrem Ausufern nicht strikte Grenzen gesetzt werden. Es fragt sich, ob die Zeit dafür schon vorbei oder noch gar nicht gekommen ist.

Unterdessen sind wir mit dem unmittelbaren Leiden, den größten Verletzungen konfrontiert, hören die Schreie, reagieren menschlich, sensibel, effizient, sogar objektiv, wie Amnesty, das keine Partei außer der der Opfer ergreift, das »unpolitisch« im gewöhnlichen ideologischen Sinne handelt. Und doch kann nur die Politik selbst das Übel der Folter an seiner Wurzel packen, und diese Wurzel ist die staatliche Inanspruchnahme der Macht zum Foltern oder auch die Rückgewinnung dieser Macht, die als ein Vorrecht betrachtet wird. In Anbetracht der unhinterfragten Macht des Staates, Menschen einzusperren — was alles oder fast alles bedeutet: völlige Absonderung und Geheimhaltung, Einschränkung der Bewegungsfreiheit, Steuerung bestimmter physischer und psychischer Erfahrungen (insbesondere durch die Inhaftierung in einem Geheimgefängnis) —, angesichts dieser Macht also, ist die Anwendung der Folter nur die logische Ausweitung der Macht selbst. Wenn der Einzelne so starken Kontrollen und Zwängen unterworfen, so leicht zu isolieren und zu unterdrücken ist, obwohl die Folterer zumeist faule Menschen sind, die es eilig haben, ist Folter nichts anderes als ein unmäßiges Schwelgen in Macht

Wie kommt der Staat zu seiner Machtfülle? Durch sein Gewaltmonopol und seine Möglichkeit, Menschen einzusperren. Folglich hatte er diese Macht schon immer; auf gewisse Machtbefugnisse hat er erst verzichtet, nachdem lange für ihre Beschneidung gekämpft worden war. Doch hat er nur für eine Weile verzichtet, denn Wachsamkeit ist der Preis für diese Art Freiheit. In gewissem Sinne hat sich der Staat diese Machtbefugnisse also nur wieder zurückgeholt, ist in dem Maße wieder in seine alte Rolle geschlüpft, wie es ihm gestattet wurde, immer fordernder zu werden, und als unangefochtene Begründung dafür die revolutionäre Notwendigkeit, die militärische Notwendigkeit, die Notwendigkeit der Aufstandsbekämpfung oder die komplizierten Notwendigkeiten der nationalen Sicherheit anzuführen — was alles nur ein anderer Ausdruck für sein eigenes Interesse ist, den Machterhalt.

Eine starke Macht, nicht nur einer speziellen Regierung, eines Regimes, einer Verwaltung, sondern des Staates schlechthin, seine akkumulierte Gewalt, so wie sie an die nächste Kaste von Militäroffizieren oder gesetzesfürchtigen zivilen Bürokraten weitergegeben würde. Diese Macht hat stetig zugenommen, und wir haben es zugelassen. Sie jetzt zu beschneiden, ist ein spätes und schwieriges Unterfangen. Unkontrolliert ist sie furchtbar und hat den gegenwärtigen Alptraum der Gewalt hervorgebracht, dessen sichtbarster Auswuchs die Folter ist. Es besteht die Aussicht, daß sie weiter zunimmt oder nicht eingeschränkt wird, aber selbst wenn sie auf dem jetzigen Stand bleibt, erzeugt sie Verbrechen, vor denen man nur durch die Zufälligkeit des Ortes geschützt ist.

Manche Staaten »kommen mit ihren Morden durch«, weil sich die glücklichen Bürger anderer Staaten überhaupt nicht mit ihren unglücklichen Mitmenschen identifizieren, wirklich »nationalisiert« sind und sich einbilden, daß »diese Leute« ihr Schicksal verdient haben. Auf jeden Fall ist es nicht ihre Sache, sie sind die glücklichen Bürger des Staates A, der seine Bürger nicht foltert, und was die bedauerlichen Verhältnisse im Staat B betrifft, so stehen diese eben auf einem anderen Blatt. Sie stellen sich vor, daß die beiden nichts miteinander zu tun haben, Zufall, Glückssache sind. Oder wie Page duBois in seinem Buch *Torture and Truth*[43] die Dynamik der Folter beschreibt: »Die Folter ist zu einem globalen Schauspiel, zu einem Trost für die sogenannten zivilisierten Nationen geworden«, sie beweist ihnen die »fortdauernde Barbarei der anderen Welt«, der Dritten Welt, »die nicht nur zum Schauplatz der Folter wurde, sondern auch das Spektakel bietet, daß der Andere für uns gefoltert wird.«

Der kollektive Wille, die Folter abzuschaffen, so klein und schwach er auch ist, wird wahrscheinlich zunächst erreichen, daß die körperliche, die somatische, die den Körper verletzende Folter gebannt wird. Aber dieser Erfolg würde die Zunahme der psychischen Folter nicht verhindern. In Uruguay wurden zum Beispiel Gefangene aus geheimen Gefängnissen entlassen und in offizielle Gefängnisse überführt, wo ihnen von scheinbar wohlwollenden Psychologen versichert wurde, daß sie nicht mehr mißhandelt würden. Aber ihr Vertrauen wurde systematisch durch eine ausgeklügelte Verhaltenspsychologie zerstört, die völlig im Dienst des Staates stand. Wie Lawrence Weschler am Beispiel des Libertad-Gefängnisses in Uruguay beschreibt, war es das erklärte Ziel der Gefängnisverwaltung, die Häftlinge durch eine bewußte Manipulation ihrer Gesundheit und ihres Leidens in den Wahnsinn zu treiben.[44] Jede Bestrafung entsprach der Vorschrift, aber die Vorschriften waren geheim und wurden jeden Tag geändert. Das erklärte Ziel ist, den Gefangenen zu brechen, indem sein Geist gebrochen wird, und um diesen Prozeß zu beschleunigen, werden alle Erkenntnisse der Verhaltenspsychologie eingesetzt. Die Wärter werden geschult, Ablehnung zu zeigen, Filme werden unscharf eingestellt, es ist verboten, zu singen, zu lachen, zu lächeln — alles hat eine symbolische Bedeutung, das Zeichnen einer Rose bringt einen Monat Einzelhaft als ideologische Bestrafung. Es gibt zwei Gefangene in jeder Zelle, aber nur einen Stuhl; da es verboten ist, auf dem Bett zu sitzen, muß ein Häftling immer stehen oder hin- und hergehen.

Das Gefängnis ist panoptisch angelegt, so daß alles sichtbar ist, und die Gesellschaft fängt an, ebenfalls eine solche Struktur zu entwickeln. Die Denkweise, die zu all diesen Überwachungsmechanismen und Inhaftierungen führt, ist im allgemeinen ökonomischer Natur. In diesem Fall hatte die Militärregierung ihre Hoffnungen auf die Theorien des Chicagoer Ökonomen Milton Friedman vom freien Markt gesetzt, oder, wie der uruguayische Schriftsteller Eduardo Galeano es ausdrückt, die Leute waren im Gefängnis, damit die Preise frei sein konnten. Für Regierungen führt eins zum anderen.

Die Möglichkeit, Menschen zu mißhandeln, die in der Macht angelegt ist, Menschen festzunehmen und einzusperren, wächst in dem Maße, wie die Regierungen Sondervollmachten erhalten und geheime Gefängnisse einrichten; wie durch Zauberhand verwandelt sich das Haus nebenan, irgendein Haus, in ein Gefängnis. Die Folter mag heimlich geschehen, aber das Wissen darum sickert durch, die Menschen wissen Bescheid. Sie sind zwar unsicher, wissen aber etwas. Wenn jedoch die rechtlichen und verfassungsmäßigen Garantien einmal abgeschafft oder ausgehöhlt sind, ist das Vorgehen gegen die Folter wahrscheinlich ein Kampf zwischen der Staatsmacht und einer aufgerüttelten Öffentlichkeit, ein neuer und schwerer Kampf um die Wiederherstellung dessen, was verlorengegangen ist. Die Menschen erfahren voller Angst, Schrecken und Entsetzen, was geschieht. Aber sie sind nicht empört, nicht zornig genug. Noch nicht.

Diejenigen, die gefoltert wurden, kehren in die Gesellschaft zurück und werden zu einer besonderen Kategorie von Menschen:

entweder zu einer Quelle von Informationen oder zu »Opfern«, zu außergewöhnlichen Fällen, um die sich Pioniere wie Dr. Inge Kemp Genefke vom Forschungszentrum für Folteropfer in Kopenhagen aufopfernd kümmern. Dort wurde auch der Therapie-Dialog neu konzipiert, weil er der Struktur des Verhörs gleicht. Aber in dem Maße, wie sich diese Idee ausbreitet, zeigt sich, daß sich ihr Potential nicht richtig entfalten kann, weil die gesellschaftliche und politische Bedeutung der Folter vernachlässigt wird. In einem neuen Zentrum für Folteropfer in Minneapolis findet z.B. eine physische und psychologische Betreuung von Opfern statt, die psychische und manchmal auch körperliche Dauerschäden erlitten haben. Aber in Minneapolis geht man damit typisch amerikanisch um. Um Zuschüsse zu bekommen, d.h. staatliche und öffentliche Unterstützung für die Versorgung, die Unterbringung und die Behandlung, muß das Opfer zuerst nach der amerikanischen psychiatrischen Standardpraxis »diagnostiziert« werden — als würde es sich um eine Krankheit, eine psychische Erkrankung, eine »Störung« im psychiatrischen Sinne handeln.

Die psychiatrische Erklärung der Folter als »posttraumatisches Schocksyndrom« ersetzt ein politisches und gesellschaftliches Verständnis der Folter. Was außerdem erhebliche politische Auswirkungen hat. Und so wird das Opfer der staatlichen Brutalität, einer physischen Brutalität, die aus politischen und ideologischen Gründen begangen wird, zu einer Person mit psychischen Störungen, derer sich die Psychiatrie eines anderen Staates widerstrebend annimmt, und zwar in einem Vakuum, in dem es keine Politik mehr gibt. Und keine Ethik. An ihre Stelle ist ein mysteriöses Krankheitsmodell getreten; das Opfer wird wieder ungerecht behandelt, herabgesetzt. Da die meisten Folteropfer dieser Einrichtung aus südamerikanischen Diktaturen, also Satellitenstaaten der amerikanischen Regierung, kommen, liegt eine bittere Ironie in diesem »Diagnose- und Behandlungsmodell«, eine Art Imperialismus in Aktion, der denjenigen nicht auffällt, die dieses Modell praktizieren.

Die Folter wird in der Tat immer mehr zu einem »Zweig der Medizin«, was positiv wie negativ sein kann, wie die weiße und die schwarze Magie: So wie medizinisches Personal den Folterern einerseits hilft, Menschen Schmerzen zuzufügen, hilft es andererseits den Gefolterten, wieder zu genesen, wenn die Folter vorbei ist. Die Psychologen und Psychiater, die für diejenigen, die die Folter tatsächlich erlitten haben, das Foltererlebnis »definieren«, können auch seine Bedeutung verändern und manipulieren. Zunehmend ist neben dem Körper auch die Psyche von der Folter betroffen, und die Verletzung der Psyche wird zu einem immer größeren und schnell wachsenden Bereich, in dem mit Verhaltensänderungen und Medikamenten gearbeitet wird. Die allgemeine öffentliche Sympathie gilt eher dem Körper, denn Verletzungen des Körpers sind klarer als eine Brutalität zu erkennen, die aufhören muß. Der Schlag ist materiell, unbestreitbar real, mit ihm läßt sich umgehen, während der Angriff auf die Seele so viel subtiler, ambivalenter ist.

Dazu gehört die Tatsache, daß die Folter zu einem medizinischen Problem gemacht wird. Die psychiatrische Diagnose, die als rein bürokratische Notwendigkeit hingestellt wird, ist von großer Bedeutung, denn die Psychiatrie hat die Rolle der Regierung und der Autorität übernommen, hat den Auftrag und die Genehmigung, als deren verlängerter Arm zu handeln. Durch ihr wissenschaftliches und objektives Urteil wird das Opfer zwar nicht angegriffen oder ins Unrecht gesetzt, aber seiner Erfahrung werden bestimmte Dimensionen genommen. Die Idee der Gerechtigkeit wird aus der Diskussion ebenso ausgeblendet wie die Aktivitäten der Vernehmer und der Sicherheitskräfte — alles, was dem Leiden des Gefangenen einen Sinn gegeben hat, seine Prinzipien, seine Unschuld, das Unrecht, das ihm angetan wurde. Statt dessen ruft das Opfer den psychiatrischen Sachverstand auf den Plan, sieht sich erneut einer Autorität, einem Richter, einem Vernehmer gegenüber. Es wird nicht mit dem Recht, sondern mit der Medizin konfrontiert, ein wichtiger Unterschied, da es durch das Recht entlastet würde, während die Medizin erst über seinen Fall entscheiden muß. Und so wird dem Opfer der staatlichen Brutalität in einem Satellitenstaat nicht moralische oder materielle Wiedergutmachung zuteil, sondern Heilung in dem Land, das der Urheber seiner Verletzung war. Es gibt hier einen imperialen Kreislauf, der zudem kurzgeschlossen ist: Das Politische wird psychiatrisiert, privatisiert, personalisiert, zur Randgröße gemacht; die gesellschaftliche Realität der Diktatur hingegen, die Politik der Grausamkeit, wird zu einem »Fall« heruntergespielt. Verkürzt, bagatellisiert, reduziert.

Auf der anderen Seite schlägt einem das ungeheure Ausmaß der Folter, ihre endlose Qual, von allen Seiten entgegen. Zwei Beispiele verfolgen mich, beide aus Uruguay: das Schicksal der Tupamaros Mauricio Rosencof und Raúl Sendic, die beide mehr als zehn Jahre Einzelhaft ertragen mußten. Nach seiner Festnahme wurde Rosencof, ein Bühnenschriftsteller, neun Monate lang gefoltert und mußte danach viermal im Krankenhaus behandelt werden. Die nächsten zehn Jahre wurden er und Sendic als Geiseln benutzt, die von sofortiger Hinrichtung bedroht waren, falls es irgendwelche Anzeichen für einen Widerstand der Tupamaros gab. Beide Männer wurden in winzigen Zellen gefangengehalten, die nur drei mal sechs Fuß groß waren. Jahrelang durfte Rosencof weder stehen noch gehen, sondern mußte auf einer Bank sitzen und den ganzen Tag auf eine Wand starren.

Sendic wurde auf dem Grund eines ausgetrockneten Brunnens festgehalten. »Wir fingen an zu denken, daß wir tot waren, daß unsere Zellen keine Zellen, sondern Gräber waren, daß die Außenwelt nicht existierte, daß die Sonne ein Mythos war«, berichtet Rosencof. »Ganz im Ernst, in über elfeinhalb Jahren habe ich die Sonne insgesamt nicht mehr als acht Stunden gesehen. Ich vergaß die Farben — es gab keine Farben. Als ich dann wieder etwas Grünes sah, war die Wirkung wirklich verblüffend.«

Was auch für den menschlichen Geist gilt. Rosencof erklärte, daß er durch »Träumen ... Vorstellungskraft« überlebt hatte. »Ich machte lange Spaziergänge mit meiner Tochter. Manchmal, wenn die Wärter nicht guckten, streckte ich mich am Strand aus, um ein Sonnenbad zu nehmen. Nach einer Weile wurde es mir zu heiß, und ich stand auf und holte mir ein schönes, kaltes Getränk. Dann entstand das Problem, die Flasche zu verstecken, da die Zelle täglich durchsucht wurde. Man kann sich vorstellen, welche Schwierigkeiten ich bekommen hätte, wenn die Wärter plötzlich eine Cola-Flasche entdeckt hätten. Gegenstände zu verstecken, die ich in meiner Phantasie erworben hatte, wurde zu einer ständigen Aufgabe.«[15]

Eine Cola-Flasche, Abfall der Weltmacht, der amerikanische Fetisch, Gegenstand der Pop-art, jetzt ein Relikt — völlig verwandelt, Vergnügen heraufbeschwörend, von schrecklicher Schönheit in ihrer ironischen Metamorphose.

Danksagung

Während der sechs Jahre, die ich an diesem Buch arbeitete, wurde ich geistig und materiell vom Hamburger Institut für Sozialforschung unterstützt, dessen anhaltende Vertrauensbeweise mein Projekt, wie mühselig und unproduktiv es mitunter auch erschienen sein mag, möglich gemacht haben. Obwohl ich alleine begonnen hatte, bezweifle ich, ob ich ohne diese Unterstützung jemals zu einem Ende gekommen wäre. Sicherlich hätte ich niemals die Mittel gehabt.

Es war ein merkwürdiger, einsamer Weg. Freunde waren mir eine große Hilfe, weil sie Interesse zeigten, Teile des Manuskripts lasen oder zuhörten, als es geschrieben wurde: insbesondere Sophie Keir, Naomi Dodds, Eleanor Pam, Linda Clarke und Joan Casamo. Besonders danken möchte ich Jennifer Floryan, die mich die letzten vier Jahre mit diesem Thema begleitete, und Linda Kavars, die sich um die Farm kümmerte, so daß ich schreiben konnte. Anne Keating hat mir beigebracht, wie man mit einem Computer umgeht, und verschaffte mir die Möglichkeit, eine Universitätsbibliothek zu nutzen. Mein Freund Robin Morgan stellte den Kontakt zu Mary Cunnane her, die den Text redigieren und veröffentlichen konnte. Sehr viel verdanke ich meiner Mutter, die diesem Buch große Bedeutung beimaß und sich kümmerte, so daß ich es vollenden konnte, neunzig Jahre alt, als ich ihr, während sie in ihrem Lehnstuhl in St. Paul saß, die ersten Kapitel vorlas – die Kapitel über den Gulag und die Todeslager: »Ich bin mir nicht sicher, ob ich vor meinem Tod noch so viel darüber erfahren wollte … aber stell' dir vor, was sie erfahren mußten.«

Anhang

Anmerkungen

1 Nigel Rodley, The Treatment of Political Prisoners Under International Law, London/New York: Oxford University Press 1987.
2 Edward Peters, Folter. Geschichte der Peinlichen Befragung, Hamburg: Europäische Verlagsanstalt 1991.
3 Die Zitate im folgenden Text stammen aus: Alexander Solschenizyn, Der erste Kreis der Hölle, Frankfurt/M.: Fischer 1968.
4 Molefe Pheto, And Night Fell. Memoirs of Political Imprisonment in South Africa, London: William Heinemann 1983.
5 Es handelt sich um Lenins Strafgesetzbuch von 1923 und 1926, das unter Stalin in Kraft war und bis 1958 galt.
6 Die Zitate im folgenden Text stammen aus: Claude Lanzmann, Shoah, München: Deutscher Taschenbuch Verlag 1988.
7 Alec Mellors, La Torture, Paris 1949.
8 Die Zitate im folgenden Text stammen aus: Primo Levi, Ist das ein Mensch?, Frankfurt/M.: Fischer 1961.
9 Bruno Bettelheim, Themen meines Lebens. Essays über Psychoanalyse, Kindererziehung und das jüdische Schicksal, München: Deutscher Taschenbuch Verlag 1993.
10 Die Zitate im folgenden Text stammen aus: Henri Alleg, Die Folter, München: Verlag Kurt Desch 1958.
11 Die Zitate im folgenden Text stammen aus: Robert Storr, Solitude, a Return to the Self, New York: Free Press 1988.
12 Artur London, Ich gestehe. Der Prozeß um Rudolf Slánsky, Berlin: Aufbau Taschenbuch Verlag 1991.
13 Jonathan Power, Amnesty International, the Human Rights Story, New York: McGraw-Hill 1981.
14 Die Zitate im folgenden Text stammen aus: Mark Mathabane, Kaffern Boy, München: Ehrenwirth 1986.
15 Miriam Tlali, Amandla, Soweto/Südafrika: Raven Press 1986.
16 Die Zitate im folgenden Text stammen aus: Sipho Sepamla, A Ride on the Whirlwind, London: William Heinemann 1981.
17 Die Zitate im folgenden Text stammen aus: Moses Dlamini, Hell-Hole Robben Island, Trenton/New Jersey: Africa World Press 1984.
18 Breyten Breytenbach, Schlußakte Südafrika, Köln: Kiepenheuer & Witsch 1986.
19 Die Zitate im folgenden Text stammen aus: Georges Bataille, Die Tränen des Eros, München: Matthes & Seitz 1981.

20 Die Zitate im folgenden Text stammen aus: Aurobindo Ghose, Tales of Prison Life, Pondicherry/Indien: All India Press 1974.
21 Ngugi wa Thiong'o, Kaltgestellt. Gefängnistagebuch, München: Trickster Verlag 1991.
22 Die Übersetzung ins Englische von Nick Caistor erschien in: Index on Censorship, VIII, 1, London Januar/Februar 1979.
23 Nien Cheng, Leben und Tod in Schanghai, Berlin: Ullstein 1987.
24 Alicia Partnoy, The Little School, Pittsburgh: Cleis 1986.
25 Als die Junta in Griechenland 1975 stürzte, wurden ihre Folterer vor Gericht gestellt, anfangs mit Erfolg. Die Erklärung der Vereinten Nationen gegen die Folter wurde im selben Jahr entworfen und angenommen. Die griechischen Gerichte ließen es jedoch schon bald an Entschlossenheit fehlen, und Verfahren der Umsetzung der UN-Erklärung hat man nicht entwickelt. Die Erklärung der Vereinten Nationen gegen die Folter von 1975 wurde bekräftigt und erweitert durch die UN-Konvention gegen die Folter von 1984. Aber auch hier fehlt es bislang an konkreten Schritten zu ihrer Verwirklichung.
26 Torture in Brasil, New York: Vintage Books 1986.
27 Die Zitate im folgenden Text stammen aus: Victor Montejo, Testimony: Death of a Guatemalan Village, Willimantic/Connecticut: Curbstone 1987.
28 David Schwante, Guatemala, A Cry from the Heart, Minneapolis: Health Initiative Press 1990.
29 Michael McClintock, The American Connection, Bd. 2: State Terror and Popular Resistance in Guatemala, London: Zed Books 1985.
30 Roque Dalton, Miguel Marmol, Willimantic/Connecticut: Curbstone 1982.
31 Joan Didion, Salvador, Köln: Kiepenheuer & Witsch 1984.
32 Charles Clements, Witness to War, New York: Bantam Books 1984.
33 America Sosa, Autobiographie. Aussage der Vertreterin des Komitees der Mütter und Verwandten der politischen Gefangenen, Verschwundenen und Ermordeten von El Salvador, Monsignor »Oscar Arnulfo Romero«. Im Vertrieb der Co-Madres, Washington, D.C.
34 Jane Rawlinson, The Lion and the Lizard, New York: St. Martin's Press 1986.
35 Zitiert nach: Ali Rahnema/Farhad Nomani, The Secular Miracle: Religion, Politics and Economic Policy in Iran, London: Zed Books 1990.
36 Lawrence Weschler, A Miracle, a Universe, New York: Viking Penguin 1990.
37 Deutsche Ausgabe: Nie wieder! Ein Bericht über Entführung, Folter und Mord durch die Militärdiktatur in Argentinien, hrsg. vom Hamburger Institut für Sozialforschung, Weinheim/Basel: Beltz 1987.
38 Elaine Scarry, Der Körper im Schmerz. Die Chiffren der Verletzlich-

keit und die Erfindung der Kultur, Frankfurt/M.: S. Fischer 1992, S. 43 ff.
39 Petru Dumitriu, Incognito, New York: Macmillan 1964.
40 Stanley Milgram, Das Milgram-Experiment. Zur Gehorsamsbereitschaft gegenüber Autorität, Reinbek: Rowohlt 1982.
41 Stanley Milgram, The Perils of Obedience, in: Harper's Magazine, Dezember 1973.
42 Die Vereinigten Staaten ratifizierten die UN-Konvention gegen Folter von 1984 erst im Herbst 1992.
43 Page du Bois, Torture and Truth, New York: Routledge 1991.
44 Lawrence Weschler, A Miracle, a Universe, S. 147.
45 Lawrence Weschler, A Miracle, a Universe, S. 145.